U0541154

国家社科基金后期资助项目（14FZS024）后续研究成果

中古乐安孙氏家族研究
—— 以唐代为中心

郭学信 著

中国社会科学出版社

图书在版编目(CIP)数据

中古乐安孙氏家族研究：以唐代为中心 / 郭学信著 . —北京：中国社会科学出版社，2020.12
ISBN 978 - 7 - 5203 - 7762 - 1

Ⅰ.①中… Ⅱ.①郭… Ⅲ.①家族—研究—乐安县—唐代 Ⅳ.①K820.9

中国版本图书馆 CIP 数据核字(2021)第 016733 号

出版人	赵剑英
责任编辑	刘志兵
责任校对	李　莉
责任印制	李寡寡

出　　版	中国社会群学出版社
社　　址	北京鼓楼西大街甲 158 号
邮　　编	100720
网　　址	http://www.csspw.cn
发 行 部	010 - 84083685
门 市 部	010 - 84029450
经　　销	新华书店及其他书店
印　　刷	北京明恒达印务有限公司
装　　订	廊坊市广阳区广增装订厂
版　　次	2020 年 12 月第 1 版
印　　次	2020 年 12 月第 1 次印刷
开　　本	710×1000　1/16
印　　张	18
插　　页	2
字　　数	286 千字
定　　价	98.00 元

凡购买中国社会科学出版社图书，如有质量问题请与本社营销中心联系调换
电话：010 - 84083683
版权所有　侵权必究

目　　录

绪　论 ………………………………………………………………（1）
　一　中古乐安孙氏家族概观 ……………………………………（1）
　二　相关研究的学术综述 ………………………………………（5）
　三　基本框架与研究的主体内容 ………………………………（17）

第一章　乐安郡九姓，孙氏第一姓
　　　　——乐安孙氏家族先世考略 ……………………………（19）
　一　乐安孙氏家族的族源及得姓始祖 …………………………（20）
　二　"百世兵家之师"孙武 ………………………………………（25）
　三　"名显天下，世传其兵法"的孙膑 …………………………（30）
　四　春秋战国时期乐安孙氏家族尚武风尚的时代特征 ………（37）

第二章　从"尚武"到"尚儒"
　　　　——魏晋南北朝乐安孙氏家族的崛起及其门风转变 ……（44）
　一　秦汉魏晋时期乐安孙氏家族概观 …………………………（44）
　二　孙惠蔚与魏晋南北朝乐安孙氏家族的尚儒门风 …………（46）
　三　魏晋南北朝乐安孙氏家族尚儒门风转变的时代特征 ……（50）

第三章　"冠冕继耀，连环如絫星"
　　　　——唐代乐安孙氏家族的兴盛与发展 …………………（62）
　一　唐代乐安孙氏家族的崛起 …………………………………（62）
　二　唐代乐安孙氏家族的发展壮大 ……………………………（66）

三　唐代乐安孙氏家族的鼎盛与辉煌 ……………………（72）
四　唐代乐安孙氏家族发展特点分析 …………………（82）

第四章　"传儒门经术之业，居孔氏政事之科"
　　——唐代乐安孙氏家族的为政品行 ………………（106）
一　直言敢谏，不畏权豪 …………………………………（107）
二　勤政爱民，为官清廉 …………………………………（110）
三　沉谋潜运，仁以为己任 ………………………………（114）

第五章　门当户对与姻亲相佐
　　——唐代乐安孙氏家族的姻亲家世 ………………（117）
一　与范阳卢氏的联姻 ……………………………………（118）
二　与京兆韦氏的联姻 ……………………………………（122）
三　与河东裴氏的联姻 ……………………………………（125）
四　与陇西李氏的联姻 ……………………………………（128）
五　与河南于氏的联姻 ……………………………………（132）
六　与其他家族的联姻 ……………………………………（135）

第六章　"德义之所府聚，文儒之所膏润"
　　——唐代乐安孙氏家族的家学与家风 ……………（144）
一　以儒学传家，以仁孝为本 ……………………………（144）
二　勤奋力学，笃志不倦 …………………………………（154）
三　代传文雅，积学懿文 …………………………………（157）

第七章　"道德文学，海内所称"
　　——唐代乐安孙氏家族诗文征析 …………………（165）
一　著述宏富的孙逖 ………………………………………（165）
二　孙棨《北里志》及诗作 ………………………………（197）
三　孙偓诗作及其考证 ……………………………………（209）

四　其他 …………………………………………………… (213)

附录一　与乐安孙氏一脉相承的三国富春孙氏 ………… (215)

附录二　乐安孙氏统系图考 …………………………………… (228)

附录三　唐代乐安孙氏家族墓志铭辑录 ……………………… (232)

参考文献 ……………………………………………………… (275)

后　记 ………………………………………………………… (282)

绪　　论

乐安孙氏家族是中古时期较为显赫的家族之一。其家族兴起于春秋战国时期，而后历经秦汉魏晋南北朝发展，至唐代孙偓官至宰相，其家族发展达到兴盛。整个中古时期，乐安孙氏家族历朝历代均有大量族人源源不断入朝为官，名人辈出。其中，既有孙武、孙膑这样名冠中外的大将、军事家，又有官至宰相、侍郎、中书舍人之类的朝中高官，还有手握军政大权的都督、刺史之类的封疆大吏，至于郡守、县令、县尉之类的地方长官更是不可胜数。中古乐安孙氏家族不仅世为官宦，属于典型的仕宦家族，而且其家族文化名人代不乏人，尤其自魏晋以后，以文学资望而知名的文人雅士层出不穷，众多族人所凸显出来的非凡的文学才华，使这个仕宦家族同时也成为典型的文学家族。

一　中古乐安孙氏家族概观

中古乐安孙氏家族的得姓始祖为陈国国君陈厉公的长子陈完之后、齐国大夫孙书。陈宣公二十一年（前672），因陈国内乱，陈完出逃到齐国，并改姓为田，此后田完的后代子孙便在齐国扎根繁衍。田完四世孙田桓子无宇的次子、在齐国官至大夫的田书，因在昭公十九年（前523）统兵征伐莒国有功，不仅被齐景公赐姓孙氏，而且被封于乐安地区，孙书也由此而成为乐安孙氏家族的得姓始祖。春秋战国时期的乐安孙氏家族属于一个典型的军事贵族世家，家族的尚武门风表现得特别突出。孙书本人以军事见长，是著名的军事家，其子孙凭（字起宗）在齐国担任军事要官，其一世孙孙武、五世孙孙膑则是春秋战国时期赫赫有名的军事家。同其祖辈一样,孙膑之子孙胜在秦国也是以军事见长,官至秦国将军。春秋战国时期乐安孙氏家族尚武门风的形成,无疑是与春秋战国时期兵戎相见的诸侯争霸战争以及统治者崇尚武勇的时代特征密不可分的。

相较于春秋战国时期的乐安孙氏家族,秦汉时代的乐安孙氏家族成员除了出任武官外,如孙凭官至车骑将军、孙厚为大将军掾、孙瑶为中郎将(官品与俸秩为二千石,低于诸将军),在地方郡县任职、官职为太守和县令的居多,如安定太守孙询、太原太守孙福、天水太守孙复、清河太守孙邈、汉阳太守孙觥、太原太守孙旒,以及安邑令孙骐、洛阳县令孙儋等。这一时期的乐安孙氏家族成员在朝中任职的不多,只有孙卿官至汉侍中(侍从皇帝左右的官员)、孙国官至尚书郎(在皇帝左右处理政务的官员)。从总体上讲,秦汉时期的乐安孙氏家族成员虽然仕宦不断,但其家族并不十分荣显。

魏晋南北朝时期,乐安孙氏家族有了很大发展。这一时期,除了在地方任职的家族成员外,在朝中任职的家族成员增多,如孙倓曾任太官令,孙芳官至中书令,孙旒累迁黄门侍郎、太子詹事、卫尉等职,孙彌为中坚将军,领尚书左丞,转为上将军,而有才名的孙惠蔚通过察举考试,先后出任中书博士、皇宗博士等职,不久升迁秘书丞、黄门侍郎、中散大夫、正黄门侍郎、著作郎、国子祭酒、秘书监、光禄大夫等职。与春秋战国时期乐安孙氏家族尚武的家族门风不同,魏晋时代乐安孙氏家族门风开始出现转变,这就是从"尚武"向"尚儒"的转化。其转化的关键人物一为曾出任魏秘书监的孙炎,他一生致力于儒家经典注疏和传播,曾"作周易、春秋例、毛诗、礼记、春秋三传、国语、尔雅诸注,又著书十余篇"[1],由于其深谙儒家经典而被时人称为"东州大儒"。二为官至魏济州刺史、除授光禄大夫的孙惠蔚,同孙炎一样,他精通儒家经典,《诗》《书》《孝经》《论语》《易》《礼经》《春秋》等儒学经典无所不学,并且"以儒学振耀一时,为时师友"[2],被誉为

---

[1] (晋)陈寿编撰,(南朝宋)裴松之注:《三国志》卷13《魏书·王朗传》附《王肃传》,中华书局1999年版,第316页。

[2] (唐)孙保衡:《唐故滑州白马县令乐安孙府君墓志铭并序》,载周绍良、赵超主编《唐代墓志汇编》,上海古籍出版社1992年版,第1989页。

"以风鉴儒学,仪范本朝"①的"大儒"。南北朝时期,对乐安孙氏家族儒学传承和发展做出重要贡献的是孙惠蔚族孙孙灵晖与孙万寿。受其曾祖孙惠蔚影响,孙灵晖自幼研学祖上遗留下来的儒家经典著述,不仅对儒学经典研精究微,而且不断访求精通儒学的师友,向学问道。对儒家经典的孜孜探索,使他深得"三礼""三传"之宗旨,并因通晓儒术而被擢授为太学博士和国子博士,专门为北齐宗室南阳王高绰讲授儒家经典。孙灵晖之子孙万寿自幼受到良好的儒学教育,"年十四,就阜城熊安生受五经,略通大义,兼博涉子史",且"善属文"②。魏晋时期乐安孙氏"尚儒"的家族门风,为乐安孙氏家族的发展提供了内在发展动力。

唐代是乐安孙氏家族发展的辉煌时期。唐代乐安孙氏家族历经9代,第一代孙仲将、第二代孙希庄和第三代孙嘉之皆属单传,家族人丁单薄。但是从第三代孙嘉之开始,乐安孙氏家族开始走向发展。孙嘉之本人科举及第,出身进士,官至宋州司马,自此以后家族科第不断。对唐代乐安孙氏家族发展意义更大的,则是从孙嘉之开始,改变了以前乐安孙氏家族四世单传、人丁单薄的状况,自此家族迅速发展壮大。唐代乐安孙氏家族的发展兴盛主要体现在以下三个层面:

其一,科考及第不断。从第三代孙嘉之进士及第开始,唐代乐安孙氏家族便走上了科举兴家之路,科第不断。仅从《新唐·宰相世系表》记载看,唐代乐安孙氏家族第四代有男性成员4人,其中孙逖进士及第,孙遘制举及第,孙造文词清丽举及第。第五代有男性成员11人,其中孙宿制举及第,孙成明经及第。第六代有男性成员20人,其中孙公器词科及第,孙公义明经及第,孙景商进士及第。第七代有男性成员41人,其中孙简、孙范、孙顼、孙珺、孙瑝、孙奭(字化南)、孙备、孙偓8人进士及第,孙嗣初明经及第,孙璘弘文馆生,孙俪乡贡进士及第,孙伉春秋博士。第八代男性成员有28人,其中孙纾、孙徽、孙绦、孙撝、孙拙5人进士及第,孙纬宏词科及第。综合上述统计可知,唐代乐安孙氏家族共有22人科举及第,其中进士15人,制科2人,明经3

---

① (唐)孙保衡:《唐故宣义郎京兆府蓝田县尉乐安孙府君墓志铭并序》,载周绍良、赵超主编《唐代墓志汇编》,上海古籍出版社1992年版,第1920页。
② (唐)魏征:《隋书》卷76《文学传·孙万寿传》,中华书局1973年版,第1735页。

人，词科及第 2 人。

其二，仕宦人数众多，并且不乏朝中高官。唐代乐安孙氏家族是一个典型的仕宦家族，从第一代到第九代皆有家族成员仕宦为官。第一代孙仲将、第二代孙希庄和第三代孙嘉之皆仕宦为官。三代单传的孙嘉之有子 4 人皆出身仕宦，其中，孙逖官至左羽林兵曹参军，孙遘官至亳州刺史，孙造官至詹事司直，孙逊官至刑部侍郎、中书舍人。第五代有 11 人仕宦为官，其中多人官至刺史，如孙宿官至刑部郎中、中书舍人、华州刺史，孙成官至桂州刺史兼御史中丞，孙会官至郴州、温州、庐州、宣州、常州刺史并赠工部尚书，孙公彦官至睦州刺史。第六代有 17 人仕宦为官，大多为中高级官员，其中孙公器官至信州刺史、邕府经略使兼御史中丞，孙惟肖官至监察御史，孙微仲官至沔州刺史，孙公义官至吉州刺史、饶州刺史、睦州刺史、工部尚书，孙复礼官至贝州刺史，孙景商则入朝为官，曾任殿中侍御史、刑部员外郎、天平节度使等职，孙向大理评事兼监察御史。第七代有 32 人仕宦为官，这一代是唐代乐安孙氏家族最荣显时期，不仅仕宦人数众多，而且有数人在朝中担任中高级官员，其中孙简官至中书舍人，孙范官至监察御史、淄青节度使，孙方绍官至大理寺丞，孙碧官至汀州刺史，孙瑝官至御史中丞、汀州刺史，孙尧官至夔州刺史，孙储官至湖州刺史、天雄节度使、秦州节度使、兵部尚书，而孙偓状元及第并官至宰相，把唐代乐安孙氏家族推向前所未有的荣光时期。第八代有 22 人仕宦为官，亦有数人担任刺史、吏部侍郎、侍御史、监察御史等类的中高级官职，如孙景章官至永州刺史、太子中舍人，孙说官至蓬州刺史，孙徽官至常州刺史，孙纬官至歙州刺史、吏部侍郎，孙蚪官至侍御史，孙玩官至蓬州刺史，孙榮官至中书舍人，孙揆官至中书舍人、京兆尹，孙拙官至监察御史、殿中侍御史、中书舍人等职。总之，从第四代到第八代，是唐代博州武水乐安孙氏家族发展、兴盛时期，其时家族人丁兴旺，仕宦人数众多，并且出现了许多朝中高官。

其三，文儒兼修的家族门风，家族的文化底蕴深厚。唐代乐安孙氏家族承袭了魏晋南北朝时期乐安孙氏家族尚儒的家族门风。孙逊作为振兴唐代乐安孙氏家族的关键人物，无疑是唐代乐安孙氏家族崇尚儒学的典范，他一生大力倡扬和推崇儒家之道，无论是为人、为学还是为政，抑或品评人物，皆以儒家的伦理道德为指针，始终践行着儒家伦理道德规范。其后代子孙像孙宿、孙成、孙简、孙瑝、孙偓、孙拙、孙审象、孙景商、孙备、孙景裕、孙婴、孙方绍等皆传承了先世崇尚儒学的文化精神和文化人格，通经学古，"传儒门经术之业，居孔氏政事之科，根于惠慈，辅以才术，行存家范"①，凸显出浓厚的尚儒的家族门风。与魏晋时期的乐安孙氏家族有所不同，唐代乐安孙氏家族"开始由单纯'尚儒'转为'文儒兼修'"②。孙逖之父孙嘉之在弱冠之年便以文章而著名，其文学作品有"文穷三变而尤工气质"③的特点。孙嘉之有子四人，皆精于词学；有女六人，亦对图书史籍有着广泛的兴趣。尤其是孙逖，既是名儒，又是有唐一代颇有文名的文学大家，早年便因文学出众而登文藻宏丽科，其杰出的文学成就得到时人高度赞誉。受家族浓厚文学氛围的影响，孙逖后代子孙如孙宿、孙绎、孙成、孙方绍、孙公器、孙简、孙纾、孙徽、孙绿、孙备、孙储、孙瀚、孙伉、孙倚、孙铎、孙埴、孙棨、孙偓等，皆表现出杰出的文学才华，许多人则因文学才华和文学修养出众或进士及第，或在仕途升迁中转任为"掌侍进奏，参议表章。凡诏旨制敕、玺书册命，皆起草进画"④的中书舍人一职。文儒兼修的家族门风，无疑使乐安孙氏家族的文化底蕴十分深厚。

纵观唐代乐安孙氏家族发展史不难看出，唐代乐安孙氏家族是一个典型的仕宦家族和文学家族，科举与文学在其家族的发展过程中有着重要的地位和作用。

二 相关研究的学术综述

中国传统社会是以家族为本位的宗法社会，强调以家族为中心，家

---

① （唐）孙保衡：《唐故滑州白马县令乐安孙府君墓志铭并序》，载周绍良、赵超主编《唐代墓志汇编》，上海古籍出版社1992年版，第1989页。
② 张卫东、陈翔：《唐代文儒孙逖家族研究》，《江西社会科学》2010年第9期。
③ （唐）孙逖：《宋州司马先府君墓志铭》，载（清）董诰等编《全唐文》卷313，中华书局1983年版，第3182页。
④ （宋）欧阳修、宋祁：《新唐书》卷47《百官志二》，中华书局1975年版，第1211页。

族是社会的基本细胞。正如中国文化名人梁启超先生在《新大陆游记》中所说:"吾中国社会之组织,以家族为单位,不以个人为单位,所谓家齐而后国治是也。周代宗法之制,在今日其形式虽废,其精神犹存也。"[1] 家族对中国传统社会政治、经济、文化等各个方面有着极为重要的影响。由此,家族问题的研究始终成为学术界研究的重要课题[2]。

乐安孙氏作为中古时期有名的仕宦家族之一,早为学界所关注。对春秋战国时期乐安孙氏的研究,学界主要集中在以下几个方面:一是对孙子故里的研究,二是对孙武及《孙子兵法》的研究,三是对孙膑及其军事思想的研究。

---

[1] 梁启超:《饮冰室合集》专集第5册,中华书局1989年版。
[2] 有学者指出,早在20世纪二三十年代,近代学者就开始了对家族制度的研究,出版了吕思勉的《中国宗族制度小史》(中山书局1929年版)、陶希盛的《婚姻与家庭》(商务印书馆1934年版)、高达观的《中国家族社会之演变》(正中书局1934年版)、潘光旦的《明清两代嘉兴的望族》(商务印书馆1941年版)、王伊同的《五朝门第》(成都金陵大学中国文化研究所1943年版)、瞿同祖的《中国与中国社会》(商务印书馆1947年版)等专著。日本学者则从40年代开始,出版了加藤常贤的《中国古代家族制度研究》、清水盛光的《支那家族的构造》(岩波书店1942年版)和《中国族产制考》(岩波书店1949年版)、牧野巽的《支那家族研究》(生活社1944年版)和《近世中国宗族研究》(日光书院1944年版)、守屋美都雄《中国古代的家族和国家》和《中国古代的家族研究》等一大批有代表性的研究论著。进入80年代后,家族史的研究受到学界的普遍关注,研究成果不断问世,有代表性的研究成果有徐扬杰的《中国家族制度史》(人民出版社1992年版)和《明清家族制度史论》(中华书局1995年版)、冯尔康、常建华等编著的《中国宗族社会》("社会史丛书",浙江人民出版社1994年版)、朱凤瀚的《商周家族形态研究》(天津古籍出版社1990年版)、郑振满的博士论文《明清福建家族组织与社会变迁》("博士论丛",湖南教育出版社1992年版)、朱勇的博士论文《清代宗族法研究》("博士论丛",湖南教育出版社1987年版),以及常建华的《宗族志》(上海人民出版社1998年版)等(参见陈爽《近年来有关家族问题的社会史研究》,《光明日报》1998年10月24日)。21世纪是家族史研究继续发展和兴盛时期,从已有的研究成果看,这一时期的家族史研究除了一些宏观性的成果外(如陈其南先生的《家族与社会》,联经有限公司2004年版),主要侧重于某个具体历史时期或某一历史时期具体家族的探索,或者侧重于某一区域家族的研究。代表性成果如王善军的《宋代宗族和宗族制度研究》(河北教育出版社2000年版)、林济的《长江流域的宗族与宗族生活》(湖北教育出版社2004年版)、夏炎的《中古世家大族清河崔氏研究》(天津古籍出版社2004年版)、刘焕阳的《宋代晁氏家族及其文献研究》(齐鲁书社2004年版)、黄宽重的《宋代的家族与社会》(台北东大图书股份有限公司2006年版)、郑振满的《明清福建家族组织与社会变迁》(中国人民大学出版社2009年版)等。

孙武的故里在乐安,这是学界的共识。然而有关乐安地望位于何地,学界却众说纷纭,意见不一。从已有的研究成果看,有关孙子故里的研究主要有惠民说、广饶说、博兴说、临淄说四种观点,另有少数学者坚持高唐说和曹邑说等论点。劳允超的《孙子里籍述略》[①]一文,通过对《新唐书·宰相世系表》《古今姓氏书辨证》《元和姓纂》等历史文献的阐述、唐代乐安的设置沿革以及地域位置的论证辨析,结合对惠民县境流传和遗留的有关孙子的轶闻、遗事、遗迹的调研,指出唐代的乐安即当今山东省惠民县为孙子的故里。霍印章、李政教的《孙子故里"惠民说"新证——惠民县出土北宋乐安吴尧墓志铭考》[②]一文,赞同李浴日论著《孙子兵法之综合研究》(商务印书馆1938年版)中关于孙子是从唐朝的乐安郡亦即现代的惠民县附近奔吴为将的观点,通过对出土于惠民县的北宋乐安吴尧墓志铭考证,指出唐朝将棣州改为乐安郡,因而自唐朝开始孙氏得以"乐安"为封号,由此认为孙子故里乐安即棣州,而棣州即是现在的山东省惠民县。2005年,霍印章先生又发表《孙子故里"惠民说"再证》[③]一文,主要从先秦时期的封邑制、孙子故里"乐安"名称的来源与演变、历史地理的沿革、唐代官方文献《新唐书·宰相世系表》的体例,以及自唐代将棣州改为乐安郡后、孙氏家族大量受封乐安爵号的史实等层面,进一步诠释了现在的山东省惠民县为孙子故里的观点,进而指出在有关孙子故里的论点中,"博兴说""广饶说""临淄说""高唐说"以及"莒邑说"都是不能成立的。宋书其、杨祥林《孙武故里考析》[④]一文,通过对文献史料和唐朝棣州所管辖区域的考察,认为从汉代到唐朝,乐安无论是作为乐安县、乐安国还是作为乐安郡,都与棣州乐安郡亦即现在的惠民县有涉,因此孙武的故里地处现在的惠民县是无疑的。舒荣先、牛万政《孙武里籍考辨》[⑤]一文,根据《汉书·地理志》《惠民县志》和清《博兴县志》以及《山东各地

---

① 劳允超:《孙子里籍述略》,《军事历史研究》1991年第3期。
② 霍印章、李政教:《孙子故里"惠民说"新证——惠民县出土北宋乐安吴尧墓志铭考》,《管子学刊》1992年第1期。
③ 霍印章:《孙子故里"惠民说"再证》,《滨州学院学报》2005年第5期。
④ 宋书其、杨祥林:《孙武故里考析》,《山东社会科学》1998年第1期。
⑤ 荣先、牛万政:《孙武里籍考辨》,《东岳论丛》1988年第6期。

概况·博兴县建置沿革》等文献史料记载，结合对乐安故城的考察，指出汉乐安在今山东博兴县内，而汉乐安是齐乐安的沿袭，由此认为齐乐安在今山东博兴境内，孙武应为今山东省博兴县人。郭光的《从两部〈一统志〉论广饶是孙武的故里》一文①，依据《大明统一志》《大清统一志》有关乐安县设置的记载，认为今天的广饶县境是齐国孙氏封地乐安的地面，因而孙武的故里是广饶县。骆承烈的《孙武里籍考》②，通过对广饶县的沿革，以及《续修广饶县志》《广饶县志》《山东通志》《乐安县志》等地方志记载的考察，认为历史上的乐安在今广饶县的理由较多。陈可畏的《孙武故里考》③一文，则依据广饶县的地理位置、经济、文化发展状况，以及孙姓聚居数量，认为孙武故里即为今天的广饶县。刘蔚华在《孙武故里探原》④一文中指出，孙武故里之原是春秋末齐国首邑人，而齐国首邑地望的中心区域在广饶境域。张效忠的《孙武故里新说》⑤一文，不同意把孙武故里定为乐安的说法，该文通过对当时齐国的军事管理制度、孙武的家族史、孙武的文化程度等方面的考察，认为《春秋·左传》中把古齐城（今临淄）定为孙武故里的记载是正确的。

《孙子兵法》作为一部影响深远的兵书，一直是学界研究的热点。有的学者对《孙子兵法》在世界的传播与影响进行了论述。唐瑭、董晓波《〈孙子兵法〉在英语世界的译介》⑥一文指出，受地理环境、历史背景等因素的影响，《孙子兵法》最先传入的国家是日本，2500多年来，《孙子兵法》在世界各地广为流传，截至2014年，已有英、俄、日、法、德、西班牙等40多种外文译本问世，其中应用最为广泛、影响最为深远的当属《孙子兵法》的英译本。孙远方的《〈孙子兵法〉的

---

① 郭光：《从两部〈一统志〉论广饶是孙武的故里》，《石油大学学报》（社会科学版）1991年第3期。
② 骆承烈：《孙武里籍考》，《石油大学学报》（社会科学版）1991年第3期。
③ 陈可畏：《孙武故里考》，《管子学刊》1991年第3期。
④ 刘蔚华：《孙武故里探原》，《管子学刊》1991年第3期。
⑤ 张效忠：《孙武故里新说》，《石油大学学报》（社会科学版）2000年第3期。
⑥ 唐瑭、董晓波：《〈孙子兵法〉在英语世界的译介》，《中国社会科学报》2018年9月26日。

国际传播与影响》[①] 一文，主要对《孙子兵法》在日本、朝鲜半岛、法国、美国等国家或地区的传播情况，以及《孙子兵法》思想在世界的影响进行了论述，指出《孙子兵法》精神思想在政治领域、外交领域、体育竞技领域尤其是在军事领域和经营管理领域所产生的作用，必将随着《孙子兵法》在国际范围的传播而得到广泛的应用。李桂峰的《〈孙子兵法〉在日本与欧美的传播与研究述略》[②] 一文，则对《孙子兵法》在日本和欧美国家传播的不同阶段以及研究的具体情况进行了系统考察论述，认为日本、欧美国家是在与自己民族文化充分结合的基础上，对《孙子兵法》采取了有自身特色的研究与借鉴，而不是直接的"拿来主义"。苏桂亮的《〈孙子兵法〉域外传播研究——以书籍流通为中心》[③]，全面系统地考察和论述了不同时期《孙子兵法》在域外流传和应用的基本状况及其研究成果，向世人昭示了《孙子兵法》所具有的独特魅力及其所蕴含的普世价值。《孙子兵法》在日本的传播和影响最为突出，因而这方面的研究成果颇为丰富。代表性成果如吴荣政的《论〈孙子兵法〉在日本的传播与影响》[④] 一文，论述了《孙子兵法》在日本传播的时间、基本概况，以及日本各界研究《孙子兵法》的代表作品，并重点对佐藤坚司的《孙子之思想史的研究》、川野收的《银雀山竹简孙子研究》、服部千春的《孙子兵法校解》三部研究《孙子兵法》的论著进行了简要评述，还对日本在各个领域对《孙子兵法》的运用进行了概述。高殿芳的《〈孙子兵法〉在日本的传播源流简述》[⑤] 一文，主要论述了《孙子兵法》在日本的传播源流情况，指出《孙子兵法》被吉备真备带回日本之后，直至日本历史上的战国末期，《孙子兵法》一直是作为日本朝廷的密藏图书，这一时期的《孙子兵法》在日本还未得到广泛宣传；而在日本的德川幕府时期之后，日本才出现了《孙子兵法》研究高

---

① 孙远方：《〈孙子兵法〉的国际传播与影响》，《中国社会科学报》2018年12月7日。
② 李桂峰：《〈孙子兵法〉在日本与欧美的传播与研究述略》，《临沂师范学院学报》2009年第4期。
③ 苏桂亮：《〈孙子兵法〉域外传播研究——以书籍流通为中心》，《滨州学院学报》2017年第1期。
④ 吴荣政：《论〈孙子兵法〉在日本的传播与影响》，《广西民族学院学报》1997年第3期。
⑤ 高殿芳：《〈孙子兵法〉在日本的传播源流简述》，《日本研究》1988年第4期。

潮，出现了大量的有关《孙子兵法》的研究论著。该文还对德川幕府时期《孙子兵法》研究高潮出现的原因及其研究的特点进行了考察。高殿芳、穆志操的《涌入日本的〈孙子兵法〉》①一文，则对传入日本的中国不同版本的《孙子兵法》进行了论述。苏桂亮的《孙子兵法研究在日本》②，主要对《孙子兵法》传入日本的时间、日本研究《孙子兵法》的三个阶段及其表现，以及不同时期日本研究《孙子兵法》所体现出来的特点进行了论述。吴学文的《从文化视角看日本对〈孙子兵法〉的研究与应用》③一文，不赞成学界有关日本对《孙子兵法》的研究和应用深入全面、成就很大的观点，指出从公元 8 世纪至 18 世纪中叶，虽然日本出现了对《孙子兵法》研究和应用的一个高潮，但对《孙子兵法》质疑和反对的呼声也一直存在；"脱亚入欧"的日本一些思想家、兵法家虽然推崇《孙子兵法》、研究《孙子兵法》，但他们的主流思想却是有着浓厚侵略性质的近代军事思想体系，与《孙子兵法》的精神实质相距甚远；第二次世界大战后日本虽然又出现了一股《孙子兵法》的研究热潮，但《孙子兵法》的研究与应用并没有在日本主流社会产生影响，《孙子兵法》思想精神对日本的影响仍然不大。熊剑平的《日本对〈孙子兵法·用间篇〉的研究与运用》④，主要就日本学者对《孙子兵法·用间篇》中的用间思想的研究和运用状况，以及《孙子兵法》中的用间思想对日本军事学术和军事实践产生的影响进行了论述。此外，日本学者佐藤坚司《孙子研究在日本》⑤、平间洋一的《〈孙子兵法〉对日本海军的影响》⑥、宇佐见哲也的《日本军内外对孙子研究的发展状况》⑦等论著，也分别对《孙子兵法》在日本的传播、研究和应用及其影响进行

---

① 高殿芳、穆志操：《涌入日本的〈孙子兵法〉》，《军事历史研究》1992 年第 1 期。
② 苏桂亮：《孙子兵法研究在日本》，《滨州学院学报》2005 年第 5 期。
③ 吴学文：《从文化视角看日本对〈孙子兵法〉的研究与应用》，《孙子研究》2015 年第 5 期。
④ 熊剑平：《日本对〈孙子兵法·用间篇〉的研究与运用》，《滨州学院学报》2011 年第 2 期。
⑤ 佐藤坚司：《孙子研究在日本》，军事科学出版社 1993 年版。
⑥ [日] 平间洋一：《〈孙子兵法〉对日本海军的影响》，《军事历史》1991 年第 1 期。
⑦ [日] 宇佐见哲也：《日本军内外对孙子研究的发展状况》，《军事历史研究》1990 年第 4 期。

了阐述。有的学者还分析了《孙子兵法》受到西方关注的因素。如王亚萍、刘文娟在《〈孙子兵法〉在西方引起广泛关注的原因》[①]一文中认为,《孙子兵法》之所以受到西方各界的关注与重视,首先在于《孙子兵法》具有超越时空的理论价值;其次在于《孙子兵法》与西方军事理论具有很强的互补性;另外还在于《孙子兵法》所蕴含的崇尚智谋的竞争意识和"不战而屈人之兵"的和平倾向与当今世界和平及发展的时代潮流相契合。于汝波主编的《孙子兵法研究史》一书,作为首部系统阐述有关《孙子兵法》研究的学术史论著,该书对从远古至现代有关《孙子兵法》研究与运用的概况以及各个时期的主要特点进行了全面系统的阐析,并对7—20世纪《孙子兵法》在国外的传播、影响以及20世纪国外关于《孙子兵法》的应用理论研究进行了论述[②]。该论著对于了解《孙子兵法》的历史地位和国际影响皆具有重要学术价值。黄朴民、高润浩《孙子攻守思想述论》[③]一文,从攻守的选择、攻敌的手段、进攻的原则、进攻与防守的关系四个层面,对《孙子兵法》所体现出的攻守思想进行了阐释,并对《孙子兵法》攻守思想对后世的影响进行了论析。尚伟的《〈孙子兵法〉中的军事伦理思想及当代价值》[④],主要对《孙子兵法》所蕴含的"重战与慎战相融通的战略理念""道胜与全胜相统一的价值目标""仁爱与法令相结合的治兵之道"等军事伦理观及

---

① 王亚萍、刘文娟:《〈孙子兵法〉在西方引起广泛关注的原因》,《滨州学院学报》2007年第5期。
② 于汝波主编:《孙子兵法研究史》,军事科学出版社2001年版。《孙子兵法研究史》共分13篇,其篇目分别为:《孙子兵法》酝酿产生时期——远古至春秋;《孙子兵法》研究发轫时期——战国;《孙子兵法》初期校理时期——秦汉;《孙子兵法》早期注解时期——魏晋南北朝;《孙子兵法》的注释高峰时期——隋唐五代;武经首位确立时期——宋元;《孙子兵法》疏解阐发时期——明代;古代孙子研究的终结和再造——清代;《孙子兵法》与近代西方军事融合时期——中华民国;孙子学创立及大普及时期——中华人民共和国;《孙子兵法》传入外国的初始时期——7世纪至19世纪;《孙子兵法》传播及影响不断扩大时期——20世纪;20世纪国外关于《孙子兵法》的应用理论研究。除了上述13篇外,还有"'孙子兵法八十二篇'证伪"和"1993—2000年《孙子兵法》研究论著知见录"两篇附录。
③ 黄朴民、高润浩:《孙子攻守思想述论》,《孙子研究》2015年第1期。
④ 尚伟:《〈孙子兵法〉中的军事伦理思想及当代价值》,《理论学习》2014年第7期。

现实意义进行了阐述。黄朴民《〈孙子〉真伪及价值》①，主要对《孙子》一书基本成型的时间、作者和具体理由进行了论析，并对《孙子》的思想特点、理论价值以及对后世兵学理论的影响进行了阐述。阎盛国的论著《〈孙子兵法〉经世致用研究》②，主要以《孙子兵法》所凸显的经世致用为研究视角，在对《孙子兵法》文本进行深入诠释的基础上，结合丰富的文献史料，将军事学、历史学、考据学以及文献学等学科理论和方法融会贯通，分别对《孙子兵法》所体现的胜利哲学、战争意识与战时经济、战略战术思想、《孙子兵法》的文学传播，以及《孙子兵法》的古代和现代应用个案等层面进行了探析。褚良才的《孙子兵法研究与应用》③一书，共分《研究篇》《应用篇》《论丛篇》《参引篇》四部分内容，《研究篇》是对《孙子兵法》文本的注释、训诂以及白话文和英译文的翻译，《应用篇》是对《孙子兵法》在当今国家安全、企业管理、政治哲学、外交谈判等各个领域中应用的论述，《论丛篇》是有关孙子的专题研究，《参引篇》是对相关文献资料的辑录。该书尤其值得称道的是在《研究篇》中，作者"采用纵向和横向计量的研究方法，对孙子文献进行了共时和历时的纵横比较研究；在对文字的校勘、训诂以及文献版本的辨伪、辑佚中，先构建一个古兵书字词索引，然后做定性和定量分析，从而使一些难训、疏训、漏训、误训的字词，一目了然，迎刃而解。这种全新的研究方法带来的不仅仅是在字词的训释方面提出了独到可信的见解，更重要的是为《孙子兵法》的研究注入了新的生机与活力"④。阎盛国的《〈孙子兵法〉所见战时经济问题探析》⑤，主要对《孙子兵法》所见战时开支问题、战时经济动员问题、战时赋役问题进行了系统论析，以期通过"对《孙子兵法》所反映的特定历史时代的战时经济问题，借此进一步丰富对春秋时代战时经济问题的认知"。

---

① 黄朴民：《〈孙子〉真伪及价值》，《烟台大学学报》（哲学社会科学版）1997年第3期。
② 阎盛国：《〈孙子兵法〉经世致用研究》，中国社会科学出版社2017年版。
③ 褚良才：《孙子兵法研究与应用》，浙江大学出版社2002年版。
④ 刘春志：《序言》，载褚良才《孙子兵法研究与应用》，浙江大学出版社2002年版，第2页。
⑤ 阎盛国：《〈孙子兵法〉所见战时经济问题探析》，《孙子研究》2018年第2期。

张其海《孙子武德思想的内涵及传承路径研究》[①]一文，阐释了《孙子兵法》所蕴含的以"仁"为核心的武德思想及其表现，认为《孙子兵法》武德思想主要体现在军人应有的"安国保民"的价值观，以及将帅所应具备的"智、信、仁、勇、严"的"五德"素养，并就孙子武德思想传承的四个层面进行了具体阐释。

相较于对孙武及《孙子兵法》的研究，学界有关孙膑与《孙膑兵法》的研究成果相对较少。代表性成果主要有：亓文婧的《山东昌邑一带孙膑崇拜习俗考略》[②]一文，结合文献史料及田野调查，对官方祭祀和地方祭祀的孙膑崇拜这一历史文化现象进行了论述，并就孙膑在昌邑一带被神化的原因进行了论析，认为孙膑之所以能在昌邑地区尤其是瓦城一带受到民众祭祀崇拜，其原因一与瓦城一带曾是孙膑的采地有关，二与元明清以来戏曲、小说、话本和民间故事及民谣对孙膑形象的神化有关，三与寄托当地民众的美好愿望有关。邱复兴《孙膑对孙子兵学的贡献》[③]一文，认为孙膑作为孙武的宗室后代子孙，作为一个杰出的军事家，在战争观、战略战术运用以及治军建军等方面继承并发展了孙武的军事理论思想。陈相灵《〈孙膑兵法〉的理论贡献及现实意义》[④]一文，对《孙膑兵法》在中国古代军事史上的历史地位、理论贡献以及现实价值进行了具体阐述。侯艺林、张宇翔的《〈孙膑兵法〉之精兵思想——兼谈孙膑对前人思想的继承与创新及对后世的影响》[⑤]一文，主要对《孙膑兵法》体现出来的慎战、富国、常备不懈、质量建军等为内涵的精兵思想及其对后世军事思想发展的影响进行了诠释。徐炳杰在《〈孙膑兵法〉军事学术价值探析》[⑥]一文中，结合《孙膑兵法》中的16篇文献，从九个层面就《孙膑兵法》的军事学术地位进行了系统阐

[①] 张其海：《孙子武德思想的内涵及传承路径研究》，《孙子研究》2018年第2期。
[②] 亓文婧：《山东昌邑一带孙膑崇拜习俗考略》，《孙子研究》2018年第2期。
[③] 邱复兴：《孙膑对孙子兵学的贡献》，《滨州学院学报》2006年第1期。
[④] 陈相灵：《〈孙膑兵法〉的理论贡献及现实意义》，《滨州学院学报》2010年第1期。
[⑤] 侯艺林、张宇翔：《〈孙膑兵法〉之精兵思想——兼谈孙膑对前人思想的继承与创新及对后世的影响》，《滨州学院学报》2011年第5期。
[⑥] 徐炳杰：《〈孙膑兵法〉军事学术价值探析》，《孙子研究》2016年第1期。

释。韩红宇的《论〈孙膑兵法〉的民本思想及其时代价值》①认为,民本思想是《孙膑兵法》理论体系中的主要内容,为此,该文就《孙膑兵法》民本思想产生的历史根源、民本思想的内涵、时代特点及其影响进行了系统阐述。吴显庆的《论〈孙膑兵法〉中的政治辩证法思想》②,主要就《孙膑兵法》所蕴含的丰富的政治辩证法思想及其与军事辩证法之间的密切关系进行了论析。除此之外,该文还从多个层面论述了《孙膑兵法》对《孙子兵法》有关思想以及儒家某些思想因素的吸收与发展。王晓雪的《〈孙膑兵法〉的流传、失传及研究价值初探》③一文,首先考察论述了《孙膑兵法》的文本流传和杂途流传情况,其次对《孙膑兵法》在东汉以后失传的因素进行了探析,最后就研究《孙膑兵法》的价值进行了思考。

有关魏晋乐安孙氏家族的研究成果寥寥无几,从知网检索仅有姜涛的《从〈尔雅注〉看孙炎对郑学的继承》④一文,该文通过对魏晋时代乐安孙氏家族族员孙炎《尔雅注》内容与方法的考察,对孙炎《尔雅注》在雅学史上的历史地位进行了论述,认为孙炎注《尔雅》不仅师承精于雅学的经学大师郑玄,深得郑玄要旨,而且其注《尔雅》所呈现出的同中有异的意象,使孙炎的《尔雅注》别具特色,加之其注《尔雅》并不是笼统地训释,而是附以词语的精详辨析和对理据的探求,从而使孙炎的《尔雅注》在雅学史上颇具价值,因而能为大多数后人所沿用。

与魏晋乐安孙氏家族的研究成果相比,有关唐代乐安孙氏家族的研究成果相对增多。翻检研究成果可以看出,学界有关唐代乐安孙氏家族的研究主要侧重于乐安孙氏族人孙逖及其诗文创作,只有少量论文对孙逖的家世、家族进行了研究。臧清的《唐代文儒的文学与历史承担——从张说到孙逖》⑤一文,主要以张说和孙逖等唐代著名文臣为代表,梳

---

① 韩红宇:《论〈孙膑兵法〉的民本思想及其时代价值》,《青海社会科学》2012年第6期。
② 吴显庆:《论〈孙膑兵法〉中的政治辩证法思想》,《战略决策研究》2011年第4期。
③ 王晓雪:《〈孙膑兵法〉的流传、失传及研究价值初探》,《管子学刊》2008年第3期。
④ 姜涛:《从〈尔雅注〉看孙炎对郑学的继承》,《贵州文史丛刊》1989年第2期。
⑤ 臧清:《唐代文儒的文学与历史承担——从张说到孙逖》,《郑州大学学报》2004年第4期。

理了唐代文与儒结合、演变的历史进程,阐释、揭示了唐代的文儒在不同时期的历史承担与文学观念。具体到对孙逖本人的论述,文中认为孙逖的思想意识最能代表唐代偏儒路向一派文儒的新思路,在孙逖的思想意识中,他更是突出了儒学的重要性,视儒家道德为文儒的支点,如在其章表碑志中对人物的评价,就是把儒家道德标准置于极为突出的位置。任红敏在《吴越烟霞染诗情——宦游吴越对孙逖山水诗创作的影响》[1]一文中,结合具体诗作,对开元初宦游吴越的诗人孙逖的山水诗风格及其对开元前期清淡山水诗风的影响进行了论述,认为孙逖写于吴越的山水诗主要特色是将山水自然的描写与宦情紧密结合在一起,以山水纪行诗的形式将仕宦羁留异乡的心理感受和思乡之情凸显出来,诗作情景交融,清新清淡,意境优美空静,气势阔大高远,色彩鲜润明丽,唐代开元前期山水诗清淡风格的形成与孙逖吴越山水诗的诗风有着密切关系。欧阳明亮的《论孙逖"文儒"身份形成之渊源》[2]一文,重点论述了唐代乐安孙氏家族的核心人物孙逖文儒身份形成的主要因素,认为孙逖之所以能成为有唐一代著名的文儒,是与孙氏整个家族前后几代人的文化积累密不可分的,其中既与其先世——魏晋以来孙氏家族中的孙惠蔚、孙灵晖、孙万寿通晓儒学尤其是礼乐之学以及家族留意文翰的家学背景有关,也与孙氏一门"世载清德"、注重自身道德修养的家风传承有关。王冠一的《从"文贵形似"到"形神兼备"——读孙逖山水诗》[3]一文,以孙逖的山水诗为例,具体考察论述了从南朝到唐代诗风变化及其哲学审美追求的发展,认为盛唐山水诗所体现出来的"形神兼备"的艺术特色,是唐代山水诗发展进步的主要体现,孙逖的《下京口埭夜行》《山行遇雨》等山水诗,则将诗的"形神兼备"发挥到一种极致;而建立在这种诗风现象背后的审美追求,则反映了在唐代诗人的抒情胸怀中,是将"无我之境"和"有我之境"容纳为一的。欧阳明亮

---

[1] 任红敏:《吴越烟霞染诗情——宦游吴越对孙逖山水诗创作的影响》,《沈阳工程学院学报》2006年第4期。
[2] 欧阳明亮:《论孙逖"文儒"身份形成之渊源》,《皖西学院学报》2007年第6期。
[3] 王冠一:《从"文贵形似"到"形神兼备"——读孙逖山水诗》,《社会科学论坛》2008年第3期。

的《孙逖与他的山水行役诗》①，对成长于北方中原地区的孙逖在仕宦南方吴越期间创作的一批山水行役诗的创作特色进行了论述，认为孙逖的山水行役诗，折射出孙逖首次踏入江南时的内心情感反应，如客愁乡思之情，以及对中原文化的依恋心态，表现出孙逖在接触到南方文化场域时的心灵感悟。欧阳明亮、郑莉的《唐代诗人孙逖与他的〈宿云门寺阁〉》②一文，则对孙逖《宿云门寺阁》一诗的意蕴进行了论析。张卫东的《唐代文儒孙逖籍居之地考释》③，针对孙逖籍贯的三种说法（河北涉县说、山东聊城说、河南巩县说），通过文献资料的佐证，对孙逖籍居之地进行了具体考释，文中赞同孙逖门生颜真卿所说的孙逖祖籍为博州武水，后寓居潞州涉县，然后又迁居河南巩县的观点，认为颜真卿在《尚书刑部侍郎赠尚书右仆射孙逖文公集序》中称孙逖为"河南巩人。其先自乐安武水，寓于涉而徙焉"的说法，与孙逖的实际生活状态相符合。张卫东、陈翔的《唐代文儒孙逖家族研究》④一文，对先唐孙氏家族及唐代孙逖家族的发展状况进行了论述，在此基础上，探析了孙逖家族所凸显出来的家学门风，认为其家族门风是随着时代演进而变化的。具体来说，唐代孙逖家族从孙嘉之开始，便由魏晋时期孙氏家族单纯的"尚儒"门风转变为"文儒兼修"，并在孙嘉之之子孙逖身上得以凸显。除了"文儒兼修"的家族门风外，唐代孙逖家族还凸显出孝悌传家的家风。张葳在《唐中后期的官僚家族与科举——对孙逖家族的一种考察》⑤一文中，首先对孙逖家族崛起于唐朝的状况进行了考察，着重论述了孙嘉之、孙逖父子在孙逖家族发展中所起的作用；其次考察了孙逖家族制举入仕、进士入仕和门荫入仕的情况，通过考察分析得出，孙氏家族在第一代和第二代主要是通过制举得以在政治上发展，而科举进士入仕从第三代逐渐增多，第四代和第五代则变成以科举进士入仕为

---

① 欧阳明亮：《孙逖与他的山水行役诗》，《兰台世界》2009年第4期。
② 欧阳明亮、郑莉：《唐代诗人孙逖与他的〈宿云门寺阁〉》，《古典文学知识》2009年第2期。
③ 张卫东：《唐代文儒孙逖籍居之地考释》，《学习与探索》2010年第4期。
④ 张卫东、陈翔：《唐代文儒孙逖家族研究》，《江西社会科学》2010年第9期。
⑤ 张葳：《唐中后期的官僚家族与科举——对孙逖家族的一种考察》，《江西社会科学》2015年第6期。

主；最后论述了家族伦理和礼法以及家族成员之间的交往和联系等因素在维系孙氏家族政治地位中所起的作用。许友根的《唐代孙逖科举家族成因初探》[①]一文，通过对文献史料的考察、梳理，主要对孙逖家族一世到六世家族成员科举入仕的基本情况进行了论述，在此基础上，分析了孙逖科举家族形成的四个基本因素。

一般来说，簪缨相继的仕宦家族既是古代中国社会的政治主体，也是文化上的主体，无论是在中央还是地方社会中皆发挥着重要的影响和作用。中古乐安孙氏家族历史发展源远流长，同样他们在中国历史上产生了重要影响，是一个值得研究的社会群体。从以上的学术史回顾可以看出，学界有关中古乐安孙氏家族的研究取得了可喜的学术成果，许多问题已有了相当深入的研究。但是上述研究，主要侧重于对家族个案人物的研究上，对于唐代的乐安孙氏家族研究，除了有数篇论文对孙逖家族进行整体论析外，其他研究成果则着重于对孙逖及其诗文成就的探论。乐安孙氏家族作为中古时期有着悠久历史的著名仕宦家族，学界有必要对其家族从整体上予以观照。

三 基本框架与研究的主体内容

本书对中古乐安孙氏家族的兴起与发展脉络进行了梳理，重点是以唐代博州武水乐安孙氏家族为考察研究对象，探析其家族先世、兴起与发展脉络及时代特征，对其家族科第与仕宦情况、联姻对象、家族文化以及文学成就等进行了考察和论析。

本书除了绪论部分（概述了中古乐安孙氏家族，对有关中古乐安孙氏家族的研究进行了学术综述，简要介绍了本书的基本框架与研究的主体内容）和附录部分外，主要有七章内容。

第一章主要对唐代乐安孙氏家族的族源、得姓始祖以及先世孙武与孙膑进行了考察论述，并对春秋战国时期乐安孙氏家族所凸显出来的尚武风尚的时代特征进行了阐释。

---

① 许友根：《唐代孙逖科举家族成因初探》，《唐都学刊》2016年第4期。

第二章在对秦汉魏晋时期乐安孙氏家族进行简要概述的基础上，主要论述了魏晋南北朝时期乐安孙氏家族的尚儒门风，并结合历史文化语境，对魏晋南北朝乐安孙氏家族尚儒门风转变的时代特征进行了论析。

第三章至第七章是对唐代乐安孙氏家族的考察，也是本书研究的主体内容。第三章主要梳理考察了唐代乐安孙氏家族崛起与发展的状况，对其家族科举、仕宦情况进行了具体论述。作为一个典型的仕宦家族，唐代乐安孙氏家族为官者表现出良好的政治德行和为政风范，为此本书第四章对该家族所凸显出来的悉心为政、诚厚为国、力行忠道的仕宦理念及其政治实践进行了具体阐释。为了维护和扩大家族的社会地位和社会影响，唐代乐安孙氏家族的联姻对象凸显出对名门望族的重视，为此本书第五章对该家族的姻亲家世进行了考察和论述。唐代乐安孙氏家族经过世代传承，形成了以儒学相传、以仁孝为本的家风，形成了勤奋力学、好为文雅的家学，为此本书第六章对该家族所凸显出来的家学、门风进行了论析。唐代乐安孙氏家族不仅是一个仕宦家族，同时也是一个典型的文化家族，几乎每代都有以文学著称于世的成员，文学成就突出，在唐代文坛上占有一席之地，为此本书第七章主要对唐代乐安孙氏族人孙逖、孙崇、孙偓诗文著述成就进行了征略与分析。

第一章　乐安郡九姓，孙氏第一姓

——乐安孙氏家族先世考略

在中古乐安孙氏家族的先世中，出现过许多赫赫有名、对历史发展做出重要贡献的历史人物，而其中的孙武、孙膑作为春秋战国时期著名的军事家以及中国历史上兵家的代表人物，在"齐、晋、吴、楚迭为霸国，更相吞灭，以至七雄"[①]的战国争霸过程中各为其主，分别为吴、齐二国建立霸国地位立下汗马功劳，成为中国历史上难得的一段千古佳话。正如东汉著名史学家班固所说："春秋之后，灭弱吞小，并为战国……雄桀之士因势辅时，作为权诈以相倾覆，吴有孙武，齐有孙膑，魏有吴起，秦有商鞅，皆擒敌立胜，垂著篇籍。"[②]有学者指出，从乐安孙姓的得姓情况及早期发展历史可以看出，乐安孙姓之所以特别出名，原因即在于得姓始祖孙书的孙子是春秋时期大军事家孙武，此后乐安孙姓不断发展壮大，逐渐成为所有孙姓中最著名的一支[③]。虽然乐安孙姓在以后历史发展过程中不断向外迁移，但乐安孙姓长期以来一直是排在当地姓氏之首的第一大姓，所谓"乐安郡九姓：孙、任、高、薛、目、仲、蒋、房、亢"[④]。

[①]（唐）杜佑：《通典》卷148《兵一·叙兵》，中华书局1988年版，第3787页。
[②]（汉）班固撰，（唐）颜师古注：《汉书》卷23《刑法志第三》，中华书局1999年版，第921页。
[③]参见张卫东、陈翔《唐代文儒孙逖家族研究》，《江西社会科学》2010年第9期。
[④]（宋）乐史撰，王文楚等点校：《太平寰宇记》卷18《青州》，中华书局2007年版，第351页。

一 乐安孙氏家族的族源及得姓始祖

作为中华民族人口众多的主要大姓，孙姓源头出自多支。学界有人认为出自战国时期思想家荀况之后，汉代皇室成员汉宣帝刘询继位后，为避讳，荀况后代子孙便改"荀"为"孙"。还有学者认为出自商汤王后裔比干之后。比干是商代帝王太丁的次子、帝辛（商纣王）的叔叔，他因犯颜直谏商纣王而被纣王杀害。之后其子孙为躲避被纣王追杀的危险，纷纷隐姓埋名，甚至改姓换名，有的以自己原本为王族子孙的缘故，便改为王孙氏，后衍化成单姓孙氏。而据《元和姓纂》和《新唐书·宰相世系表》记载，孙姓祖源主要有三大源头：姬姓、芈姓、妫姓。

姬姓孙氏出自周文王第八子卫康叔之后，如《元和姓纂》卷4"孙"姓条记载说："周文王第八子卫康叔之后，至武公生惠孙。惠孙生耳，为卫上卿。耳生武仲，以王父字为氏。"①《新唐书·宰相世系表》则明确记载说：

> 孙氏出自姬姓。卫康叔八世孙武公和生公子惠孙，惠孙生耳，为卫上卿，食采于戚，生武仲乙，以王父（按：指惠孙）字为氏。乙生昭子炎，炎生庄子纥，纥生宣子鳟，鳟生桓子良夫，良夫生文子林父，林父生嘉，世居汲郡。晋有孙登，即其裔也。②

由此可知，姬姓孙氏的祖先为卫国康叔八世孙卫武公姬和之孙姬武仲，姬武仲为卫武公姬和公子惠孙之孙，为纪念祖父惠孙，姬武仲便以祖父的孙字为氏，称孙氏，所以姬武仲又称孙仲，自此其后代皆以孙为

---

① （唐）林宝撰，岑仲勉校记：《元和姓纂（附四校记）》卷4，中华书局1994年版，第460页。文中"王父"指的是"祖父"。关于"王父"的含义，《释亲》中有这样的解释："父之考为王父，则王父是祖也。"见（宋）魏了翁《尚书要义》卷10，文渊阁《四库全书》本。
② （宋）欧阳修、宋祁：《新唐书》卷73下《宰相世系表》，中华书局1975年版，第2945页。

姓。春秋时期叔孙豹之子孙昭子、卫国上卿孙良夫、卿大夫孙林父，以及晋代的孙登都是他的后裔。

芈姓孙氏为楚王蚡冒之后，对此《新唐书·宰相世系表》这样记载道：

> 又有出自芈姓。楚蚡冒生王子蒍章，字无钩，生蒍叔伯吕臣，孙蒍贾伯嬴生蒍艾猎，即令尹叔敖，亦为孙氏。①

文中所说蒍艾猎，即春秋时期楚国名相蒍敖（字艾猎、孙叔），其祖父为楚王蚡冒之孙、楚国令尹蒍吕臣，父亲蒍贾（字伯嬴）为春秋时楚国司马。蒍敖为政期间，"施教导民，上下和合，世俗盛美，政缓禁止，吏无奸邪，盗贼不起。秋冬则劝民山采，春夏以水，各得其所便，民皆乐其生"②，西汉著名史学家司马迁在《史记·循吏列传》中，将其放在循吏之首进行介绍、赞美。其后人对这样一位为官奉职循理、政绩显赫且深受民众爱戴的祖辈颇感自豪，于是便以其字"孙叔"中的"孙"字为姓氏。

妫姓孙氏出自齐国贵族田完的后代。《新唐书·宰相世系表》有如下一段记载：

> 又有出自妫姓。齐田完字敬仲，四世孙桓子无宇，无宇二子：恒、书。书字子占，齐大夫，伐莒有功，景公赐姓孙氏，食采于乐安。生凭，字起宗，齐卿。凭生武，字长卿，以田、鲍四族谋为乱，奔吴，为将军。三子：驰、明、敌。明食采于富春，自是世为

---

① （宋）欧阳修、宋祁：《新唐书》卷73下《宰相世系表》，中华书局1975年版，第2945页。宋人邓名世在《古今姓氏书辩证》中不同意此说，认为"'《唐宰相表》云：孙氏一家出楚蚡冒，生王子蒍章，字无钩。生蒍叔伯吕臣，孙蒍贾伯嬴，生蒍艾猎，即令尹孙叔敖，亦为孙氏'。误矣"。他指出"蒍敖，字孙叔，一名艾猎。古人先字后名，故谓之孙叔敖。《传》曰：蒍敖为宰，择楚国之令典。是称其姓名。伍参曰：'若事之集，孙叔为无谋矣。'是称其字也。今驳正之，明其未尝为孙氏"。见（宋）邓名世撰，王力平点校《古今姓氏书辩证》卷7，江西人民出版社2006年版，第111页。

② （汉）司马迁：《史记》卷119《循吏列传·孙叔敖传》，中华书局1959年版，第3099页。

富春人。明生膑，膑生胜，字国辅，秦将。胜生盖，字光道，汉中守。生知，字万方，封武信君。知生念，字甚然，二子：丰、益。益字玄器，生卿，字伯高，汉侍中。生凭，字景纯，将军。二子：屈、询。询字会宗，安定太守。二子：鸾、骐。鸾生爰居，爰居生福，为太原太守，遇赤眉之难，遂居太原中都。太原之族有岚州刺史昉，生存进，安定太守。询次子骐，字士龙，安邑令。二子：通、夐。通子孙世居清河，后魏有清河太守灵怀。武德中，子孙因官徙汝州郏城。灵怀曾孙茂道。①

以上对妫姓孙氏家族的族源及其家族发展情况进行了简要梳理。由上记载可知，妫姓孙氏的得姓始祖为陈国国君陈厉公的长子陈完之后、齐国大夫孙书，同时也是唐代魏郡武水乐安孙姓的得姓始祖。对此，唐代孙逖在为其父孙嘉之撰写的《宋州司马先府君墓志铭》中有明确记载："府君讳嘉之，字某，魏郡武水（今山东省聊城市西南）人也。故属乐安，盖齐大夫书之后。"②

孙书字子占，本姓田，而其祖先原本姓陈，为陈国国君陈厉公的长子陈完。关于陈完，《史记·田敬仲完世家》有以下一段具体记述：

陈完者，陈厉公他之子也。完生，周太史过陈，陈厉公使卜完，卦得观之否："是为观国之光，利用宾于王。此其代陈有国乎？不在此而在异国乎？非此其身也，在其子孙。若在异国，必姜姓。姜姓，四岳之后。物莫能两大，陈衰，此其昌乎？"

厉公者，陈文公少子也，其母蔡女。文公卒，厉公兄鲍立，是为桓公。桓公与他异母。及桓公病，蔡人为他杀桓公鲍及太子免而立他，为厉公。厉公既立，娶蔡女。蔡女淫于蔡人，数归，厉公亦数如蔡。桓公之少子林怨厉公杀其父与兄，乃令蔡人诱厉公而杀之。林自立，是为庄公。故陈完不得立，为陈大夫。厉公之杀，以

---

① （宋）欧阳修、宋祁：《新唐书》卷73下《宰相世系表》，中华书局1975年版，第2945—2946页。

② （唐）孙逖：《宋州司马先府君墓志铭》，载（清）董诰等编《全唐文》卷313，中华书局1983年版，第3182页。

淫出国，故春秋曰"蔡人杀陈他"，罪之也。

庄公卒，立弟杵臼，是为宣公。宣公二十一年，杀其太子御寇。御寇与完相爱，恐祸及己，完故奔齐。齐桓公欲使为卿，辞曰："羁旅之臣幸得免负檐，君之惠也，不敢当高位。"桓公使为工正。齐懿仲欲妻完，卜之，占曰："是谓凤皇于蜚，和鸣锵锵。有妫之后，将育于姜。五世其昌，并于正卿。八世之后，莫之与京。"卒妻完。完之奔齐，齐桓公立十四年矣。

完卒，谥为敬仲。仲生穉孟夷。敬仲之如齐，以陈字为田氏。

田穉孟夷生湣孟庄，田湣孟庄生文子须无。田文子事齐庄公。

晋之大夫栾逞作乱于晋，来奔齐，齐庄公厚客之。晏婴与田文子谏，庄公弗听。

文子卒，生桓子无宇。田桓子无宇有力，事齐庄公，甚有宠。[1]

由上文记述可知，孙书出身于一个典型的贵族家族，其先祖陈完是春秋时期陈国国君陈厉公的次子。陈庄公自立为君时，陈完官任大夫一职。陈宣公二十一年（前672），陈国发生内乱，陈宣公废嫡立庶，太子御寇被杀。因御寇与陈完平日相善，往来频繁，因此陈完在御寇被杀之后便出逃到齐国，以远祸避害。齐桓公本来想让到齐国避难的陈完担任"卿"一职，陈完却以"羁旅之臣幸得免负檐，君之惠也，不敢当高位"为由推辞，齐桓公于是任命陈完为掌管百工的"工正"一职。陈完到齐国之后，便把陈氏改为田氏[2]，由此陈完改称田完。之后，田完的

---

[1] （汉）司马迁：《史记》卷46《田敬仲完世家》，中华书局1959年版，第1879—1881页。
[2] 关于孙书祖先陈完改"陈"姓为"田"姓的原因，《史记》中是这样注解的："《集解》徐广曰：'应劭云始食菜地于田，由是改姓田氏。'《索隐》据如此云，敬仲奔齐，以陈田二字声相近，遂以为田氏。应劭云'始食菜于田'，则田是地名，未详其处。《正义》案：敬仲既奔齐，不欲称本国故号，故改陈字为田氏。"见（汉）司马迁《史记》卷46《田敬仲完世家第十六》，中华书局1959年版，第1880页。到底《史记》中哪种说法比较准确，学界有不同的观点。如有的学者赞同陈完改"陈"姓为"田"姓是因"陈田二字声相近"的缘故；田战省先生在其论著《影响世界的大军事家》（北方妇女儿童出版社2010年版）之《孙武·世代兵家》中，则进行了这样的诠释，认为陈完到达齐国后，由于其出色的工作和绝佳的人品，齐桓公便赐给他一些田庄。陈完一则为了隐姓避难，二则为了表示对齐桓公赐封田庄的感激，三则由于当时陈、田二字的读音差不多，所以便以田为姓，改陈完为田完。

后代子孙在齐国逐渐繁衍，田氏家族不断发展。田完的四世孙是侍奉齐庄公的田桓子无宇，因其力大无比且以勇武著称，很受齐庄公的宠爱。田无宇生有田恒和田书二子①，次子田书，在齐景公朝官至"大夫"一职，因伐莒（今山东莒县）有功，被齐景公赐姓孙氏，受封于乐安②地区，孙书由此亦成为乐安孙氏家族的得姓始祖。孙书受封乐安后，即率家人迁居此地，乐安孙姓家族由此不断繁衍发展。

孙书是著名的军事家，在春秋各国争霸中，多次被齐国君主任命为主帅出征作战。如据《春秋左传注·昭公十九年》记载：

> 秋，齐高发帅师伐莒，莒子奔纪鄣。使孙书伐之。初，莒有妇人，莒子杀其夫，已为嫠妇。及老，托于纪鄣，纺焉以度而去之。及师至，则投诸外。或献诸子占，子占使师夜缒而登。登者六十人，缒绝。师鼓噪，城上之人亦噪。莒共公惧，启西门而出。七月丙子，齐师入纪。③

公元前523年秋，齐国大夫高发率军征伐莒国，莒国国君莒共公逃往纪鄣（莒国都城之一，在今江苏赣榆东北），齐景公便令孙书统兵攻取纪鄣。孙书利用当初受莒共公迫害的莒国一妇女作内应，以其投放城外的布帛为绳子，夜晚率兵攀绳登上纪鄣城，莒共公迫不得已弃城从西门逃跑，齐军以此轻取了纪鄣。

孙书父亲田无宇因以勇武著称而受到齐庄公宠爱，孙书本人则因有杰出的军事才能且伐莒有功而被齐景公封于乐安，父子二人的这种人生际遇在一定程度上也不能不影响后代子孙的发展路径。可以说，除了当时尚武的时代环境外，孙书与其父的发迹经历无疑亦为其后代子孙提供了发展的环境和基础。

---

① 一种说法田无宇有田开、田乞、田书三个儿子。
② 关于乐安在现在何地，学界主要有广饶说、惠民说、博兴说、临淄说、高唐说等主要观点。
③ 杨伯峻编著：《春秋左传注》，中华书局1981年版，第1403页。

二 "百世兵家之师"孙武

在孙书的后代子孙中，出现了许多赫赫有名的政治家和军事家，其子孙凭（字起宗）为齐国上卿[①]，其孙则是以兵法见长的著名军事家同时亦是政治家的孙武。

孙武（约前545—前470），字长卿，春秋时期齐国乐安人。孙凭和孙书分别是孙武之父和祖父。也许缘于其祖辈以精通军事的家世背景，孙武自小也非常喜欢兵法、兵书，家中所收藏的远自黄帝、近至夏商周和春秋时期的历代兵书是他时常阅读的书籍。春秋末期，齐国国内发生田、鲍、栾、高四族谋乱。为了远祸避害，避免孙氏家族因与田氏家族不可分割的血脉关系而招致杀身之祸，孙武全家便在孙凭的率领下出奔到日渐兴盛的吴国。在吴国，孙武因其精通兵法而受到吴王阖闾的赏识和重用，被任命为将。对此司马迁在《史记·孙武吴起列传》中有以下一段具体记述：

> 孙子武者，齐人也。以兵法见于吴王阖庐。阖庐曰："子之十三篇，吾尽观之矣，可以小试勒兵乎？"对曰："可。"阖庐曰："可试以妇人乎？"曰："可。"于是许之，出宫中美女，得百八十人。孙子分为二队，以王之宠姬二人各为队长，皆令持戟。令之曰："汝知而心与左右手背乎？"妇人曰："知之。"孙子曰："前，则视心；左，视左手；右，视右手；后，即视背。"妇人曰："诺。"

[①] 孙凭生平事迹在文献史料中无具体记载。"上卿"为春秋时期朝廷中的高级官员，一般分上卿、中卿、下卿三个级别，其职位相当于丞相一职。如《春秋经传集解·成公三年》记载："冬十一月，晋侯使荀庚来聘，且寻盟。卫侯使孙良夫来聘，且寻盟。公问诸臧宣叔曰：'中行伯之在晋也，其位在三。孙子之于卫也，位为上卿。将谁先？'对曰：'次国之上卿当大国之中，中当其下，下当其上大夫。小国之上卿当大国之下卿，中当其上大夫，下当其下大夫。上下如是，古之制也。"见（晋）杜预集解《春秋经传集解》，上海古籍出版社1988年版，第668—669页。《吕氏春秋》则有这样的记载："魏文侯见段干木，立倦而不敢息。反见翟黄，踞于堂而与之言。翟黄不说，文侯曰：'段干木官之则不肯，禄之则不受；今女欲官则相位，欲禄则上卿。既受吾实，又责吾礼，无乃难乎！'"见张双棣等注译《吕氏春秋译注·慎大览第三·下贤》，北京大学出版社2000年版，第447页。

约束既布，乃设铁钺，即三令五申之。于是鼓之右，妇人大笑。孙子曰："约束不明，申令不熟，将之罪也。"复三令五申而鼓之左，妇人复大笑。孙子曰："约束不明，申令不熟，将之罪也，既已明而不如法者，吏士之罪也。"乃欲斩左右队长。吴王从台上观，见且斩爱姬，大骇。趣使使下令曰："寡人已知将军能用兵矣。寡人非此二姬，食不甘味，愿勿斩也。"孙子曰："臣既已受命为将，将在军，君命有所不受。"遂斩队长二人以徇。用其次为队长，于是复鼓之。妇人左右前后跪起皆中规矩绳墨，无敢出声。于是孙子使使报王曰："兵既整齐，王可试下观之，唯王所欲用之，虽赴水火犹可也。"吴王曰："将军罢休就舍，寡人不愿下观。"孙子曰："王徒好其言，不能用其实。"于是阖庐知孙子能用兵，卒以为将。西破强楚，入郢，北威齐晋，显名诸侯，孙子与有力焉。①

孙武为吴王阖闾（即阖庐）作兵法十三篇，而后将其试之以妇人，由此得到吴王了解和信任，"卒以为将"。在吴国与南方十分强盛的楚国的诸侯争霸战争中，吴国大夫伍子胥认为"欲兴兵戈以诛暴楚，以霸天下而威诸侯，非孙武之将，而谁能涉淮逾泗，越千里而战者乎"，于是吴王阖闾遂以孙武为将，对楚发动了"涉淮逾泗，越千里而战"的伐楚战争。公元前509年，孙武、伍子胥率吴军"围楚师于豫章，大破之"。继而又对楚军巢地展开围攻，"克之，获楚公子繁以归为质"。公元前506年，吴楚两军又在柏举（今湖北麻城东北）发生大规模会战。战前，孙武和伍子胥针对"楚之为兵，天下强敌也。今臣与之争锋，十亡一存"的局势，建议吴王联合对楚国有怨的唐、蔡两个诸侯国，共同结盟伐楚。吴王接受二将"得唐、蔡而可伐楚"的建议，派使者出使唐、蔡，达成了"三国合谋伐楚"的战略决策。之后，吴、唐、蔡三国"舍兵于淮汭，自豫章与楚夹汉水为阵"。当时孙武统兵3万与20万楚军展开对决。战争中，孙武采用机动灵活的作战方略，迂回远袭，在柏举一举击溃强大的楚师主力，然后乘胜追剿，经过五战五捷，"径至于郢"，一度攻入了楚国都城郢（今湖北荆州）②，在中国古代战争史上创造了

---

① （汉）司马迁：《史记》卷65《孙子吴起列传》，中华书局1959年版，第2161—2162页。
② 参见（汉）赵煜《吴越春秋》卷2《阖闾内传第四》，文渊阁《四库全书》本。

以少胜多的军事奇迹。对此,战国时期著名军事家尉缭在其军事学名著《尉缭子》一书中有这样赞誉:"有提十万之众而天下莫当者,谁?曰:桓公也。有提七万之众而天下莫当者,谁?曰:吴起也。有提三万之众而天下莫当者,谁?曰:武子也。"① 在给长期称雄的强大楚国以沉重打击后,孙武又率师北上,继而对齐国和晋国构成了强大的威胁,孙武由此名显于诸侯各国。也正是在孙武的辅助下,吴国奠定了在春秋时期各诸侯国的霸主地位。

孙武不仅是著名的善战制敌的军事指挥家,也是名垂青史的军事理论家。他所著《孙子兵法》一书,是一部博大精深、思想深邃的军事理论名著,《四库全书总目提要》称其为"百代谈兵之祖"②。

成书于春秋时代的《孙子兵法》又称《孙子》《孙武兵法》《孙武兵书》《吴孙子兵法》等,全书包括《计篇》《作战篇》《谋攻篇》《形篇》《势篇》《虚实篇》《军争篇》《九变篇》《行军篇》《地形篇》《九地篇》《火攻篇》《用间篇》共13篇③内容,探析、总结和揭示了春秋时期的战争规律、战争经验、作战方针以及治军原则,蕴含着巨大而又丰富的兵学理论和价值。如《谋攻篇》中所提出的"知己知彼,百战不殆。不知彼而知己,一胜一负;不知彼,不知己,每战必殆"的知己知彼的思想;《形篇》和《九变篇》中所说的"胜兵先胜而后求战,败兵先战而后求胜""故用兵之法,无恃其不来,恃吾有以待也;吾恃其不

---

① (周)尉缭撰,钟兆华校注:《尉缭子校注》卷1《制谈第三》,中州书画社1982年版,第12页。
② (清)纪昀总纂:《四库全书总目提要》卷99,河北人民出版社2000年版,第2533页。
③ 前引《史记·孙武吴起列传》称"孙子武者,齐人也。以兵法见于吴王阖庐。阖庐曰:'子之十三篇,吾尽观之矣'。"而在汉代史学家班固撰写的《汉书·艺文志》中却称"《吴孙子兵法》八十二篇,图九卷"(见班固《汉书》卷30《艺文志第十》,中华书局1962年版,第1756页)。宋人曾公亮等撰著的《武经总要》也称"孙武书凡八十二篇,图九卷"(见曾公亮等著,陈建中、黄明珍点校《武经总要·前集》卷8,商务印书馆2017年版,第124页)。伏奕冰先生在《〈孙子兵法〉82篇考》(《古籍整理研究学刊》2015年第3期)一文中指出,先秦时期到司马迁时期,流行的说法是《孙子兵法》13篇,但为什么在《汉书·艺文志》中增加到82篇?对此伏先生认为,《汉志》所说的《孙子兵法》82篇,"包括本传所说之13篇,这是《经》,其余69篇中包含孙子后学累世增加而成的《传》。同时,西汉校勘书籍时有大量复本,82篇中当主要是13篇的复抄本"。

攻，恃吾有所不可攻也"的不打无准备之仗的思想；《作战篇》中所讲的"兵贵胜，不贵久""故兵闻拙速，未睹巧之久也"的速战速胜的军事原则；《虚实篇》《军事篇》中所说的"夫兵形象水，水之形避高而趋下，兵之形避实而击虚""故善用兵者，避其锐气，击其惰归"的避其锋芒、避实击虚的思想；《虚实篇》所说的"我专而敌分，我专为一，敌分为十，是以十共其一也，则我众而敌寡"的集中兵力、各个击破的思想；《虚实篇》"战胜不复，而应形于无穷""水因地而制流，兵因敌而制胜。故兵无常势，水无常形。能因敌变化而取胜者"的灵活机动、因敌制胜的作战方针；《计篇》中所说的"兵者，诡道也。故能而示之不能，用而示之不用，近而示之远，远而示之近；利而诱之，乱而取之；实而备之，强而避之；怒而挠之，卑而骄之；佚而劳之，亲而离之；攻其不备，出其不意"的"兵不厌诈"的用兵思想，以及"将者，智、信、仁、勇、严也"的选用将帅思想①等。这些在世界兵学史上具有重要价值。

自《孙子兵法》问世后，历代政治家对其深邃的军事理论给予高度评价。如曹操在为《孙子兵法》所作序中，对该书众多深邃的作战策略给予这样赞誉："圣人之用兵也，戢而时动，不得已而用之。吾观兵书战策多矣，孙武所著深矣！审计重举，明画深图，不可相诬。"②唐太宗李世民对《孙子兵法》特别是书中的虚实军事理论更是给予高度评价，认为"观诸兵书，无出孙武。孙武十三篇，无出虚实。夫用兵，识虚实之势，则无不胜焉"③。自《孙子兵法》问世后，便为历代政治家、军事家、思想家推崇备至，将其奉为兵学之圣典，以至于如太史公司马迁所说："世俗所称师旅，皆道《孙子》十三篇。"④宋人戴少望在《将鉴论断·孙武》中，虽然从儒家以仁义取天下的立场上对孙武操术颇有微词，认为孙武操术"有余于权谋而不足于仁义；能克敌制胜为进取之图，而不能利国便民为长久之计"，但对其所撰《孙子兵法》用兵之术

---

① 参见唐满先译注《孙子兵法今译·前言》，江西人民出版社1985年版，第5—8页。
② （明）张溥：《汉魏六朝百三家集》卷23《魏武帝集·孙子兵法序》，文渊阁《四库全书》本。
③ （唐）李靖著，吴如嵩、王显臣校注：《李卫公问对校注》卷中，中华书局1983年版，第30页。
④ （汉）司马迁：《史记》卷65《孙子吴起列传》，中华书局1959年版，第2168页。

却倍加推崇,认为"孙武之书十三篇,众家之说备矣。奇正、虚实、强弱、众寡、饥饱、劳逸、彼己、主客之情状,与夫山泽、水陆之阵,战守攻围之法,无不尽也。微妙深密,千变万化而不可穷。用兵,从之者胜,违之者败,虽有智巧,必取则焉。可谓善之善者矣"①。宋代著名政治家苏洵也以自己特有的认识视角,对《孙子兵法》十三篇所体现出的"言兵之雄"特色给予评价,指出从"论奇权密机,出入神鬼"的内容和理论来看,《孙子兵法》无疑为"自古以兵著书者罕所及"②。神宗元丰三年(1080),为了适应熙宁五年(1072)于武成庙重新设置"武学"之教学与考选武举需要,国子司业、起居舍人朱服,武学博士何去非等人,承诏"校定《孙子》《吴子》《六韬》《司马法》《三略》《尉缭子》《李靖问对》等书,镂板行之"③,统称《武经七书》,以此作为由政府刊行的军事理论教科书。在校定、刊行的《武经七书》中,《孙子兵法》被选作全书之首,其在兵学经典中的历史地位和作用是不言而喻的。

从前述相关研究的学术史回顾中可知,《孙子兵法》不仅在国内产生了重大影响,而且在国外引起巨大反响④。《孙子兵法》不仅走出国

---

① (明)丘濬:《大学衍义补》卷142,文渊阁《四库全书》本。
② 参见(宋)苏洵著,曾枣庄、金成礼笺注《嘉祐集笺注》卷3《权书·孙武》,上海古籍出版社1993年版,第54页。
③ (宋)李焘:《续资治通鉴长编》卷303,神宗元丰三年夏四月乙未,中华书局2004年版,第7375页。
④ 专家学者研究表明,《孙子兵法》在国外的流传,最早在日本。唐朝中叶,日本来华留学生吉备真备归国时将《孙子兵法》带回日本,由此开始了中国古代兵法的奠基之作在日本的传播。据统计,到891年,日本已有6种汉文版本的《孙子兵法》,并且还出现了许多以通晓《孙子兵法》而著名的学者和军人。1660年,随着第一部《孙子兵法》日文版本的问世,《孙子兵法》在日本的传播、普及和研究更是呈现出日益深入的趋势。18世纪中后叶,《孙子兵法》又在朝鲜和越南得到传播。18世纪下半叶,开始了《孙子兵法》西传的历程。1772年,由法国神父约瑟夫·阿米奥特翻译的《孙子兵法》法文版在巴黎出版;1860年,俄国汉学家斯列兹涅夫斯基完成了《孙子兵法》的译作——《中国将军孙子对其部下的指示》;1905年,第一本《孙子兵法》英译本在日本东京出版;1910年,第一本《孙子兵法》德译本——《孙子兵法——一位中国军事经典作家论战争》在德国柏林出版。《孙子兵法》在美国的流传虽然晚于欧洲,但进入20世纪80年代,美国对《孙子兵法》的研究和运用不仅相当普遍,而且日益深入。不仅如此,《孙子兵法》还成为美国一些著名的大学尤其是军事院校的教科书,并且被列为必修课程。据不完全统计,目前《孙子兵法》已被翻译成日、法、英、德、俄、朝鲜、越南、捷克、西班牙等近30种语言文字,全世界已有数百种《孙子兵法》的各种译本。参见褚良才《〈孙子兵法〉在国外的流传、研究、评论、影响及应用》,载褚良才《孙子兵法研究与应用》,浙江大学出版社2002年版,第517—521页。

门，而且在国外的传播乃至影响力日益广泛和深入。

在春秋时期乐安孙氏家族发展史上，孙武无疑是其中一个关键人物。虽然孙武在帮助吴国建立霸主地位后销声匿迹，但正是因为孙武之声望，他的次子孙明才得以受荫被封为富春侯，食采于富春（今浙江富阳），由此与乐安孙氏一脉相承的富春孙氏得以出现并发展起来。富春孙氏自孙明封侯食采于富春以来，其家族历经秦、汉两代繁衍生息，到三国时期已发展成为江南地区赫赫有名的世家望族。而东吴孙权政权的建立，则使得孙氏家族的发展达到巅峰。

三 "名显天下，世传其兵法"的孙膑

司马迁《史记·孙子吴起列传》有云："孙武既死，后百余岁有孙膑。"[1] 应该说，孙膑是孙武的后人，这已是不可争议的历史事实。然而关于孙膑是孙武的几世孙，文献资料中却有多种不同的记载。如前引《新唐书》卷73下《宰相世系表》中称孙武有三子：孙驰、孙明、孙敌，"明（孙明）食采于富春，自是世为富春人。明生膑，膑生胜……胜生盖"[2]。在《新唐书·宰相世系表》中，显然是将孙膑作为孙武的一世孙。国家图书馆馆藏清光绪十六年木活字本《溧阳孙氏宗谱》中，则认为孙膑应是孙武的五世孙而非其一世孙："孙武生明，明生顺，顺生机，机生操，操生膑"。从资料的可信程度看，一般来说宗谱的可信度是比较高的。如果由此推论的话，战国时期的孙膑应是孙武的五世孙是可信的。

孙膑，字伯灵，《史记·孙子吴起列传》中称其生于"阿、鄄之间"。关于阿、鄄的具体地理位置，学界一般认为在今山东省阳谷县阿

---

[1] （汉）司马迁：《史记》卷65《孙子吴起列传》，中华书局1959年版，第2162页。
[2] （宋）欧阳修、宋祁：《新唐书》卷73下《宰相世系表》，中华书局1975年版，第2945—2946页。

城镇、菏泽市鄄城县北一带①。

同其祖父孙武一样,孙膑也以精通军事而著称。孙膑一生遭遇坎坷,据司马迁《史记·孙子吴起列传》记载,"孙膑尝与庞涓俱学兵法。庞涓既事魏,得为惠王将军,而自以为能不及孙膑,乃阴使召孙膑。膑至,庞涓恐其贤于己,疾之,则以法刑断其两足而黥之,欲隐勿见"。孙膑一生虽然遭遇坎坷,但他并没有自暴自弃,而是心怀大志。"齐使者如梁,孙膑以刑徒阴见,说齐使。齐使以为奇,窃载与之齐。齐将田忌善而客待之。忌数与齐诸公子驰逐重射。孙子见其马足不甚相远,马有上、中、下辈。于是孙子谓田忌曰:'君弟重射,臣能令君胜。'田忌信然之,与王及诸公子逐射千金。及临质,孙子曰:'今以君之下驷与

---

① 对于司马迁所说阿、鄄之间当属何地有学者进行过具体考证,指出司马迁所说的阿,就是战国时期齐国的阿邑;他所说的鄄,就是春秋时期卫国的鄄(或称作甄)邑,即现在的菏泽地区鄄城县城北二十余里处的旧城。阿、鄄两城呈西南东北方向,相距约200华里。就战国时期的阿、鄄之间这200里的宽广领域里,还夹着刚寿(寿张)、阳谷、范武子士会(范县)三个邑村。司马迁所说阿、鄄之间当何地似难确定,但据多方查证和考究,还是可以确定的:第一,从地域上来看,阿、鄄之间的阳谷至今属聊城,而寿张和范县1964年之前均属聊城地区。之后以黄河金堤为界划给河南省。但寿张和范县的旧县城现都在聊城地区境内,它们分别是阳谷县的寿张镇和莘县的古城镇。阿、鄄之间90%的地面在聊城辖区内。所以从大的范围来讲,孙膑的故里在聊城是合情合理的。第二,清朝《东阿县志》卷4《古迹》记载:"孙膑营,兖州府志,县西南五十里,史记膑生阿、鄄之间,疑即此地。"又"庞涓井,泰安府志,县西南五十里,有庞涓井,以琉璃甃之,名曰琉璃井。"这些地方正好是阿城一带。只因黄河多次决口,早已被水土淹没,无处查寻。该志书卷13《人物》部分,还节录了《史记·孙子吴起列传》上有关孙膑的部分。卷15《艺文志》部分有"孙子兵法,孙膑著"条目。假如孙膑不是东阿人,东阿县志是不会有此多记载的。而阿城镇则是古东阿的县城,是东阿县的象征。第三,清朝《阳谷县志》卷4《古迹》部分记载:"县城东北五十里有大孙百户寨,县城东北三十五里有小孙百户寨;阿城,在县城东北五十里,即齐威公阿大夫所治之邑,"这些地方统统都在阿城镇或附近一带。第四,在现今阿城镇城北古城内,原建有孙膑古庙,内有孙膑塑像。古时,香火甚盛,以祭孙膑。第五,孙膑是古阿邑人也是当代学术界之共识。如1979年上海辞书出版社出版的《辞海》孙膑条目下记载:"孙膑,战国时兵家,齐国阿(今山东省阳谷东北)人。"1982年山东人民出版社出版的《齐鲁英杰》一书,在其孙膑介绍中称"孙膑,战国时齐国阿(今山东省阳谷东北)人"。1986年解放军出版社出版的霍印章编写的《孙膑兵法浅说》讲道:"孙膑是孙武的后世子孙,齐国阿(今山东省阳谷东北)人。"1990年解放军出版社出版的《中国人名大辞典》亦作如是言。以上这四家所讲的阳谷东北阿,都是指现在阿城镇古城遗址阿邑。总之,说孙膑是阳谷阿城人是有其充分理由的。参见刘文学《孙膑与聊城》,《聊城大学学报》1991年第4期。

彼上驷，取君上驷与彼中驷，取君中驷与彼下驷。'既驰三辈毕，而田忌一不胜而再胜，卒得王千金。于是忌进孙子于威王。威王问兵法，遂以为师。"① 在战国时期列国争霸中，孙膑以军师身份，运用正确的军事理论和战略谋略，先后两次辅佐齐国大将田忌击溃魏国大将庞涓，夺得了"围魏救赵"的桂陵之战和解韩国之困的马陵之战的军事胜利，齐国也由此取得了称霸东方的霸业地位，孙膑也因此"名显天下，世传其兵法"②。唐人周昙在他的咏史诗中，曾发出这样一番感慨和赞誉："曾嫌胜己害贤人，钻火明知速自焚。断足尔能行不足，逢君谁肯不酬君。"③

桂陵之战和马陵之战是战国中期齐国和魏国发生的两次极具历史影响战役，战争中孙膑所运用的避实击虚、"示形动敌"、减灶诱敌等一系列正确的军事谋略与战略战术，无疑闪烁着孙膑深邃的军事思想和智慧的光芒，不仅在中国古代军事战略史上极具重要意义，而且在现代军事文化建设史上亦有重要的借鉴价值和作用。诚如有学者所说"战国时期发生在齐、赵、魏范围（今河北省邯郸市以南）内的桂陵、马陵之战创造出的'围魏救赵'、'退兵减灶'经典战例，成为古今中外战争史上由军力硬拼向军事谋略转化的标志。其军事价值和文化价值，对我国现代军事文化建设仍有借鉴意义"④。对于这两次战争中孙膑军事谋略的运用，《史记·孙子吴起列传》以及《战国策》等文献史料皆有记载。

关于桂陵之战，《史记·孙子吴起列传》《战国策》记载较为简略⑤。

---

① （汉）司马迁：《史记》卷65《孙子吴起列传》，中华书局1959年版，第2162—2163页。
② （宋）章定：《名贤氏族言行类稿》卷14，《四库类书丛刊》本，上海古籍出版社1994年版，第196页。
③ （唐）周昙：《孙膑》，载中华书局编辑部点校《全唐诗》卷728，中华书局1999年版，第8244页。
④ 冯石岗、王静涛：《中国古代军事谋略文化价值研究——以"围魏救赵"、"退兵减灶"为例》，《河北科技大学学报》（社会科学版）2016年第3期。
⑤ 如《史记·孙子吴起列传》记载："魏伐赵，赵急，请救于齐。齐威王欲将孙膑，膑辞谢曰：'刑余之人不可。'于是乃以田忌为将，而孙子为师，居辎车中，坐为计谋。田忌欲引兵之赵，孙子曰：'夫解杂乱纷纠者不控捲，救鬭者不搏撠，批亢捣虚，形格势禁，则自为解耳。今梁赵相攻，轻兵锐卒必竭于外，老弱罢于内。君不若引兵疾走大梁，据其街路，冲其方虚，彼必释赵而自救。是我一举解赵之围而收獘于魏也。'田忌从之，魏果去邯郸，与齐战于桂陵，大破梁军。"见（汉）司马迁《史记》卷65《孙子吴起列传》，中华书局1959年版，第2163页。

而相较于《史记·孙子吴起列传》以及《战国策》，银雀山汉简《孙膑兵法·擒庞涓》篇中对桂陵之战过程的叙述则较为详细，其中也有与《史记》《战国策》不甚相同的历史细节：

> 昔者，梁（梁）君将攻邯郸，使将军庞涓、带甲八万至于茬丘。齐君闻之，使将军忌子、带甲八万至……竞（境）。庞子攻卫□□□。将军忌［子］……卫□□救与……救卫是失令。田忌曰："若不救卫，将何为？"孙子曰："请南攻平陵。平陵其城小而县大，人众甲兵盛，东阳战邑，难攻也。吾将示之疑。吾攻平陵，南有宋，北有卫，当涂（途）有市丘，是吾粮涂（途）绝也。吾将示之不智（知）事。"于是徙舍而走平陵。［□□］陵，忌子召孙子而问曰："事将何为？"孙子曰："都大夫孰为不识事？"曰："齐城、高唐。"孙子曰："请取所□□□□□□□□□二大夫□以□□□臧□□都横卷四达环涂□横卷所□阵也，环涂鞍甲之所处也。吾未甲劲，本甲不断。环涂击柀其后，二大夫可杀也。"于是段齐城、高唐为两，直将蚁附平陵。挟笹、环涂夹击其后，齐城、高唐，当术而大败。将军忌子召孙子问曰："吾攻平陵不得而亡齐城、高唐，当术而厥（蹶）。事将何为？"孙子曰："请遣轻车西驰梁（梁）郊，以怒其气。分卒而从（纵）之，示之寡。"于是为之。庞子果弃其辎重，兼趣舍而至。孙子弗息而击之桂陵，而禽（擒）庞涓。故曰，孙子之所以为者尽矣。[①]

周显王十五年（前354），魏国将军庞涓率领甲兵八万至于茬丘，攻伐战国七雄之一的赵国，其都城邯郸（今河北邯郸）处于魏军围攻之下。情急之下，赵国向齐国求救。齐威王便以田忌为将、孙膑为军师率兵救援。战争过程中，军师孙膑运筹帷幄，以军事指挥家的战略眼光，正确分析形势，先故意让齐军南下攻打魏国东阳地区具有战略地位的城邑平陵。孙膑让齐军在"人众甲兵盛"且极为"难攻"的平陵用兵，目的是装出不知道在平陵用兵危险的样子，以此迷惑魏军。田忌按照孙

---

① 李均朋译注：《孙膑兵法译注》，河北人民出版社1992年版，第1页。

膑计谋，统兵进军平陵。当接近平陵城邑时，孙膑又让田忌派两位将领率领前锋从齐城、高唐进攻屯驻在环涂地区的魏军，而部队主力却按兵不动。当挟笹、环涂两处魏军从后面夹击齐军之时，孙膑又命田忌立即派遣轻装战车向西直攻魏国都城，迫使围攻赵国都城邯郸的魏将庞涓离开邯郸，昼夜兼程回师救援魏都。而此时的孙膑却统领齐军主力在中途桂陵设下埋伏，乘庞涓不备，一举将回兵救援的魏军打败，并擒获了庞涓。孙膑在桂陵之战中这种避实击虚、以逸待劳的用兵之绝令人赞叹。

关于马陵之战，据《史记·孙子吴起列传》记载：周显王二十八年（前341），魏国又发兵攻打邻近的诸侯国韩国，势力弱小的韩国只好求援于齐国。齐威王于是以田忌为将、孙膑为军师统兵救援。为解除韩国之困，田忌、孙膑率兵直奔魏国都城大梁（今河南开封），以诱使魏军回师救援。当时孙膑利用魏军"素悍勇而轻齐"的心理特点，用减灶示弱的战术，"因其势而利导之"，欲擒故纵，诱敌于峻隘险阻、道路狭窄的马陵之地，一举取得了全歼魏军伏击战的胜利，并俘获了魏国太子申，孙膑"以此名显天下，世传其兵法"[1]。

桂陵之战和马陵之战是孙膑戎马生涯中的一大亮点，其杰出的军事谋略和天才的指挥才能得到了淋漓尽致的发挥。经过桂陵之战特别是马陵之战，长期称雄于诸侯的魏国日益走向衰势，丧失了称霸中原地区的优势地位。而齐国在孙膑的辅佐下，不仅威王远播，声震遐迩，国势日盛，并且取代了魏国成为中原地区的新霸主。

作为著名军事家，孙膑也为后世留下了著名的军事理论著作——

---

[1] 有关马陵之战，《史记·孙子吴起列传》这样记载说："后十三岁，魏与赵攻韩，韩告急于齐。齐使田忌将而往，直走大梁。魏将庞涓闻之，去韩而归，齐军既已过而西矣。孙子谓田忌曰：'彼三晋之兵素悍勇而轻齐，齐号为怯，善战者因其势而利导之。兵法，百里而趣利者蹶上将，五十里而趣利者军半至。使齐军入魏地为十万灶，明日为五万灶，又明日为三万灶。'庞涓行三日，大喜，曰：'我固知齐军怯，入吾地三日，士卒亡者过半矣。'乃弃其步军，与其轻锐倍日并行逐之。孙子度其行，暮当至马陵。马陵道陕，而旁多阻隘，可伏兵，乃斫大树白而书之曰'庞涓死于此树之下'。于是令齐军善射者万弩，夹道而伏，期曰'暮见火举而俱发'。庞涓果夜至斫木下，见白书，乃钻火烛之。读其书未毕，齐军万弩俱发，魏军大乱相失。庞涓自知智穷兵败，乃自刭，曰：'遂成竖子之名！'齐因乘胜尽破其军，虏魏太子申以归。孙膑以此名显天下，世传其兵法。"（汉）司马迁：《史记》卷65《孙子吴起列传》，中华书局1959年版，第2164—2165页。

《孙膑兵法》。《孙膑兵法》亦称《齐孙子》,汉代著名史学家班固在《汉书·艺文志》中记载"齐孙子八十九篇,图四卷"。然而令人遗憾的是大概在东汉以后,《孙膑兵法》这部旷世的军事名著失传。值得欣慰的是,1972年考古工作者意外地在山东临沂银雀山汉墓中发现了大约11000字的《孙膑兵法》残简。其篇目包括《擒庞涓》《见威王》《威王问》《陈忌问垒》《篡卒》《月战》《八阵》《地葆》《势备》《兵情》《行篡》《杀士》《延气》《官一》《强兵》《十阵》《十问》《略甲》《客主人分》《善者》《五名五恭》《兵失》《将义》《将德》《将败》《将失》《雄牝城》《五度九夺》《积疏》《奇正》共30篇竹简。

作为继乐安孙氏家族《孙子兵法》之后又一部兵学著作,《孙膑兵法》无疑是对《孙子兵法》思想的继承和发展,书中所蕴含的丰富的军事理论,是中华军事理论宝库中重要的文化遗产。如书中《擒庞涓》所讲述的避实就虚、出奇制胜的思想,《见威王》所讲"战胜,则所以在亡国而断绝世也。战不胜,则所以削地而危社稷也。是故兵者不可不察"的战争观,《威王问》所凸显的"必攻不守"的战略思想和以道制胜、灵活用兵的战术原则等,至今为人津津乐道。在孙膑兵法中,尤其强调"阵""势""变""权"四个方面,对此,孙膑在《势备》篇中这样阐释道:

> 黄帝作剑,以陈(阵)象之。笄(羿)作弓弩,以埶(势)象之。禹作舟车,以变象之。汤、武作长兵,以权象之。凡此四者,兵之用也。何以知剑之为〔陈〕(阵)也?旦莫(暮)服之,未必用也。故曰:陈(阵)而不战,剑之为陈(阵)也。剑无封(锋),唯(虽)孟贲〔之勇〕,不敢□□□。陈(阵)无蜂(锋),非孟贲之勇也敢将而进者,不智(知)兵之至也,剑无首铤。唯(虽)巧士不能进〔□〕□。陈(阵)无后,非巧士敢将而进者,不知兵之请(情)者。故有蜂(锋)有后,相信不动,适(敌)人必走。无蜂(锋)无后……□券不道。何以知弓奴(弩)之为埶(势)也?发于肩应(膺)之间,杀人百步之外,不识其所道至。故曰:弓弩埶(势)也。何以〔知舟车〕之为变也?高则……何以知长兵之〔为〕权也?击非高下非……卢毁肩,故曰,长

兵权也。凡此四……所循以成道也。知其道者，兵有功，主有名。□用而不知其道者，〔兵〕无功。凡兵之道四：曰陈（阵），曰埶（势），曰变，曰权。察此四者，所以破强适（敌），取孟（猛）将也。……埶（势）者，攻无备，出不意……中之近……也，视之近，中之远。权者，昼多旗，夜多鼓，所以送战也。凡此四者，兵之用也。□皆以为用，而莫彻其道。

……□得四者生，失四者死。□□□□……①

文中孙膑分别用剑、弓弩、舟车、长兵作比喻，阐释了用兵的四项根本原则——阵、势、变、权的重要性。在孙膑看来，兵阵、兵势、机变、兵权皆为用兵作战中的取胜之道，"知其道者，兵有功，主有名"，只有了解、掌握了这四项用兵之道，才能在作战中"破强敌，取猛将"，获取战争的胜利。其中的"势"，更是孙膑兵法中强调的主要方面，凸显了孙膑的主要军事理论思想。成书于战国晚期、综合诸子百家之说的《吕氏春秋》，曾对春秋战国时期10个著名学派的特点进行过总结概括，认为"老耽贵柔，孔子贵仁，墨翟贵廉，关尹贵清，子列子贵虚，陈骈贵齐，阳朱贵己，孙膑贵势，王廖贵先，儿良贵后"②。应该说，《吕氏春秋》中所讲的"孙膑贵势"是对孙膑兵法主要特点的精到总结。"贵势"也是孙膑对其先祖孙武"任势"③军事理论的继承和发展。

孙武、孙膑作为春秋战国时期著名军事家以及中国历史上兵家的代表人物，受到后世统治者的推崇。早在唐代，孙武便进入官方祭典之中。据《新唐书》记载，唐玄宗开元十九年（731），设置了专门祭祀周朝著名政治家、军事家姜太公（姜尚）以及历代良将的太公尚父庙，"以古名将十人为十哲配享"，规定"中春、中秋上戊祭之，牲、乐之制如文宣。出师命将，发日引辞于庙。……诸州武举人上省，先谒太公庙"。唐肃宗上元元年（760），太公尚父庙改名为武成王庙（简称武

---

① 李均朋译注：《孙膑兵法译注》，河北人民出版社1992年版，第44—45页。
② （宋）洪迈：《容斋随笔·容斋四笔》卷6《王廖儿良》，中华书局2005年版，第697页。
③ 《孙子兵法·势篇》中提出："故善战者，求之于势，不责于人，故能择人而任势。"见唐满先译注《孙子兵法今译·势篇》，江西人民出版社1985年版，第56页。

庙），"尊太公（姜太公）为武成王，祭典与文宣王比，以历代良将为十哲象坐侍"。当时包括孙武在内的历代名将如汉淮阴侯韩信、蜀丞相诸葛亮、唐尚书右仆射卫国公李靖和司空英国公李勣、汉太子少傅张良、燕昌国君乐毅等 10 人坐像分列主神姜太公左右。唐德宗建中三年（782），在朝臣颜真卿奏请下，孙膑又与范蠡、管仲、卫青、周瑜、尉迟敬德等 64 位具有卓越武功的名将被唐政府增设于武成王庙内为从祀进行祭典。[①] 宋代虽是一个重文轻武的时代，相较于文臣，武将的地位低下，但仍将孙武、孙膑列入官方祭奠之中。如宋徽宗宣和五年（1123），追赠吴大将军孙武为沪渎侯、齐将孙膑为武清伯，并皆位列宋武成王庙 72 将为从祀[②]。

四　春秋战国时期乐安孙氏家族尚武风尚的时代特征

由上论述不难看出，春秋战国时期的乐安孙氏家族是一个典型的军事贵族家族，凸显出尚武的家族门风。乐安孙氏家族的得姓始祖孙书之父田无宇以勇武著称，而孙书的"大夫"一职，以及孙书之子孙凭官至齐"卿"一职，在春秋战国时期都是与军事有关的重要官职，属于军事

[①] 参见（宋）欧阳修、宋祁等《新唐书》卷15《礼乐志五》，中华书局1975年版，第377页。

[②] （元）脱脱等《宋史》卷105载："宣和五年，礼部言：'武成王庙从祀，除本传已有封爵者，其未经封爵之人，齐相管仲拟封涿水侯，大司马田穰苴横山侯，吴大将军孙武沪渎侯，越相范蠡遂武侯，燕将乐毅平房侯，蜀丞相诸葛亮顺兴侯，魏西河守吴起封广宗伯，齐将孙膑武清伯，田单昌平伯，赵将廉颇临城伯，秦将王翦镇山伯，汉前将军李广怀柔伯，吴将军周瑜平房伯。'于是释奠日，以张良配享殿上，管仲、孙武、乐毅、诸葛亮、李绩并西向，田穰苴、范蠡、韩信、李靖、郭子仪并东向。东庑，白起、孙膑、廉颇、李牧、曹参、周勃、李广、霍去病、邓禹、冯异、吴汉、马援、皇甫嵩、邓艾、张飞、吕蒙、陆抗、杜预、陶侃、慕容恪、宇文宪、韦孝宽、杨素、贺若弼、李孝恭、苏定方、王孝杰、王晙、李光弼，并西向；西庑，吴起、𫂒单、赵奢、王翦、彭越、周亚夫、卫青、赵充国、寇恂、贾复、耿弇、段颎、张辽、关羽、周瑜、陆逊、羊祜、王濬、谢玄、王猛、王镇恶、斛律光、王僧辩、于谨、吴明彻、韩擒虎、史万岁、尉迟敬德、裴行俭、张仁亶、郭元振、李晟，并东向。凡七十二将云。"参见（元）脱脱等《宋史》卷105《志第五十八·礼八》，中华书局1977年版，第2556—2557页。

职官。另外从孙书因"伐莒有功"而被齐景公赐孙姓的文献记载中,也不难窥测出孙书对军事的精通。孙书孙子孙武及其五世孙孙膑,更是以精通军事理论和战争谋略而著称于中外的军事家。孙膑之子孙胜也承继了祖辈们的尚武风尚,官至秦国将军。

春秋战国时期乐安孙氏家族尚武的家族门风绝非偶然,而是有着鲜明的时代特征。

有点历史常识的人都知道,春秋战国时期,是中国历史上诸侯争霸和兼并战争的时代,各诸侯国为了取得各自的霸主地位,动辄兵戎相见,力图以武力、战争决定胜负,进而称霸于诸侯各国。春秋战国时期的历史环境,无疑导致了这一时期尚武之风的盛行。《韩非子》中所说的"上古竞于道德,中世逐于智谋,当今争于气力"[1],正是对当时尚武之风的概括和总结。梁启超先生的《中国之武士道》一文曾分析指出,"推其致霸之由,其始皆缘与他族杂处,日相压迫,相侵略,非刻刻振后无以图存,自不得不取军国主义,以尚武为精神,其始不过自保之谋,其后乃养成进取之力。诸霸国之起源,皆赖是也"[2]。春秋战国时期的尚武风尚自然决定了那时人们的仕晋之路主要是靠军功,而那些骁悍的勇士也自然而然地成为统治者选拔的主要对象,如齐桓公即位后,就在全国选拔"拳勇股肱之力秀出于众者",诏令"于子之属,有拳勇股肱之力,秀出于众者,有则以告。有而不以告,谓之蔽才"[3]。齐景公则对晏子讲:"吾欲得天下勇士,与之图国。"[4] 明确表示要网罗天下勇士共同图谋国事。地处陕西领地的秦国是一个崇尚勇武的国家,文渊阁《四库全书》中《陕西通志》卷45《风俗》篇说"秦人之俗,大抵尚气概,先勇力,忘生轻死"。秦国王位的继立原则是"惟择勇猛者立之"。正是因为这样的继承原则,所以"婴稻以嫡得立,故名愚"[5]。为

---

[1] (清)王先慎集解,姜俊俊校点:《韩非子》卷19《五蠹第四十九》,上海古籍出版社2015年版,第539页。
[2] 载梁启超《饮冰室合集》第7册,中华书局1989年版。
[3] (宋)王钦若等编纂,周勋初等校订:《册府元龟》卷239,凤凰出版社2006年版,第2665页。
[4] 卢元骏注译:《说苑今注今译》卷19,台湾商务印书馆1977年版,第653—654页。
[5] (宋)家铉翁:《春秋集传详说》卷23,文渊阁《四库全书》本。

了鼓励骁勇善战，秦国的商鞅变法更是实行了奖励军功的二十级爵位制度，军士不问门第高低贵贱，只要作战立有军功就可授以官爵，以此激励军士奋勇杀敌。成书于秦昭襄王时期的《商子》一书，其《境内第十九》篇就对如何按军功授爵加赏的办法进行了具体规定。如规定作战中"能得甲首一者，赏爵一级，益田一顷，益宅九亩，一除庶子一人，乃得入兵官之吏"[1]。为了使"愚智、贵贱、勇怯、贤不肖皆尽其胸臆之知，竭其股肱之力，出死而为上用"，《商子》一书还提出了"利禄、官爵抟出于兵"的"一赏"[2]政策，主张要统一赏赐，把利禄、官爵只赏赐给那些立有战功的兵士。翻检文献史料不难看出，在秦国的历史上，那些骁勇善战的勇武之士历来是世人崇拜、讴歌的对象，所谓"富贵之门必出于兵，是故民闻战而相贺也，起居饮食所歌谣者战也"[3]。

春秋战国时期的尚武风尚，在先秦时期的文献作品中皆有突出的反映。像战国诸子百家中墨家的经典著作《墨子》一书，就凸显出崇尚勇武的思想，如《墨子·尚贤上》指出"为政于国家者"的王公大人在治理国家时要想达到"国家之富，人民之众，刑政之治"的效果，就必须"以尚贤使能为政"，使"贤良之士众"[4]。而使贤能之士增多的方法就是"众其国之善射御之士者，必将富之，贵之，敬之，誉之"。而在《墨子·尚贤下》篇中又主张"凡我国能射御之士，我将赏贵之；不能射御之士，我将罪贱之"[5]。从中不难看出那些"善射御"的武勇者在当时社会中的重要地位。

在中国最早的诗歌总集《诗经》中，则有大量赞美从军打仗的诗歌作品，表现出对武勇者的崇尚。像反映秦风的《无衣》诗谓：

---

[1] 山东大学《商子译注》编写组：《商子译注·境内第十九》，齐鲁书社1982年版，第133页。
[2] 山东大学《商子译注》编写组：《商子译注·赏刑第十七》，齐鲁书社1982年版，第110页。参见彭文《秦人齐人尚武精神》，《西北史地》1996年第4期。
[3] 山东大学《商子译注》编写组：《商子译注·赏刑第十七》，齐鲁书社1982年版，第114页。
[4] （清）毕沅校注，吴旭民校点：《墨子》，上海古籍出版社2014年版，第26页。
[5] （清）毕沅校注，吴旭民校点：《墨子》，第37页。

  岂曰无衣？与子同袍。王于兴师：修我戈矛，与子同仇！
  岂曰无衣？与子同泽。王于兴师：修我矛戟，与子偕作！
  岂曰无衣？与子同裳。王于兴师：修我甲兵，与子偕行！①

  陈子展先生在《诗经直解》中指出："三章一意，总谓国中勇士，慷慨从军，同心协力，杀地质果耳。此盖秦人善战之军歌。"② 陈子展先生不赞同《毛诗序》所诠释的"《无衣》，刺用兵也。秦人刺其君好攻战，亟用兵，而不与民同欲焉"的观点，认为《无衣》一诗并不是秦人对秦君用兵好战的讥刺，而是对秦国勇士慷慨从军、出征作战之行的赞美。应当说这是公允之论。从《无衣》诗的文本不难看出，面对"王于兴师"作战的军事行动，奉王命即将出征的士兵们表现出来的"修我戈矛，与子同仇""修我矛戟，与子偕作""修我甲兵，与子偕行"的精神面貌无疑是慷慨激昂的，是乐观向上的，其诗的主旨不仅是对武勇者的赞美，也是对秦人尚武精神的凸显。正如朱熹在为本诗所作注解中所说："秦俗强悍，乐于战斗，故其人平居而相谓曰：岂以子之无衣，而与子同袍乎？盖以王于兴师，则将修我戈矛，而与子同仇也。其欢爱之心，足以相死如此。"③ 朱熹对《无衣》诗写作主题的评论，可谓深谙其旨，切中肯綮。总览《诗经》中描写各国民情风俗的"十五国风"

---

① 陈子展：《诗经直解》卷11《秦第十一·毛诗国风·无衣三章章五句》，复旦大学出版社1983年版，第398—399页。诗文的大意为：谁说没有衣裳穿？和你同穿一样的战袍。君王发兵去作战：整修好我的戈矛，和你敌忾同仇！谁说没有衣裳穿？和你同穿一样的汗衣。君王发兵去作战：整修好我的矛戟，和你一道同起！谁说没有衣裳穿？和你同穿一样的战裙。君王发兵去作战：整修好我的甲兵，和你一道同行。译文参见陈子展《诗经直解》卷11《秦第十一·毛诗国风·无衣三章章五句》，第398—399页，笔者稍有改动。
② 同上书，第399页。关于《无衣》诗的主旨，历来有不同的观点，如《毛诗序》站在儒家诗教的立场上，认为《无衣》诗"刺用兵也。秦人刺其君好攻战，亟用兵，而不与民同欲焉"。见陈子展《诗经直解》卷11《秦第十一·毛诗国风·无衣三章章五句》，第398页。
③ （宋）朱熹注，王华宝校点：《诗集传》诗卷第6《秦一之十一》，凤凰出版社2007年版，第90页。汉代史学家班固在《汉书》中也称秦"民俗修习战备，高上勇力鞍马骑射。故秦诗曰：'王于兴师，修我甲兵，与子偕行。'其风声气俗自古而然，今之歌谣慷慨，风流犹存耳"。见班固《汉书》卷69《赵充国辛庆忌传》"赞"，中华书局1999年版，第2253—2254页。

（"十五国风"是指《周南》《召南》《邶》《鄘》《卫》《王》《郑》《齐》《魏》《唐》《秦》《陈》《邹》《曹》《豳》，诗作共160篇），许多诗篇的主旨就是对好勇崇武精神的赞美，映射出来的是各地民众的崇武尚武情怀。其中典型的诗作如《小戎》诗：

> 小戎俴收，五楘梁辀，游环胁驱。阴靷鋈续，文茵畅毂，驾我骐馵。言念君子，温其如玉。在其板屋，乱我心曲！
> 四牡孔阜，六辔在手。骐骝是中，騧骊是骖。龙盾之合，鋈以觼軜。言念君子，温其在邑。方何为期？胡然我念之？
> 俴驷孔群，厹矛鋈錞。蒙伐有苑，虎韔镂膺。交韔二弓，竹闭绲縢。言念君子，载寝载兴。厌厌良人，秩秩德音！①

《小戎》由三部分组成，每部分十句，每部分前六句分别写战车、战马和兵器，精致的战车，健壮的战马，花纹精美、雕刻精细的兵器，以此夸耀秦国兵马车甲阵容之壮、之盛。每部分后四句则以"言念君子"为开头，抒发了对离家出征丈夫的思念与钦慕情愫。正如许多诠释者所表达的那样，从诗作来看，思念丈夫的女子并没有因丈夫为王事远行出征而表现出一种凄凄惨惨的哀怨情调，虽然对远行出征丈夫的思念是强烈的，但这种思念同时伴随的是对丈夫替国出征效力的喜悦、钦慕和自豪之情，字里行间流露出来的是对秦国装备精良的威武之师和随军

---

① 陈子展：《诗经直解》卷11《秦第十一·毛诗国风·小戎三章章十句》，复旦大学出版社1983年版，第379—382页。译文：小兵车后面是低浅的登车横枕木头，缠着五道花箍的是车辕稍弯的梁辀，四马的皮带、背上有游环、两旁有胁驱。在车板底下的引带结子有镀锡环儿，有虎皮褥子和长的车轮中心的圆木，驾着我们的青黑色花马有白的左脚。当我每每想念的夫君，那么温润的好像美玉。住在那里的板屋，搅乱了我的心曲。四匹雄马很高大，六道缰绳在手下。青马红马在中仰，黄马黑马在两旁。车棚是画龙纹的盾牌合盖载着，用锡镀的衔盾缨的是有舌金环。当我每每想念的夫君，那么温厚的在边邑间。将有什么日子是他归期，为什么这样我想念他的？披着薄皮马甲的四匹马很能够合群，三锋矛的柄下有圆锥形镀锡的錞。杂羽成画的中盾牌这多花纹，虎皮弓袋就在它的胸部镂金。相交放在弓袋里的是两把弓，竹制的整弓的弓架弓缚紧了绳。当我每每想念的夫君，再睡不是，再起也不成。我安静厌厌的良人，有智慧秩秩的美名。译文参见陈子展《诗经直解》卷11《秦第十一·毛诗国风·小戎三章章十句》，第379—382页。

参战丈夫的崇尚与赞美。元代著名的诗经学者刘玉汝在其所作《诗缵绪》中，曾就秦国妇女对秦军装备以及出兵征战"深喜而乐道之"的因素进行过这样的诠释："秦人性强悍尚勇敢，又值犬戎之变而事战斗。其平居暇日所以修其车马器械、以备战伐之用者，无不整饰而精致，故家人妇女亦皆习见而熟观之。而襄公又能以王命命之大义，驱之其民勇于赴鬭而甘于死敌，故其家人妇女亦深喜而乐道之。是以此诗之作，其于车马器械之细微，曲折随意形容各尽其制，随韵长短各谐其声，参差错杂各得其词，而于君子之敌王所忾者，又能极情思念而皆合于义焉。"① 可以讲，正是由于春秋战国时期的尚武之风，加之统治者对军功的奖励，使当时为世人崇尚的骁勇悍将不断涌现，以至于家人妇女也显现出对王师出兵征战的支持和津津乐道，由此而表现出来的喜悦之情也就不难理解。唐朝经学家孔颖达在《毛诗注疏》中曾这样指出，"于是之时，西戎方渐强盛，而襄公征伐不休，国人应苦其劳，妇人应多怨旷"，然而不然，当时人们表现出的却是"国人忘其军旅之苦，则矜夸其车甲之盛，妇人无怨旷之志，则能闵念其君子……故序外内之情以美之"②。应该说，对于征战，秦人所表现出的"忘其军旅之苦，则矜夸其车甲之盛，妇人无怨旷之志，则能闵念其君"的现象，与当时尚武好勇之风是密不可分的。

总之，春秋战国时期频频发生的争霸战争，使当时的中国"境内皆言兵"③，加之统治者"陈武夫，尚勇力"④，从而使尚武之风在士民阶

---

① （元）刘玉汝：《诗缵绪》卷7，文渊阁《四库全书》本。东汉经学大师郑玄在《毛诗注疏》中也表达了同样的观点，指出在《小戎》一诗中，"国人夸大其车甲之盛，有乐之意也。妇人闵其君子恩义之至也。作者叙内外之志，所以美君政教之功"。见（汉）毛亨传，（汉）郑玄笺，（唐）孔颖达疏《毛诗注疏》卷6，上海古籍出版社2013年版，第590页。
② （汉）毛亨传，（汉）郑玄笺，（唐）孔颖达疏：《毛诗注疏》卷6，上海古籍出版社2013年版，第590页。
③ （清）王先慎集解，姜俊俊校点：《韩非子》卷19《五蠹第四十九》，上海古籍出版社2015年版，第547页。
④ （宋）王钦若等编纂，周勋初等校订：《册府元龟》卷734，凤凰出版社2006年版，第8464页。

层得以普及、盛行,甚至出现"士民贵武勇而贱得利"[①]的倾向。归而言之,春秋战国时期乐安孙氏家族尚武的家族门风,无疑与春秋战国时期的尚武风尚相适应,具有鲜明的时代特征。有专家学者表达过这样精到的观点:"在先秦兵学中,齐国兵学是一座丰碑,占据核心和主导地位,不论在当时还是后世都产生了深远的影响,使齐国成为先秦时期的兵家文化中心。"[②] 从一定程度上可以讲,齐国之所以能成为先秦时期兵家文化之中心,与春秋战国时期乐安孙氏家族孙武、孙膑的尚武风尚密不可分。

[①] 黎翔凤撰,梁运华整理:《管子校注》卷3《五辅第十》,中华书局2004年版,第192页。
[②] 于孔宝:《先秦齐国兵学的传统与地位》,《舰船知识(网络版)·孙子兵法·第六届论文集》,http://mil.news.sina.com.cn/2004—11—02/1304239355.html。

第二章 从"尚武"到"尚儒"

——魏晋南北朝乐安孙氏家族的崛起及其门风转变

魏晋时代是乐安孙氏家族进一步崛起和发展的历史时期,与春秋战国时期乐安孙氏家族尚武的家族门风不同,魏晋时期乐安孙氏的家族门风开始出现转变,这就是从"尚武"向"尚儒"的转化。

一 秦汉魏晋时期乐安孙氏家族概观

秦汉至三国时代是乐安孙氏家族不断发展时期,其时家族人员仕宦不断,其中仅见于《新唐书》卷73下《宰相世系表》,以及宋人邓名世《古今姓氏书辩证》卷7记载的一些重要人物有:

孙膑之孙孙盖,字光道,为秦汉中太守。孙盖之子孙知,字万方,秦封为武信君。孙知曾孙孙卿,汉侍中。孙卿之子孙凭,字景纯,官至车骑将军。孙凭之子孙询,字会宗,为安定太守。孙询有二子,长子孙鸾之孙孙福为东汉太原太守;次子孙骐,字士龙,汉平帝时为安邑令。孙骐之子孙夐,字子远,东汉时曾任天水(今甘肃东南部)太守,后迁徙至青州(治所在今山东淄博市临淄北)居住。孙夐之子孙厚,字重殷,为大将军掾。孙厚之子孙瑶,字良玉,为中郎将。孙瑶之子孙邃,字伯渊,为清河太守。孙邃之子孙儵,字士彦,曾任洛阳县令。孙儵之子孙国,字明元,官至尚书郎。孙国之子孙耽,字玄志,汉阳太守。孙耽有二子,次子孙旃,字子之,为太原太守;长子孙钟,吴郡富春(今浙江杭州富阳)人,为东汉末年著名将领孙坚之父、三国时东吴的开国皇帝孙权祖父。在东汉后期天下大乱之际,孙钟隐居故乡不仕,清代文人杭世骏《三国志补注》记载说，"孙钟，吴郡富春人，坚（孙坚）之祖也。与母居，至孝笃明，种瓜为业"①。其子孙坚、孙静，其孙孙策、孙权，皆是三国时期叱咤风云的历史人物。孙旃有二子，长子孙炎，字叔然，曾任魏秘书监，三国时期著名的经学家，他一生的主要志趣在于注疏儒家经学，人称"东州大儒"。孙炎之子孙俊，字仲觚，曾任太官令。孙俊之子孙道恭，字雅逊，晋长秋卿。孙道恭有二子：长子孙颛，字士若；次子孙芳，官至中书令。孙旃次子孙历，魏晋之际官至幽州刺史、右将军；孙历有二子，次子孙尹，字文旗，曾任陈留、阳平太守，因早卒，无事迹记述。长子孙旂，字伯旗，乐安人，《晋书》卷60《孙旂传》称其"洁静，少自修立"。他由察孝廉步入仕途，先后出任黄门侍郎、荆州刺史等职，其名声、地位可与解系、解结相媲美。永熙年间，征拜为太子詹事，不久转任卫尉，后因武器仓库发生火灾而获罪，被免去官职。一年之后，孙旂又凭借其才干先后出任兖州刺史、平南将军。

在乐安孙氏家族发展过程中，孙旂之子孙弼及弟弟孙尹之子因参与孙秀与司马懿第九子赵王司马伦策划的西晋八王之乱，家族受到沉重打击。据史料记载，孙旂之子孙弼及弟弟孙尹之子孙髦、孙辅、孙琰四人均有吏才，一时称名于当世，遂与孙秀合为一族。永康元年（300），赵王司马伦起事，孙氏四兄弟因参与此事，旬月之间相继升任为公府掾、尚书郎，其中孙弼又为中坚将军，领尚书左丞，转为上将军，领射声校尉；孙髦为武卫将军，领太子詹事；孙琰为武威将军，领太子左率。四人皆赐爵开国郡侯，推崇孙旂为车骑将军、开府。在西晋皇室诸王争权夺利的斗争中，孙旂保有清醒的头脑。起初，孙旂因孙弼四兄弟授任于伪朝，曾派小儿孙回责让孙弼等"以过差之事，必为家祸"。然而孙弼等人"终不从，旂制之不可，但恸哭而已"。事情的发展果不出孙旂所料，"及齐王冏（司马冏）起义，四人皆伏诛。襄阳太守宗岱承冏檄斩旂，夷三族"②。受此影响，孙道恭之子孙颛，"避地于魏之武水。武水

---

① （清）杭世骏：《三国志补注》卷6，文渊阁《四库全书》本。
② 参见（唐）房玄龄《晋书》卷60《孙旂传》，中华书局1974年版，第1633—1634页。

故属乐安,后世居焉"①;孙道恭之孙孙烈,"避赵王伦之难,徙居昌黎。生岳,前燕侍中,子孙称'昌黎孙氏'"②。

二 孙惠蔚与魏晋南北朝乐安孙氏家族的尚儒门风

在魏晋南北朝时期乐安孙氏家族发展史上,孙惠蔚是一个不能不提的关键人物。孙惠蔚,字叔炳,武邑武遂人,小字陀罗。《魏书》卷84《孙惠蔚传》记载,孙惠蔚原名孙蔚,正始中,因"侍讲禁内,夜论佛经,有惬帝旨,诏使加'惠',号'惠蔚法师'"③,孙惠蔚之名由此而来。孙惠蔚出身于官宦家庭,其高祖孙辉为孙颢之子,字光休,后赵射声校尉。曾祖孙纬,字符文,幽州都督。祖父孙周,字季洽,后燕高阳王文学。父亲孙敬仁,字士和,北燕司隶功曹。孙惠蔚自幼聪慧,13岁时,便对儒家经典《诗》《书》《孝经》以及《论语》有了大致了解;18岁时,师从学者董道季学习《易经》;19岁,又师从学者程玄研读《礼经》《春秋》与《三传》(《左传》《公羊传》和《谷梁传》)。由于他不断地结交文儒研习儒业,因而使其在冀州方圆一带名震一时。北魏孝文帝太和初年,孙惠蔚参加了当时举孝廉的察举考试,对策于中书省。中书监高闾平素听闻孙惠蔚才名,称其英辩,通过相互交谈,举荐为中书博士,不久转为皇宗博士。太和二十二年(498),孙惠蔚侍读东宫。世宗即位之后,仍在左右敷训经典,官位自冗从仆射升迁秘书丞、武邑郡中正,同时又兼任黄门侍郎一职,之后历任中散大夫、正黄门侍郎、著作郎、国子祭酒、秘书监

---

① (唐)孙绛:《唐故中大夫守桂州刺史兼御史中丞充桂州本营都防御经略招讨观察处置等使上柱国乐安县开国男赐紫金鱼袋孙府君墓志铭并序》,载周绍良、赵超主编《唐代墓志汇编》,上海古籍出版社1992年版,第1855页。《新唐书·宰相世系表》则称孙颢"避地河朔,居武邑武遂"。见《新唐书》卷73下《宰相世系表》,中华书局1975年版,第2947页。

② (宋)邓名世撰,王力平点校:《古今姓氏书辩证》卷7,江西人民出版社2006年版,第110页;(唐)房玄龄、宋祁:《新唐书》卷73下《宰相世系表》,中华书局1975年版,第2947页。

③ (北齐)魏收:《魏书》卷84《孙惠蔚传》,中华书局1974年版,第1854页。

等职。北魏宣武帝元恪延昌二年（513），因其侍讲有功，孙惠蔚被封为枣强县开国男，食邑二百户①。肃宗初，又出任平东将军、济州刺史。返京后，除授光禄大夫。神龟元年（518），时年67岁的孙惠蔚去世，被追赠为大将军、瀛州刺史。

魏晋南北朝时期，士族门阀制度盛行，"上品无寒门，下品无势族"②，如三国曹魏政权在选官用人上确立的九品中正制，"尊世胄，卑寒士，权归右姓已"。当时一州的大中正和主簿、一郡的中正与功曹等中高级官员，"皆取著姓士族为之，以定门胄，品藻人物"③，儒生寒官进入高级官僚绝非易事。而"魏初已来，儒生寒官，惠蔚最为显达"④。孙惠蔚能从一介寒官跻身于上品高官，其杰出的才学与政治才能是可想而知的。事实上孙惠蔚正是凭其杰出的才学和能力而走上通达之路的，《魏书·孙惠蔚传》有一记载，高闾奉皇上旨令理定雅乐，孙惠蔚亦参与了雅乐的制定。雅乐定成后，高闾上书请求集中朝中大臣于太乐署，一起就定成后的雅乐之是非进行讨论。当时秘书令李彪自以为有才辩，对定成后的雅乐进行诘难，然而在与孙惠蔚的辩论过程中，李彪只能是甘拜下风；又载：黄门侍郎张彝时常与孙惠蔚一起游处，"每表疏论事，多参访焉"。上述史料说明，孙惠蔚不仅精通礼乐，而且有实际治国之术。

孙惠蔚不仅精通礼乐，更重要的是他深谙儒家典籍中所蕴含的治国之术。如鉴于朝廷所藏图书典籍残缺、目录及篇目不全、文字损坏等状况，孙惠蔚曾上疏朝廷一方面对所藏图书加以校勘整理，另一方面对那些所缺文献广泛搜求。为此，他请求朝廷选派四门博士以及通晓儒家经典的文士40人，专门在典司图籍的秘书省开展这项浩繁的图书文化建

---

① 参见（北齐）魏收《魏书》卷84《孙惠蔚传》，中华书局1974年版，第1852、1854页。《册府元龟》卷38这样记载说："宣武为太子时，孙惠蔚侍讲东宫，及即位之后，仍在左右敷训经典。延昌二年，追赏侍讲之劳，封枣强县开国男，食邑三百户。"
② （唐）房玄龄、褚遂良等：《晋书》卷45《刘毅传》，中华书局1974年版，第1274页。
③ （宋）欧阳修、宋祁：《新唐书》卷199《柳冲传》，中华书局1975年版，第5677页。
④ （北齐）魏收：《魏书》卷84《孙惠蔚传》，中华书局1974年版，第1854页。

设工程,以便使"典文允正,群书大集"①。孙惠蔚之所以重视文献典籍的考证校勘和建设,是因为他深谙儒家典籍中所蕴含的治国安邦之术。他在上疏中这样指出:

> 臣闻圣皇之御世也,必幽赞人经,参天二地,宪章典故,述遵鸿猷。故《易》曰:"观乎天文以察时变,观乎人文以化成天下。"然则《六经》、百氏,图书秘籍,乃承天之正术,治人之贞范。是以温柔疏远,《诗书》之教;恭俭易良,《礼乐》之道。爻象以精微为神,《春秋》以属辞为化。故大训炳于东序,艺文光于麟阁。斯实太平之枢宗,胜残之要道,有国之灵基,帝王之盛业。安上靖民,敦风美俗,其在兹乎?及秦弃学术,《礼经》泯绝。汉兴求访,典文载举,先王遗训,粲然复存。暨光武拨乱,日不暇给,而入洛之书二千余两。魏晋之世,尤重典坟,收亡集逸,九流咸备。观其鸠阅史篇,访购经论,纸竹所载,略尽无遗。②

在中国传统政治秩序建立过程中,儒家先哲高度重视价值或文化的统一性,如孔子通过对仁爱概念的系统论述,对中国原有的政治大一统和文化大一统合一的社会秩序提供了新的理论奠基;孔子基于仁爱观念所论述的道德和政治秩序的同构系统,是中国社会长期统一、国家政治秩序相对稳定的宝贵文化资源③。从孙惠蔚上述的上疏中不难看出,他深谙儒家典籍中所蕴含的治国安邦之术,视"承天之正术,治人之贞范"的《六经》是成就社稷安定、帝王盛业的主要理论依据,这也是他

---

① 参见(北齐)魏收《魏书》卷84《孙惠蔚传》,中华书局1974年版,第1853、1854页。孙惠蔚在给朝廷的上疏中这样指出:"观、阁旧典,先无定目,新故杂糅,首尾不全。有者累帙数十,无者旷年不写。或篇第褫落,始末沦残;或文坏字误,谬烂相属。篇目虽多,全定者少。臣今依前丞臣卢昶所撰《甲乙》新录,欲裨残补阙,损并有无,校练句读,以为定本,次第均写,永为常式。其省先无本者,广加推寻,搜求令足。然经记浩博,诸子纷纶,部帙既多,章篇纰缪,当非一二校书,岁月可了。今求令四门博士及在京儒生四十人,在秘书省专精校考,参定字义。如蒙听许,则典文允正,群书大集。"见(北齐)魏收《魏书》卷84《孙惠蔚传》,第1853—1854页。
② (北齐)魏收:《魏书》卷84《孙惠蔚传》,中华书局1974年版,第1853页。
③ 参见王秋《儒家以道德秩序奠基政治秩序》,《中国社会科学报》2014年8月4日A06版。

的上疏能得到皇帝"诏许之"的原因所在。

在有关唐代乐安孙氏家族的墓志铭中，孙惠蔚是几乎众口一词被誉为"以儒学风鉴"而著称的代表人物。如在唐代乐安孙氏族人孙婴墓志铭中，称魏光禄大夫孙惠蔚"以风鉴儒学，仪范本朝。自光禄以降，世载清德，不陨其业，以至于隋晋阳令讳孝敏"①。孙保衡在《唐故滑州白马县令乐安孙府君墓志铭并序》中，则称孙惠蔚"以儒学振耀一时，为时师友"②。孙嘉之在《宋州司马先府君墓志铭》中也明确指出："魏光禄大夫惠蔚，为本朝大儒，自时厥后，不陨其业。"③乐安孙氏家族的发展历程亦完全说明，"以儒学风鉴""不陨其业"的家族门风，主要是从孙惠蔚开始，并为其后代子孙传承光大的。

据《新唐书·宰相世系表》、唐人林宝《元和姓纂》卷4、宋人邓名世《古今姓氏书辩证》卷7等文献记载可知，孙惠蔚有二子：长子孙伯礼，次子孙方嗣。孙伯礼后魏人，善于书写隶书，袭封走上仕途，先后出任员外散骑侍郎、宁朔将军、步兵校尉、国子博士。去世后，追赠辅国将军、巴州刺史。孙伯礼有三子，长子孙元琥，为北齐文宣帝相国骑曹；次子孙孝敏，为隋晋阳令；三子孙广烈，为汧阳丞。孙惠蔚次子孙方嗣，为后魏建威将军，其子孙仲瑜，为隋吏部侍郎。孙孝敏之子孙仲将，为寿张丞。在以上所列孙惠蔚的后代子孙中，对家族儒学传承发展有影响的代表是孙元琥之子孙灵晖及其孙孙万寿。

孙元琥之子孙灵晖，长乐武强人。《北齐书·儒林传·孙灵晖传》称其"少明敏，有器度"，先举冀州刺史秀才，射策高第，授员外将军。后因精通儒术，擢任为太学博士，迁任北徐州治中，不久转任潼郡太守。北齐天统年间，皇帝敕令朝臣为南阳王高绰推举老师，孙灵晖在吏部尚书尉瑾的举荐下被征为国子博士，为南阳王高绰讲授儒家经典。高绰虽不好文学，但对孙灵晖却非常敬重，对其恩宠有加。他先是上奏皇帝任孙灵晖为本府咨议参军，在自己出任定州刺史时，又让孙灵晖随其

---

① （唐）孙保衡：《唐故宣义郎京兆府蓝田县尉乐安孙府君墓志铭并序》，载周绍良、赵超主编《唐代墓志汇编》，上海古籍出版社1992年版，第1920页。
② 周绍良、赵超主编：《唐代墓志汇编》，上海古籍出版社1992年版，第1989页。
③ （唐）孙逖：《宋州司马先府君墓志铭》，载（清）董诰等编《全唐文》卷313，中华书局1983年版，第3182页。

前往，后高绰升任大将军，孙灵晖又以王师三品之官领大将军司马。对孙灵晖受到的恩宠，当时儒士"甚以为荣"①。受家庭影响，孙灵晖之子孙万寿表现出与其父相同的文化人格。孙万寿自幼聪慧机敏、好学，凡是经史典籍无不涉猎。北齐末年，出仕为阳休之开府行参军。及高祖隋文帝杨坚受禅继位，因其"善属文"而被滕穆王、隋文帝之弟杨瓒荐引为文学侍从，最后官至大理司直②。《隋书·文学传》有其传记，《北齐书·儒林传·孙灵晖传》和《北史》卷81《孙惠蔚传》附有其传。

从以上论述中可以看出，兴起于春秋时期的乐安孙氏家族，历经秦汉魏晋南北朝发展，家族人口不断繁衍发展，并且其族人源源不断入朝为官，代出仕宦。更为重要的是，在从春秋战国至魏晋时期乐安孙氏家族的发展过程中，经历了从春秋战国的"尚武"家族门风到魏晋时期"尚儒"的变化。有专家学者指出，从"尚武"转向"尚儒"，这是乐安孙氏家族门风的一次重大转变，并认为这种家族门风的转变对其家族的长久发展带来了不可估量的影响："'世代治儒'的家族传统为家族的长久承续所提供的支撑比单纯地将政治仕途作为家族发展的凭托，其力度要大得多，这也是中国历史悠久的世家大族的普遍特点。"③ 这是颇有见地的精到之论。从一定程度上说，乐安孙氏家族到唐代得以发展，并能走向兴盛，与从魏晋开始的家族"尚儒"门风的转变是密不可分的。

三 魏晋南北朝乐安孙氏家族尚儒门风转变的时代特征

魏晋南北朝时期乐安孙氏家族尚儒门风的转变具有鲜明的时代特征，它与这一时期儒学的发展是紧密相连的。

与汉代儒学一家独尊的政教伦理型文化形态相比，魏晋时期在社会大动荡、"越名教而任自然"时代观念以及多元文化等因素的冲击下，

---

① 参见（唐）李百药《北齐书》卷44《儒林传·孙灵晖传》，中华书局2000年版，第410、411页。
② 参见（唐）李延寿《北史》卷81《孙惠蔚传》附《孙万寿传》，中华书局1974年版，第2719页。
③ 张卫东、陈翔：《唐代文儒孙逖家族研究》，《江西社会科学》2010年第9期。

儒学至高无上的神圣地位丧失。魏晋时代儒学一家独尊的局面虽然已不复存在，以经学为代表的儒家名教出现危机，但儒学自身内含的博大精深的治国理论体系和维护封建社会秩序的优势始终存在，因此儒学作为官方正统思想的统治地位并没有因各种异端思潮的兴起而被撼动[1]。如出家为僧多达四次的梁武帝，虽然笃信佛教佛法，但在其诏书中仍大力提倡"建国君民，立教为首，砥身砺行，由乎经术"[2]。再像晋代开国皇帝武帝司马炎即位后，在颁布的诏书中也是倡言"敦喻五教……勉励学者，思勤正典，无为百家庸末，致远必泥"，并明言"士庶有好学笃道，孝弟忠信，清白异行者，举而进之；有不孝敬于父母，不长悌于族党，悖礼弃常，不率法令者，纠而罪之"[3]，大力提倡以儒家的伦理纲常治理天下。从文献史料的记载可以看出，自魏晋建立后，统治者便以经术为先务，崇儒兴学，发展儒学教育。虽然儒学的发展在魏晋不同的时段有过盛衰起落，但从总的趋向看，儒学的发展还是这一时期的主流。诚如有学者所说："魏晋时期，虽然思想多元，刑名、玄学、佛教成为构成一般意识形态的三大理论体系，但经学化的儒学仍然是国家意识形态的主体。尤其是在王朝更迭之后，新的王朝无不以经学化儒学作为国家意识形态的核心"[4]。应该说，这是与历史实情相符的公允之论。对于这一时期儒学的发展，《北史》卷81《儒林上》有一段长文记述[5]，较

---

[1] 有学者指出，魏晋南北朝儒学的正统地位主要体现在四个方面：其一，政治势力夺取政权后，往往打出"尊儒"的旗帜；其二，社会道德仍然以儒家的忠孝观为核心；其三，儒学始终是官方教育的法定内容；其四，儒家思想开始全面融入法律，在立法、司法等方面体现礼法交融的伦理特点。见田照军、肖岚《魏晋南北朝儒学刍议》，《理论界》2007年第4期。
[2] （唐）姚思廉：《梁书》卷48，中华书局2000年版，第460页。
[3] （唐）房玄龄等：《晋书》卷3《帝纪第三·晋武帝》，中华书局2000年版，第38页。
[4] 邓成林、刘运好：《论魏晋经学的国家意识形态化》，《学术交流》2017年第1期。
[5] 文中称："魏道武初定中原，虽日不暇给，始建都邑，便以经术为先。立太学，置《五经》博士生员千有余人。天兴二年春，增国子太学生员至三千人。……四年春，命乐师入学习舞，释菜于先师。明元时，改国子为中书学，立教授博士。太武始光三年春，起太学于城东。后征卢玄、高允等，而令州郡各举才学。于是人多砥尚，儒术转兴。献文天安初，诏立乡学，郡置博士二人，助教二人，学生六十人。后诏大郡立博士二人，助教四人，学生一百人；次郡立博士二人，助教二人，学生八十人；中郡立博士一人，助教二人，学生六十人；下郡立博士一人，助教一人，学生四十人。太和中，改中书学为国子学，建明堂、辟雍，尊三老五更，又开皇子之学。（转下页）

为详细地叙述了儒学发展状况。

历史上的北朝北魏政权历经 14 帝，其中有 6 个皇帝属于短命皇帝，在位从 8 个月到 3 年不等。由《北史》卷 81《儒林上》中的记载可以看出，北魏政权在位时间较长的道武帝（在位 23 年）、明元帝（在位 15 年）、太武帝（在位 28 年）、献文帝（在位 7 年）、孝文帝（在位 29 年）、宣武帝（在位 16 年）都执行了崇儒兴学的文化政策。北魏太祖道武帝拓跋珪（371—409）在初定中原时，便以儒家经术为先务，设立太学，置《五经》博士和国子太学生员数千人。在他看来，虽然马上可以取得天下，但不可以马上治理天下，因此"为国之道"必须"文武

（接上页）及迁都洛邑，诏立国子、太学、四门小学。孝文钦明稽古，笃好坟籍，坐舆据鞍，不忘讲道。……宣武时，复诏营国学，树小学于四门，大选儒生以为小学博士，员四十人。虽黉宇未立，而经术弥显。时天下承平，学业大盛，故燕、齐、赵、魏之间，横经著录，不可胜数。大者千余人，小者犹数百。州举茂异，郡贡孝廉，对扬王庭，每年逾众。神龟中，将立国学，诏以三品以上，及五品清官之子以充生选。未及简置，仍复停寝。正光三年，乃释奠于国学，命祭酒崔光讲《孝经》，始置国子生三十六人。""齐神武生于边朔，长于戎马，杖义建旗，扫清区县。因魏氏丧乱，属尔朱残酷，文章咸荡，礼乐同奔，弦歌之音且绝，俎豆之容将尽。永熙中，孝武复释奠于国学，又于显阳殿诏祭酒刘钦讲《孝经》，黄门李郁说《礼记》，中书舍人卢景宣讲《大戴礼夏小正》篇，复置生七十二人。及永熙西迁，天平北徙，虽庠序之制，有所未遑，而儒雅之道，遽形心忌。时初迁都于邺，国子置生三十六人。至兴和、武定之间，儒业复盛矣。始天平中，范阳卢景裕同从兄仲礼于本郡起逆，齐神武免其罪，置之宾馆，以经教授太原公以下。及景裕卒，又以赵郡李同轨继之。二贤并大蒙恩遇，待以殊礼。同轨云亡，复征中山张彫武、勃海李铉、刁柔、中山石曜等递为诸子师友。及天保、大宁、武平之朝，亦引进名儒，授皇太子、诸王经术。……诸郡俱得察孝廉，其博士、助教及游学之徒通经者，推择充举。射策十条，通八以上，听九品出身；其尤异者，亦蒙抽擢。""周文受命，雅重经典。……于是求阙文于三古，得至理于千载，黜魏、晋之制度，复姬旦之茂典。卢景宣学通群艺，修五礼之缺；长孙绍远才称洽闻，正六乐之坏。由是朝章渐备，学者向风。明皇纂历，敦尚学艺，内有崇文之观，外重成均之职。握素怀铅，重席解颐之士，间出于朝廷；员冠ردربربربگ，执经负笈之生，著录于京邑。济济焉，足以踰于向时矣。泊保定三年，帝乃下诏尊太传燕公为三老。帝于是服衮冕，乘碧辂，陈文物，备礼容，清跸而临太学，袒沈以食之，奉觯以酳之，斯固一世之盛事也。其后命辂轩而致玉帛，征沈重于南荆。及定山东，降名尊而劳万乘，待熊安生以殊礼。是以天下慕向，文教远覃。衣儒者之服，挟先王之道，开黉舍，延学徒者，比肩；励从师之志，守专门之业，辞亲戚，甘勤苦者，成市。虽通儒盛业，不逮魏、晋之臣，而风移俗变，抑亦近代之美也。"见（唐）李延寿《北史》卷 81《儒林上》，中华书局 1974 年版，第 2704—2707 页。

兼用"①。也正是基于这样的认识，道武帝在位时便坚持了尊崇儒士的治国理念，大量的儒家知识分子得到重用。故史称道武帝在初建中央机构、设置百官时，"尚书郎以下悉用文人"。又称其"初拓中原，留心慰纳，诸士大夫诣军门者，无少长皆引入，人得尽言，苟有微能，咸蒙叙用"②。之后继位的太宗明元帝、世祖太武帝，依然延续了先帝道武帝崇文重儒的治国之策。史称明元帝"礼爱儒生，好览史传"③，太武帝欲"偃武修文，遵太平之化……延登儒乂"④。这一时期，随着博通经史的儒俊卢玄、高允被起用为中书博士，一批有才学的知识分子被举荐于地方官学——州郡学，人人砥砺崇尚儒学之风兴起，儒术得到复兴，由此"使先王之道，光演于明时；郁郁之音，流闻于四海"⑤，儒家传统文化得到传承、发展。

北魏时期，儒学的传承和兴盛在很大程度上得益于学校教育的发达。从上引史籍的录文中不难看到，献文帝、孝文帝、宣武帝时期，无论是中央官学还是地方州郡学皆得到蓬勃发展。显祖献文帝拓跋弘于天安初年下诏每郡开设乡学，规定每所乡学选用通晓儒家典籍的儒生二人充任博士、二人充任助教，以向招收的学生传授儒家文化。之后又按照大郡、次郡、中郡和下郡的大小类型，下诏每郡立人数不等的博士和助教，招收从100名到40名不等的学生，从而建立起了相对完备的地方郡学制度。高祖孝文帝虽然善于谈论和深谙老子、庄子的道家之学，但他同样喜好和精通儒家之学⑥。孝文帝继位后，为了加强与汉族的融合，更是大力加强了"以经术为先"的儒学教育，不仅发展学校教育，将中书学改为国子学，又开设了皇子之学，而且还于北魏太和十三年（489）

---

① （北齐）魏收：《魏书》卷84，中华书局1974年版，第1841页。
② （唐）李延寿：《北史》卷1《魏本纪第一》，中华书局1974年版，第10页。
③ （北齐）魏收：《魏书》卷3《帝纪第三·太宗明元帝》，中华书局1974年版，第64页。
④ （北齐）魏收：《魏书》卷4上《帝纪第四·世祖太武帝》，中华书局1974年版，第79页。
⑤ （北齐）魏收：《魏书》卷48《高允传》，中华书局1974年版，第1078页。
⑥ 史载孝文帝"雅好读书，手不释卷。《五经》之义，览之便讲。学不师受，探其精奥，史传百家，无不该涉。善谈庄、老，尤精释义"。见（唐）李延寿《北史》卷3《魏本纪第三·高祖孝文帝》，中华书局1974年版，第121页。

秋于京师"立孔子庙"①。孝文帝迁都洛阳后，为了接受中原先进文化，加快北魏鲜卑族的汉化进程，孝文帝又下诏设立国子学、太学和四门小学，从而在北魏历史上出现了国子学、太学与四门小学同时并存的局面，儒家文化也正是在孝文帝的汉化改革中得到弘扬，使北魏历史上出现了"斯文郁然，比隆周、汉"②的盛况。孝文帝之子元恪（世宗宣武帝）及其孙元诩（肃宗孝明帝）继位后，继续崇文重教，重视弘扬儒学文化，其举措除上引史籍《北史·儒林上》记述宣武帝增选儒生为小学博士、孝明帝于国子学行释奠礼奠祭孔子以及令国子祭酒崔光讲授儒家经典《孝经》外，《北史·魏本纪第四》亦有其他史料记载。如正始元年（504）11月，宣武帝下诏"有司依汉、魏旧章，营缮国学"；正始三年（506）冬，宣武帝于式乾殿亲自为宗室成员元愉（京兆王）、元怿（清河王）、元怀（广平王）、元悦（汝南王）讲解《孝经》；正始四年（507）六月，宣武帝"诏有司准前式，置国子，立太学，树小学于四门"；延昌元年（512）夏，宣武帝又下诏督促加快国子学、太学、四门小学的建设速度③。与宣武帝一样，继位后的孝明帝于正光二年（521）多次临幸国子学，并于国子学"讲《孝经》""祠孔子，以颜回配"④。北魏时期的崇文重教举措，不仅使其"学业大盛"，学校教育得到发展，而且使其"经术弥显"，儒学文化得到传承、弘扬，从而使北魏呈现出"燕、齐、赵、魏之间，横经著录，不可胜数。大者千余人，小者犹数百。州举茂异，郡贡孝廉，对扬王庭，每年逾众"⑤的儒学繁盛的时代特点。

　　北魏之后的北齐政权、北周政权，同样也是雅重经典，崇儒尚文，

---

① （唐）李延寿：《北史》卷3《魏本纪第三·高祖孝文帝》，中华书局1974年版，第104页。
② （唐）李延寿：《北史》卷81《儒林上》，中华书局1974年版，第2704页。
③ 宣武帝在诏文中称："迁京嵩县，年将二纪，博士端然虚禄。靖言念之，有兼愧慨。可严敕有司，国子学，孟冬使成；太学、四门，明年暮春令就。"参见（唐）李延寿《北史》卷4《魏本纪第四·世宗宣武帝》，中华书局1974年版，第135、137、140页。
④ 参见（唐）李延寿《北史》卷4《魏本纪第四·肃宗孝明帝》，中华书局1974年版，第148页。
⑤ （唐）李延寿：《北史》卷81《儒林上》，中华书局1974年版，第2704页。

像北齐神武帝虽累世生于北方边地，戎马一生，擅长军事战争，但他极为重视文人雅士，"每有文教，常殷勤款悉"①。崇尚儒术的周文帝，在位期间特别重视提拔那些贤能的儒士，常常"博访贤才，助己为治。若其知贤也，则以礼命之"②。周文帝之子宇文毓（周明帝），继位之后同样崇文重儒，注重传承、弘扬儒家文化典籍，他曾于麟趾殿集聚公卿以下享有文学声望者80余人，刊校经书史籍③。也正是由于统治者的重视，因而这一时期学校教育得以继续发展，崇儒尚文的文化政策贯通于北朝始终，故而"虽世或污隆，而斯文不坠"④，文教远播、儒业兴盛。这样一种社会文化环境，造就了社会各阶层尤其是诸生对儒家经典的崇尚之风，其中"《诗》《礼》《春秋》，尤为当时所尚，诸生多兼通之"。除此而外，"《论语》《孝经》，诸学徒莫不通讲。诸儒如权会、李钦、刁柔、熊安生、刘轨思、马敬德之徒，多自出义疏。虽曰专门，亦皆相祖习也"⑤。与此同时，社会上出现了大量传授讲习儒家经典的知识分子，并且名师硕儒层出不穷。他们不遗余力地向门徒传道授业，积极弘扬儒学文化。如"学通诸经"的北魏名儒张伟，在家乡"常依附经典，教以孝悌"，跟随其学习授业者常常达数百人甚至上千人之多；他教授有方，勤勉教喻，"虽有顽固不晓，问至数十"，仍然"告喻殷勤，曾无愠色"⑥。再像出身贫寒的渤海南皮人李铉，自十六岁受业于精通《毛诗》的李周仁学《毛诗》及《尚书》，随章武名儒刘子猛学《礼记》，随常山名儒房虬学《周官》《仪礼》，随渔阳人鲜于灵馥学习《左氏春秋》，而后又在北魏著名经学大家徐遵明门下受业长达五年。作为经学大师徐遵明门下的高徒，李铉深得儒家经学要旨，并亲自"撰定《孝经》《论语》《毛诗》《三礼义疏》及《三传异同》《周易义例》合三十

---

① （唐）李百药：《北齐书》卷1《帝纪第一·神武帝》，中华书局2000年版，第17页。
② （唐）令狐德棻：《周书》卷2《帝纪第二·文帝下》，中华书局2000年版，第20页。
③ 参见（唐）令狐德棻《周书》卷4《帝纪第四·明帝》，中华书局2000年版，第42页。
④ （唐）李延寿：《北史》卷81《儒林上》，中华书局1974年版，第2703页。
⑤ 上引史料分见（唐）李延寿《北史》卷81《儒林上》，中华书局1974年版，第2703、2708、2709页。
⑥ （北齐）魏收：《魏书》卷84《列传儒林第七十二·张伟传》，中华书局1974年版，第1844页。

余卷",后归乡里奉养双亲,在家乡聚徒授业,其门徒"恒至数百人。燕、赵间能言经者,多出其门"①。这一时期儒家文化之所以会得以迅速传播,除了大量名师硕儒传道授业外,更重要的还在于师徒之间如接力棒一样代代传授,如《北史·儒林上》有如下一段记述:

> 自魏末,大儒徐遵明门下讲郑玄所注《周易》。遵明以传卢景裕及清河崔瑾。景裕传权会、郭茂。权会早入邺都,郭茂恒在门下教授,其后能言《易》者,多出郭茂之门。
>
> 《三礼》并出遵明之门。徐传业于李铉、祖俊、田元凤、冯伟、纪显敬、吕黄龙、夏怀敬。李铉又传授刁柔、张买奴、鲍季详、邢峙、刘昼、熊安生。安生又传孙灵晖、郭仲坚、丁恃德。其后生能通《礼经》者,多是安生门人。
>
> 通《毛诗》者,多出于魏朝刘献之。献之传李周仁。周仁传董令度、程归则。归则传刘敬和、张思伯、刘轨思。其后能言《诗》者,多出二刘之门。②

自北魏以后,这种师徒之间代代传授儒经的现象极为普遍,一时间出现了如前所引"衣儒者之服,挟先王之道,开黉舍,延学徒者,比肩;励从师之志,守专门之业,辞亲戚,甘勤苦者,成市"③的盛况。也正是在这种师徒之间代代传授风气中,学校教育尤其是私学教育如滚雪球一样不断发展、壮大,儒家文化也不断得到传播、弘扬。不仅如此,崇儒兴学的社会环境,使大量知识分子或"以经书进",像北魏的刘芳、李彪诸人;或"以文史达",像崔光、邢峦等人,"其余涉猎典章,闲集词翰,莫不縻以好爵,动贻赏眷。于是斯文郁然,比隆周、汉"④。即使像"状貌甚丑"的广平人荀士逊,亦因才学出众而"以文

---

① 参见(唐)李百药《北齐书》卷44《儒林·李铉传》,中华书局2000年版,第403页。
② (唐)李延寿:《北史》卷81《儒林上》,中华书局1974年版,第2708页。
③ (唐)李延寿:《北史》卷81《儒林上》,第2706页。
④ 参见(唐)李延寿《北史》卷81《儒林上》,第2704页。

辞见用"①，官至中书侍郎。可以说，北魏中书博士、朝廷大臣李䜣在上疏请求设立学校时所说的意欲通过兴学，"使士望之流、冠冕之胄，就而受业，庶必有成，其经艺通明者贡之王府。则郁郁之文，于是不坠"②的办学目的已经大见成效，既传承、弘扬了儒家伦理之道，又为朝廷培养了一大批具有"文德""良才"的优秀人才。在这样一种时代环境下，崇儒尚学也就是情理之中的事情了。从很大程度上讲，魏晋时期乐安孙氏家族尚儒门风的出现，是当时时代风气的反映，具有鲜明的时代特征。魏晋南北朝时期之所以有大量以儒学传家的世家大族出现，与这一时期儒学的传承和发展有着紧密的关系。而世家大族以儒学相尚的家族门风，反过来又进一步促进了这一时期儒学的兴盛和发展。两者相互促进，相互影响。

附表：

春秋至魏晋南北朝、隋时期乐安孙氏家族成员职官表

序号	世系	姓名	父名	朝代	官职	史料出处
1	一世	孙书	田无宇	春秋	大夫	《新唐书》卷73下《宰相世系表》
2	二世	孙凭	孙书	春秋齐	卿	《新唐书》卷73下《宰相世系表》
3	三世	孙武	孙凭	春秋齐	将军	《新唐书》卷73下《宰相世系表》

---

① （唐）李百药：《北齐书》卷45《文苑列传·荀士逊传》，中华书局2000年版，第425页。
② 李䜣上疏中这样指出："臣闻至治之隆，非文德无以经纶王道；太平之美，非良才无以光赞皇化。是以昔之明主，建庠序于京畿，立学官于郡邑，教国子弟，习其道艺，然后选其俊异，以为造士。今圣治钦明，道隆三五，九服之民，咸仰德化，而所在州土，学校未立。臣虽不敏，诚愿备之，使后生闻雅颂之音，童幼睹经教之本。臣昔蒙恩宠，长管中秘，时课修学有成立之人，髦俊之士，已蒙进用。臣今重荷荣遇，显任方岳，思阐帝猷，光宣于外。自到以来，访诸文学，旧德已老，后生未进。岁首所贡，虽依制遣，对问之日，惧不克堪。臣愚欲仰依先典，于州郡治所各立学官。使士望之流、冠冕之胄，就而受业，庶必有成，其经艺通明者贡之王府。则郁郁之文，于是不坠。"见（明）黄淮、杨士奇《历代名臣奏议》卷113《学校》，台湾学生书局1964年版，第1514页。

续表

序号	世系	姓名	父名	朝代	官职	史料出处
4	四世	孙明	孙武	春秋	封富春侯，为富春孙氏之始	《新唐书》卷73下《宰相世系表》
5	五世	孙膑	孙明	春秋	将	《新唐书》卷73下《宰相世系表》
6	六世	孙胜	孙膑	秦国	将	《新唐书》卷73下《宰相世系表》
7	七世	孙盖	孙胜	汉	汉中守	《新唐书》卷73下《宰相世系表》
8	八世	孙知	孙盖	汉	武信君	《新唐书》卷73下《宰相世系表》
9	九世	孙念	孙知	汉	不详	《新唐书》卷73下《宰相世系表》
10	十世	孙益	孙念	汉	侍中	《新唐书》卷73下《宰相世系表》；（宋）邓名世《古今姓氏书辩证》卷7
11	十一世	孙卿	孙益	汉	侍中	《新唐书》卷73下《宰相世系表》
12	十二世	孙凭	孙卿	汉	车骑将军	《新唐书》卷73下《宰相世系表》
13	十三世	孙询	孙凭	汉	安定太守	《新唐书》卷73下《宰相世系表》
14	十四世	孙鸾	孙询	汉	不详	《新唐书》卷73下《宰相世系表》
15	十四世	孙骐	孙询	汉	安邑令	《新唐书》卷73下《宰相世系表》；（宋）邓名世《古今姓氏书辩证》卷7
16	十五世	孙夐	孙骐	东汉	天水太守	（宋）邓名世《古今姓氏书辩证》卷7
17	十五世	孙通	孙骐	东汉	不详	《新唐书》卷73下《宰相世系表》

续表

序号	世系	姓名	父名	朝代	官职	史料出处
18	十五世	孙爰居	孙鸾	东汉	不详	《新唐书》卷73下《宰相世系表》
19	十六世	孙厚	孙敻	东汉	大将军掾	《新唐书》卷73下《宰相世系表》
20	十六世	孙福	孙爰居	东汉	太原太守	（宋）邓名世《古今姓氏书辩证》卷7
21	十七世	孙瑶	孙厚	东汉	中郎将	《新唐书》卷73下《宰相世系表》
22	十八世	孙邃	孙瑶	东汉	清河太守	《新唐书》卷73下《宰相世系表》
23	十九世	孙儵	孙邃	东汉	洛阳令	《新唐书》卷73下《宰相世系表》
24	二十世	孙国	孙儵	东汉	尚书郎	《新唐书》卷73下《宰相世系表》
25	二十一世	孙耽	孙国	东汉	汉阳太守	《新唐书》卷73下《宰相世系表》
26	二十二世	孙旃	孙耽	东汉	太原太守	《新唐书》卷73下《宰相世系表》
27	二十三世	孙炎	孙旃	魏	秘书监	《新唐书》卷73下《宰相世系表》
28	二十三世	孙历	孙旃	魏晋之际	幽州刺史、右将军	《新唐书》卷73下《宰相世系表》；《晋书》卷60《孙旂传》
29	二十四世	孙僾	孙炎	晋	太官令	《新唐书》卷73下《宰相世系表》
30	二十四世	孙旂	孙历	晋	黄门侍郎、荆州刺史、兖州刺史、平南将军	《晋书》卷60《孙旂传》；《新唐书》卷73下《宰相世系表》

续表

序号	世系	姓名	父名	朝代	官职	史料出处
31	二十四世	孙尹	孙历	晋	陈留、阳平太守	《晋书》卷60《孙旂传》
32	二十五世	孙道恭	孙倰	晋	长秋卿	《新唐书》卷73下《宰相世系表》
33	二十六世	孙芳	孙道恭	晋	中书令	《新唐书》卷73下《宰相世系表》；（宋）邓名世《古今姓氏书辩证》卷7
34	二十七世	孙辉	孙颛	后赵	射声校尉	《新唐书》卷73下《宰相世系表》
35	二十八世	孙纬	孙辉	西晋	幽州都督	《新唐书》卷73下《宰相世系表》
36	二十八世	孙岳	孙烈	前燕	侍中、幽州刺史、右将军	《新唐书》卷73下《宰相世系表》；（宋）邓名世《古今姓氏书辩证》卷7
37	二十九世	孙周	孙纬	后燕	高阳王文学	《新唐书》卷73下《宰相世系表》；（宋）邓名世《古今姓氏书辩证》卷7
38	三十世	孙敬仁[①]	孙周	北燕	司隶功曹	《新唐书》卷73下《宰相世系表》；（宋）邓名世《古今姓氏书辩证》卷7
39	三十一世	孙蔚（孙惠蔚）	孙敬仁	北魏	秘书监、枣强开国男	《新唐书》卷73下《宰相世系表》
40	三十二世	孙伯礼	孙惠蔚	北魏	员外散骑侍郎、宁朔将军、步兵校尉、巴州刺史	《魏书》卷84《孙惠蔚传》附《孙伯礼传》；《新唐书》卷73下《宰相世系表》

---

① （宋）邓名世《古今姓氏书辩证》卷7为"恭仁"。

续表

序号	世系	姓名	父名	朝代	官职	史料出处
41	三十二世	孙方嗣	孙惠蔚	北魏	建威将军	《新唐书》卷73下《宰相世系表》；《魏书》卷84《孙惠蔚传》附《孙伯礼传》
42	三十三世	孙元琥	孙伯礼	北齐	文宣帝相国骑曹	《新唐书》卷73下《宰相世系表》
43	三十三世	孙孝敏	孙伯礼	隋	晋阳令	《新唐书》卷73下《宰相世系表》
44	三十三世	孙广烈	孙伯礼	隋	汧阳丞	《新唐书》卷73下《宰相世系表》
45	三十三世	孙仲瑜	孙方嗣	隋	吏部侍郎	《新唐书》卷73下《宰相世系表》
46	三十四世	孙灵晖	孙元琥	北齐	大将军司马	《新唐书》卷73下《宰相世系表》
47	三十五世	孙万寿	孙灵晖	隋	（北齐）大理司直、（隋）豫章长史	《北齐书》卷44《儒林传·孙灵晖传》附《孙万寿传》；《北史》卷81《孙惠蔚传》
48	三十五世	孙万安	孙灵晖	隋	徐、婺、兖三州刺史	（宋）邓名世《古今姓氏书辩证》卷7

第三章 "冠冕继耀,连环如粲星"
——唐代乐安孙氏家族的兴盛与发展

唐代是乐安孙氏家族发展壮大时期,且经历八代长盛不衰。这一时期,其家族人丁不仅繁衍壮大,而且通过各种途径仕宦为官者代以继之,其中不乏朝中高官,其家族在政治领域的影响愈益增大。从以下对唐代乐安孙氏家族九代尤其是前八代子孙仕宦情况的梳理中不难看出,唐代的乐安孙氏家族无疑属于一个典型的仕宦家族。

一 唐代乐安孙氏家族的崛起

若从在唐代任职时算起,唐代乐安孙氏家族第一代为孙仲将。孙仲将之父孙孝敏,隋朝大业年间任并州晋阳县令。进入唐代的孙仲将与其父官职一样,也是品第不高的八品官,为郓州寿张县丞。孙仲将有一子孙希庄,唐太宗时为韩王府典签,掌管韩王府中的表启书疏。韩王即为唐高祖李渊第十一子李元嘉,贞观十年(636)被封为韩王,授潞州都督。据《旧唐书》记载,李元嘉"少好学,聚书至万卷,又采碑文古迹,多得异本。……其修身洁己,内外如一",是高祖诸王子中的佼佼者,"当代诸王莫能及者,唯霍王元轨抑其次焉"[1]。与南朝时期相比,唐代诸王府所设的典签一职虽然仅掌文书,权力不大,但能在这种声望极高的王子身边任职,也算得上是一种幸运了。

唐代乐安孙氏家族崛起于第三代,其中孙嘉之是唐代乐安孙氏家族

---

[1] (后晋)刘昫:《旧唐书》卷64《韩王元嘉传》,中华书局2000年版,第1638页。

发展历程中的重要人物。孙嘉之，孙希庄独子，字某，魏郡博州武水（今山东聊城西南）人。博州武水乐安孙氏家族这一支，从孙孝敏至孙嘉之，属于"四世而传一子，故五服之内，无近属焉"。孙嘉之四岁时父亲去世，由于四世单传，无亲属可怙恃，孙嘉之只好依托于外祖父家。外祖父刘士杰，当时居官于潞州涉县（今山西省涉县），所以孙嘉之居官之前随外祖父在涉县生活，故孙逖在为其父孙嘉之所作的《宋州司马先府君墓志铭》中称孙嘉之"自幼及长，外族焉依"。孙嘉之虽然生活坎坷，但自幼志向远大，"克自激昂，允迪前烈，弱冠以文章著称"①。武则天天册万岁年间，孙嘉之参加科举考试，结果进士及第。对此，唐人蒋伸在为乐安孙氏家族成员孙景商撰写的墓志铭中称："公讳景商，字安诗，乐安人也。其先陈大夫田完之后。……曾王父讳嘉之，天册中，升进士拔萃二科，有大名于天下。"② 孙嘉之进士及第后，与崔日用、苏晋等名士一起出任考功郎中。武则天久视元年（700）孙嘉之又应拔萃举，与邵昺、齐澣同升甲科，而后出任过蜀州新津县主簿、河南府缑氏县尉、王屋县主簿，以及洺州曲周、宋州襄邑二县令等官职。孙嘉之由科举步入仕途，但他"少好摄生之术，自王屋授诀于司马先生，便欲罢官学道，而官微禄薄，曰：'衰门无储，宗党孤眇，无所仰给，繇是愿效六百石长吏焉'"。于是孙嘉之在"秩满之后，遂绝迹人世，屏居园林，怡神太和，以适初愿"。孙嘉之晚年，长子孙逖被任命为中书舍人，在孙逖希望降低自己官位以提高父亲官秩的请求得到恩准后，皇上以孙嘉之"有义方之训"而特授其为朝散大夫宋州司马，并"手诏褒美"，使其"亲族荣之"③。儿子的孝亲之举，使"欲罢官学道"的孙嘉之最后以宋州司马致仕。孙嘉之居官勇于直言，并且有较高的文学修养。其事迹主要见于孙逖为其撰写的《宋州司马先府君墓志铭》的

---

① （唐）孙逖：《宋州司马先府君墓志铭》，载（清）董诰等编《全唐文》卷313，中华书局1983年版，第3182页。
② （唐）蒋伸：《唐故天平军节度郓曹濮等州观察处置等使朝请大夫检校礼部尚书使持节郓州诸军事兼郓州刺史御史大夫上柱国赐紫金鱼袋赠兵部尚书孙府君墓志铭并序》，载周绍良、赵超主编《唐代墓志汇编》，上海古籍出版社1992年版，第2345页。
③ 以上引文见孙逖《宋州司马先府君墓志铭》，载（清）董诰等编《全唐文》卷313，中华书局1983年版，第3182页。

记载之中。

称孙嘉之为博州武水乐安孙氏家族发展历程中一个重要人物,不仅仅因为他是唐代乐安孙氏家族进士及第的第一人,且"弱冠以文章著称",有较高的文学修养,更重要的是从孙嘉之开始,乐安孙氏家族改变了"四世而传一子,故五服之内,无近属"的状况,自此以后家族不仅人丁日益兴旺,而且仕宦不断,名人辈出。

唐代乐安孙氏的第四代,包括孙嘉之四子:孙逖、孙遹、孙遘、孙造。

在孙嘉之四子中,长子孙逖最为知名,是唐代乐安孙氏家族崛起的关键人物。孙逖(696—761),博州武水(山东聊城)人,是乐安孙氏家族中的杰出人物,他自幼英俊聪慧,才思敏捷。据《旧唐书》卷190中《文苑传·孙逖传》记载,唐玄宗开元二年(714),孙逖应考哲人奇士举,被授予山阴县尉。开元八年(720),孙逖由吏部侍郎王丘荐拔,由山阴县尉转迁为秘书正字。王丘是有唐一代名德兼著的名臣,据《旧唐书·王丘传》记载,王丘11岁时由童子举擢第而知名,弱冠又应制举,拜奉礼郎。开元初年,志行修洁的王丘迁任考功员外郎,鉴于先前科举考试请托之风盛行、取士泛滥的弊端,王丘主持科举考试期间"一切核其实材,登科者仅满百人。议者以为自则天已后凡数十年,无如丘者……典选累年,甚称平允。擢用山阴尉孙逖……进士王泠然,皆称一时之秀"[①]。孙逖能为当时名德兼著、取士用人严格而又平允的王丘所荐擢,其才学品质由此不难窥见,亦的确称得上"一时之秀"。开元十年(722),孙逖应制举登文藻宏丽科,与当时颇有文名、出身名门望族的常无名同登甲科,一时名震朝野。当时的宰相张说对其所作策文非常推崇,"俾与张九龄、许景先、韦述同游门庭",并命其子张均、张垍前往"拜之",甚至连皇帝唐玄宗都御驾洛城门亲自召见他,并命户部郎中苏晋等人将其所作之文定为异等,擢升孙逖为左拾遗。由于才华横溢,孙逖不久升迁为左补阙。黄门侍郎李暠出镇太原,孙逖又被辟为从事。开元二十一年(733),孙逖出任考功员外郎、集贤修撰。从开元二十四年(736)起,孙逖被拜为中书舍人,其间还充任过河东黜陟使。

---

① (后晋)刘昫:《旧唐书》卷100《王丘传》,中华书局2000年版,第2120页。

唐玄宗天宝三载（744），权判刑部侍郎。天宝五载（746），孙逖因风疾请求朝廷改任一闲散而无一定职守的官位，请求得到诏准后被改任为太子左庶子，不久转为太子詹事。孙逖去世后，于唐代宗广德二年（764）被朝廷诏赠尚书右仆射，谥号文[1]。孙逖一生在政治、文学等方面多有建树，故其生平事迹散见于各种文献史料的记述之中，《旧唐书》《新唐书》和《唐才子传》有其传记，颜真卿所作《尚书刑部侍郎赠尚书右仆射孙逖文公集序》对其师孙逖经历特别是文学成就有概括性的评述。

与孙逖相比较，其弟孙遹、孙遘、孙造则显得较为平凡，故文献史料对三人生平事迹少有记述。孙嘉之次子孙遹，《旧唐书》和《新唐书》中无传，《新唐书》卷73下《宰相世系表》记载其官职为左羽林兵曹参军，唐人李都在《唐故御史中丞汀州刺史孙公墓志并序》中称其曾先后出任过皇关内营田判官、左羽林兵曹参军、京畿采访支使，赠左散骑常侍等职。孙嘉之第三子孙遘，《旧唐书》和《新唐书》中无传，《新唐书》卷73下《宰相世系表》记载其官职为亳州刺史。据唐人蒋伸撰写的《唐故天平军节度郓曹濮等州观察处置等使朝请大夫检校礼部尚书使持节郓州诸军事兼郓州刺史御史大夫上柱国赐紫金鱼袋赠兵部尚书孙府君墓志铭并序》中的记载可知，孙遘自幼天资聪慧，未到弱冠之年便"两登制策殊等"[2]。制策为唐代科举考试科目之一，由皇帝亲自出题，孙遘还没到弱冠之年便两次荣登制策科，并且还是特等，这也从一个侧面反映了孙遘的杰出才华。孙嘉之第四子孙造，《新唐书·宰相世系表》与《古今姓氏书辩证》卷7记载其官职均为詹事司直；乐安孙氏族人孙保衡在为孙造之子孙婴所撰写墓志铭中，有孙造于唐玄宗天宝初年"应文词清丽举，与郭纳同登甲科，官至詹事府司直"[3]之记述。孙造能荣登文词清丽举甲科，反映了他本人有较好的文学修养。不过，孙保衡所称孙造登文词清丽举的年代有误，清人徐松《登科记考》卷8明

---

[1] 参见傅璇宗主编《唐才子传校笺》卷1《孙逖》，中华书局1987年版，第170—172页。

[2] 周绍良、赵超主编：《唐代墓志汇编》，上海古籍出版社1992年版，第2345页。

[3] （唐）孙保衡：《唐故宣义郎京兆府蓝田县尉乐安孙府君墓志铭并序》，载周绍良、赵超主编《唐代墓志汇编》，上海古籍出版社1992年版，第1920页。

确记载郭纳是在唐玄宗开元二十六年（738）参加文词雅丽科考试的，这一年共有郭纳、姚子彦、冯万石等24人被录用①。

二 唐代乐安孙氏家族的发展壮大

唐代乐安孙氏家族从第五代开始，进入了发展壮大时期，其时不仅人丁繁盛，而且政治影响扩大。与上一代相比，家族成员入仕官品程度普遍提高。

唐代博州武水乐安孙氏家族第五代男性成员共11人，包括孙逖四子，孙遘四子，孙造二子，孙遹一子。

孙逖长子孙宿，《旧唐书》卷190中《文苑传·孙逖传》中有一简单记述，称其"历河东掌记，代宗朝历刑部郎中、中书舍人，出为华州刺史，卒"。孙宿承袭了其父孙逖文业，颇具文采。对此，孙简墓志铭称孙宿"传文公（孙逖）之业，登□制举，为谏议大夫、中书舍人，终华州刺史"②。由此可见，孙宿应为制举出身，出任过谏议大夫、中书舍人，最后官至华州刺史致仕。

孙逖次子孙绎，《旧唐书》和《新唐书》中无传，仅《新唐书》卷73下《宰相世系表》记载其官职为右补阙。在唐代，右补阙属于中书省的官员，唐武则天垂拱元年（685）设置，官品为从七品上，职责是与右拾遗一同掌"供奉讽谏，大事廷议，小则上封事"③，品级虽然不高，但其职责重大。

孙逖三子孙成（737—789），字思退，其兄孙绎在为孙成撰写的墓志铭中称其"髫岁，崇文馆明经及第，参调选部，年甫志学，考判登

---

① 参见（清）徐松《登科记考》卷8，中华书局1984年版，第290页。
② （唐）令狐绹：《唐故银青光禄大夫检校司空兼太子少师分司东都上柱国乐安县开国侯食邑一千户赠太师孙公墓志铭并序》，载周绍良、赵超主编《唐代墓志汇编续集》，上海古籍出版社2001年版，第1111页。
③ （宋）欧阳修、宋祁：《新唐书》卷47《百官志二》，中华书局1975年版，第1207页。

等,竦听一时,解褐授左内率府兵曹参军"①。与"年未弱冠,两登制策殊等"的叔父孙遘相比,孙成则在"髫岁"之年(幼年)明经及第,可谓天才,以至于成为当时"竦听一时"的佳话。著名政治家、官至宰相的刘晏为京兆府尹时,奏授孙成为京兆府云阳县尉,使其辅佐畿辅一带的事务,当时"邑中庶务,刘并委达,一境决遣而生风,诸曹仆邀而何数。声溢朝听,最归府庭"。由于能力突出,孙成不久被任命为长安县尉。在此任职期间,"佐剧谷下,名灼京师,宰府急贤,意如不及",不到三旬,又升任为监察御史,之后又先后被辟为陇右节度判官兼掌书记、殿中侍御史、尚书屯田员外郎。在尚书屯田员外郎任上,孙成"班令公田,事举而能损益",不久充任山、剑等三道租庸使。同样,在此任上,由于政绩显著,"公议当迁",进而转升为司勋员外郎。之后,孙成先后出任长安县令、仓部郎中、泽潞太原庐龙等道宣慰使、信州刺史等职,而后又出任苏州刺史,制略中云:"列在时彦,郁为才臣,文参教化之本,学务经通志略。今举高第,镇兹雄郡,深荷睿旨,励分圣忧,信人悒然,吴下歌暮,两州连最,百郡为式",为此朝廷特增授孙成金章紫绶。唐德宗贞元四年(788),改任桂州刺史兼御史中丞、桂管观察使,直至去世。生前获有"乐安县开国男"爵位,死后被追赠为太子太傅。②在孙遘诸子中,孙成最为知名。这不仅仅是因为他通晓经术,更重要的是因为他为官期间多有善政,政绩突出。正因为他为官政绩突出,所以仕宦后才能一路升迁。《新唐书》卷202《孙遘传》中附有孙成简略传纪,孙绛为其撰有墓志铭。

孙遘第四子孙视,《旧唐书》和《新唐书》中无传,《新唐书》卷73下《宰相世系表》记载其官职为太常寺太祝、协律郎。太常寺太祝

---

① (唐)孙绛:《唐故中大夫守桂州刺史兼御史中丞充桂州本管都防御经略招讨观察处置等使上柱国乐安县开国男赐紫金鱼袋孙府君墓志铭并序》,载周绍良、赵超主编《唐代墓志汇编》,上海古籍出版社1992年版,第1855页。关于孙成入仕途径说法不一,《新唐书》卷202《孙遘传》附《孙成传》中则记载孙成"推荫仕累洛阳、长安令",认为孙成是由父荫步入仕途。从文献数据记载的可信度看,其兄孙绛为其撰写墓志铭中的记载是可信的,也就是说,孙成是经崇文馆明经及第的。

② 参见(唐)孙绛《唐故中大夫守桂州刺史兼御史中丞充桂州本营都防御经略招讨观察处置等使上柱国乐安县开国男赐紫金鱼袋孙府君墓志铭并序》,载周绍良、赵超主编《唐代墓志汇编》,上海古籍出版社1992年版,第1856页。

是掌管祭祀祷告事宜的官员，官秩为正九品上。协律郎为太常寺衙署中负责掌管音律的官员，官秩为正八品上。

孙遹之子孙会，《旧唐书》和《新唐书》中无传，《新唐书》卷73下《宰相世系表》记载其官职为常州刺史，而在其孙孙瑝墓志铭中记载其担任过皇侍御史一职，历任郴州、温州、庐州、宣州、常州五州刺史，去世后赠工部尚书①。

孙邈有四子：孙公彦、孙客卿、孙公辅、孙起。孙公彦、孙客卿、孙公辅在《旧唐书》和《新唐书》中均无传，《新唐书》卷73下《宰相世系表》记载其官职分别为睦州刺史、盱眙令、陆泽丞。孙起为孙邈次子，他深受儒家思想影响，为人处世多秉承儒家礼法规范。孙保衡在为其撰写的墓志铭中称其"学优而仕，释褐洪州建昌县尉"，但孙起是否由科举入仕无文献史料考证。后孙起历任郑州新郑尉、陈州录事参军、鄀州长寿县令、滑州白马县令。孙起仕宦期间多有政绩，如在滑州白马县令任上，"邑讼既理，戎事兼佐，弦歌有裕"②。

孙造有二子，长子孙贾，《旧唐书》和《新唐书》中均无传，《新唐书》卷73下《宰相世系表》记载其官职为右内率府骑曹参军。次子孙婴，字孺之，他虽然"未识而孤"，但自幼勤奋好学，志向远大。唐代宗广德初年，孙婴经尚书李抱真表荐入仕，被授予饶州余干县尉，之后先后出任过邠州三水县丞、仙州司仓参军、泽州录事参军、京兆府蓝田县尉等官职③。

与第五代乐安孙氏家族相比，唐代乐安孙氏家族第六代男性成员增多。从《新唐书》卷73下《宰相世系表》的记载可知，唐代乐安孙氏第六代的男性成员共有20人。

孙起有子四人。孙保衡在为孙起撰写墓志铭中记载，孙起"夫人赵郡李氏，生长子非熊，前蕲州黄梅县尉；夫人陇西李氏，生次子及三

---

① 参见（唐）李都《唐故御史中丞汀州刺史孙公墓志铭并序》，载陈尚君辑校《全唐文补编》卷83，中华书局2005年版，第1034页。
② （唐）孙保衡：《唐故滑州白马县令乐安孙府君墓志铭并序》，载周绍良、赵超主编《唐代墓志汇编》，上海古籍出版社1992年版，第1989页。
③ 参见（唐）孙保衡《唐故宣义郎京兆府蓝田县尉乐安孙府君墓志铭并序》，载周绍良、赵超主编《唐代墓志汇编》，上海古籍出版社1992年版，第1920页。

女"。又载"今夫人河东裴氏,卿族华胄"①。《新唐书》卷73下《宰相世系表》除记载孙起有子孙非熊外,还有孙景商和孙清。《新唐书》卷73下《宰相世系表》记载孙清官至太原少尹。在孙起四子中,孙景商最为知名。孙景商,字安诗,生于唐德宗贞元九年(793),卒于唐宣宗大中十年(856)。据其墓志铭记载,孙景商"幼奇卓,动举与凡儿异,稍长,力文学。……性端介,寡与人交"②。自幼表现出异于常人举动的孙景商是在唐文宗大和二年(828)取得科举功名的,此年的主考官为礼部侍郎崔郾,他是一个善于选拔杰出人才的考官,《旧唐书·崔郾传》称其"凡两岁掌贡士,平心阅试,赏拔艺能,所擢者无非名士,至大中、咸通之代,为辅相名卿者十数人"③。非常幸运,孙景商大和二年参加了由崔郾主持的科举考试,结果一举"擢进士甲科",由此步入仕途,其后政治上的升迁沉浮与当时的牛李党争息息相关。其墓志铭称:唐文宗大和二年,"清河崔公郾下擢进士甲科,赴诸侯之辟于蜀西川、于荆、于越,凡所从悉当时名公,公(孙景商)亦以国士之道居于其府。御史丞得其名奏为监察,历殿中侍御史,益有名。入尚书省为度支员外郎。丁继母裴夫人忧,毁逾于礼。卒丧,除刑部员外郎,转度支郎中。时宰相李德裕专国柄,忿公(孙景商)不依己,黜为温州刺史,移滁州刺史"④。据此有学者考证,孙景商大和二年进士及第后便直接入幕充职了,他首次入剑南西川幕,府主为杜元颖。杜元颖罢幕后,孙景商又先后转入由段文昌充当府主的荆南幕、李绅充当府主的浙江东道幕。如果孙景商在李绅罢幕前后入朝为尚书郎官,此时的李德裕已于大和八年(834)出为兴军节度使,这时的朝廷政局发生了变化,牛党势力正在抬

---

① (唐)孙保衡:《唐故滑州白马县令乐安孙府君墓志铭并序》,载周绍良、赵超主编《唐代墓志汇编》,上海古籍出版社1992年版,第1989页。
② (唐)蒋伸:《唐故天平军节度郓曹濮等州观察处置等使朝请大夫检校礼部尚书使持节郓州诸军事兼郓州刺史御史大夫上柱国赐紫金鱼袋赠兵部尚书孙府君墓志铭并序》,载周绍良、赵超主编《唐代墓志汇编》,上海古籍出版社1992年版,第2345页。
③ (后晋)刘昫:《旧唐书》卷155《崔郾传》,中华书局2000年版,第2800页。
④ (唐)蒋伸:《唐故天平军节度郓曹濮等州观察处置等使朝请大夫检校礼部尚书使持节郓州诸军事兼郓州刺史御史大夫上柱国赐紫金鱼袋赠兵部尚书孙府君墓志铭并序》,载周绍良、赵超主编《唐代墓志汇编》,上海古籍出版社1992年版,第2345页。

头，因此孙景商的入朝为官应当与牛党的引拔有关。因为段文昌曾为宰相李逢吉所引拔，而李逢吉与牛党令狐楚相善，说明段文昌在政治立场上是倾向于牛党的。这样，为牛党重用的孙景商与李德裕等人为领袖的李党结怨也就在情理之中了。于是出现了于开成五年（840）再次入相的李德裕，便"忿公不依己"，将孙景商外放，黜为温州刺史，移滁州刺史①。孙景商虽因党争被黜职外放，但凭着个人才干，不久便得以步步升迁。据其墓志铭记载，孙景商被外放后，"理二郡，以慈煦弱，以严御豪，其它施设，皆可称纪"。为政有声的政绩，加以唐宣宗即位后以李德裕为首的李党失势，孙景商不久便被征拜为刑部兵部郎中，迁谏议大夫。在谏议大夫任上，孙景商鉴于政治之缺失多次上疏。唐宣宗大中五年（851），白敏中以宰相出镇，为京西北招讨，都统诸军讨伐党羌叛乱，并奏请朝廷任命谏议大夫孙景商充任行军司马，授左庶子兼御史中丞，赐紫金鱼袋，奏请知制诰蒋伸为右庶子，充节度副使。在征伐党羌叛乱中，孙景商因征讨有功而被征拜为给事中。半年之后，又出任京兆尹一职，孙景商在京兆尹任上两年，"一持正道，豪人望风敛束。视案牍靡昼夜。试问其官理要目，屈指历历如手持文"。由于为政勤勉、政以清廉，不久又迁任刑部侍郎。在此任上，由于政绩突出，孙景商声名威望愈加为人所称美。之后，又出任天平军节度郓曹濮观察等使检校礼部尚书兼御史大夫。大中十年，终年64岁的孙景商去世后，"善人惊惜，连□悼嗟。上素知其人，轸动且久，不视朝一日，赠兵部尚书，赙祭如常礼"②。

孙宿有子二人，长子孙公器，受其祖父孙逖影响，自幼表现出良好的文学修养，并最终以"词科高第"③。唐代乐安孙氏族人孙徽在为孙

---

① 参见石云涛《唐后期方镇使府宾主关系与牛李党争》，《许昌学院学报》2003年第1期。

② （唐）蒋伸：《唐故天平军节度郓曹濮等州观察处置等使朝请大夫检校礼部尚书使持节郓州诸军事兼郓州刺史御史大夫上柱国赐紫金鱼袋赠兵部尚书孙府君墓志铭并序》，载周绍良、赵超主编《唐代墓志汇编》，上海古籍出版社1992年版，第2345页。

③ （唐）令狐绹：《唐故银青光禄大夫检校司空兼太子少师分司东都上柱国乐安县开国侯食邑一千户赠太师孙公墓志铭并序》，载周绍良、赵超主编《唐代墓志汇编续集》，上海古籍出版社2001年版，第1111页。

公器之子孙说撰写的墓志铭中则称孙公器"应书判超绝登第"①。在唐代，无论是"词科"还是"书判超绝科"，皆重在将那些文辞优美的人才选拔出来，由此亦不难看出孙公器杰出的文学才华。《新唐书》卷73下《宰相世系表》和《旧唐书·文苑传·孙逖传》中记载其官职为信州刺史、邕管经略使。唐人令狐绹在为孙简撰写的墓志铭中则称孙公器"以词科高第，历监察，后为濠、信二州刺史，邕管经略使，兼御史中丞。时属五溪不率王命，奉诏招讨，克有戎功，去世后累赠司空"②。次子孙献可，《新唐书》卷73下《宰相世系表》中记载其官职为大理司直。

孙成有子四人。长子孙惟肖，官至监察御史。次子孙保衡，曾任鄂州节度判官、检校司封郎中等职。三子孙微仲，官至沔州刺史。四子孙审象，字近初，"年甫童卝，能自修整，恭俭礼让，本于生知"③，弱冠之年以门荫出身而入仕，先后出任怀州修武主簿、右龙武军录事参军、京兆府云阳县尉、亳州真源县令、河中临晋二县令，最后官至汝州司马。在乐安孙氏家族中，孙审象以孝悌仁爱闻名。

《新唐书》卷73下《宰相世系表》记载孙视有子一人——孙替否，官职为鼓城令；孙公彦有二子，其中次子孙璩，曾出任于潜县尉；孙公辅有三子，即孙复礼、孙由礼、孙元宗，其中长子孙复礼曾出任贝州刺史。

孙会有子四人：孙公绍、孙公义、孙公胄、孙士桀。长子孙公绍，生平无史料记述；三子孙公胄，曾任海盐尉；四子孙士桀，曾任长洲令。在孙会诸子中，次子孙公义最为知名，因有墓志铭记载，故其生平事迹有比较详细的记述。

孙公义，生于唐代宗大历七年（772），卒于唐宣宗大中五年

---

① （唐）孙徽：《唐故朝议郎前守蓬州刺史乐安孙府君墓志铭并序》，载周绍良、赵超主编《唐代墓志汇编》，上海古籍出版社1992年版，第2548页。
② （唐）令狐绹：《唐故银青光禄大夫检校司空兼太子少师分司东都上柱国乐安县开国侯食邑一千户赠太师孙公墓志铭并序》，载周绍良、赵超主编《唐代墓志汇编续集》，上海古籍出版社2001年版，第1111页。
③ （唐）孙简：《唐故汝州司马孙府君墓志铭并叙》，载周绍良、赵超主编《唐代墓志汇编》，上海古籍出版社1992年版，第2218页。

(851)。孙公义自幼聪慧好学，14岁时便初通两经，并在州县举荐的科举考试中明经及第。孙公义虽聪慧好学，但早年仕途坎坷，"未及弱冠，遽失恃怙。长兄不事家计，诸弟尚复幼稚，公（孙公义）以负荷至重，他进不得，遂即以前明经调补扬州天长县尉"。后出任江阳主簿，又由江阳主簿授婺州录事参军。不久因覆审讼案而蒙冤，幸好太守王仲舒了解内情，将其辟引为倅军事。唐元和末年，相国萧俛持掌国政，大力引荐、提拔当代俊贤，为此，"特敕拜公（孙公义）为宪台主簿，方议朝选。属殿内御史有以自高者，恶非其党，将不我容。公以为道不可自屈，即直疏其事，置之宪长故相国赞皇公，是日解冠长告，坚卧私室。赞皇披文，耸听，益固其知，以公之志不可夺，因白执政授京兆府户曹，由户曹为咸阳令，历四尹，皆以政事见遇，尤为韩公愈、刘公栖楚信重之。……由是声闻毂下"①，为时人所称美。之后，孙公义先后迁任吉州刺史、饶州刺史。唐武宗会昌二年（842）五月，又自饶州刺史改任睦州刺史。唐宣宗大中三年（849）秋，孙公义以工部尚书致仕②。

三 唐代乐安孙氏家族的鼎盛与辉煌

唐代乐安孙氏家族的第七代，是家族发展的鼎盛和辉煌时期。这一时期，有8人进士及第，在朝中任职的名卿不断，而孙偓状元及第并官至宰相，则把唐代乐安孙氏家族推向前所未有的荣光时期。

按照《新唐书》卷73下《宰相世系表》及其他文献史料记载，乐安孙氏第七代，男性成员有41人，其中有孙公器七子，孙惟肖二子，孙微仲二子，孙审象六子，孙公绍三子，孙公义七子，孙公胄一子，孙士桀四子，孙复礼一子，孙元宗一子、孙景商七子。

---

① 参见（唐）冯牢《唐故银青光禄大夫工部尚书致仕上柱国乐安县开国男食邑五百户孙府君墓志铭》，载周绍良、赵超主编《唐代墓志汇编》，上海古籍出版社1992年版，第2289—2290页。
② 同上。唐人李都在为孙瑝撰写的墓志铭（《唐故御史中丞汀州刺史孙公墓志铭并序》）中则称孙公义"以礼部尚书致仕，赠太尉"。载陈尚君辑校《全唐文补编》卷83，中华书局2005年版，第1034页。

第三章 "冠冕继耀,连环如粲星" 73

据《新唐书·宰相世系表》与宋人邓名世《古今姓氏书辩证》卷7载,孙公器有六子,分别为孙华清、孙正、孙简、孙范、孙褧、孙晏(初名节)。而孙纾在为孙笞所撰写墓志铭中,称孙笞为乐安氏,"大父府君讳宿(孙宿),皇朝中书舍人、华州刺史;烈考府君讳公器,皇朝邕管经略招讨等使……邕管府君娶河东裴氏。府君(孙笞)即裴太夫人第七子也"①。由此记载可以看出,孙笞是孙公器第七子,孙公器实际有子七人。

孙公器在乐安孙氏家族发展中起了很大作用,这不仅表现在其家庭人丁兴旺,而且其七子中有两人科举及第,五子仕宦为官,是当时公认的"显家"②。从文献史料记载看,在这七子当中,除孙褧、孙晏无官职记载外,其他五子皆有官位。其中长子孙华清、次子孙正分别出任太原尉、河中少尹,二人在《新唐书》和《旧唐书》均无传记,故其生平学行无从详知。孙公器第七子孙笞,字秘典,以荫第入仕,授东宫卫佐。据其墓志铭载,孙笞"少孤,又多疾疹,诗书礼乐,仅乎生知。逮与中年,心力减耗,后以荫第再调,遂授东宫卫佐。虽有官叙,常求分司,冀遂便安,以就颐养"③。孙简、孙范是孙公器子辈中的佼佼者,二人参加科举考试皆进士及第。唐武宗会昌年间后,兄弟二人相继居显秩,其中孙范官至淄青节度使,孙简入仕后更是步步升迁。

孙简,字枢中,从《新唐书·孙简传》简要记载可知,孙简于唐宪宗元和初年进士及第后,先后出任镇国与荆南幕府、左司与吏部二郎中、谏议大夫知制诰、中书舍人;唐武宗会昌初年,擢升尚书左丞一职;之后,又先后迁任河中与宣武等地节度使、检校尚书右仆射等职④。其实,这只是孙简仕宦中的一部分。从唐人令狐绹为孙简撰写的墓志铭记载看,孙简进士及第后,由于本人声名威望彰显,能力突出,入仕后

---

① (唐)孙纾:《唐故前左武卫兵曹乐安孙府君墓志铭并序》,载周绍良、赵超主编《唐代墓志汇编》,上海古籍出版社1992年版,第2378页。
② 参见(宋)欧阳修、宋祁《新唐书》卷202《孙逖传》附《孙简传》,中华书局1975年版,第5762页。
③ (唐)孙纾:《唐故前左武卫兵曹乐安孙府君墓志铭并序》,载周绍良、赵超主编《唐代墓志汇编》,上海古籍出版社1992年版,第2378页。
④ 参见(宋)欧阳修、宋祁《新唐书》卷202《孙逖传》附《孙简传》,中华书局1975年版,第5761—5762页。

一路升迁，先是"赴调集，判入高等，授秘书省正字，所试出，人人皆传讽"；秩满之后，受宰相赵宗儒荐引，出任观察推官；不久，先后迁任京兆府鄠县尉、监察御史里行、镇国军判官、监察御史、秘书郎、北都留守推官、殿中侍御史内供奉、节度掌书记、节度判官等职；而后，又因其才学、贤能杰出而被举荐为府司录、检校礼部员外郎、节度判官、侍御史、司勋员外郎判吏部、礼部郎中、左司郎中、吏部郎中、朝请大夫；之后，又因其"公正之望，迁谏议大夫；以文学之称，守本官知制诰"；未及，孙简又因"职业具举，时论推服"转升为中书舍人、同州刺史，兼御史中丞；之后，孙简还先后出任过陕虢观察使、检校右散骑常侍兼御史中丞、刑部侍郎、吏部侍郎、河南尹、河中检校礼部尚书兼御史大夫、中大夫、尚书左丞兼判选部事、太中大夫、山南西道检校户部尚书、检校兵部尚书、节度宣武军、正议大夫、检校右仆射、银青光禄大夫、东都留守、检校左仆射、吏部尚书等职①。其任职的职位之多，罕为他人所比拟。不仅如此，孙简为政公正、清廉，仁以为己任，仕宦期间多有政绩。

与孙公器后代子辈相比，孙惟肖、孙微仲、孙公绍、孙公胄、孙复礼、孙元宗后代子辈则显得较为逊色。孙惟肖有二子，其中长子孙匡辟，曾任白水主簿；孙公绍有三子，其中只有孙镣有官位记载，曾任宜城尉；孙公胄之子孙冕，曾任袁州录事参军；孙复礼之子孙大名无官位记载；孙元宗之子孙守崇，官至凤翔少尹。孙微仲有二子，长子孙庶立，曾任荥泽尉；次子孙方绍②，字比琎，自幼好学，"年未弱冠，以门荫补授怀州参，秩满，授汝州司户参军"。孙方绍虽以门荫入仕，但因其能力突出，此后仕途不断升迁，先是于唐宣宗大中十一年（857）改

---

① 参见（唐）令狐绹《唐故银青光禄大夫检校司空兼太子少师分司东都上柱国乐安县开国侯食邑一千户赠太师孙公墓志铭并序》，载周绍良、赵超主编《唐代墓志汇编续集》，上海古籍出版社2001年版，第1110—1111页。
② 在《新唐书》卷73下《宰相世系表》中，孙方绍被说成是孙审象次子，有误。其实孙方绍并非孙审象次子，而是孙审象之兄孙微仲次子。对此，孙方绍长子孙郴在为其父所撰写的墓志铭中记载说：孙方绍"烈考讳微仲，皇汧州刺史。府君（孙方绍）即汧州刺史次子也"。见孙郴《唐故承议郎使持节都督登州诸军事守登州刺史孙府君墓志铭并序》，载周绍良、赵超主编《唐代墓志汇编》，上海古籍出版社1992年版，第2431页。

授为大理寺丞，在大理寺丞任上二年，因其"断决冤疑，实为大理。岁满迁拜本寺正"，不久又因皇上"苦于求瘼，遂应良牧之吕，拜东牟太守"①。孙方绍为官期间政绩突出，其子孙邺在为其撰写的墓志铭中有记载。

关于孙审象后代人文献史料记载多有出入，孙简所撰孙审象墓志铭记载，孙审象"有子四人：长曰尚复，次曰胜，次曰璩，幼曰黑儿"②。而《新唐书》卷73下《宰相世系表》记载孙审象有六子：孙履度、孙方绍、孙簧、孙尚复、孙贽、孙俪。其中有四子为官：长子孙履度，任南陵尉；次子孙方绍，登州刺史；四子孙尚复，德清令；六子孙俪，江都尉。其实，《新唐书·宰相世系表》将孙俪说成孙审象之子有误。据孙俪墓志载："府君讳俪，字可器……洎曾祖讳嘉之，为秘书监；曾王父讳遘，历左补阙内供奉；大王父讳起，滑州白马县令赠尚书工部侍郎；祖妣夫人陇西李氏，封陇西郡君，生姑适崔氏，生景商；祖妣夫人河东裴氏，封河东郡君，生向，即府君之父焉。"③ 由此不难看出，孙俪实为孙景商同父异母弟弟孙向之子，孙审象与孙俪并非父子关系。孙俪墓志是由其父孙向所作。应该说，孙俪为孙向之子的记载是确切无疑的。受家族勤奋力学风气的影响，孙俪自幼刻苦好学，未至弱冠之年便取得了乡贡进士的资格，可惜19岁时去世。

孙公乂有七子：孙顼、孙縠、孙玙、孙瑁、孙璘、孙碧、孙瑝。三子孙玙在其父在世时已经去世。长子孙顼，曾任东都留守推官、检校尚书屯田员外郎、右庶子、京兆少尹等职；次子孙縠，字子相，曾出任河南尹，其父墓志铭称，"次子縠，职参内署，渥泽冠时，天子宠公（孙公乂）之归，辍自近侍，除为河南尹，天下荣之"④。第四子孙瑁，进

---

① （唐）孙邺：《唐故承议郎使持节都督登州诸军事守登州刺史孙府君墓志铭并序》，载周绍良、赵超主编《唐代墓志汇编》，上海古籍出版社1992年版，第2431—2432页。
② （唐）孙简：《唐故汝州司马孙府君墓志铭并叙》，载周绍良、赵超主编《唐代墓志汇编》，上海古籍出版社1992年版，第2219页。
③ （唐）孙向：《唐故乡贡进士孙府君墓志》，载周绍良、赵超主编《唐代墓志汇编》，上海古籍出版社1992年版，第2321页。
④ （唐）冯牢：《唐故银青光禄大夫工部尚书致仕上柱国乐安县开国男食邑五百户孙府君墓志铭》，载周绍良、赵超主编《唐代墓志汇编》，上海古籍出版社1992年版，第2290页。

士及第①，以校书郎为浙右从事；第五子孙璘，前弘文馆生；第六子孙碧，曾任汀州刺史。

在孙公乂的七子中，孙瑝最为知名。孙瑝，字子泽，进士出身。唐人李都在为孙瑝撰写的墓志铭中对其文化品格和仕宦经历有简要叙述，文中称：

> 公（孙瑝）庄重粹和，秀融眉睫。自冠岁笃于孝悌，声鼓缙绅，郁为名人之所器仰。若兰牙桂颖，香浇人间，故搴芳者争取。繇是一贡第进士于李公褒，识者不以为速。其后从卢公贞于甘棠，敬公晦于浙右。……萧相国寘自内署守金陵，张公毅夫自夕拜守豫章。二镇急贤，叠驰缛礼。公从奏书于润，前使凡四府；自支使至判官，其列职者五；自校书至评事，由试官者三。宣宗皇帝朝崔丞相慎由方枢造物，权望压天下，凡所登用，掇第一流，因起公为小谏。俄而内署缺学士，萧丞相邺默上公名。公造门色沮，俯首卑谢，且曰：某诚无似。誓不以苟进自许。丞相不能抑。未几，御史中丞李公种始提宪印，风稜大张，欲其望者辉我僚伍。遂夺为殿内。厥后黜刺武当。以前时不从辟于白相国敏中故也。大凡去朝籍而处他位，未尝不简于业官。公至部未几，俾饥者饫，啼者歌，家宁户安，渔吏敛手，故治声四溢，深为本道节度使徐公商奖异，入为员外都官郎……俄转左司外郎。值徐丞相入为御史大夫，席公郡谣，表知杂事，迁司封正郎，赐五品服。寻以本官掌西掖书命。而风起三代，故事，岁满必以真授。公居职四周，方践正秩，而恬然无挠。今上以慈恕母天下，尤注意于三尺法。遂擢为御史中丞，庭锡金紫。谭者美之。②

从清人徐松《登科记考》卷22中的记载可知，李褒于唐宣宗大中

---

① （唐）冯牢：《唐故银青光禄大夫工部尚书致仕上柱国乐安县开国男食邑五百户孙府君墓志铭》，载周绍良、赵超主编《唐代墓志汇编》，上海古籍出版社1992年版，第2290页。
② （唐）李都：《唐故御史中丞汀州刺史孙公墓志铭并序》，载陈尚君辑校《全唐文补编》卷83，中华书局2005年版，第1034、1035页。

三年（849）以礼部侍郎知贡举，是年取进士30人，据此可知孙瑝是在大中三年进士及第。从以上记载可知，孙瑝进士及第后，由于能力突出，仕途不断升迁，官至御史大夫、御史中丞等职。

孙士桀有四子：孙嗣宗、孙嗣初、孙奭、孙尧。长子孙嗣宗，曾出任于潜县尉。次子孙嗣初，字必复，自幼聪慧，"为童时，在黉塾内，天与聪明，性气崟峻，读念日受书。及处稚列间，每事无不首出"。18岁时，孙嗣初参加明经科考试，结果一举中第，由此步入仕途，被授以苏州参军。孙嗣初有才干，为政尽职尽责。苏州刺史李道枢"性严执法，官吏不可犯。公（孙嗣初）虽以下僚常有不悛意。……后因事，李公召与语，大奇之，一州六曹七县事务，无不委任。叹曰：我每见孙参军手下公事，如看盆缘上物，更无不在眼前者"。由于其杰出的才干，孙嗣初为官不久便"得名大官知，已骎骎然为千里不烦于足下"，为当时"有官业人称誉"。"泗上诸侯历召为州职者数四，秩满，选授吴郡司兵参军，才术益锐。两换郡守，皆致之从容地"①。后调任河南府洛阳县尉、苏州昆山县令。孙士桀三子孙奭，字化南，进士出身，佐证见于唐代乐安孙氏第七代族人孙项在为其叔父孙士桀之妻张氏所撰《大唐故苏州长洲县令孙府君夫人吴郡张氏墓志铭并序》，文中称"我先叔父，其在元和二年初命为苏台官，始有室。由是五年庚寅，生苏州司兵参军嗣初；又乙未年，生进士奭"②。孙奭由科举入仕，官至度支职方郎中；孙士桀四子孙尧，官至夔州刺史。

孙景商有子七人，这七子的姓名文献记载各异。《新唐书》卷73下《宰相世系表》记载其子为孙备、孙储、孙伾、孙俭、孙偓、孙伉、孙佾。蒋伸在孙景商墓志铭中则称孙景商"有子七人，曰备，曰侑，曰伉，曰倰，曰伾……小男曰俨，曰攸"③。孙瑝在孙备墓志铭中则称孙备

---

① （唐）孙奭：《□□□□□□□□□□州昆山县令乐安孙公府君墓志铭并序》，载周绍良、赵超主编《唐代墓志汇编》，上海古籍出版社1992年版，第2418—2419页。
② 周绍良、赵超主编：《唐代墓志汇编》，上海古籍出版社1992年版，第2280页。
③ （唐）蒋伸：《唐故天平军节度郓曹濮等州观察处置等使朝请大夫检校礼部尚书使持节郓州诸军事兼郓州刺史御史大夫上柱国赐紫金鱼袋赠兵部尚书孙府君墓志铭并序》，载周绍良、赵超主编《唐代墓志汇编》，上海古籍出版社1992年版，第2345页。

有弟曰"储、瀚、伉、倚、铎、埴"①。关于孙景商七子官职，主要见于《新唐书·宰相世系表》。孙备，字礼用，进士出身②，其族人孙瑝在《唐故河南府洛阳县尉孙府君墓铭并序》中称其"重然诺，顾交谊，与君游者皆当时名人"③，他一生力行儒家孝悌节义，官至直弘文馆、蓝田尉、洛阳县尉。孙储，字文府，《新唐书·宰相世系表》记载其官至京兆尹、乐安郡侯，《新唐书》卷183《孙偓传》中则有"（孙偓）兄储，历天雄节度使，终兵部尚书"的记载。《全唐文补编》卷91则记载孙储于僖宗中和五年（885）自工部郎中授湖州刺史，后改任左散骑常侍。昭宗光化年间，孙储迁任秦州节度使，官至兵部尚书。孙伍，曾任兴元少尹。孙俭，字德府，昭义判官、检校工部员外郎。孙伉，春秋博士。孙偮，字文节，集贤院直学士、司勋郎中。

在孙景商诸子中，孙偓无疑是其中的佼佼者。孙偓，字龙光，进士出身。据徐松《登科记考》记载，唐僖宗乾符五年（878），孙偓参加由中书舍人崔澹主持的贡举考试，是举所试题目为"以至仁伐至不仁赋"，共取进士30人，结果孙偓一举夺得头魁，成为乾符五年戊戌科状元④。文渊阁《四库全书》本《分门古今类事》有这样一则记载："孙偓未殿试前，梦积木数百，而践履其上，自谓必作状元，居众材之上。后唱名果然。"⑤《太平广记》则有如下一段记载：

> 长安城有孙家宅，居之数世，堂室甚古。其堂前一柱，忽生槐枝。孙氏初犹障蔽之，不欲人见。期年之后，渐渐滋茂，以至柱身通体而变，坏其屋上冲。秘藏不及，衣冠士庶之来观者，车马填

---

① （唐）孙瑝：《唐故河南府洛阳县尉孙府君墓铭并序》，载周绍良、赵超主编《唐代墓志汇编》，上海古籍出版社1992年版，第2213页。
② （唐）蒋伸：《唐故天平军节度郓曹濮等州观察处置等使朝请大夫检校礼部尚书使持节郓州诸军事兼郓州刺史御史大夫上柱国赐紫金鱼袋赠兵部尚书孙府君墓志铭并序》中称其"有文，已二举进士"。见周绍良、赵超主编《唐代墓志汇编》，上海古籍出版社1992年版，第2345页。
③ 周绍良、赵超主编：《唐代墓志汇编》，上海古籍出版社1992年版，第2213页。
④ （清）徐松：《登科记考》卷23，中华书局1984年版，第875页。
⑤ 《分门古今类事》卷7《孙偓践木》，文渊阁《四库全书》本。

第三章 "冠冕继耀，连环如粲星" 79

咽。不久，偓处岩廊，储居节制。人以为应三槐之朕，亦甚异也。①

槐树在中国古代有多种寓意，自周代开始，槐树首先与三公（太师、太傅、太保）宰辅官位联系在一起，是官职的代名词②；后来，又把槐树视为古代科第吉兆的象征③。俞平伯在《〈三槐〉序》中，则称"三槐者，高门积善之征也"。也可能正是借着槐树的灵光，孙偓不仅进士及第，而且及第后升迁迅速，先是出任过长水县令、京兆尹等地方官职。昭宗乾宁二年（895），孙偓又从户部侍郎的职位迁升为同中书门下平章事，官至宰相，执掌朝政。不久又兼任礼部尚书、行营节度诸军都统招讨处置等使，被封为乐安县侯。孙偓状元及第并官至宰相，为乐安孙氏家族带来了前所未有的荣光，同时也把家族的发展推向了鼎盛和辉煌。不过，孙偓在相位不到三年，由于受人诬告，在昭宗乾宁四年（897）被罢免了宰相官职，不久被贬谪为南州司马④，直至去世。

唐代乐安孙氏家族第八代虽与第七代相比稍显逊色，但其家族仍处于发展之势。从《新唐书》卷73下《宰相世系表》可知，这一代家族男性成员共有28人（孙华清一子，孙正一子，孙简九子，孙范八子，孙匡方一子，孙簧一子，孙瑝二子，孙奭二子，孙储二子，孙偓一子），

---

① （宋）李昉等：《太平广记》卷138，中华书局1961年版，第995页。类似的记载甚多，如《新唐书》卷183《孙偓传》记载说："始，家第堂柱生槐枝，期而茂，既而偓秉政，封乐安县侯。"宋人曾慥编《类说》卷34《居众材之上》记载："孙偓尝梦积木数百，偓践履往复李园，曰来年必是状元，何者已居众材之上。果如其言。"
② 《周礼·秋官》有云："朝士，掌建邦外朝之法，左九棘孤卿大夫位焉，群士在其后，右九棘公侯伯子男位焉，群吏在其后。面三槐，三公位焉。州长众庶在其后。"
③ 有学者指出，在古代槐树与书生举子相关联，被视为科第吉兆的象征。《三辅黄图》载："元始四年起明堂辟雍为博舍三十区，为会市，但列槐树数百株。诸生朔望会此市，各持其郡所出物及经书，相与买卖，雍容揖逊。议论槐下，侃侃訚訚。"因此，在汉代长安有"槐市"之称，是指读书人聚会、贸易之市，因其地多槐而得名。又有"学市"之称，北周庾信《奉和永丰殿下言志》有"绿槐垂学市，长杨映直庐"之诗句。后还以槐借指学宫、学舍。自唐代开始，科举考试关乎读书士子的功名利禄、荣华富贵，借此阶梯而上，博得三公之位，是他们的最高理想。因此，常以槐指代科考，考试的年头称槐秋，举子赴考称踏槐，考试的月份称槐黄。参见关传友《论中国的槐树崇拜文化》，《农业考古》2004年第1期。
④ 《资治通鉴》卷261称："贬礼部尚书孙偓为南州司马，秘书监朱朴先贬蘷州司马，再贬郴州司户。"而《新唐书》卷183《孙偓传》则称"与朴皆贬衡州司马"。

其中有 5 人进士及第，数人担任刺史、吏部侍郎、侍御史、监察御史等类的中高级官职。《新唐书》卷 73 下《宰相世系表》记载有官职的家族成员如下：

孙简有九子：孙景蒙、孙景章、孙谠、孙景裕、孙纾、孙徽、孙緁、孙幼实、孙弘休。长子孙景蒙，曾任奉先令、左赞善大夫。次子孙景章，先后出任过永州刺史、太子中舍人等职。孙简第三子孙谠，字廷臣，曾先后出任太常寺协律郎、京兆府栎阳县尉，后"获荐于朝籍之士，授河南府士曹参军"。任职期满，出任新安令。孙谠"凡莅官从职率有休闻，不阿曲于权豪，不脂韦于朋比，临事必断，执理不回。克以廉闻，蒙恩拔授蓬州刺史"①。孙简第四子孙景裕，以门荫入仕，官至孟州司马。据载，孙景裕"幼薄名利，以诗酒自适，晚岁方用荫绪调补有解褐，授监门卫录事参军"②。不久被坐镇岭南的节度使韦正贯奏授为节度推官，兼任京兆府鄠县尉，后又被淄青平卢节度使韦博奏授为押蕃巡官、里行监察，兼任河南府户曹参军，不久转任仓曹参军。孙简第八子孙幼实，字鼎臣，因其"少能勤督，尤工歌咏"，其父孙简对其"属念之厚，实有以异期于久久，以大吾门"，但可惜孙幼实"幼罹疾疹，锢束不展，竟不能用文以进"，只好"粗豁志业"③。后以门荫入仕，先后出任河南府参军、缑氏县尉、长水县丞。孙简第九子孙弘休，《新唐书·宰相世系表》无记载，其父墓志铭中记载其官职为河南参军。

在孙简九子中，有三子由进士及第而步入仕途，他们分别是孙纾、孙徽、孙緁④。孙纾，《新唐书·宰相世系表》记载其官职为工部员外郎，其父墓志铭中记载孙纾还出任过渭南县尉、集贤校理等职。孙徽，

---

① （唐）孙徽：《唐故朝议郎前守蓬州刺史乐安孙府君墓志铭并序》，载周绍良、赵超主编《唐代墓志汇编》，上海古籍出版社 1992 年版，第 2548 页。

② （唐）孙徽：《唐故宣德朗前守孟州司马乐安县孙府君墓志铭并序》，载周绍良、赵超主编《唐代墓志汇编》，上海古籍出版社 1992 年版，第 2444 页。

③ （唐）孙徽：《唐故河南府长水县丞乐安孙府君墓志铭并序》，载周绍良、赵超主编《唐代墓志汇编》，上海古籍出版社 1992 年版，第 2504 页。

④ 佐证史料分别见（后晋）刘昫《旧唐书》卷 190 中《文苑传中·孙逖传》，中华书局 2000 年版，第 3433 页；（唐）令狐绹《唐故银青光禄大夫检校司空兼太子少师分司东都上柱国乐安县开国侯食邑一千户赠太师孙公墓志铭并序》，载周绍良、赵超主编《唐代墓志汇编续集》，上海古籍出版社 2001 年版，第 1111 页。

曾先后出任过常州刺史、河东节度推官、试秘书省校书郎等职。孙绤，字子韦，《新唐书·宰相世系表》记载其官职为河中支使。

孙范有八子：孙浣、孙观、孙纬、孙蚪、孙铸、孙玩、孙缙、孙绪。这八子除长子孙浣无官职记载外，其他七子皆有官职记载。次子孙观，曾任清河令。三子孙纬，字中隐，唐懿宗咸通八年（867）登宏词科①，累任左司员外郎；僖宗时，出任歙州刺史、吏部侍郎。四子孙蚪，官至侍御史。五子孙铸，曾任许州法曹参军。六子孙玩，曾任蓬州刺史。七子孙缙，字纯化，曾出任睦州军事判官。八子孙绪，曾任平阳县令。

孙瑝有二子：孙揆、孙拙。长子孙揆，字圣圭，《新唐书》本传中称其"第进士"而被授予户部巡官②，历任中书舍人、刑部侍郎、京兆尹。唐昭宗讨伐边防督将李克用时，曾授以孙揆为兵马招讨制置宣慰副使，不久授其为昭义军节度使，让其率领本道兵马讨伐李克用。孙揆被李克用伏兵俘获后，面对李克用优厚利诱而不为所动，并大骂不止，最后被李克用以锯肢解，死后被昭宗追赠为左仆射。《新唐书·忠义下》有其传记。其事迹零星散见于《资治通鉴》《册府元龟》《北梦琐言》《太平广记》《大事记续编》《山西通志》等文献史料中。次子孙拙，字几玄，《新唐书》《旧唐书》均无其个人传记，唐人王謇为其撰写的墓志铭中记载孙拙为进士甲科出身，而后出任户部巡官秘校京兆参军直弘文馆。官至宰相的裴贽任御史中丞时，"慎选属僚，必求端士"，他以孙拙"蔼有直声，且肖前烈"而奏授其为监察御史。然"时属天伦在疚，人事都忘，（孙拙）竟不赴职，时论不可，复拜察视，俄迁右补阙。公（孙拙）以艰运方钟，直道难揩，因乞授河南府长水令，仍增命服，秩满，复奏授殿中侍御史，尚以天步多艰，官守无设，因踰年不赴任。佥谓公（孙拙）峻洁自持，闺门有守，不膺斯任，孰曰当仁，复拜殿中侍御史……俄拜礼部员外、户部员外。再乞任登封令，就加检校礼部郎中"。孙拙虽不汲汲于官位，但其仕宦"声闻京师"，多有政绩。为此朝

---

① 参见（宋）计有功《唐诗纪事》卷60《孙纬》，上海古籍出版社1987年版，第911页。
② 参见（宋）欧阳修、宋祁《新唐书》卷193《忠义下·孙揆传》，中华书局1975年版，第5562页。

廷复加其为检校考功郎中，俄入拜司勋员外郎。之后，先后出任方员外郎知制诰、中书舍人、左谏议大夫、左散骑常侍、西都留守副使、检校礼部尚书、工部侍郎等职①。

孙储有二子：孙滉、孙洽。长子孙滉，曾任检校员外郎；次子孙洽，字道弘，官至秘书省校书郎。孙正有一子名孙询，《新唐书》卷73下《宰相世系表》记载其官职为合阳县尉。

孙匡方之子孙荣，字文威，其自号则称"无为"，虽然其官位较高，但《新唐书》《旧唐书》均无其个人传记，仅《新唐书》卷73下《宰相世系表》记载其官职为中书舍人。《北里志》"附录"中还记载其曾出任过侍御史、翰林学士等官职。

四　唐代乐安孙氏家族发展特点分析

考察唐代乐安孙氏家族的兴起、发展情况，可以看出其家族的发展有如下三个方面显著的特点。

第一，乐安孙氏家族的入仕方式除了科举及第外，还有门荫和荐举。

作为唐代时期科举起家的仕宦家族，科举及第无疑是唐代乐安孙氏家族入仕的基本方式。从以上论述中不难看出，乐安孙氏家族第三代孙嘉之于武则天天册万岁年间进士及第后，不仅使他"有大名于天下"②，而且使乐安孙氏家族迅速走向发展、兴盛之路，自此以后乐安孙氏家族不仅人丁日益兴旺，而且其后代子孙在科举功名激励下，连续6世科第蝉联，科举功名不断。在孙嘉之四子中有3人取得科举功名：孙嘉之长子孙逖，先是于唐玄宗开元二年（714）考中哲人奇士举，后于开元十年（722）在制举中的文藻宏丽科考试荣登甲科出身；孙嘉之三子孙遘，

---

① 参见（唐）王翱《唐故朝散大夫守尚书工部侍郎柱国赐紫金鱼袋孙公墓铭并序》，载陈尚君辑校《全唐文补编》卷97，中华书局2005年版，第1203、1204页。
② （唐）蒋伸：《唐故天平军节度郓曹濮等州观察处置等使朝请大夫检校礼部尚书使持节郓州诸军事兼郓州刺史御史大夫上柱国赐紫金鱼袋赠兵部尚书孙府君墓志铭并序》，载周绍良、赵超主编《唐代墓志汇编》，上海古籍出版社1992年版，第2345页。

未到弱冠之年已"两登制策殊等"①；孙嘉之四子孙造，则在唐玄宗开元二十六年（738）荣登制举科目中的文词雅丽科甲科。乐安孙氏家族第五代取得科举功名的有2人，且皆出自孙逖家族：孙逖长子孙宿为制举出身，三子孙成则在幼年明经及第。乐安孙氏家族第六代有3人科举及第：孙起之子孙景商为唐文宗大和二年（828）进士甲科出身，孙宿长子孙公器由词科登第，孙会次子孙公义明经及第。乐安孙氏家族第七代取得科举功名者较多，有9人进士及第：孙公器之子孙简、孙范"并举进士"②，孙公义之子孙琄、孙瑝先后进士及第，孙士桀之子孙嗣初、孙奭分别为明经及第和进士及第，孙景商之子孙备、孙偓亦先后荣登进士第，孙偓则为乾符五年戊戌科状元。孙向之子孙俪，乡贡进士出身。唐代乐安孙氏家族第八代有6人进士及第：孙简之子孙纾、孙徽、孙綘与孙瑝之子孙撲、孙拙皆为进士及第，其中孙拙为进士甲科出身；孙范之子孙纬则为高科出身，由制举及第。

创立于隋朝、奠基于唐代的科举制度，打破了此前贵族门第对仕途和政权的垄断局面，为那些出身贫寒、具有真才实学的文人开辟了仕进之路。但是这一时期的科举制度还存在着以往由当朝权贵"荐举"的种种弊端，因此在当时的科举考试中，"宰臣姻族，方镇子弟，先收擢之"③的现象司空见惯。如在唐宣宗大中十四年（860）的科举考试中，"中第者皆衣冠士子。是岁，有郑义则，故户部尚书瀚之孙；裴弘，故相休之子；魏当，故相扶之子；令狐滈，故相绹之子。……皆以门阀取之"④。唐代科举考试"所收百才有一"，录取人数极为有限，如唐德宗贞元年间朝廷明确诏令科举考试"明经不得过百人，进士不过二十人，

---

① （唐）蒋伸：《唐故天平军节度郓曹濮等州观察处置等使朝请大夫检校礼部尚书使持节郓州诸军事兼郓州刺史御史大夫上柱国赐紫金鱼袋赠兵部尚书孙府君墓志铭并序》，载周绍良、赵超主编《唐代墓志汇编》，上海古籍出版社1992年版，第2345页。
② （后晋）刘昫：《旧唐书》卷190中《文苑传中·孙逖传》，中华书局2000年版，第3433页。
③ （宋）王钦若等编纂，周勋初等校订：《册府元龟》卷651《贡举部·谬滥》，凤凰出版社2006年版，第7511页。
④ （宋）王钦若等编纂，周勋初等校订：《册府元龟》卷651《贡举部·谬滥》，第7511、7512页。

无其人不必充数"①。从宋元之际史学家马端临所撰《文献通考·选举考二》中《唐登科记》总目的记载可知,有唐一代科举考试每次录取的人数始终徘徊在一位数到两位数之间。如唐高祖武德九年(626)录取进士7人;唐太宗贞观六年(632)录取进士12人,贞观二十二年(648)录取进士9人;唐高宗显庆六年(661)录取进士5人,永淳二年(683)录取进士55人;武则天垂拱四年(688)录取进士24人,诸科30人,永昌元年(689)录取进士16人;唐中宗景龙元年(707)录取进士48人,诸科3人;唐睿宗延和元年(712)录取进士37人;唐玄宗开元元年(713)录取进士77人;唐代宗大历二年(767)录取进士20人,诸科1人;唐德宗建中三年(782)录取进士28人,诸科1人;唐宪宗元和二年(807)录取进士28人,诸科11人;唐穆宗长庆二年(822)录取进士29人,诸科10人;唐文宗太和五年(831)录取进士25人,诸科6人;唐懿宗咸通十年(869)录取进士30人,诸科10人;唐昭宗乾宁元年到乾宁五年(894—898),每年录取进士20—28人,诸科1—4人。据《文献通考·选举考二·唐登科记》总目所载,有唐一代,进士录取人数最多的一次是在唐高宗咸亨四年(673),共录取79人。显而易见,在文人趋之若鹜的科举考试中,如果没有真才实学,进士及第的艰难程度是可想而知的。由上论述可以看出,唐代乐安孙氏家族自第三代孙嘉之开始,其家族成员进士及第不断,连续6世共有24人取得科举功名,并由此走上了如唐末光化年间进士王定保在《唐摭言》中所说的"科第之设,草泽望之起家,簪绂望之继世"②的科举兴家之路,从而也使得乐安孙氏成为一个典型的科举家族。而其中的原因,无疑是与乐安孙氏家族成员的勤奋力学和博学多识紧密相连。

除了科举入仕这一基本路径外,门荫也是唐代乐安孙氏家族入仕的另一种方式。

在唐代,随着科举制度的发展和门阀政治的衰落,贵族官僚后代依

---

① (宋)王应麟:《玉海》卷115《选举》,江苏古籍出版社、上海书店1987年版,第2126页。
② (五代)王定保:《唐摭言》卷9《好及第恶登科》,中华书局1959年版,第97页。

第三章 "冠冕继耀,连环如粲星" 85

靠家世背景和父祖官位及功绩而入仕为官的门荫制度虽然有所衰落,但仍是科举入仕之外的一条重要途径。有唐一代,官僚子孙仍可以根据先祖官品高低得到不同的品级官位。如《新唐书》卷45《选举志下》规定:

> 凡用荫,一品子,正七品上;二品子,正七品下;正三品子,从七品上;从三品子,从七品下;正四品子,正八品上;从四品子,正八品下;正五品子,从八品上;从五品及国公子,从八品下。凡品子任杂掌及王公以下亲事、帐内劳满而选者,七品以上子,从九品上叙。其任流外而应入流内,叙品卑者,亦如之。九品以上及勋官五品以上子,从九品下叙。三品以上荫曾孙,五品以上荫孙。①

上引文献说明,从一品到五品之间的官员皆有荫子孙入仕的权利,并规定三品以上的官员可以荫曾孙,五品以上的官员可以荫孙。

唐代乐安孙氏家族官职五品以上的官员众多,如果按照以上规定的话,那么将有大量的后代子孙接受门荫。在唐代乐安孙氏家族的仕宦成员中,有明确记载因门荫方式入仕的家族成员有6位:官至刺史兼御史中丞的孙成第四子孙审象"弱岁以门荫出身"②;官至刺史的孙公器第七子孙笞以"荫第"授东宫卫佐;官至刺史的孙微仲次子孙方绍未到弱冠之年"以门荫补授怀州参"③;官至中书舍人的孙简则有二子以门荫入仕,四子孙景裕"晚岁方用荫绪调补有解褐,授监门卫录事参军"④,

---

① (宋)欧阳修、宋祁:《新唐书》卷45《选举志下》,中华书局1975年版,第1172—1173页。
② (唐)孙简:《唐故汝州司马孙府君墓志铭并叙》,载周绍良、赵超主编《唐代墓志汇编》,上海古籍出版社1992年版,第2218页。
③ (唐)孙邺:《唐故承议郎使持节都督登州诸军事守登州刺史孙府君墓志铭并序》,载周绍良、赵超主编《唐代墓志汇编》,上海古籍出版社1992年版,第2431页。
④ (唐)孙徽:《唐故宣德朗前守孟州司马乐安县孙府君墓志铭并序》,载周绍良、赵超主编《唐代墓志汇编》,上海古籍出版社1992年版,第2444页。

平生勤奋好学的第八子孙幼实因自幼罹患疾病无法"用文以进"[①]而只好以门荫入仕;官至刺史的孙说长子孙凝"以荫绪释褐任汴州参军"[②]。

以上仅为笔者所见文献史料所载唐代乐安孙氏家族门荫入仕情况,在唐代乐安孙氏家族中,因资料缺乏,尚有大量入仕成员无法确定其明确出身,从《新唐书·选举志下》规定接受门荫的条件看,乐安孙氏由门荫方式入仕的家族成员可能远远不止上述六位。

除了科举及第、门荫入仕外,乐安孙氏家族成员还有被推荐入仕的。如前述孙造次子孙婴,于唐代宗广德初年经"沉断多智计,常欲招致天下贤俊,闻人之善,必令持货币数千里邀致之"[③]的尚书李抱真上表举荐入仕。再如孙简第三子孙说,先是因受宰相卢商的举荐进入仕途并步步升迁,之后又因获"朝籍之士"的举荐而被授以河南府士曹参军。

第二,在乐安孙氏家族的入仕成员中,出任刺史的族人居多,另外还有多人出任过中书舍人一职。

历经九代的唐代乐安孙氏家族是一个典型的仕宦家族,特别是乐安孙氏家族发展、兴盛时期的第四代到第八代,其时不仅家族人丁兴旺,而且仕宦人数众多。而在乐安孙氏家族的入仕成员中,出任过朝中高官——刺史一职的族人居多,另外还有多人出任过"文士之极任,朝廷之盛选,诸官莫比"[④]的中书舍人一职,可谓冠冕继耀、簪缨鼎盛。

"奉使典州,督察郡国"[⑤]的刺史一职始置于汉武帝时代,其职责是

[①] (唐)孙徽:《唐故河南府长水县丞乐安孙府君墓志铭并序》,载周绍良、赵超主编《唐代墓志汇编》,上海古籍出版社1992年版,第2504页。
[②] (唐)孙徽:《唐故朝议朗前守蓬州刺史乐安县孙府君墓志铭并序》,载周绍良、赵超主编《唐代墓志汇编》,上海古籍出版社1992年版,第2549页。
[③] (后晋)刘昫:《旧唐书》卷132《李抱真传》,中华书局2000年版,第2482页。
[④] (元)马端临:《文献通考》卷51《职官考五》,中华书局1986年版,第465页。
[⑤] (元)马端临:《文献通考》卷61《职官考十五》,中华书局1986年版,第553页。

对所在州部的郡国进行监察①。刺史作为"古之方伯,上所委任,一州表率"②,历来职责重大,其中的优异者升迁迅速,所以汉时有刺史"居部九岁,举为守相,其有异材功、效著者辄登擢"③之谓。唐代继续在各州设置刺史,其品级根据所任州的等级一般在从三品至正四品。自武则天天授二年(691)始,每有新上任的刺史,必以绣袍赐之,"其袍皆刺绣作山形,绕山勒回文,铭曰:'德政惟明,职令思平,清信忠勤,劳进躬亲'"④,这也从一个侧面反映出唐廷对刺史一职的重视。从以上论述可知,唐代乐安孙氏家族的仕宦成员中,从第四代到第八代先后有孙遘(亳州刺史)、孙宿(华州刺史)、孙成(桂州刺史)、孙会(郴州、温州、庐州、宣州、常州刺史)、孙公彦(睦州刺史)、孙公器(信州刺史)、孙微仲(沔州刺史)、孙公乂(吉州、饶州、睦州刺史)、孙复礼(贝州刺史)、孙碧(汀州刺史)、孙尧(夔州刺史)、孙储(湖州刺史)、孙景章(永州刺史)、孙谠(蓬州刺史)、孙徽(常州刺史)、孙纬(歙州刺史)、孙玩(蓬州刺史)共17人出任过刺史一职。

相对于刺史,唐代中书舍人品级(正五品上)虽然低,但其作为中书省属官却有着非常特殊的地位。由《文献通考》"中书舍人"条记载可知,中书舍人是由魏晋时期中书通事舍人发展而来。魏时"置中书通事舍人,或曰舍人通事,各为一职。晋江左乃合之,谓之通事舍人"。此时的中书通事舍人权高位重,"出宣诏命,凡有陈奏皆舍人持入,参决于中……齐永平初,中书通事舍人四员,各住一省,时谓之四户,权倾天下,与给事中为一流。……后除通事字,直曰中书舍人"。唐代初

---

① 《文献通考》对刺史的职责有以下记载:"汉制,刺史以六条问事,非条所问,即不省。一条,强宗豪右田宅逾制,以强凌弱,以众暴寡。二条,二千石不奉诏书遵承典制,背公向私,旁诏守利,侵渔百姓,聚敛为奸。三条,二千石不恤疑狱,风厉杀人,怒则任刑,喜则任赏,烦扰刻暴,剥截黎元,为百姓所疾,山崩石裂,妖祥讹言。四条,二千石选署不平,苟阿所爱,蔽贤宠顽。五条,二千石子弟恃怙荣势,请托所监。六条,二千石违公下比,阿附豪强,通行货赂,割损正令。"(元)马端临:《文献通考》卷61《职官考十五》,中华书局1986年版,第553页。
② (汉)班固撰,(唐)颜师古注:《汉书》卷86《何武传》,中华书局1999年版,第2587页。
③ (元)马端临:《文献通考》卷61《职官考十五》,中华书局1986年版,第553页。
④ (宋)李昉编纂,夏剑钦、劳伯林校点:《太平御览》(第3卷)卷255《职官部五十三》,河北教育出版社1994年版,第391页。

期，称内史舍人，唐高祖武德三年（620）改为中书舍人。唐代中书舍人在中枢权力机构中具有举足轻重的地位，与魏晋时期相比，唐代中书舍人的职权范围更加广泛，其职权"专掌诏诰、侍从、署敕、宣旨、劳问、授纳诉讼、敷奏文表、分判省事"① 诸事。中书舍人虽非为宰相之职，但执掌中央最高权力机关——中书省的政务机要，实际上在行使着宰相之权，故当时将那些久任中书舍人一职者称为"阁老"。如《旧唐书·杨绾传》记载，"博通经史……尤工文辞"的杨绾，"迁中书舍人，兼修国史。故事，舍人年久者谓之'阁老'"②。中书舍人不仅有着极高的政治地位，而且由于负责拟草诏旨，所以凡是出任此职者大都有着极高的文学声望。对此，《文献通考》称：

> 自永淳（唐高宗年号）以来，天下文章道盛，台阁、髦彦无不以文章达，故中书舍人为文士之极任，朝廷之盛选，诸官莫比焉。③

马端临讲的是历史实情。翻检唐代出任中书舍人一职者，其自身的一个主要优势就是有着极高的文学修为。如孙逖在《授梁淑中书舍人制》中称被授以中书舍人的梁淑"博雅为文，才冠时英，望高人誉。五字之选，一台所推，宜旌起草之能，俾效司纶之职。可中书舍人"；在《授贾登中书舍人制》中则称唐代文学家贾登"修词自达，守道为师，有大雅之文章，禀中和之德行。驳正之地，已著能名……可守中书舍人"；又在《授达奚珣中书舍人制》中称唐代进士及第的达奚珣"文学素优，忠勤克著，自经试用，备问详密。草奏南宫，已擅一时之妙；掌纶西掖，愈彰五字之能。……可守中书舍人"④。凡此种种，都离不开对出任中书舍人一职者文学才干的赞誉。事实亦确实如此，在唐代凡是出任中书舍人者皆为那些具有文学才能的知名士人，如开元年间出任中书舍人的张九龄颇具文名，《旧唐书》称其"文学政事，咸有所称，一时

---

① 以上引文俱见（元）马端临《文献通考》卷51《职官考五》，中华书局1986年版，第465页。
② （后晋）刘昫：《旧唐书》卷119《杨绾传》，中华书局2000年版，第2329页。
③ （元）马端临：《文献通考》卷51《职官考五》，中华书局1986年版，第465页。
④ 以上引文俱见（清）董诰等编《全唐文》卷308，中华书局1983年版，第3127页。

第三章 "冠冕继耀，连环如粲星" 89

之选也"①。与张九龄于开元年间先后出任中书舍人一职的许景先，其"遒文敏学，擅美一时"。他曾为中宗所立圣善寺报慈阁撰《报慈阁赋》，"当时以为绝唱"；被誉为"当代文宗"的兵部尚书李迥秀对许景先的《报慈阁赋》也极尽赞美之词，并上表推荐，称许景先的《报慈阁赋》"以为相如《上林》不是过也"②。再如唐中宗神龙年间出任中书舍人的苏颋，是唐朝著名的文学家，与当时号称一代文宗的张说齐名。对此，《新唐书》称自唐中宗景龙年间后，苏颋便与张说"以文章显，称望略等，故时号'燕许大手笔'。帝爱其文，曰：'卿所为诏令，别录副本，署臣某撰，朕当留中'"③，其杰出的文学才华由此可见一斑。

唐代乐安孙氏家族既是一个典型的仕宦家族，又是典型的文学家族，其族人大都以文章而闻名于世。像前述第三代的孙嘉之，弱冠之年便"以文章著称"，其文学作品有"文穷三变而尤工气质"的特点；第四代的孙逖、孙遹、孙遘、孙造"皆著名于词学"④；第五代的孙宿、孙绛、孙成等，"咸以文章知名"⑤；第六代的孙公器，则因文学才华突出而"应书判超绝登第"⑥；第七代中有"修词立诚，能自强以进"⑦的孙备、孙储、孙澥、孙伉，有"学该百氏，文擅周雅"⑧的孙方绍，有"以文学之称，守本官知制诰。……所草词制勒成十卷，行下于代"的

---

① （后晋）刘昫：《旧唐书》卷99，中华书局2000年版，第2104页。
② 以上引文见（唐）韩休《大唐故吏部侍郎高阳许公墓志铭并序》，载吴钢主编《全唐文补遗·千唐志斋新藏专辑》，三秦出版社2006年版，第160页。
③ （宋）欧阳修、宋祁：《新唐书》卷125《苏颋传》，中华书局1975年版，第4402页。
④ （唐）孙逖：《宋州司马先府君墓志铭》，载（清）董诰等编《全唐文》卷313，中华书局1983年版，第3182页。
⑤ （唐）颜真卿：《尚书刑部侍郎赠尚书右仆射孙逖文公集序》，载（清）董诰等编《全唐文》卷337，中华书局1983年版，第3416页。
⑥ （唐）孙徽：《唐故朝议郎前守蓬州刺史乐安府君墓志铭并序》，载周绍良、赵超主编《唐代墓志汇编》，上海古籍出版社1992年版，第2548页。
⑦ （唐）孙瑝：《唐故河南府洛阳县尉孙府君墓志铭并序》，载周绍良、赵超主编《唐代墓志汇编》，上海古籍出版社1992年版，第2213页。
⑧ （唐）孙邺：《唐故承议郎使持节都督登州诸军事守登州刺史孙府君墓志铭并序》，载周绍良、赵超主编《唐代墓志汇编》，上海古籍出版社1992年版，第2431页。

孙简；第八代中有"兼能以文嗣续，为时闻人"[①]的孙绚、孙纾、孙徽、孙𦻌，有"世济文行，织于简编，余烈遗风，辉图耀谍"[②]的孙拙，有善工诗文、著《同归小说》和笔记小说《北里志》的孙棨。正是由于乐安孙氏家族成员大都有着杰出的文学才华，因此有唐一代其家族先后有孙逖、孙宿、孙简、孙棨、孙揆、孙拙凡4代6人出任过为文士所向往的中书舍人一职。

第三，乐安孙氏家族的仕宦及家族的兴衰与时代环境息息相关。

一个家族的兴起和发展既与家族自身的内在文化环境有关，也与所处时代的社会环境息息相连。唐代乐安孙氏家族历经9代。唐代前期尤其是盛唐时代，社会安定，政治清明，文化事业空前发展，在适宜的政治、制度和文化环境中，乐安孙氏家族借此兴起、发展，历经8代而不衰。然而从乐安孙氏家族第九代开始，其家族成员很少见于史书记载，《新唐书》卷73下《宰相世系表》仅记载3人，即孙儒郎之子孙小盛、孙玩之子孙小远、孙缙之子孙小胤。当然，博州武水乐安孙氏家族第九代绝非仅此3人，如据孙谠墓志铭记载，孙谠有三子，孙景裕有六子。其数字亦可能远远大于第八代，因为无论什么时代，种族的延续是不会停止的，并且就普遍意义上说，种族的传承、延续会像滚雪球一样越来越大，这一点是毫无疑问的。但一个不可否认的事实是，博州武水乐安孙氏家族第九代，已经在政治上不占优势了。孙小盛、孙小远、孙小胤这三人皆无官职记载。孙谠三子中只有长子孙凝有官位记载，仅仅是以荫绪释褐任汴州参军[③]。孙景裕六子中只有长子孙炜有官位记载，但仅仅是八品官，曾出任汝州临汝县主簿[④]。第九代不仅出仕任职者极少，而且入仕者大都以门荫入仕，且官职低微，从政治影响来说，乐安孙氏

[①] （唐）令狐绹：《唐故银青光禄大夫检校司空兼太子少师分司东都上柱国乐安县开国侯食邑一千户赠太师孙公墓志铭并序》，载周绍良、赵超主编《唐代墓志汇编续集》，上海古籍出版社2001年版，第1111、1112页。

[②] （唐）王骞：《唐故朝散大夫守尚书工部侍郎柱国赐紫金鱼袋孙公墓铭并序》，载陈尚君辑校《全唐文补编》卷97，中华书局2005年版，第1203页。

[③] （唐）孙徽：《唐故朝议朗前守蓬州刺史乐安县孙府君墓志铭并序》，载周绍良、赵超主编《唐代墓志汇编》，上海古籍出版社1992年版，第2548—2549页。

[④] 参见（唐）孙徽《唐故宣德朗前守孟州司马乐安县孙府君墓志铭并序》，载周绍良、赵超主编《唐代墓志汇编》，上海古籍出版社1992年版，第2444页。

家族已经走上衰微之路。

唐末乐安孙氏家族的衰微与唐末乱世的社会环境有着密切的关系。

唐玄宗至唐代宗时期发生的长达八年之久的安史之乱,中断了唐代盛世的步伐,之后形成的藩镇割据、宦官专权、朋党之争,使朝政混乱,社会秩序和政治秩序严重失衡失序。失去平衡和规范的社会秩序与政治秩序,使仕宦家族正常的发展之路受到冲击。特别是唐朝末年愈演愈烈的战乱,更是影响了世家大族的发展。史籍的记载表明,安史之乱后形成的"方镇相望于内地,大者连州十余,小者犹兼三四。故兵骄则逐帅,帅强则叛上。……天子顾力不能制,则忍耻含垢"[①]的局面,到唐末随着藩镇势力的发展,从唐僖宗开始又走上了各地藩镇相互兼并的道路,使唐王朝出现了如宋人王谠所说的"盖唐之乱,非藩镇无以平之,而亦藩镇有以乱之。……故其所以去唐之乱者,藩镇也;而所以致唐之乱者,亦藩镇也"[②]的怪圈。各地藩镇相互征战的兼并战争,加之遍及全国的唐末农民大起义,使唐末社会基本上处于战乱之中。如从《新唐书》卷9的记载中不难看出,从唐懿宗咸通元年到十一年,年年有战乱发生:

> 咸通元年(860)正月,浙东人仇甫反,安南经略使王式为浙江东道观察使以讨之。十二月戊申,云南蛮寇安南。
>
> 咸通二年(861)八月,云南蛮寇邕州。九月,寇巂州。
>
> 咸通三年(862)七月,武宁军乱,逐其节度使温璋。九月,岭南西道军乱,逐其节度使蔡京。十一月,云南蛮寇安南。
>
> 咸通四年(863)正月,云南蛮陷安南,蔡袭死之。十二月,昭义军乱,杀其节度使沈询。
>
> 咸通五年(864)正月,云南蛮寇巂州。三月,寇邕州。
>
> 咸通六年(865)五月,高骈及云南蛮战于邕州。
>
> 咸通七年(866)三月,吐蕃寇邠。

---

① (宋)欧阳修、宋祁:《新唐书》卷50《兵志第四十》,中华书局1975年版,第1329页。
② (宋)王谠撰,周勋初校证:《唐语林校证》,中华书局1987年版,第696页。

咸通八年（867）七月，怀州民乱，刺史刘仁规被驱逐出怀州。

咸通九年（868）七月，武宁军节度粮料判官庞勋于桂州反叛。十月，先后攻陷宿州和徐州，徐州观察使崔彦曾死于叛乱之中。十一月，又攻陷濠州，刺史卢望回死之。十二月，庞勋攻陷和州、滁州，滁州刺史高锡望死之；戴可师及庞勋战于都梁山。

咸通十年（869）二月，康承训与庞勋战于柳子。十二月，云南蛮寇嘉州。

咸通十一年（870）正月，云南蛮寇黎、雅二州，及成都。二月，剑南西川节度副使王建立及云南蛮战于城北；南东川节度使颜庆复及云南蛮战于新都。八月，魏博军乱，杀其节度使何全皞。[1]

唐僖宗乾符、广明、中和、光启及文德年间，也是连年战乱。如乾符元年（874）十二月，云南蛮寇犯黎州和雅州，河西、河东、山南东道、东川兵伐云南。乾符二年（875）四月，浙西突陈将王郢反。乾符三年（876）七月，镇海军节度使裴璩及王郢交战。乾符四年（877）四月，陕州军乱，逐其观察使崔碣。九月，盐州军乱，逐其刺史王承颜。十月，河中军乱，逐其节度使刘侔。十二月，安南戍兵乱，逐桂管观察使李瓒。乾符五年（878）二月，云中守捉使李克用杀大同军防御使段文楚。三月，湖南军乱，逐其观察使崔瑾。八月，大同军节度使李国昌陷岢岚军。十月，昭义军节度使李钧、幽州卢龙军节度使李可举讨李国昌。十二月，崔季康、李钧及李克用战于洪谷。乾符六年（879）二月，河东军乱，杀其节度使崔季康。十二月淄州刺史曹全晸克郓州，杀崔君裕。广明元年（880）正月，河东军乱，杀其节度使康传圭。八月，昭义军乱，杀其节度使李钧。九月，忠武军将周岌杀其节度使薛能。十一月，河中都虞候王重荣逐其节度使李都[2]，等等，不一而足。其间，更有唐末农民起义军与唐军的连年厮杀作战。

---

[1] 参见（宋）欧阳修、宋祁《新唐书》卷 9《本纪第九》，中华书局 1975 年版，第 256—262 页。

[2] 参见（宋）欧阳修、宋祁《新唐书》卷 9《本纪第九》，第 265—270 页。

由上述史籍记载可以看出，唐末藩镇之间的兼并战争几乎遍及全国，加之席卷全国 12 省的唐末农民大起义，不仅使唐中央政府名存实亡，而且使整个社会陷入极度的混乱之中，生灵涂炭，社会秩序失范。诚如史籍中所描述的唐僖宗光启年间那样："王纲不振。是时天下诸侯，半出群盗，强弱相噬，怙众邀宠，国法莫能制。""中原士庶，与贼血战，肝脑涂地，十室九空。比至收复京都，十亡七八。"① 这种政治黑暗、社会动荡的局势，使当时的朝臣朝不保夕。如天祐二年（905），在唐朝发生的权臣朱全忠诛杀朝臣的白马驿事件中，"敕裴枢、独孤损、崔远、陆扆、王溥、赵崇、王赞等并所在赐自尽。时全忠聚枢等及朝士贬官者三十余人于白马驿，一夕尽杀之，投尸于河"②。生就这样一个乱世的环境下，为了避祸保身，许多名门世族往往"散处诸邑之大川长谷间，率皆即深而潜，依险而居"③。有的文人则选择隐逸遁世，或者"挂冠引退"。如元人辛文房《唐才子传》有云：

> 唐兴，迨季叶，治日少而乱日多，虽草衣带索，罕得安居。当其时，远钓弋者，不走山而逃海，斯德而隐者矣。自王君以下，幽人间出，皆远腾长往之士，危行言逊，重拨祸机，糠核轩冕，挂冠引退，往往见之。跃身炎冷之途，标华黄绮之列，虽或累聘丘园，勉加冠佩，适足以速深藏于薮泽耳。然犹有不能逃白刃，死非命焉。夫迹晦名彰，风高尘绝，岂不以有翰墨之妙，骚雅之奇美哉！……向子平曰："吾故知富不如贫，贵不如贱，第未知死何如生！"此达人之言也。④

以上引文，反映的是历史实情。在唐末这样一个"治日少而乱日多，虽草衣带索，罕得安居"的时代，走山逃海、避世隐居便成了许多衣冠世家或文人迫不得已的选择，以至于时人有"富不如贫，贵不如

---

① （后晋）刘昫：《旧唐书》卷 179《萧遘传》，中华书局 2000 年版，第 3162 页。
② （宋）司马光：《资治通鉴》卷 265，昭宣光烈孝皇帝天祐二年六月，岳麓书社 1990 年版，第 552 页。
③ （宋）汪藻：《浮溪集》卷 19《为德兴汪氏种德堂作记》，文渊阁《四库全书》本。
④ 傅璇琮主编：《唐才子传校笺》卷 1，中华书局 1987 年版，第 16—17 页。

贱，第未知死何如生"的感慨。有关衣冠世家或文人逃离家园、避世隐居的史料俯拾即是。如《旧五代史·李袭吉传》记载，左相林甫之后李袭吉，唐僖宗乾符末年"应进士举"，因"遇乱"，便"避地河中"。又称及唐末藩镇将领王重荣出任河中节度使后，因其"不喜文士"，再加上当时正值"丧乱之后"，因此许多衣冠之家"多逃难汾、晋间"①。再如河中虞乡人司空图，唐懿宗咸通末年进士及第，黄巢起义军攻陷长安后，他回到家乡河中，一心退隐。唐昭宗继位后，屡次召其入朝为官，但皆被他以各种借口请辞：先是唐昭宗龙纪初年，下诏恢复其旧有官职，不久被司空图以身有疾病为由辞官；唐昭宗景福年间，又征拜其为谏议大夫，这次司空图干脆不赴朝任职；而后又召其入朝出任户部侍郎一职，司空图在宫廷称谢不久即辞官引退；之后唐昭宗又召拜其为兵部侍郎，司空图以足有疾为理由拒绝。唐末农民大起义叛徒朱温建立后梁后，亦曾召其为礼部尚书，也被其拒绝。最后，司空图定居于中条山王官谷，隐居不出，自号为"耐辱居士"。在王官谷，他筑有一亭，取名为"休休亭"，并作文以抒其志。文中云："休，美也，既休而美具。故量才，一宜休；揣分，二宜休；耄而聩，三宜休；又少也惰，长也率，老也迂，三者非济时用，则又宜休。"对此，时人称"其言诡激不常，以免当时祸灾云"②。他在退隐家乡王官谷时曾作《丁未岁归王官谷》一诗谓："家山牢落战尘西，匹马偷归路已迷。冢上卷旗人簇立，花边移寨鸟惊啼。本来薄俗轻文字，却致中原动鼓鼙。将取一壶闲日月，长歌深入武陵溪。"③ 诗作中反映了战乱给家乡带来的惊扰，表达了欲退隐山水临泉以远离战乱的情感。在司空图的诗作中，有大量的诗文反映了这一思想主题，如其所作《离乱》诗："离乱身偶在，窜迹任浮沉。虎暴荒居迥，萤孤黑夜深。"《牛头寺》诗："终南最佳处，禅诵出青霄。群木澄幽寂，疏烟泛沉寥。"④ 诸如此类的诗文作品，皆是对其逃离战乱、隐居退隐心绪的反映。

---

① （宋）薛居正：《旧五代史》卷60《李袭吉传》，中华书局1976年版，第801页。
② 参见（宋）欧阳修、宋祁《新唐书》卷194《司空图传》，中华书局1975年版，第5573—5574页。
③ （清）彭定求等编：《全唐诗》卷632，中华书局1960年版，第7249页。
④ （清）彭定求等编：《全唐诗》卷632，第7255页。

《新唐书·本纪第九》有言：

> 唐自穆宗以来八世，而为宦官所立者七君。然则唐之衰亡，岂止方镇之患？盖朝廷天下之本也，人君者朝廷之本也，始即位者人君之本也。其本始不正，欲以正天下，其可得乎？懿、僖当唐政之始衰，而以昏庸相继；乾符之际，岁大旱蝗，民悉盗起，其乱遂不可复支，盖亦天人之会欤！[①]

以上所言，可谓史官对唐末乱世政治生态和社会生态环境的精到概括与总结。总而言之，在唐末政治黑暗、战乱不断的社会环境下，大量的衣冠世家和文人或逃离家园，或隐居退隐，或挂冠不仕，他们渐渐地与社会的政治舞台相疏离，这在很大程度上影响了其家族政治地位的提升。可以说，唐末乐安孙氏家族第九代仕宦人数骤降，且家族仕宦成员位低职薄，政治上已经不可避免地出现衰微之势，与唐末乱世的社会环境息息相关。

附表：

唐代博州武水乐安孙氏家族成员职官表

世系	姓名	父名	出身	官职	史料来源
第一代	孙仲将	孙孝敏		郓州寿张县丞	《新唐书》卷73下《宰相世系表》
第二代	孙希庄	孙仲将		韩王府典签	《新唐书》卷73下《宰相世系表》
第三代	孙嘉之	孙希庄	进士	宋州司马	《新唐书》卷73下《宰相世系表》；（唐）孙逖：《宋州司马先府君墓志铭》，载（清）董诰等编《全唐文》卷313，中华书局1983年版

[①] （宋）欧阳修、宋祁：《新唐书》卷9《本纪第九》，中华书局1975年版，第281页。

续表

世系	姓名	父名	出身	官职	史料来源
第四代	孙逖	孙嘉之	进士	刑部侍郎、中书舍人、太子左庶子	《新唐书》卷73下《宰相世系表》；《旧唐书》卷190中《文苑传·孙逖传》；（清）徐松《登科记考》卷5
	孙𬀩	孙嘉之		左羽林兵曹参军	《旧唐书》卷190中《文苑传·孙逖传》
	孙遘	孙嘉之	制举及第	亳州长史	《新唐书》卷73下《宰相世系表》；（唐）蒋伸：《唐故天平军节度郓曹濮等州观察处置等使朝请大夫检校礼部尚书使持节郓州诸军事兼郓州刺史御史大夫上柱国赐紫金鱼袋赠兵部尚书孙府君墓志铭并序》，载周绍良、赵超主编《唐代墓志汇编》，上海古籍出版社1992年版
	孙造	孙嘉之	文词雅丽举，甲科	詹事府司直	《新唐书》卷73下《宰相世系表》；（唐）孙保衡：《唐故宣义郎京兆府蓝田县尉乐安孙府君墓志铭并序》，载周绍良、赵超主编《唐代墓志汇编》，上海古籍出版社1992年版
第五代	孙宿	孙逖	制举及第[①]	刑部郎中、中书舍人、华州刺史	《元和姓纂》卷4；《新唐书》卷73下《宰相世系表》；《旧唐书》卷190中《文苑传·孙逖传》
	孙绛	孙逖		右补阙	《新唐书》卷73下《宰相世系表》

[①] （唐）令狐绹：《唐故银青光禄大夫检校司空兼太子少师分司东都上柱国乐安县开国侯食邑一千户赠太师孙公墓志铭并序》，载周绍良、赵超主编《唐代墓志汇编》，上海古籍出版社1992年版，第1111页。

第三章 "冠冕继耀，连环如粲星" 97

续表

世系	姓名	父名	出身	官职	史料来源
第五代	孙成	孙逖	明经及第①	桂州刺史兼御史中丞、洛阳令、长安令	《新唐书》卷73下《宰相世系表》；《新唐书》卷202《孙逖传》；（唐）孙绛：《唐故中大夫守桂州刺史兼御史中丞充桂州本营都防御经略招讨观察处置等使上柱国乐安县开国男赐紫金鱼袋孙府君墓志铭并序》，载周绍良、赵超主编《唐代墓志汇编》，上海古籍出版社1992年版
	孙视	孙逖	弘文生	太常寺太祝、协律郎	《新唐书》卷73下《宰相世系表》；《故太常寺主薄孙府君墓志铭》，载陆允昌主编《中国孙氏世系源流》，白山出版社1999年版
	孙会	孙逿		皇侍御史，郴州、温州、庐州、宣州、常州刺史，赠工部尚书	《新唐书》卷73下《宰相世系表》；（唐）李都：《唐故御史中丞汀州刺史孙公墓志并序》，载周绍良、赵超主编《唐代墓志汇编续集》，上海古籍出版社2001年版
	孙公彦	孙遘		睦州刺史	《新唐书》卷73下《宰相世系表》
	孙客卿	孙遘		盱眙令	《新唐书》卷73下《宰相世系表》
	孙公辅	孙遘		陆泽丞	《新唐书》卷73下《宰相世系表》
	孙起	孙遘		洪州建昌县尉、陈州录事参军、白马令	《新唐书》卷73下《宰相世系表》；（唐）孙保衡《唐故滑州白马县令乐安孙府君墓志铭并序》，载周绍良、赵超主编《唐代墓志汇编》，上海古籍出版社1992年版
	孙贾	孙造		右内率府骑曹参军	《新唐书》卷73下《宰相世系表》

① （唐）孙绛：《唐故中大夫守桂州刺史兼御史中丞充桂州本管都防御经略招讨观察处置等使上柱国乐安县开国男赐紫金鱼袋孙府君墓志铭并序》，载周绍良、赵超主编《唐代墓志汇编》，上海古籍出版社1992年版，第1855页。

续表

世系	姓名	父名	出身	官职	史料来源
第五代	孙婴	孙造		邠州三水县丞、泽州录事参军、京兆府蓝田县尉	《新唐书》卷73下《宰相世系表》；(唐)孙保衡：《唐故宣义郎京兆府尉蓝田县尉乐安孙君墓志铭并序》，载周绍良、赵超主编《唐代墓志汇编》，上海古籍出版社1992年版。
第六代	孙公器	孙宿①	词科(高第)②	信州刺史、邕府经略使③兼御史中丞	《新唐书》卷73下《宰相世系表》《旧唐书》卷190中《文苑传·孙逖传》；(唐)令狐绹：《唐故银青光禄大夫检校司空兼太子少师分司东都上柱国乐安县开国侯食邑一千户赠太师孙公墓志铭并序》，载周绍良、赵超主编《唐代墓志汇编续集》，上海古籍出版社2001年版
	孙献可	孙宿		大理司直	《新唐书》卷73下《宰相世系表》
	孙惟肖	孙成		监察御史	《新唐书》卷73下《宰相世系表》
	孙保衡	孙成		鄂州节度判官、检校司封郎中	《新唐书》卷73下《宰相世系表》
	孙微仲	孙成		沔州刺史	《新唐书》卷73下《宰相世系表》
	孙审象	孙成	门荫	怀州修武主簿、右龙武军录事参军、京兆府云阳县尉、汝州司马	《新唐书》卷73下《宰相世系表》；(唐)孙简：《唐故汝州司马孙府君墓志铭并叙》，载周绍良、赵超主编《唐代墓志汇编》，上海古籍出版社1992年版
	孙替否	孙视		鼓城令	《新唐书》卷73下《宰相世系表》

---

① 《新唐书》将孙公器说成是孙成之子。见欧阳修、宋祁《新唐书》卷202《文艺列传·孙逖传》，中华书局1975年版，第5761页。

② 参见(唐)令狐绹《唐故银青光禄大夫检校司空兼太子少师分司东都上柱国乐安县开国侯食邑一千户赠太师孙公墓志铭并序》，载周绍良、赵超主编《唐代墓志汇编续集》，上海古籍出版社2001年版，第1111页。

③ 《旧唐书》和《新唐书》中为"邕管经略使"。见《旧唐书》卷190中《文苑传·孙逖传》，中华书局2000年版，第3433页；欧阳修、宋祁《新唐书》卷202《文艺列传·孙逖传》，中华书局1975年版，第5761页。

续表

世系	姓名	父名	出身	官职	史料来源
第六代	孙公义	孙会	明经及第	吉州刺史、饶州刺史、睦州刺史、河南尹、工部尚书	《新唐书》卷73下《宰相世系表》；(唐)冯牢：《唐故银青光禄大夫工部尚书致仕上柱国乐安县开国男食邑五百户孙府君墓志铭》，载周绍良、赵超主编《唐代墓志汇编》，上海古籍出版社1992年版
	孙公胄	孙会		海盐尉	《新唐书》卷73下《宰相世系表》
	孙士桀	孙会		长洲令	《新唐书》卷73下《宰相世系表》
	孙璩	孙公彦		于潜尉	《新唐书》卷73下《宰相世系表》
	孙复礼	孙公辅		贝州刺史	《新唐书》卷73下《宰相世系表》
	孙非熊	孙起		黄梅尉	《新唐书》卷73下《宰相世系表》
	孙景商	孙起	进士	殿中侍御史、度支员外郎、刑部员外郎、度支郎中、天平节度使、检校礼部尚书	《新唐书》卷73下《宰相世系表》；(唐)蒋伸：《唐故天平军节度郓曹濮等州观察处置等使朝请大夫检校礼部尚书使持节郓州诸军事兼郓州刺史御史大夫上柱国赐紫金鱼袋赠兵部尚书孙府君墓志铭并序》，载周绍良、赵超主编《唐代墓志汇编》，上海古籍出版社1992年版
	孙清	孙起		太原少尹	《新唐书》卷73下《宰相世系表》
	孙向	孙起		大理评事兼监察御史	(唐)孙向：《唐故乡贡进士孙府君墓志》，载周绍良、赵超主编《唐代墓志汇编》，上海古籍出版社1992年版
	孙谏	孙子诏		右武卫兵曹参军	《新唐书》卷73下《宰相世系表》
第七代	孙华清	孙公器		太原尉	《新唐书》卷73下《宰相世系表》
	孙正	孙公器		河中少尹	《新唐书》卷73下《宰相世系表》
	孙简	孙公器	进士	东都留守、太子太保、中书舍人	《新唐书》卷73下《宰相世系表》；《旧唐书》卷190中《文苑传·孙逖传》；《新唐书》卷202《文苑传·孙逖传》

续表

世系	姓名	父名	出身	官职	史料来源
第七代	孙范	孙公器	进士	监察御史、淄青节度使	《新唐书》卷73下《宰相世系表》；《旧唐书》卷190中《文苑传·孙逖传》；《新唐书》202《文艺列传·孙逖传》
	孙笞	孙公器	门荫	东宫卫佐	（唐）孙纾：《唐故前左武卫兵曹乐安孙府君墓志铭并序》，载周绍良、赵超主编《唐代墓志汇编》，上海古籍出版社1992年版
	孙匡辟	孙惟肖		白水主簿	《新唐书》卷73下《宰相世系表》
	孙庶立	孙微仲		荥泽尉	《新唐书》卷73下《宰相世系表》
	孙方绍	孙微仲	门荫	大理寺丞、东牟太守	（唐）孙邺：《唐故承议郎使持节都督登州诸军事守登州刺史孙府君墓志铭并序》，载周绍良、赵超主编《唐代墓志汇编》，上海古籍出版社1992年版
	孙履度	孙审象		南陵尉	《新唐书》卷73下《宰相世系表》
	孙尚复	孙审象		德清令	《新唐书》卷73下《宰相世系表》
	孙俩	孙向	乡贡进士	江都尉	《新唐书》卷73下《宰相世系表》；（唐）孙向：《唐故乡贡进士孙府君墓志》，载周绍良、赵超主编《唐代墓志汇编》，上海古籍出版社2001年版
	孙镣	孙公绍		宜城尉	《新唐书》卷73下《宰相世系表》
	孙项	孙公义		右庶子、京兆少尹、检校尚书屯田员外郎	《新唐书》卷73下《宰相世系表》；（唐）冯牢：《唐故银青光禄大夫工部尚书致仕上柱国乐安县开国男食邑五百户孙府君墓志铭》，载周绍良、赵超主编《唐代墓志汇编》，上海古籍出版社1992年版
	孙毂	孙公义		河南尹	《新唐书》卷73下《宰相世系表》；（唐）冯牢：《唐故银青光禄大夫工部尚书致仕上柱国乐安县开国男食邑五百户孙府君墓志铭》，载周绍良、赵超主编《唐代墓志汇编》，上海古籍出版社1992年版

续表

世系	姓名	父名	出身	官职	史料来源
第七代	孙珀	孙公乂	进士	浙右从事	（唐）冯牢：《唐故银青光禄大夫工部尚书致仕上柱国乐安县开国男食邑五百户孙府君墓志铭》，载周绍良、赵超主编《唐代墓志汇编》，上海古籍出版社1992年版
	孙璘	孙公乂	弘文馆生	不详	（唐）冯牢：《唐故银青光禄大夫工部尚书致仕上柱国乐安县开国男食邑五百户孙府君墓志铭》，载周绍良、赵超主编《唐代墓志汇编》，上海古籍出版社1992年版
	孙碧	孙公乂		汀州刺史	《新唐书》卷73下《宰相世系表》
	孙瑝	孙公乂	进士	凤翔少尹、员外都官郎、左司员外郎、御史中丞、汀州刺史	《新唐书》卷73下《宰相世系表》；（唐）李都：《唐故御史中丞汀州刺史孙公墓志并序》，载陈尚君辑校《全唐文补编》卷83，中华书局2005年版
	孙冕	孙公胄		袁州录事参军	《新唐书》卷73下《宰相世系表》
	孙嗣宗	孙士桀		于潜尉	《新唐书》卷73下《宰相世系表》
	孙嗣初	孙士桀	明经及第	河南府洛阳县尉、苏州昆山县令	《新唐书》卷73下《宰相世系表》；（唐）孙奭：《□□□□□□□□□□州昆山县令乐安孙公府君墓志铭并序》，载周绍良、赵超主编《唐代墓志汇编》，上海古籍出版社1992年版
	孙奭（字化南）	孙士桀	进士	度支职方郎中	《新唐书》卷73下《宰相世系表》；（唐）孙玚：《大唐故苏州长洲县令孙府君夫人吴郡张氏墓志铭有序》，载周绍良、赵超主编《唐代墓志汇编》，上海古籍出版社1992年版
	孙尧	孙士桀		夔州刺史	《新唐书》卷73下《宰相世系表》
	孙守崇	孙复礼		凤翔少尹	《新唐书》卷73下《宰相世系表》

续表

世系	姓名	父名	出身	官职	史料来源
第七代	孙备	孙景商	进士	直弘文馆、蓝田尉	《新唐书》卷73下《宰相世系表》；(唐)蒋伸：《唐故天平军节度郓曹濮等州观察处置等使朝请大夫检校礼部尚书使持节郓州诸军事兼郓州刺史御史大夫上柱国赐紫金鱼袋赠兵部尚书孙府君墓志铭并序》，载周绍良、赵超主编《唐代墓志汇编》，上海古籍出版社1992年版
	孙㵼	孙景商		河南府参军	《唐乐安孙氏女子墓铭并序》，载周绍良、赵超主编《唐代墓志汇编》，上海古籍出版社1992年版
	孙储	孙景商		湖州刺史、左散骑常侍、天雄节度使、秦州节度使、兵部尚书	《新唐书》卷73下《宰相世系表》；《新唐书》卷183《孙偓传》；陈尚君辑校：《全唐文补编》卷91《孙储》，中华书局2005年版
	孙伾	孙景商		兴元少尹	《新唐书》卷73下《宰相世系表》
	孙俭	孙景商		昭义判官、检校工部员外郎	《新唐书》卷73下《宰相世系表》
	孙偓	孙景商	进士（状元）	户部侍郎同中书门下平章事、兼礼部尚书、行营节度诸军都统招讨处置使	《新唐书》卷73下《宰相世系表》；《新唐书》卷183《孙偓传》
	孙伉	孙景商		右千牛备身	《新唐书》卷73下《宰相世系表》；(唐)蒋伸：《唐故天平军节度郓曹濮等州观察处置等使朝请大夫检校礼部尚书使持节郓州诸军事兼郓州刺史御史大夫上柱国赐紫金鱼袋赠兵部尚书孙府君墓志铭并序》，载周绍良、赵超主编《唐代墓志汇编》，上海古籍出版社1992年版

第三章 "冠冕继耀，连环如粲星" 103

续表

世系	姓名	父名	出身	官职	史料来源
第七代	孙佁	孙景商		集贤院直学士、司勋郎中	《新唐书》卷73下《宰相世系表》
第八代	孙询①	孙正		合阳尉、观察巡官	《新唐书》卷73下《宰相世系表》；（唐）孙绿：《唐故湖南观察巡官前同州合阳县尉乐安孙府君墓志铭》，载吴钢主编《全唐文补遗》第6辑，三秦出版社1999年版
	孙景蒙	孙简		左赞善大夫、奉先令	《新唐书》卷73下《宰相世系表》；（唐）令狐绹：《唐故银青光禄大夫检校司空兼太子少师分司东都上柱国乐安县开国侯食邑一千户赠太师孙公墓志铭并序》，载周绍良、赵超主编《唐代墓志汇编续集》，上海古籍出版社2001年版
	孙景章	孙简		永州刺史、太子中舍人	《新唐书》卷73下《宰相世系表》；（唐）令狐绹：《唐故银青光禄大夫检校司空兼太子少师分司东都上柱国乐安县开国侯食邑一千户赠太师孙公墓志铭并序》，载周绍良、赵超主编《唐代墓志汇编续集》，上海古籍出版社2001年版
	孙觉	孙简		京兆府栎阳县尉、蓬州刺史	《新唐书》卷73下《宰相世系表》；（唐）孙徽：《唐故宣德朗前守孟州司马乐安县孙府君墓志铭并序》，载周绍良、赵超主编《唐代墓志汇编》，上海古籍出版社1992年版

① 《新唐书·宰相世系表》为"孙询"（欧阳修、宋祁：《新唐书》卷73下《宰相世系表》，中华书局1975年版，第2949页）；唐人孙绿撰写的《唐故湖南观察巡官前同州合阳县尉乐安孙府君墓志铭》中为"孙绚"（见吴钢主编《全唐文补遗》第6辑，三秦出版社1999年版，第193页）。

续表

世系	姓名	父名	出身	官职	史料来源
第八代	孙景裕	孙简	门荫	京兆府鄠县尉、河南府户曹参军、孟州司马	《新唐书》卷73下《宰相世系表》；(唐)孙徽：《唐故宣德朗前守孟州司马乐安县孙府君墓志铭并序》，载周绍良、赵超主编《唐代墓志汇编》，上海古籍出版社1992年版
	孙纾	孙简	进士	渭南县尉、集贤校理、工部员外郎	《新唐书》卷73下《宰相世系表》；《旧唐书》卷190《文苑传·孙逖传》；(唐)令狐绹：《唐故银青光禄大夫检校司空兼太子少师分司东都上柱国乐安县开国侯食邑一千户赠太师孙公墓志铭并序》，载周绍良、赵超主编《唐代墓志汇编续集》，上海古籍出版社2001年版
	孙徽	孙简	进士	常州刺史、河东节度推官	《新唐书》卷73下《宰相世系表》；《旧唐书》卷190《文苑传·孙逖传》；(唐)令狐绹：《唐故银青光禄大夫检校司空兼太子少师分司东都上柱国乐安县开国侯食邑一千户赠太师孙公墓志铭并序》，载周绍良、赵超主编《唐代墓志汇编续集》，上海古籍出版社2001年版
	孙绿	孙简	进士[①]	河中支使	《新唐书》卷73下《宰相世系表》
	孙幼实	孙简	门荫	河南府参军、缑氏县尉、长水县丞	(唐)孙徽：《唐故河南府长水县丞乐安孙府君墓志铭并序》，载周绍良、赵超主编《唐代墓志汇编》，上海古籍出版社1992年版
	孙弘休	孙简		河南参军	(唐)令狐绹：《唐故银青光禄大夫检校司空兼太子少师分司东都上柱国乐安县开国侯食邑一千户赠太师孙公墓志铭并序》，载周绍良、赵超主编《唐代墓志汇编续集》，上海古籍出版社2001年版

---

① (唐)令狐绹：《唐故银青光禄大夫检校司空兼太子少师分司东都上柱国乐安县开国侯食邑一千户赠太师孙公墓志铭并序》，载周绍良、赵超主编《唐代墓志汇编续集》，上海古籍出版社2001年版，第1111页。

第三章 "冠冕继耀，连环如粲星" 105

续表

世系	姓名	父名	出身	官职	史料来源
	孙观	孙范		清河令	《新唐书》卷73下《宰相世系表》
	孙纬	孙范	宏词科	歙州刺史、吏部侍郎	《新唐书》卷73下《宰相世系表》；(宋)计有功：《唐诗纪事》卷60《孙纬》
	孙蚪	孙范		侍御史	《新唐书》卷73下《宰相世系表》
	孙铸	孙范		许州法曹参军	《新唐书》卷73下《宰相世系表》
	孙玩	孙范		蓬州刺史	《新唐书》卷73下《宰相世系表》
	孙缙	孙范		睦州军事判官	《新唐书》卷73下《宰相世系表》
	孙绪	孙范		平阳令	《新唐书》卷73下《宰相世系表》
第八代	孙棨	孙匡方		中书舍人、侍御史、翰林学士	《新唐书》卷73下《宰相世系表》；《北里志》附录
	孙揆	孙瑝	进士	中书舍人、刑部侍郎、京兆尹	《新唐书》卷73下《宰相世系表》《新唐书》卷193《忠义下·孙揆传》
	孙拙	孙瑝	进士	监察御史、右补阙、河南府长水令、殿中侍御史、中书舍人、检校礼部尚书、工部侍郎	《新唐书》卷73下《宰相世系表》；(唐)王骘：《唐故朝散大夫守尚书工部侍郎柱国赐紫金鱼袋孙公墓铭并序》，载陈尚君辑校《全唐文补编》，中华书局2005年版
	孙滉	孙储		检校员外郎	《新唐书》卷73下《宰相世系表》
	孙洽	孙储		秘书省校书郎	《新唐书》卷73下《宰相世系表》
第九代	孙凝	孙觉	门荫	汴州参军	(唐)孙徽：《唐故朝议郎前守蓬州刺史乐安孙府君墓志铭并序》，载周绍良、赵超主编《唐代墓志汇编》，上海古籍出版社1992年版
	孙炜	孙景裕		汝州临汝县主簿	(唐)孙徽：《唐故宣德朗前守孟州司马乐安孙府君墓志铭并序》，载周绍良、赵超主编《唐代墓志汇编》，上海古籍出版社1992年版

第四章 "传儒门经术之业，居孔氏政事之科"

——唐代乐安孙氏家族的为政品行

乐安孙氏家族是一个典型的仕宦家族。从前述对乐安孙氏家族发展状况的梳理中不难看出，魏晋至隋唐，整个家族仕宦为官者代不乏人，仅就唐代而言，有官籍可考的达90余人，其中，既有宰相、尚书、中书舍人之类的朝中高官，又有手握一州军政大权的刺史、节度使之类的中级官员，还有县尉、县令之类的地方父母官，整个家族有仕籍的人数之多，官职的级别之广，在中国历史上无疑属于典型的仕宦之家。

作为以儒学传家的仕宦家族，乐安孙氏为官者表现出良好的政治德行，他们为政以德，"秉积德之浚源，禀刚中之正性，端好恶为规范，秉礼法以周旋，言必可行"，"传儒门经术之业，居孔氏政事之科，根于惠慈，辅以才术，行存家范"①，在政治实践中积极践履着儒家所倡导的"居天下之广居，立天下之正位，行天下之大道"②和"仁以为己任"的为政风范，凸显出一种诚厚为国的大忠之道。

在中国传统社会，作为"至公无私"的忠被视为天地和人世间的至理至德，用《忠经·天地神明章第一》的话讲："昔在至理，上下一德，以征天休，忠之道也。天之所覆，地之所载，人之所覆，莫大乎忠。为国之本，何莫由忠。"③它不仅"能固君臣，安社稷，感天地，动神

---

① （唐）孙保衡：《唐故滑州白马县令乐安孙府君墓志铭并序》，载周绍良、赵超主编《唐代墓志汇编》，上海古籍出版社1992年版，第1989页。
② 《孟子》卷6上《滕文公下》，《中华经典藏书》译注本，中华书局2006年版，第125页。
③ 见（元）陶宗仪《说郛》卷70下，文渊阁《四库全书》本。

明",而且能"兴于身,著于家,成于国"。在古人看来,"善莫大于作忠,恶莫大于不忠。忠则福禄至焉,不忠则刑罚加焉。君子守道,所以长守其休,小人不常,所以自陷其咎"①。总之,只要将忠道施之于身,各种福禄自然而至,反之,则会自陷其辱。故《忠经·辨忠章第十四》曰:"大哉!忠之为用也,施之于迩,则可以保家邦,施之于远,则可以极天地。"②

作为通晓儒学、世以儒学传家的乐安孙氏家族,对"夫惟孝者,必贵本于忠。忠苟不行,所率犹非其道。是以忠不及之,而失其守,匪惟危身,辱及亲也。故君子行其孝,必先以忠,竭其忠,则福禄至矣"③的忠道有深刻的体察,其家族子孙为政实践中践履着"为臣事君,忠之本也"④的行为规范,悉心为政,诚厚为国,力行忠道。具体地说,主要体现在以下三个方面。

一 直言敢谏,不畏权豪

直言敢谏是儒家对从政者的基本要求,如《忠经·忠谏章第十五》有言:"忠臣之事君也,莫先于谏,下能言之,上能听之,则王道光矣。谏于未形者,上也;谏于已彰者,次也;谏于既行者,下也。违而不谏,则非忠臣。夫谏,始于顺辞,中于抗义,终于死节,以成君休,以宁社稷。"⑤将为臣者的直言敢谏视为社稷安宁的保障。故《颜氏家训》有言:"谏诤之徒,以正人君之失尔,必在得言之地,当尽匡赞之规,不容苟免偷安,垂头塞耳。"⑥从文献史料的记载不难看出,乐安孙氏家

---

① (东汉)马融:《忠经·证应章第十六》,见(元)陶宗仪《说郛》卷70下,文渊阁《四库全书》本。
② (元)陶宗仪:《说郛》卷70下,文渊阁《四库全书》本。
③ (东汉)马融:《忠经·保孝行章第十》,见(元)陶宗仪《说郛》卷70下,文渊阁《四库全书》本。
④ (东汉)马融:《忠经·冢臣章第三》,见(元)陶宗仪《说郛》卷70下,文渊阁《四库全书》本。
⑤ 见(元)陶宗仪《说郛》卷70下,文渊阁《四库全书》本。
⑥ (北齐)颜之推:《颜氏家训》卷5《省事第十二》,中华书局2007年版,第185页。

族中仕宦者大都体现出直言敢谏的为政风格。"所莅之职，必悉心为政，不以小而易之，人到于今遗爱矣"的孙嘉之，为政期间，不顾个人得失，关心时政得失，积极上书言事，议政论政，如垂拱、载初之际，孙嘉之"始诣洛阳，献书阙下，极言时政，言多抵忤"①。孙嘉之之孙孙简，继承了直言从政的家族门风，"用忠悃奉诤臣之职，骋敏捷为诰令之能，职业具举，时论推服"。他深知为政者直言敢谏的职责，故为政期间敢说敢言，对上司不当举措敢于"抗表论雪"，如任同州刺史兼御史中丞时，省司以长春营田耗折官米，将以极典处置本州纲吏，孙简对此"抗表论雪，皆得贷死"，为时人所称誉②。"以政事见遇"的孙公义，遇事亦是忠直敢言。据其墓志铭记载，孙公义任京兆府户曹时，尤为京兆府前后两任府尹韩愈（长庆三年，即823年为京兆尹）、刘栖楚（825—827年为京兆尹）所信重，韩愈"得畿官簿书不能决去疑滞者，必始质信于公（孙公义），然后行下其事；河间当时威詟豪右，自以明疆为己任，每有情伪未分，关人性命者，亦常先议于公，诸曹已下但承命而行，假鼻而息耳。由是声闻彀下"③。此则史料无疑从一个侧面向我们透露出孙公义忠直敢言的为政风范。孙景商亦是乐安孙氏家族直言敢谏的典范。据载，孙景商任谏议大夫时，曾"居数月，疏四五上，皆政之失而除授之乖忒者"。他秉公从政，不畏权势，直道行事，为京兆尹时，"一持正道，豪人望风敛束。视案牍靡昼夜，试问其官理要目，屈指历历如手持文。居二年，政以清，迁刑部侍郎，风望愈美。条上当司要事余十件，诏悉可之"。在担任温州刺史、滁州刺史期间，孙景商"以慈煦弱，以严御豪"而著称，至于"其它施设，皆可称纪"。宰相

---

① （唐）孙逖：《宋州司马先府君墓志铭》，载（清）董诰等编《全唐文》卷313，中华书局1983年版，第3182页。
② 参见（唐）令狐绹《唐故银青光禄大夫检校司空兼太子少师分司东都上柱国乐安县开国侯食邑一千户赠太师孙公墓志铭并序》，载周绍良、赵超主编《唐代墓志汇编续集》，上海古籍出版社2001年版，第1111页。
③ 参见（唐）冯牢《唐故银青光禄大夫工部尚书致仕上柱国乐安县开国男食邑五百户孙府君墓志铭》，载周绍良、赵超主编《唐代墓志汇编》，上海古籍出版社1992年版，第2289页。

李德裕执掌国柄时，曾"忿公（孙景商）不依己"，将其黜为温州刺史①。其他如孙处约、孙备等乐安孙氏家族后代子孙，都继承了家族这种勇于直言敢谏的为政风范，敢说敢为。像孙处约于贞观年间为齐王李祐记室。李祐"既失德，处约数上书谏之。祐既诛，太宗亲检其家文疏，得处约谏书，甚嗟赏之"②。"重然诺，顾交谊，与君游者皆当时名人"的孙备，其为政则是"勇于必行，万夫不能夺"③，体现出勇于敢为的为政风范。其他如官至宰相的孙偓，为政实践中为了王朝社稷的利益，同样体现出不畏权势、勇于敢为的文化品格。对此，昭宗在所下《授孙偓判度支兼诸道盐铁使陆扆判户部制》的诏书中称其"大昴分辉，维嵩孕秀，直如金矢，洁若冰壶。处谏诤之司，言无畏忌；守驳正之任，道不依违。当官而行，遇事必立。自擢居台席，兼领地征，蕴持危扶倾之心，负忧国忘家之志，卓尔孤迈，超然不群。稽于众多，金曰名相"④，对其仕宦期间所表现出的"处谏诤之司，言无畏忌""守驳正之任，道不依违。当官而行，遇事必立"的为官之行给予高度赞誉。也正是因为孙偓为官尽职，为政以忠，昭宗特擢授其为门下侍郎、同书门下平章事，监修国史、判度支兼诸道盐铁转运使等官职。

在忠的道德内涵中，除了要求直言敢谏外，还要求在王朝社稷遇到危难之时，能够不惜身家性命，挺身而出，"奉君忘身，徇国忘家"，乃至"临难死节"⑤。唐朝末年，出自沙陀部族的唐末将领李克用发动兵变，进犯长安。唐昭宗为讨伐李克用，以孙逖五世孙孙揆为兵马招讨制置宣慰副使，不久改授昭义军节度使，让其督率本道兵马会战，攻打李克用。唐昭宗大顺元年（890）八月，孙揆率军从晋州出发，李克用手

---

① （唐）蒋伸：《唐故天平军节度郓曹濮等州观察处等使朝散大夫检校礼部尚书使持节郓州诸军事兼郓州刺史御史大夫上柱国赐紫金鱼袋赠兵部尚书孙府君墓志铭并序》，载周绍良、赵超主编《唐代墓志汇编》，上海古籍出版社1992年版，第2345页。
② （后晋）刘昫：《旧唐书》卷81《孙处约传》，中华书局2000年版，第1864页。
③ （唐）孙瑝：《唐故河南府洛阳县尉孙府君墓铭并序》，载周绍良、赵超主编《唐代墓志汇编》，上海古籍出版社1992年版，第2213页。
④ （清）董诰等编：《全唐文》卷90《授孙偓判度支兼诸道盐铁使陆扆判户部制》，中华书局1983年版，第943页。
⑤ （东汉）马融：《忠经·冢臣章第三》，见（元）陶宗仪《说郛》卷70下，文渊阁《四库全书》本。

下大将李存孝听闻后，在潞州长子县以西的山谷中以300骑兵设下埋伏。孙揆率军行至于此，被李存孝骑兵猝然袭击，孙揆及其牙兵500余人被擒，余众被追击至刁黄岭全部被杀。李存孝将被俘的孙揆献于李克用。李克用先是把他囚禁起来，不久又"厚礼而将用之"，以任用其为河东副使诱降之。孙揆不为利欲所动，对前来诱降的人说："吾天子大臣，兵败而死，分也，岂能伏事镇使邪！"李克用大怒，"命以锯锯之，锯不能入。孙揆骂曰：'死狗奴！锯人当用板夹，汝岂知邪！'"于是行刑者按其所言，将孙揆用板子夹起来。面对酷刑，孙揆不为所惧，直到受刑至死，孙揆骂不绝声①。孙揆在生死存亡的紧要关头，能"奉君忘身，徇国忘家"，真正体现出儒家所倡扬的"临大节而不可夺"的君子气节。

二 勤政爱民，为官清廉

在社会政治生活中，为人臣者除了要与君主发生联系外，日常生活中交往更多的则是庶民百姓。因此在儒家的政治伦理中，为臣为官者除了要求对上做到"事君以忠"②外，对下则要"视民如伤"③，爱民如子，并将其视为地方官的忠君之道，用《忠经·守宰章第五》的话讲，就是"视君之人，如观乎子；则人爱之，如爱其亲，盖守宰之忠也"。至于如何爱民，则有许多具体规定，其基本要求是要乐民之乐，忧民之

---

① 参见（宋）欧阳修、宋祁《新唐书》卷193《忠义下·孙揆传》；（宋）司马光：《资治通鉴》卷258，岳麓书社1990年版，第466页。五代人孙光宪《北梦琐言》中对此亦有记载："唐末，朝廷围太原不克，以宰相张浚为都统，华帅韩建为副使，泽潞孙揆尚书以本道兵会伐。军容使杨复恭与张相不叶，逗挠其师，因而自溃。由是贬张相为绣州牧。孙尚书为太原所执，诟骂元戎李公克用，以狗猪之。李公大怒，俾以锯解。虽加苦楚，而锯齿不行。八座乃谓曰：'死狗猪，解人须用板夹，然后可得行，汝何以知之！'由此施板而锯，方行未绝间，骂声不歇。何乃壮而不怖，斯则君子之儒，必有勇也。"见（五代）孙光宪《北梦琐言》卷4《孙揆尚书锯解》，中华书局2002年版，第70页。
② 《论语·八佾第三》，《中华经典藏书》译注本，中华书局2006年版，第34页。
③ （周）左丘明传，（晋）杜预注，（唐）孔颖达正义：《春秋左传正义》卷57，李学勤主编《十三经注疏》，北京大学出版社1999年版，第1613页。

忧；要从民之欲，不欺民心，做到"民之所好好之，民之所恶恶之"①；要养民富民，恤民保民；要廉洁清白，明晰是非曲直，不徇私情。概而言之，就是要勤政爱民，"仁以为己任"②，以天下为心。

乐安孙氏家族作为一个以儒学传家的仕宦家族，其家族仕宦成员深谙儒家勤政爱民的为政之道，为政实践凸显出勤政爱民、关心民生的为政之德。具有孝悌之德的孙成，仕宦时"事举而能损益"，勤政爱民，积极有为，将孝亲之德扩展为爱民之举，做出了为民称颂的政绩。历史上桂州地处边界偏远地带，相对难以治理，但是孙成出任桂州刺史后，"临存未几，风政载扬，宁壹十连，清变远俗，福润零桂，声颂迎沓"。而在信州刺史任上，孙成顺俗施化，"务于修职，问以谣俗，因而行化……敦学尚儒，户晓而人劝"③。有一年信州遇上大旱，他开仓以比较低的价格向灾民出售粮食，由于采取措施及时，所以饥荒之年也没有发生民户逃亡和死亡的情况，并且第二年还增户口五千，孙成因此得到皇帝"诏书褒美"④。当地百姓也因其"有惠政"而为其"立碑颂德"⑤。孙简也表现出勤政爱民的为政风格，且为政"以诚信临下"，致使百姓安乐，"万众恬然"，"臻于泰宁"。这方面的事例很多，如孙简出任河南尹期间，发生了飞虫侵害庄稼的自然灾害，孙简及时采取措施，"用诗之界火之义，遂令坑焚"，不仅"去其大患"，而且在灾害之年粮食"丰穰"。任同州刺史兼御史中丞时，由于连年凶荒，同州人民不时为瘴病所困扰，在孙简努力下，同州人民解除了瘴病的困扰。为了使百姓安居乐业，孙简每到一地任职，都是积极地兴利除害，大力发展生产，增加国库收入。譬如河中镇原先沿袭"浑郭之制，供须节使，费踰他镇，有至十倍者"。孙简迁镇节制河中检校礼部尚书兼御史大夫时，对此一

---

① 《礼记·大学第四十二》，载《周礼·仪礼·礼记》，岳麓书社1989年版，第533页。
② 《论语·泰伯第八》，《中华经典藏书》译注本，中华书局2006年版，第109页。
③ （唐）孙绛：《唐故中大夫守桂州刺史兼御史中丞充桂州本营都防御经略招讨观察处置等使上柱国乐安县开国男赐紫金鱼袋孙府君墓志铭并序》，载周绍良、赵超主编《唐代墓志汇编》，上海古籍出版社1992年版，第1856页。
④ （宋）欧阳修、宋祁：《新唐书》卷202《孙逖传》附《孙成传》，中华书局1975年版，第5761页。
⑤ （后晋）刘昫：《旧唐书》卷190中《文苑传·孙逖传》附《孙成传》，中华书局2000年版，第3433页。

一"削减,以己率下,一毫不自私,由是大治"。再如孙简在节度宣武军任职满期时,当地"帑廪所留,多初万倍";为东都留守期间,"节省浮费,府库充牣"。孙简为政一方始终体现出保护扶持使地方百姓得到安定的特点,所谓"保厘之治,先后如一"①。乐安孙氏族人孙景商、孙起、孙方绍仕宦期间也表现出与孙成、孙简相同的为政风格,像孙景商出任郓曹濮观察使之前,郓州因"自七八年及发戍边士,军储寝阙,人业寝困",而在孙景商出任郓曹濮观察使之后,"未匝岁,而廪溢帑丰,编人温饱"②;孙起任滑州白马县令时,"邑讼既理,戎事兼佐,铉歌有裕,樽俎其藏"③;孙方绍在东牟太守任上,则是"纲振六条,化洽千里,又思报国安人,切疚于心"④,做出了为民称颂的政绩。

在乐安孙氏家族仕宦成员中,孙公乂更是一个勤政爱民的典范。他一生主要在地方任职,作为地方父母官,每到一地,他都以百姓为念,关心民生,勤勉为政。会昌二年(842)五月,孙公乂出任睦州刺史。睦州虽有"有金陵之地而无金陵之实,水不通商,陆无异产",加之"往岁征税不登,郡无良吏,刺史不究元本,但相尚以加征。至于伎术贩鬻之有营,本实草秀之有地,悉编次于公案而以税税之。故人不安居,流行外境,积数十年之逋欠而长吏无敢以闻者"。孙公乂到睦州任职后,为了安抚百姓,采取了一系列施政措施,首先"设法开垦,尽平荒芜,旬月之间,复离散之户万计",然后"方以主田,籍其户口,推所产之物齐均一之"。虽然后来因孙公乂调任亳守,"事遂寝而不行,然睦之人怀他日抚爱之,毕公之政,无流亡他道者。间岁三赋,睦实先登"。孙公乂到亳州前,因"壶关阻兵,征发方困,亳实军郡,人多告

---

① (唐)令狐绹:《唐故银青光禄大夫检校司空兼太子少师分司东都上柱国乐安县开国侯食邑一千户赠太师孙公墓志铭并序》,载周绍良、赵超主编《唐代墓志汇编续集》,上海古籍出版社2001年版,第1111页。
② (唐)蒋伸:《唐故天平军节度郓曹濮等州观察处置等使朝散大夫检校礼部尚书使持节郓州诸军事兼郓州刺史御史大夫上柱国赐紫金鱼袋赠兵部尚书孙府君墓志铭并序》,载周绍良、赵超主编《唐代墓志汇编》,上海古籍出版社1992年版,第2345页。
③ (唐)孙保衡:《唐故滑州白马县令乐安孙府君墓志铭并序》,载周绍良、赵超主编《唐代墓志汇编》,上海古籍出版社1992年版,第1989页。
④ (唐)孙邺:《唐故承议郎使持节都督登州诸军事守登州刺史孙府君墓志铭并序》,载周绍良、赵超主编《唐代墓志汇编》,上海古籍出版社1992年版,第2431页。

第四章　"传儒门经术之业，居孔氏政事之科"　113

劳"。当时"亳人以睦人之故，渴公（孙公乂）之政若枯苗之望膏雨焉"。孙公乂到亳州后，不负众望，以"视君之人，如观乎子"的"守宰之忠"，恪尽职守，于"就理之年，尽去其病"，一时"声振河洛"。在吉州刺史任上，孙公乂同样以"为官一任，造福一方"的为政理念，积极有为。因吉州地理上"居西山之上源，深入水乡，差接闽岭，故其人心阴狡，俗上争讼"，加之"前政杜师仁陷法之初，承房士彦新规之后，公局仅废，奸吏横行"。孙公乂上任吉州刺史后，决心以去害为本，他广泛搜求贤俊能吏，不畏土豪奸吏横行，不计个人安危得失，"密设捕罗，綦月之间，尽擒元恶"。而后他亲自讯问，根据审问获得的实情，对不法之徒严加惩处，从而使吉州"凶徒既绝，政道遂行"。当时"廉使敬公昕录其事，书为符牘，传于属郡"①。孙公乂为政真正做到了如元人张养浩所说的"士之仕也，有其任斯有其责，有其责斯有其忧。任一县之责者则忧一县，任一州之责者则忧一州，任一路之责者则忧一路，任天下之责者则以天下为忧"②的境界。

与勤政爱民的为政实践相联系，乐安孙氏家族仕宦者还体现出为政清廉的一面。像"以己率下，一毫不自私"③的孙简，"为人洁静自处，不事克饰，不驰名声，而全德令问，自然而至。……居大官，服物无华饰，率常以退休为念"④的孙景商，"节峻诚坚，无触利之交"⑤的孙瑝，"家素清贫，能甘闲寂"的孙公乂，其为政实践都非常注意个人的操守，律己以严，清心为官，简约清廉，不营私利。如孙公乂墓志铭有

---

① （唐）冯牢：《唐故银青光禄大夫工部尚书致仕上柱国乐安县开国男食邑五百户孙府君墓志铭》，载周绍良、赵超主编《唐代墓志汇编》，上海古籍出版社1992年版，第2289、2290页。
② （元）张养浩：《张养浩集》卷25《经·进牧民忠告·居闲第十》，吉林文史出版社2008年版，第224—225页。
③ （唐）令狐绹：《唐故银青光禄大夫检校司空兼太子少师分司东都上柱国乐安县开国侯食邑一千户赠太师孙公墓志铭并序》，载周绍良、赵超主编《唐代墓志汇编续集》，上海古籍出版社2001年版，第1111页。
④ （唐）蒋伸：《唐故天平军节度郓曹濮等州观察处置等使朝散大夫检校礼部尚书使持节郓州诸军事兼郓州刺史御史大夫上柱国赐紫金鱼袋赠兵部尚书孙府君墓志铭并序》，载周绍良、赵超主编《唐代墓志汇编》，上海古籍出版社1992年版，第2345页。
⑤ （唐）李都：《唐故御史中丞汀州刺史孙公墓志并序》，载陈尚君辑校《全唐文补编》卷83，中华书局2005年版，第1035页。

这样一则记载，吉州作为江左大郡有一不成文的惯例，"每太守更代，官辄供铜缗五百万资其行费，州使相沿，以为故事"。孙公乂在吉州刺史任上三年离职时，"先是主吏者具其事以闻。公（孙公乂）曰：'吾月有俸，季有粟，天子所以优吾理人之赐也。今违是州里，别是吏民，而反厚敛以赂我，是将竭公用困后来之政也。且私吾于不法，是何故事之为'"①。为此，孙公乂坚决拒绝了吉州属吏为他准备的行费资助，其所作所为凸显出古人所倡导的"临财毋苟得"②"临大利而不易其义"③的廉洁之德。

三 沉谋潜运，仁以为己任

仕宦之人的忠道之举表现在许多层面，除了前述"奉君忘身，循国忘家，正色直辞，临难死节"以及勤政爱民、清正廉明的忠道之外，还要求"沉谋潜运，正国安人，任贤以为理"④，要求为国家举荐贤才，出谋划策，要建功立业，为民兴利，这是忠道也是"报国"的最好表现。要"入则献其谋，出则行其政，居则思其道，动则有仪。秉职不回，言事无惮，苟利社稷，则不顾其身"，因为"守位谨常，非忠之道"⑤。这种着眼于国家、人民利益的忠道，才是真正的忠道。如前所述，乐安孙氏家族在为政实践中，大都体现出"所莅之职，必悉心为

---

① （唐）冯牟：《唐故银青光禄大夫工部尚书致仕上柱国乐安县开国男食邑五百户孙府君墓志铭》，载周绍良、赵超主编《唐代墓志汇编》，上海古籍出版社1992年版，第2290页。
② （汉）郑玄注，（唐）孔颖达疏：《礼记正义》卷1《曲礼上第一》，李学勤主编《十三经注疏》本，北京大学出版社1999年版，第9页。
③ 张双棣等译注：《吕氏春秋译注·仲冬纪第十一·忠廉》，北京大学出版社2000年版，第293页。
④ （东汉）马融：《忠经·冢臣章第三》，见（元）陶宗仪《说郛》卷70下，文渊阁《四库全书》本。
⑤ （东汉）马融：《忠经·百工章第四》，见（元）陶宗仪《说郛》卷70下，文渊阁《四库全书》本。

政，不以小而易之"① 的风范，在其位谋其政，尽职尽责。这种"仁以为己任"的儒者风范在孙逖举荐贤才上亦得以充分展现。孙逖为考功员外郎时，作为主持科举考试的官员，大力选拔贤能，不受请托，奖掖后进，故"选贡士二年，多得俊才"，经他选拔的一大批名士，有的官至宰相，如杜鸿渐；有的官至尚书，如颜真卿；而李华、萧颖士、赵骅皆登上第，孙逖曾谓人曰："此三人堪掌纶诰。"② 李华、萧颖士后来成为唐代著名的散文大家，表现了他知人善任、用人唯才的胸怀。颜真卿对座师孙逖选拔贤良的做法深有体察，他在为孙逖文集所作序言中，从孙逖举荐贤才角度，称孙逖为"人文之宗师，国风之哲匠"："公（孙逖）又雅有清鉴，典考功时，精核进士，虽权要不能逼。所奖擢者二十七人，数年间宏词判等，入甲第者一十六人，授校书郎者九人，其余咸著名当世，已而多至显官。明年典举，亦如之，故言第者必称孙公而已。夫然，信可谓人文之宗师，国风之哲匠矣。"③ 李华在为杨骑曹文集所作的序中亦深有感触地说："时刑部侍郎乐安孙公逖以文章之冠为考功员外郎，精试群材，君以南阳张茂之、京兆杜鸿渐、琅邪颜真卿、兰陵萧颖士、河东柳芳、天水赵骅、顿丘李琚、赵郡李萼李颀、南阳张阶、常山阎防、范阳张南容、高平郗昂等连年高第，华亦与焉"④。在选贤用人上，孙瑝亦表现出与孙逖相同的文化品性。据载，孙瑝任御史中丞时，精选贤良，"其选置僚佐，必搜贞良，不为势屈。一旦为飞语所中，谪去数千里，人莫得而名之"⑤。

更难能可贵的是，为了国家社稷利益，乐安孙氏家族仕宦者超越个人利害得失，积极出谋划策。唐朝末年，内迁至河陇及关中一带的党项

---

① （唐）孙逖：《宋州司马先府君墓志铭》，载（清）董诰等编《全唐文》卷313，中华书局1983年版，第3182页。
② （宋）祝穆：《古今事文类聚·前集》卷25《仕进部·堪掌纶诰》，文渊阁《四库全书》本。
③ （唐）颜真卿：《尚书刑部侍郎赠尚书右仆射孙逖文公集序》，载（清）董诰等《全唐文》卷337，中华书局1983年版，第3416页。
④ （唐）李华：《杨骑曹集序》，载（清）董诰等编《全唐文》卷315，中华书局1983年版，第3198页。
⑤ （唐）李都：《唐故御史中丞汀州刺史孙公墓志铭并序》，载陈尚君辑校《全唐文补编》卷83，中华书局2005年版，第1035页。

族（属西羌族的一支）随着势力的发展和壮大，不断对河陇及关中地区骚扰、进犯。唐宣宗大中五年（851），负责都统诸军以讨伐党项的宰相白敏中奏请左谏议大夫孙景商为行军司马，知制诰蒋伸为招讨副使。孙景商临危受命，积极谋划招讨党项事宜。当年，忍无可忍的唐宣宗命宰相白敏中都统诸军出征，征讨"仍岁扰边"的党项，当时虽然"议者以士羸食窘，遽难收功，然其势峻严，不可争止"。孙景商在协助宰相治事之余，与蒋伸"从容讲画，掇取精理"。他们从当时"士羸食窘，遽难收功"的现实出发，反对贸然出兵征讨党项，而应当"以恩信抚驭"为主。在"其势峻严，不可争止"的情势下，孙景商站在社稷利益的角度，"恳贡其说"。宰相白敏中采纳了孙景商意见，上奏停止了对党项出征讨伐的计划，最后通过"恩信抚驭"的办法，使唐朝边境得以安宁，孙景商也因筹划有功而升任为给事中一职[①]。从文献资料的记载可以看出，上自国家大事、朝制建设，下至君臣冕服，都在他们的思索范围之内。如孙简为政多有建言，会昌初，迁任尚书左丞、中书舍人的孙简曾就当时"宫兼台省，位置迁误"的现象上书武宗，认为"班位以品秩为等差，今官兼台省，位置迁误，不可为法"[②]。

《忠经·报国章第十七》在谈到为政者的报国之道时说过："为人臣者，官于君，先后光庆，皆君之德，不思报国，岂忠也哉？君子有无禄，而益君，无有禄，而已者也。报国之道有四：一曰贡贤，二曰献猷，三曰立功，四曰兴利。贤者国之干，猷者国之规，功者国之将，利者国之用，是皆报国之道，惟其能而行之。《诗》云：'无言不酬，无德不报，况忠臣之于国乎。'"[③] 从以上论述中不难看出，唐代乐安孙氏家族仕宦者在贡贤、献猷、立功、兴利方面皆有所建树，可谓"无言不酬，无德不报"，体现出良好的政治德行和治绩。这种诚厚为国、力行忠道的为政风格，也是维系乐安孙氏家族政治地位长久不衰的主要因素。

---

① 参见（唐）蒋伸《唐故天平军节度郓曹濮等州观察处置等使朝散大夫检校礼部尚书使持节郓州诸军事兼郓州刺史御史大夫上柱国赐紫金鱼袋赠兵部尚书孙府君墓志铭并序》，载周绍良、赵超主编《唐代墓志汇编》，上海古籍出版社1992年版，第2345页。
② 参见（宋）欧阳修、宋祁《新唐书》卷202《孙逖传》，中华书局1975年版，第5761—5762页。
③ 见（元）陶宗仪《说郛》卷70下，文渊阁《四库全书》本。

第五章　门当户对与姻亲相佐
——唐代乐安孙氏家族的姻亲家世

魏晋南北朝时期，魏文帝命定的九品官人法盛行，"尊世胄，卑寒士，权归右姓已。其州大中正、主簿，郡中正、功曹，皆取著姓士族为之，以定门胄，品藻人物。晋、宋因之，始尚姓已。然其别贵贱，分士庶，不可易也。于时有司选举，必稽谱籍……官有世胄，谱有世官"[①]，由此不仅使门阀士族成为社会的特权阶层，而且使他们垄断了官吏的铨选大权，使"公门有公，卿门有卿"[②]"以贵袭贵，以贱袭贱"[③]成为社会现实。隋唐时代，虽然前代盛极一时的门阀制度有所衰落，但"尊世胄而贱孤寒"[④]的门阀制度仍然没有退出历史舞台，世家大族仍然是主导社会的特权阶层。与魏晋隋唐时期门阀制度的存在相适应，这一时期男婚女嫁的婚姻观念是注重家世门第的门阀婚姻，所谓"自隋唐而上，官有簿状，家有谱系。官之选举必由于簿状，家之婚姻必由于谱系"[⑤]。

乐安孙氏家族作为中古时期世家望族，其家族的婚姻关系亦凸显出鲜明的时代特点。就唐代乐安孙氏家族的婚姻关系而言，为了维护和扩大其自身的社会地位和社会影响，乐安孙氏家族的联姻对象也体现出对门阀婚姻的重视，注重门第，讲究门当户对。唐代乐安孙氏家族与范阳

[①]（唐）柳芳：《姓系论》，载（清）董诰等编《全唐文》卷372，中华书局1983年版，第3778页。

[②]（晋）王沉：《释时论》，载（宋）祝穆《古今事文类聚·别集》卷29，文渊阁《四库全书》本。

[③]（元）马端临：《文献通考》卷34《选举考七》，中华书局1986年版，第324页。

[④]同上。

[⑤]（宋）郑樵：《通志》卷25《氏族略第一·氏族序》，中华书局1987年版，第439页。

卢氏、河东裴氏、京兆韦氏、河南于氏、陇西李氏、长乐冯氏、京兆杜氏、赵郡李氏、清河崔氏家族以及武氏等高门大族的联姻，就清晰地体现出这一婚姻特征。

一 与范阳卢氏的联姻

在唐代乐安孙氏家族的姻亲家族中，与范阳卢氏联姻的有第五代族人孙成，其夫人"范阳卢氏，旻（卢旻）之孙，宗（卢宗）之女，齐姜冠族，才淑宜室，星霜一纪"[1]；第七代有孙公乂次女嫁于范阳卢氏[2]；第八代族人孙说，"娶范阳卢氏，姻联名族，谓推良匹"[3]。

范阳卢氏是中古时期典型的世家大族，据《新唐书》卷73上《宰相世系表》载："卢氏出自姜姓。齐文公子高，高孙傒为齐正卿，谥曰敬仲，食采于卢，济北卢县是也，其后因以为氏。田和篡齐，卢氏散居燕、秦之间。秦有博士敖，子孙家于涿水之上，遂为范阳涿人。"[4] 由此记载可知，范阳卢氏得姓始祖为春秋时期齐国公卿高傒，因其"食采于卢"，其后代子孙遂以"卢"为氏；秦朝时期，卢氏族人、秦朝五经博士卢敖迁徙至范阳（今河北省定兴县固城镇）定居，其定居于涿水（今河北涿州）之上的后代子孙遂以范阳为郡望，范阳卢氏由此而来。魏晋时期，范阳卢氏已发展成为显赫的名门望族，这一时期，卢氏家族名人

---

[1] （唐）孙绛：《唐故中大夫守桂州刺史兼御史中丞充桂州本管都防御经略招讨观察处置等使上柱国乐安县开国男赐紫金鱼袋孙府君墓志铭并序》，载周绍良、赵超主编《唐代墓志汇编》，上海古籍出版社1992年版，第1856页。从孙保衡《唐故桂州刺史兼御史中丞孙府君故夫人范阳郡君卢氏墓志铭并序》记载可知，卢氏18岁时嫁于孙成，唐顺宗永贞元年（805）九月去世，其曾祖父卢处实，为衢州常山令；祖父卢旻，为凤州别驾；父亲卢宗，为邓州南阳令。载周绍良、赵超主编《唐代墓志汇编》，第1945页。

[2] 参见（唐）冯牢《唐故银青光禄大夫工部尚书致仕上柱国乐安县开国男食邑五百户孙府君墓志铭》，载周绍良、赵超主编《唐代墓志汇编》，上海古籍出版社1992年版，第2290页。

[3] （唐）孙徽：《唐故朝议郎前守蓬州刺史乐安孙府君墓志铭并序》，载周绍良、赵超主编《唐代墓志汇编》，上海古籍出版社1992年版，第2548页。

[4] （宋）欧阳修、宋祁：《新唐书》卷73上，中华书局1975年版，第2884页。

辈出，仕宦显贵不断。曹魏时期的卢毓，为东汉末大儒、著名政治家卢植之子，其本人以学行见称于世，曹魏建国后，曾先后出任吏部郎、黄门侍郎、侍中、中书郎、吏部尚书、司空等职。卢毓之子卢钦，卢毓之孙卢皓、卢志，皆为西晋高官。魏晋南北朝时期，范阳卢氏家族不仅仕宦为官者代不乏人，而且大都博学多识，精通经史，尤其以儒业显于时。像太学博士、官至尚书令的卢辩自幼好学，博通儒家经籍。他因精通儒术，深受周文帝和周明帝礼遇。历位车骑大将军、侍中、虞州刺史等职的卢光亦是博览群书，博学多识，他"精于三礼（《周礼》《仪礼》《礼记》），善阴阳，解钟律，又好玄言"，并"注道德经章句行于世"[1]。魏晋南北朝时期，范阳卢氏家族因其名宦、名贤辈出而在社会上有着极高的声誉，与当时位列四姓望族（崔、卢、王、郑）之首的清河崔氏家族并称为"崔卢"。

与魏晋时期相比，唐代范阳卢氏家族虽然有所衰微，但其家族仍沿袭了魏晋南北朝时期的辉煌。其家族的辉煌主要表现在以下三个方面。

其一，仕宦不断，名臣公卿辈出。有唐一代，范阳卢氏家族仕宦人数众多，八品以上的官员代不乏人，而令世人羡慕的是产生了8位宰相（卢承庆、卢钧、卢翰、卢迈、卢商、卢怀慎、卢杞、卢文纪），其中大多是才学和才干突出的名相。如卢承庆，虽袭父爵入仕，但因其"博学有才干"而博得皇帝信任不断升迁。唐太宗贞观年间，因上疏河西军事事务，"太宗奇其明辩"，将其迁升为考功员外郎。唐太宗曾询问历朝历代户口数目，卢承庆有依有据地将夏、商迄于隋代的户口数目进行了叙述，"太宗嗟赏久之"，不久又将其升任为检校兵部侍郎。唐高宗继位后，擢升卢承庆为汝州刺史，入为光禄卿。显庆四年（659），"代杜正伦为度支尚书，仍同中书门下三品"[2]。卢商，唐宪宗元和四年（809）登进士第，不久又高中破格铨选的书判拔萃科。由于政绩突出，先后出任秘书省校书郎、礼部员外郎、工部员外郎、京兆少尹、苏州刺史、梓州刺史、剑南东川节度使、兵部侍郎等职，唐宣宗时官至同中书门下平章事。而少年时期便以"孝友谨厚"而著称的卢迈，先是两经及第，之

---

[1] （宋）郑樵：《通志》卷157《卢光传》，中华书局1987年版，第2538、2539页。
[2] 参见（后晋）刘昫《旧唐书》卷81《卢承庆传》，中华书局2000年版，第1858页。

后又中得书判拔萃科而被授以河南主簿、集贤校理。卢迈入仕后，因其有文行，多次被朝臣举荐，历位右补阙、侍御史、刑部吏部员外郎、滁州刺史、右谏议大夫、尚书右丞。他为官"谨身中立，守文奉法"，并"累上表言时政得失"①。唐德宗贞元九年（793），官至同中书门下平章事。除了8位宰相外，有唐一代范阳卢氏家族成员官至刺史、中书舍人、监察御史、御史中丞、员外郎、尚书仆射以及县令、县丞等各类官职者，更是代不乏人。

其二，得中进士者众多。范阳卢氏家族称得上唐代有名的科举家族，宋人王谠曾这样说过："范阳卢，自兴元元年癸亥德宗幸梁洋，二年甲子鲍防侍郎知举，至乾符二年乙未崔沆侍郎知举，计九十二年，而二年停举，九十年中，登进士者一百一十六人，诸科在外……然而世谓卢氏不出座主。"② 在没有范阳卢氏族人担任科举考试主考官的情形下，范阳卢氏家族还能有116人在90年中进士及第，这还不包括进士科之外的其他科目。有唐一代，范阳卢氏家族成员进士及第者不断，其中既有中进士甲科第一名（状元）者，如唐德宗贞元五年（789），取进士36人，范阳卢氏族人卢顼高中榜首，状元及第③，也有擢进士上第者，甚至有的一门皆擢进士第，如范阳卢氏族人卢纶有四子：卢简能、卢简辞、卢弘止、卢简求，"皆擢进士第，在台阁"④。

其三，杰出的文化名人辈出。范阳卢氏是一个典型的文化家族，其族人在诗赋文章、经史典籍等方面取得了杰出成就，名人辈出。如号称"初唐四杰"之一的卢照邻，自幼博览经史典籍，是唐代初期杰出的文学家，与初唐时期的杨炯、王勃、骆宾王"以文词齐名"，为海内所称，"号为四杰"⑤。其诗作内容丰厚，意境高远，诗风隽美，以奇见长。

---

① 参见（后晋）刘昫《旧唐书》卷136《卢迈传》，中华书局2000年版，第2552—2553页。
② （宋）王谠撰，周勋初校正：《唐语林校正》卷4，中华书局1987年版，第382—383页。
③ 参见（清）徐松《登科记考》卷12，中华书局1984年版，第450—451页。
④ （宋）欧阳修、宋祁：《新唐书》卷203《卢纶传》，中华书局1975年版，第5785页。
⑤ （后晋）刘昫：《旧唐书》卷190上《杨炯传》，中华书局2000年版，第3403页。

"有诗名,誉充秘阁,雅而不素,有大体,得国士之风"① 的翰林学士卢象,则与唐代著名诗人王维、崔颢齐名,唐代文臣、著名学者刘禹锡在为卢象诗集所作序中称其"始以章句振起于开元中,与王维、崔颢比肩骧首,鼓行于时。妍词一发,乐府传贵"②。官至检校户部郎中、被誉为唐代"大历十才子"之一的卢纶,亦是从唐代卢氏家族中产生的一位杰出的文化名人,其诗作深得宪宗、文宗喜爱,唐宪宗曾诏中书舍人张仲素"访集遗文",唐文宗"尤爱其诗",曾派遣宦官"悉索家笥,得诗五百篇以闻"③。范阳卢氏家族另一文化名人卢仝,自幼好学博览,喜欢藏书,以至于家中"惟图书堆积";他善攻诗文,所作诗文风格独特,自成一体,"唐诗体无遗,而仝之所作特异,自成一家,语尚奇谲,读者难解,识者易知。后来仿效比拟,遂为一格宗师"④。

唐代乐安孙氏家族与范阳孙卢家族的联姻,无疑提高了乐安孙氏家族的社会地位和社会影响力,也为其家族的发展带来了实际利益,如唐代乐安孙氏家族的孙说就是因得到姻亲范阳卢氏族人卢商的帮助、提拔而得以入仕。据孙说墓志铭记载,孙说"少以冲澹养素,恬漠自尚,名利之态,膠雕于胸襟间。泊于强仕,悟以绪冕为重,乃夺志以从役。时也,故相国卢公商出镇梓潼,辟为从事,未及奏秩而罢府还京。卢公入剸剧曹,仍司邦计,复署巡官,奏试太祝。不旬岁,卢公秉执大政,归于庙算,府君以相幕体例,合得优升,遂除太常寺协律郎"⑤。少时淡泊功名的孙说,到40岁方悟得应以家族仕宦功名的发展为重,于是改变原有"冲澹养素,恬漠自尚"的志向,决心赴任官事。不久,在"秉执大政"的姻亲卢商关照和提携下,年过40岁的孙说谋得太常寺协律郎一职。在这里,通过姻亲相助以维系和提高联姻家族社会地位和声望的

---

① 傅璇琮主编:《唐才子传校笺》第1册卷2《卢象传》,中华书局1987年版,第242页。
② (唐)刘禹锡:《主客员外郎卢公集序》,载(宋)李昉《文苑英华》卷713,中华书局1966年版,第3683页。
③ (宋)欧阳修、宋祁:《新唐书》卷203《卢纶传》,中华书局1975年版,第5785页。
④ 傅璇琮主编:《唐才子传校笺》第2册卷5《卢仝传》,中华书局1987年版,第268、272页。
⑤ (唐)孙徽:《唐故朝议郎前守蓬州刺史乐安孙府君墓志铭并序》,载周绍良、赵超主编《唐代墓志汇编》,上海古籍出版社1992年版,第2548页。

作用得到了凸显。

二 与京兆韦氏的联姻

在唐代乐安孙氏家族姻亲家族中，与京兆韦氏联姻的有第四代族人、亳州长史孙遘次女孙婉。从孙婉墓志铭的记载中可知，孙婉15岁时，嫁于同州长史京兆韦君①。第七代族人孙嗣初娶京兆韦氏，据《唐河南府洛阳县尉孙嗣初妻京兆韦夫人墓志铭并序》记载，韦氏为京兆杜陵人，17岁时嫁于孙嗣初，其曾祖父韦咸官至尚书司勋郎中，祖父韦覃为长安县令、庐楚等州刺史，父亲韦本仁为越州录事参军、润州延陵县令②。孙嗣初之弟、将仕郎守太常傅士孙奭在为孙嗣初撰写的墓志铭中则称孙嗣初"先娶于京兆韦氏，故南康王皋（韦皋）之姪孙"③。

京兆韦氏是唐代远赴盛名的世家大族，从《新唐书》卷74下《宰相世系表》和《汉书》卷73《韦贤传》的记载可知，京兆韦氏家族的发展开始于西汉时代，汉昭帝时，韦氏族人韦贤被征为博士，先后出任给事中、光禄大夫、大鸿胪。汉宣帝本始三年（前71），韦贤出任丞相，封扶阳侯，又徙京兆杜陵（今陕西省西安市东南）。其本人博学多识，"笃志于学，兼通《礼》《尚书》，以《诗》教授，号称邹鲁大儒"。继韦贤位至丞相之后，韦贤四子韦玄成"复以明经历位至丞相"④。西汉时迁居京兆杜陵的韦氏家族，经过两汉魏晋南北朝的发展，不仅后代子孙繁衍昌盛，而且显达于朝堂者更是层出不穷，代不乏人。故史臣有云："韦氏自居京兆，代有人物。"⑤进入唐代以后，京兆韦氏已经发展成一个支系众多、仕宦人数庞大的名门望族。

---

① （唐）佚名：《唐故朝散大夫赐绯鱼袋守同州长史京兆韦公夫人乐安县君孙氏墓志铭并序》，载周绍良、赵超主编《唐代墓志汇编》，上海古籍出版社1992年版，第1977页。
② 周绍良、赵超主编：《唐代墓志汇编》，上海古籍出版社1992年版，第2376页。
③ （唐）孙奭：《□□□□□□□□州昆山县令乐安孙公府君墓志铭并序》，载周绍良、赵超主编《唐代墓志汇编》，上海古籍出版社1992年版，第2418页。
④ （汉）班固：《汉书》卷73《韦贤传》，中华书局1999年版，第2325页。
⑤ （宋）叶廷珪：《海录碎事》卷7下，文渊阁《四库全书》本。

《新唐书》卷74上《宰相世系表》对唐代京兆韦氏九房的仕宦情况进行了大致载录。从载录中可以看到，九房中官至翰林学士、翰林承旨学士、各部尚书、各部侍郎、各类郎中、员外郎、各州刺史、骠骑将军、左羽林大将军、节度使、给事中、监察御史、御史中丞、殿中侍御史、观察使、驸马都尉、京兆尹、谏议大夫、同中书门下平章事等各级各类官职者俯拾即是，其中官至宰相一职的更是多达16人：平齐公房（西眷房）的韦保衡、韦弘敏，东眷房的韦方质，逍遥公房的韦贯之、韦处厚、韦待价，郧公房的韦巨源、韦安石，南皮公房的韦见素，驸马房的韦温，龙门公房的韦执谊，小逍遥公房的韦思谦、韦承庆、韦嗣立，京兆房的韦贻范、韦昭度。而为时人所称羡的是小逍遥公房的韦思谦与其子韦承庆、韦嗣立父子三人皆官至宰相，可谓"有唐已来，莫与为比"①。韦氏家族所出的16位宰相，大都由科举及第，且大部分政绩有声。如韦思谦、韦承庆、韦嗣立父子三人皆进士及第，且为官竭忠尽智。韦思谦任监察御史时曾言："御史出使，不能动摇山岳，震慑州县，为不任职。"他言而有行，中书令褚遂良违法买地，时任监察御史的韦思谦不畏权贵上疏弹劾，在他看来，"丈夫当敢言地，要须明目张胆以报天子，焉能碌碌保妻子邪"。因其忠诚，韦思谦深得唐高宗尊重和信任，"每召与语，虽甚倦，徙倚轩槛，犹数刻罢。疑狱剧事，多与参裁"②。韦思谦之子韦嗣立、韦承庆亦"俱以学行齐名"于世，并因"文皆经济，政尽明能"③而为史官所称誉。再如进士登科、又举贤良方正异等的韦处厚，为政以忠，耿直敢言，凡上疏"进规纳忠言，多切直"，史臣评其虽然"望不及裴度，才不及李德裕"，但其"鲠亮公明，为晚唐一贤相"④。

　　《旧唐书·韦述传》有云："自唐已来，氏族之盛，无逾于韦氏。其孝友词学，承庆、嗣立为最；明于音律，则万石为最；达于礼仪，则叔

---

① （后晋）刘昫：《旧唐书》卷88《韦嗣立传》，中华书局2000年版，第1945页。
② （宋）欧阳修、宋祁：《新唐书》卷116《韦思谦传》，中华书局1975年版，第4228页。
③ （后晋）刘昫：《旧唐书》卷88，中华书局2000年版，第1945、1951页。
④ （清）朱轼：《史传三编》卷27《韦处厚》，文渊阁《四库全书》本。

夏为最；史才博识，以述为最。"①"氏族之盛"的京兆韦氏家族，同范阳卢氏家族一样，不仅家族进士及第、出入朝堂的仕宦人数众多，政治地位极高，而且家族有着浓厚而又深广的文化底蕴，因此有唐一代其家族的文化名人代不乏人。如引文中所说的韦叔夏，由明经及第，官至太常少卿、银青光禄大夫、国子祭酒等职。他自少精通《周礼》《仪礼》和《礼记》（《三礼》），曾与当时精通《三礼》的另二位学者祝钦明、郭山恽共同撰定测天的法式——仪注，"凡所立议，众咸推服之"。因其"博涉礼经，多所该练"，武则天曾于久视元年（700）特下制诏，令"自今司礼所修仪注，并委叔夏等刊定讫，然后进奏"。由韦叔夏撰写的《五礼要记》30 卷在当时朝野文人雅士中产生了很大反响，一时间流传甚广，韦叔夏也因此而被朝廷追赠为修文馆学士②。官至工部侍郎的韦述，自少因聪敏好学、博览群书而为时人"骇异"。他曾进入当时名儒、洺州刺史元行冲书斋之中，废寝忘食地阅读典籍。元行冲甚为惊异，"引与之谈，贯穿经史，事如指掌，探赜奥旨，如遇师资"。韦述爱好广泛，喜欢谱学，他在对百家姓氏源流详尽了解、通晓的基础上，撰写完成《开元谱》20 卷；而因为喜爱词学，他又以词学登科，并受到擅长词学的中书令张说的推荐，出任直学士。他更喜爱史学，特别是在任职史官期间，"嗜学著书，手不释卷"，潜心修史、写史，完成了《国史》113 卷、《史例》1 卷的撰写，其内容"事简而记详"，韦述也因此被誉为"雅有良史之才"；他所撰写的《唐职仪》《高宗实录》《御史台记》《两京新记》，"凡著书二百余卷，皆行于代"。他还喜欢收藏，"家聚书二万卷，皆自校定铅椠，虽御府不逮也。兼古今朝臣图，历代知名人画，魏、晋已来草隶真迹数百卷，古碑、古器、药方、格式、钱谱、玺谱之类，当代名公尺题，无不毕备"③。岂止上述几位京兆韦氏文化名人，有唐一代在经学、史学、文学、艺术等方面取得杰出成就的京兆韦氏族人俯拾即是，举不胜举。像文宗朝宰相韦处厚，不仅精通儒家经

---

① （后晋）刘昫：《旧唐书》卷 102《韦述传》，中华书局 2000 年版，第 2157 页。
② 参见（后晋）刘昫《旧唐书》卷 189 下《韦叔夏传》，中华书局 2000 年版，第 3376、3377 页。
③ 所引史料皆出自（后晋）刘昫《旧唐书》卷 102《韦述传》，中华书局 2000 年版，第 2156、2157 页。

籍，还精通史学，《旧唐书·韦处厚传》称其所修《德宗实录》被时人称为"信史"；在文学方面韦处厚也有不凡的成就，《新唐书》卷60《艺文志第五十》记载韦处厚撰有《翰苑集》10卷，《全唐诗》卷479则称其有集70卷，并录其存诗12首。善文好艺的韦陟、韦斌兄弟，则以书法见长，史称韦陟"书有楷法"，为"时人慕之"，其书"如虫穿古木，鸟踏花枝"；其弟韦斌则"善隶书，与兄陟齐名"①。

总之，京兆韦氏家族自汉代居京兆以来，经过魏晋南北朝的发展，至唐代已经成为一个集仕宦和文化于一体的衣冠望族。京兆韦氏显赫的家族背景，无疑提高了姻亲乐安孙氏家族的社会地位。

三 与河东裴氏的联姻

在唐代乐安孙氏家族姻亲家族中，与河东裴氏联姻的有第五代族人孙起，继室娶河东裴氏。从《唐故滑州白马县令赠尚书刑部郎中乐安孙府君继夫人河东县太君裴氏墓志铭》记载可知，孙起继室裴氏，河东闻喜人，于唐德宗贞元十五年（799）嫁于孙起，其再从父裴遵庆，唐代宗时官至丞相，父亲裴谿之官至茂州刺史②。第六代族人孙景商、孙公器，娶河东裴氏③。第七代孙公义之女嫁于河东裴氏④。

作为中古时期有着悠久历史的世家大族，河东裴氏早在魏晋时期就已发展成为一个著名的衣冠望族，故有所谓"裴、王二族盛于魏晋之世，时人以为八裴方八王：徽（裴徽）比王祥，楷（裴楷）比王衍，康（裴康）比王绥，绰（裴绰）比王澄，瓒（裴瓒）比王敦，遐（裴

---

① （宋）陈思：《书小史》卷10，文渊阁《四库全书》本。
② 周绍良、赵超主编：《唐代墓志汇编》，上海古籍出版社1992年版，第2219页。
③ 分见（唐）孙向《唐故乡贡进士孙府君墓志》、（唐）孙纾《唐故前左武卫兵曹乐安孙府君墓志铭并序》，载周绍良、赵超主编《唐代墓志汇编》，上海古籍出版社1992年版，第2321、2378页。
④ （唐）冯牢：《唐故银青光禄大夫工部尚书致仕上柱国乐安县开国男食邑五百户孙府君墓志铭》，载周绍良、赵超主编《唐代墓志汇编》，上海古籍出版社1992年版，第2289页。

邈）比王导，頠（裴頠）比王戎，邈（裴邈）比王玄"① 之说。进入唐朝，河东裴氏达到鼎盛时代。期间，河东裴氏家族先后有17人为相，出任各州节度使、刺史、观察使、都督、御史中丞、各部侍郎、各部尚书、中书舍人等各级各类官员者不计其数，代有闻人。其中著名者如高宗朝宰相裴炎，自少刻苦好学，由明经及第，历任御史、起居舍人、黄门侍郎等职，高宗调露年间官至宰相。裴炎长子裴彦先，官至太子舍人；从子裴伷先，官至工部尚书。玄宗朝宰相裴光庭，曾先后出任太常丞、鄴州司马、司门郎中、兵部郎中、鸿胪少卿等职，他虽然以门荫入仕，但"及在职，公务修整，众方叹伏焉"②。玄宗朝宰相裴耀卿，自幼聪慧，少年时期即考中童子举，弱冠之年便被擢任为秘书正字，睿宗继位后，又被征拜为国子主簿。唐玄宗开元初年，迁任长安令。在长安任职二年期间，因其为政"宽猛得中"，深得民众爱戴，"及去官，县人甚思咏之"。之后，擢任济州刺史、宣州刺史、冀州刺史，由于政绩突出，又先后迁任户部侍郎、京兆尹、黄门侍郎、同中书门下平章事③。肃宗、代宗朝宰相裴遵庆，敦守儒家道德行为规范，虽以门荫入仕参政，但其才学、才干兼备。《旧唐书》本传称裴遵庆"志气深厚，机鉴敏达，自幼强学，博涉载籍"。由其所著的《王政记》，"述今古礼体，识者览之，知有公辅之量"。在大理寺丞任上，"剖断刑狱，举正纲条，理行始著"。出任吏部员外郎时，裴遵庆掌判南曹，专门负责审核每年选人的解状及政绩考核，当时每年吏部选拔考核的人选常常以万计，而裴遵庆"敏识强记，精核文簿，详而不滞，时称吏事第一"④。在给事中、尚书右丞、吏部侍郎任上，裴遵庆也是恪尽职守，其威信和名望为时人称颂。不久即迁任黄门侍郎、同中书门下平章事。裴遵庆之子裴向，也是裴氏家族的佼佼者。据《旧唐书·裴向传》记载，裴向门荫入仕后，先是出任太子司议郎、京兆府户曹、栎阳与渭南县令之职。在栎阳、渭南县令任上，其每年上报朝廷的考绩皆为第一。因其治行、政绩

---

① （唐）房玄龄：《晋书》卷35《裴秀传》，中华书局1974年版，第1052页。
② （后晋）刘昫：《旧唐书》卷84《裴光庭传》，中华书局2000年版，第1900页。
③ 参见（后晋）刘昫《旧唐书》卷98《裴耀卿传》，中华书局2000年版，第2085—2086页。
④ 参见（后晋）刘昫《旧唐书》卷113《裴遵庆传》，中华书局2000年版，第2277页。

优异,之后又迁任户部员外郎、太原少尹、御史中丞、汾州刺史、晋州刺史、虢州刺史、京兆少尹、同州刺史、大理寺卿、陕虢都防御、左散骑常侍等职。弱冠之年登进士第的裴垍,在唐德宗贞元年间贤良极谏科的考试中对策第一,由此步入仕途,先后出任美原县尉、监察御史、殿中侍御史、翰林学士、考功郎中、知制诰、中书舍人、户部侍郎等职,唐宪宗元和三年(808),官至宰相。裴垍为官以公,不徇私情,在主持词判考试中,坚守正道,排除任何形式的私情干扰,以"务才实"作为考核录用标准;在宰相任上,因其做事"有法度",使那些即使具有显赫地位和深厚社会背景的前辈大僚,在登门造请时亦"不敢干以私"。他任人唯贤,唯才是举,在翰林学士和宰相任上,经他举荐和提拔的李绛、崔群、韦贯之、裴度、李夷简等人,其后皆相继官至宰相的高位,并且声名和业绩咸著,故史官赞其"选任之精,前后莫及"。他为政以忠,知无不为,励精图治,为相之后他对赋税弊政的改革,以及恳请朝廷识别善恶、整治法度、考课官吏理事才能的上疏,皆得到皇帝的赞许和采纳。史臣将其称为"经纬之臣"①,可谓中肯。裴度,先后于唐德宗贞元年间登进士科和博学宏辞科,而后应考制举中的贤良方正、能直言极谏科,结果以对策高等的优异成绩被授以河阴县尉,不久先后迁任监察御史、起居舍人、司封员外郎知制诰、中书舍人、御史中丞、刑部侍郎等职。唐宪宗元和十年(815),擢升为门下侍郎、同中书门下平章事。之后,朝廷又诏其为弘文馆大学士,并封其为晋国公。裴度为官不阿权贵,正直敢言,时政如有阙失,"靡不极言之",即使因上疏忤旨而被降职亦在所不辞。他历官唐宪宗、唐穆宗、唐敬宗、唐文宗四朝,出将入相长达20多年,正道直行,事君以忠,特别是在唐中央政府与地方藩镇割据势力斗争中,"能奋命决策,横身讨贼""以身系国之安危",从而成为唐朝"中兴宗臣"。史臣以其对王朝社稷之忠称其为"社稷之良臣,股肱之贤相"②,诚为公允之论。

河东裴氏作为一个历史悠久的世家大族,其家族成员大都表现出深

---

① 参见(后晋)刘昫《旧唐书》卷148《裴垍传》,中华书局2000年版,第2711—2713、2722页。
② 参见(后晋)刘昫《旧唐书》卷170,中华书局2000年版,第3005、3010、3018、3019页。

厚的文化底蕴和修养。像状元及第、官至礼部员外郎的裴说，有诗名，《唐才子传》称其"工诗，得盛名。……为诗足奇思，非意表琢炼不举笔，有岛洞（按：指唐代诗人贾岛、李洞）之风"①。《文献通考·经籍七十》记载其有《裴说集》一卷，并称"世传其寄边衣古诗甚丽，此集无之，仅有短律而已，非全集也"②。官至礼部尚书兼检校右卫大将军的裴行俭，文武兼备，不仅洞晓阴阳历法，精通算术，而且还是位颇受时人喜爱的书法名家。史载其工于草书和隶书，唐高宗曾令其将《昭明文选》书写在赐予的绢素上，"帝览之称善，赐帛五百段"。裴行俭留存后世的作品有数万言的《草字杂体》，另有10卷《选谱》③。少年时代专心于学习、官至兵部尚书的裴潾，学问渊博，有较高的文学修养，他尤其钟爱南朝梁武帝之子、著名文学家萧统主编的诗文总集《昭明文选》，于是收集前代和唐代的诗文，对《昭明文选》进行了续编，最后编成《大和通选》30卷。他还擅长书法创作，尤其喜欢隶书，许多隶书作品"为时推右"，晚年则以行草见长④。其他如有诗文存世的裴度，白居易赞其"以茂学懿文，润色训诰，体要典丽，甚得其宜"⑤。"举贤良方正异等"的裴休，才学渊博，多才多艺，不仅精通儒学和佛学经典，而且工于诗文、书画尤其是书法创作，其书法自成笔法，对此清人倪涛在《六艺之一录》中称其"刻意翰墨，真楷遒媚，作行书尤有体法"⑥。

四　与陇西李氏的联姻

唐代乐安孙氏与陇西李氏可谓世代联姻。在唐代乐安孙氏家族姻亲

---

① （元）辛文房：《唐才子传》，古典文学出版社1957年版，第180页。
② （元）马端临：《文献通考》卷243《经籍七十》，中华书局1986年版，第1926页。
③ 参见（清）倪涛《六艺之一录》卷170，文渊阁《四库全书》本；（后晋）刘昫《旧唐书》卷84《裴行俭传》，中华书局2000年版，第1897、1899页。
④ 参见（清）倪涛《六艺之一录》卷330，文渊阁《四库全书》本。
⑤ （唐）白居易：《授裴度中书舍人制》，载（宋）李昉等《文苑英华》卷382，中华书局1966年版，第1949页。
⑥ 参见（清）倪涛《六艺之一录》卷331《裴休》，文渊阁《四库全书》本；（后晋）刘昫《旧唐书》卷177《裴休传》，中华书局2000年版，第3127页。

家族中，与陇西李氏联姻的族人较多：第四代族人孙造夫人李氏，祖先为陇西成纪人，出身于一个世代为官的仕宦家族，曾祖李元縡为密州长史，祖父李实为怀州司户参军，父亲李肋为石州方山县令[①]。第五代族人孙起，第二夫人为陇西李氏，其祖父李皓为博州司户，父亲李宣为宋州楚丘尉[②]。第六代族人孙向、孙微仲，夫人皆出自陇西李氏家族[③]。第七代族人孙瑝"夫人陇西县君李氏，丞相李□福之贤女，河东郡君裴夫人所出"[④]。第七代族人孙简，第二夫人为"陇西李氏，讳宗衡，皇濠州刺史实□帝之近属"[⑤]。在唐代乐安孙氏第七代族人中，另有孙公义之女嫁于陇西李氏[⑥]。

陇西李氏是中古时期鼎盛于唐朝的世家大族。从《新唐书》卷70《宗室世系表》记载可以看出，陇西李氏崛起于秦汉时期，始祖李崇为战国时期秦国陇西郡郡守。作为以军功起家的仕宦家族，秦汉时代陇西李氏家族名将辈出，秦国大将军、李崇之孙李信，西汉大将军、李信之子李超，西汉征西将军、李超之子李仲翔，西汉骠骑将军、李仲翔曾孙李广，西汉骑都尉、李广之孙李陵，皆是当时闻名遐迩的名将。魏晋南北朝时期，陇西李氏家族得到迅速发展，史载"李氏自初入魏，人位兼举，因冲（按：李冲，李广19世孙，北魏官至尚书仆射、少傅）宠遇，

---

① 参见（唐）孙公辅《大唐故詹事府司直孙公夫人陇西李氏墓志铭并序》，载周绍良主编《全唐文新编》第3部第1册，吉林文史出版社2000年版，第5616页。
② （唐）孙景商：《唐故滑州白马县令赠尚书刑部郎中乐安孙府君夫人赠陇西县太君陇西李氏迁祔墓志》，载周绍良主编《全唐文新编》第4部第1册，吉林文史出版社2000年版，第9003页。
③ 分见（唐）孙向《唐故乡贡进士孙府君墓志》、（唐）孙郁《唐故承议郎使持节都督登州诸军事守登州刺史孙府君墓志铭并序》，载周绍良、赵超主编《唐代墓志汇编》，上海古籍出版社1992年版，第2321、2431页。
④ （唐）李都：《唐故御史中丞汀州刺史孙公墓志并序》，载周绍良、赵超主编《唐代墓志汇编续集》，上海古籍出版社2001版，第1103页。
⑤ （唐）令狐绹：《唐故银青光禄大夫检校司空兼太子少师分司东都上柱国乐安县开国侯食邑一千户赠太师孙公墓志铭并序》，载周绍良、赵超主编《唐代墓志汇编续集》，上海古籍出版社2001版，第1111页。
⑥ （唐）冯牢：《唐故银青光禄大夫工部尚书致仕上柱国乐安县开国男食邑五百户孙府君墓志铭》，载周绍良、赵超主编《唐代墓志汇编》，上海古籍出版社1992年版，第2290页。

遂为当世盛门",自此陇西李氏"世业不殒,诸子承基,俱有位望"①,成为魏晋时期"荣益六姻,兄弟子侄,皆有官爵,一家岁禄,万匹有余"的"显贵门族"②。入唐以后,李姓王朝为了显示李姓的尊贵,便将李姓奉为国姓。而在这时的《姓氏谱》中,又将李氏13个郡望中的陇西李氏列为第一,对此,明代学者杨慎曾发出这样一番感叹:"《姓氏谱》李氏凡十三望,以陇西为第一。唐时重族望,虽帝系之贵,亦自屈居第三,而让陇西为一,则陇西之李与唐室之李不同族明矣。"③ 在这样一种历史文化语境下,陇西李氏家族迅速发展起来,并在唐代达到鼎盛和辉煌时期。《新唐书》卷72上《宰相世系表》记载了唐代陇西李氏四房(武阳房、姑臧房、敦煌房、丹阳房)的入仕情况,其中官至各州刺史的成员最多,其他如官至兵部尚书、刑部尚书、各部郎中、殿中侍御史、给事中、侍御史、秘书监、观察使、各部侍郎、节度使、尚书右丞、尚书左丞、监察御史等官职的成员亦不乏其人,另有李义琰、李揆、李昭德、李道广、李元紘等10人官至宰相一职④。像陇西李氏姑臧房后裔李揆,自幼聪慧好学,文采突出。唐玄宗开元末年进士及第后不久,即因其文学才能突出而被擢升为右拾遗,之后又先后出任司勋员外郎、考功郎中、知制诰、中书舍人、礼部侍郎等职。在礼部侍郎任上,因进言献策而使其"美声上闻",遂被重用,迁升为宰相,同时兼任集贤殿崇文馆大学士。史载李揆"善奏对,每有敷陈,皆符献替",深得唐肃宗赞赏,曾当面称其"门地、人物、文章,皆当代所推"⑤。贞元年间进士及第的李翱,历位校书郎、国子博士、史馆修撰、考功员外郎、礼部郎中、谏议大夫、知制诰、中书舍人、潭州刺史、桂管湖南观察使、户部侍郎、襄州刺史、山南东道节度使、庐州刺史等职。据《新唐书·李翱传》记载,李翱为官刚直敢言,勇于针对现实和朝政发表言论。鉴于史官不能真实记载史实的弊端,李翱曾上疏指出史官应直言执

---

① (北齐) 魏收:《魏书》卷39,中华书局1974年版,第898页。
② (唐) 李延寿:《北史》卷100,中华书局1974年版,第3332页。
③ (明) 杨慎:《升庵集》卷50《李姓非一》,文渊阁《四库全书》本。
④ 《新唐书·宰相世系表》称唐代"陇西李氏定著四房……宰相十人"。见(宋)欧阳修、宋祁《新唐书》卷72上《宰相世系表》,第2473页。
⑤ 参见(后晋)刘昫《旧唐书》卷126《李揆传》,中华书局2000年版,第2421页。

笔，传信史于后世。他在上奏中，还提出了诸如要求君主用忠正屏邪佞、绝进献以宽百姓租赋、厚边兵以制蕃戎侵盗等六条"兴复太平大略"。有唐一代，陇西李氏家族不仅累世高官辈出，中级以上官吏的仕宦人数比比皆是，而且文化名士亦代不乏人。像前述李翱，不仅是政治家，还是有唐一代著名的思想家和文学家。作为思想家，他站在重振儒家思想的立场上，高举儒家道统，力主崇儒排佛，他的《复性说》以儒家伦理思想为旨归，融合佛、道思想，对人性论或者说人生修养中有关性与情的关系以及"性命之源"等问题进行了阐发，进一步丰富和完善了儒家的心性论和伦理道德修养，为宋代理学的形成奠定了基础，同时也使其《复性说》在中国儒学发展史上具有重要的历史地位。作为文学家，李翱在文学方面尤其是散文方面有着杰出的成就，是唐代古文运动的主要代表人物，其文"辞致浑厚，见推当时""虽辞不逮韩（韩愈），而理过于柳（柳宗元）"[1]。官至崇贤馆学士、御史台主簿的史学大家李延寿，一生著述丰富，其史学著作《北史》《南史》，条例清晰，且"删落酿辞"，具有极高的史学价值。另撰有记载典章的史学著作《太宗政典》30卷，深得高宗帝赞美，称其"直笔"[2]。李揆族子李益，唐代宗大历四年（769）进士及第，官至集贤殿学士。他擅长诗歌创作，与当时被誉为"鬼才"诗人的李贺相齐名，其诗歌作品深受时人钟爱，史载其每完成一篇诗歌，即刻被"教坊乐人以赂求取，唱为供奉歌词"；有的诗歌作品则被"好事者画为屏障"；而有的诗句为世人广为传唱，以至于"天下以为歌词"[3]。他特别擅长七言绝句，且不乏传世名篇。明代文学家胡震亨曾指出李益的七言绝句，"开元之下，便当以李益为第一"，甚至认为李益所创作的一些边塞七言绝句诗篇，"非中唐所得有也"，不仅可以与李白相媲美，还可以与在七言绝句方面颇有建树的王昌龄争胜[4]。总之有唐一代，陇西李氏家族在文学创作方面取得了较大

---

[1] （宋）晁公武撰，孙猛校证：《郡斋读书志校证》卷17，上海古籍出版社1990年版，第885页。
[2] （宋）欧阳修、宋祁：《新唐书》卷102《李延寿传》，中华书局1975年版，第3986页。
[3] 参见（后晋）刘昫《旧唐书》卷137《李益传》，中华书局2000年版，第2565页。
[4] （明）胡震亨：《唐音癸签》卷10《评汇六》，上海古籍出版社1981年版，第102页。

的成就，并且许多人在当时享有较高的声誉，其作品为时人称赏。

五　与河南于氏的联姻

在唐代乐安孙氏家族姻亲家族中，与河南于氏联姻的有第六代族人孙景商，"夫人河南于氏颍川县君，宣歙观察使敖（于敖）之女"[①]；孙景商之子孙备，则娶敖之子于珪之女[②]。可见，孙景商、孙备父子之妻分别来自于敖、于珪同一个家族的上下两代。

河南于氏是中古时期的名门望族，其家族兴起于南北朝时期的北魏，是以武功起家的官宦家族。据《新唐书·宰相世系表》记载，于氏出自姬姓，西周时实行分封制，周武王姬发将次子邘叔分封到邘国（位于今河南沁阳西北一带），其子孙"以国为氏，其后去'邑'为于氏。其后自东海郯县随拓跋邻徙代，改为万纽于氏。后魏孝文时复为于氏"[③]。北魏时期，河南于氏家族得到发展，于栗䃅是北魏名将，"有武功于三世"[④]。于栗䃅六世孙于谨，先后仕宦于北魏、西魏、北周三朝，并因武功卓著不断升迁，北周时先后出任尚书左仆射、大行台尚书、大丞相长史、司空、太傅、太宗伯等职。于谨本人位高权重，备受朝廷礼遇，其"子孙繁衍，皆至显达，当时莫比"[⑤]。入唐以后，河南于氏家族得到了全面发展，"高门垂裕，积德流英。愁功官族，彰乎国史"[⑥]，

[①] （唐）蒋伸：《唐故天平军节度郓曹濮等州观察处置等使朝散大夫检校礼部尚书使持节郓州诸军事兼郓州刺史御史大夫上柱国赐紫金鱼袋赠兵部尚书孙府君墓志铭并序》，载周绍良、赵超主编《唐代墓志汇编》，上海古籍出版社1992年版，第2345页。

[②] 孙备在《唐乡贡进士孙备妻于氏墓志铭》中称孙备夫人于氏，"河南人也。其始宗于汉，高门之所昌，厥后，世有勋哲，至唐，兹用文显科爵。高祖讳肃，入内迁给事中；祖讳敖，宣歙道观察使；父讳珪……首擢第春官，赴东蜀周丞相辟，入蓝簿，直弘文馆"。吴钢主编《全唐文补遗》第1辑，三秦出版社1994年版，第391页。

[③] （宋）欧阳修、宋祁：《新唐书》卷72下《宰相世系表》，中华书局1975年版，第2818页。

[④] （唐）李延寿：《北史》卷23，中华书局1974年版，第862页。

[⑤] （唐）李延寿：《北史》卷23《于谨传》，中华书局1974年版，第850页。

[⑥] 《唐故平州刺史煦山公于府君（尚范）墓志并序》，载吴钢主编《全唐文补遗》第5辑，三秦出版社1998年版，第314页。

家族名人辈出。像于谨曾孙于志宁，因其"有名于时"，唐高祖李渊建国后便将其擢升为银青光禄大夫，对其礼遇有加。唐太宗继位后，于志宁又先后出任天策府从事中郎、文学馆学士、中书侍郎、散骑常侍、行太子左庶子、太子詹事等职。唐高宗在位期间，擢升为光禄大夫、尚书左仆射、太子太师、同中书门下三品、太子太傅。于志宁仕宦期间正直敢言，勇于进谏，像皇太子李承乾贪图奢华，于志宁曾先后数次"事无所隐"地进行规谏。于志宁一生著述丰富，尤其在经学、史学方面有杰出贡献。对此，《新唐书》卷57《艺文志一》和《新唐书》卷58《艺文志二》载有于志宁与经学大家孔颖达、颜师古等奉诏撰定的《周易正义》16卷，与孔颖达、文臣王德韶等编撰的《尚书正义》20卷，与颜师古、孔颖达等撰有《志》30卷，与大臣长孙无忌、房玄龄、魏征等撰有《大唐仪礼》100卷，与长孙无忌、李勣等奉诏合编《留本司行格》18卷及《律疏》30卷。另外，《旧唐书·于志宁传》还记载于志宁参与《五经义疏》的编撰，并称由于其"前后预撰格式律令、《五经义疏》及修礼、修史等功"，所获得的赏赐"不可胜计"[1]。于志宁玄孙于休烈，自幼聪慧好学，先中得进士举，然后应试制策科被录取，历位秘书省正字、右补阙、起居郎、集贤殿学士、给事中、太常少卿、工部侍郎、右散骑常侍、礼仪使、工部尚书等职。于休烈仕宦长达三十余年，不仅为官清廉，而且善于礼贤下士，举荐后辈。他一生笃好古代典籍，经常是手不释卷，其诗文也颇有名，与当时著名诗人万齐融、贺朝、包融等"齐名一时"。于休烈之子于肃，也是河南于氏家族的佼佼者，官至翰林学士、给事中。于休烈父子皆以"儒行著闻"，为此，唐代宗在于休烈夫妇（夫人韦氏）去世后，特诏赠于休烈之妻韦氏国夫人，而在听闻于休烈去世后，不仅对其"追悼久之，褒赠尚书左仆射"，而且还特派宫廷官员前去家中抚慰，可谓"儒者之荣，少有其比"[2]。孙景商岳父、于肃之子于敖，由进士及第，先后出任秘书省校书郎、协律郎、监察御史、右司郎中、商州刺史、吏部郎中、给事中、工部侍

---

[1] 参见（后晋）刘昫《旧唐书》卷78《于志宁传》，中华书局2000年版，第1819—1824页。
[2] 参见（后晋）刘昫《旧唐书》卷149《于休烈传》，中华书局2000年版，第2723—2724页。

郎、宣歙观察使、御史中丞等。《新唐书》本传称于敖"修谨,家世用文学进,初为时所称,及居官,无所建明,不连物以自容,名益减"①。于敖虽然仕宦期间政绩平凡无所建树,但令世人称叹不已的是于敖四子(于球、于珪、于瑰、于琮)不仅皆取得进士功名,而且其中两子为状元登科。于琮进士及第后官至宰相(同中书门下平章事),曾历位驸马都尉、兵部侍郎、中书侍郎、户部尚书、山南节度使、尚书右仆射等职。《旧唐书》《新唐书》虽为于琮立传,但对其学问品行以及仕宦期间的政绩缺乏具体记载,其学问品行与政绩可从唐懿宗在《授于琮平章事制》的制书中略见一斑。文中称于琮"识洞蓍蔡,文穷典谟,居然国华,蔚为人瑞。自策名筮仕,淑问益高。伏蒲彰正直之名,起草著经纶之绩。由是道光独立,业擅自强"②。从这段概括性的语言表述中不难看出于琮有着深厚的学问和文学素养,以及正直的品行与突出的政绩。于珪、于瑰,分别为唐宣宗大中三年(849)和大中七年(853)进士甲科第一人,状元出身③。于瑰曾出任过校书郎、吏部员外郎、湖南观察使、袁州刺史等职,本人才华、节操兼具,对此,宣宗朝宰相刘邺将其与晋代廉吏郤诜、东汉著名文学大家阮瑀相媲美,称其"自冠甲科,迹参戎幕,已擅郤诜之美,仍彰阮瑀之才。发词苑之菁华,高标桂影;从士林之节操,憩歇棠阴"④。于珪,为唐代乐安孙氏家族孙备岳父,与其弟于瑰、于琮相比,于珪入仕后虽然官位不显⑤,但其慎独、自律,颇具名节,对此,孙备在为其妻于氏撰写的墓志铭中称其妻于氏之父于珪"不欺暗室,韬践名节,其声自腾逸于士大夫"⑥。唐代河南于氏家族数代人有着良好的文史修养,并且颇有盛名,于珪亦不例外,《新唐书》

---

① (宋)欧阳修、宋祁:《新唐书》卷104《于敖传》,中华书局1975年版,第4009页。
② (清)董诰等编:《全唐文》卷83《授于琮平章事制》,中华书局1983年版,第872页。
③ 分见(清)徐松《登科记考》卷22,中华书局1984年版,第812、819页。
④ (唐)刘邺:《与同院于瑰判官》,载陈尚君辑校《全唐文补编》卷85,中华书局2005年版,第1050页。
⑤ 《新唐书》卷72下《宰相世系表》没有于珪官职记载,孙备在为其妻于氏撰写的墓志铭中有于珪"首擢第春官,赴东蜀,周丞相辟,入蓝簿,直弘文馆"的记载。见吴钢主编《全唐文补遗》第1辑,三秦出版社1994年版,第391页。
⑥ (唐)孙备:《唐乡贡进士孙备妻于氏墓志铭》,载吴钢主编《全唐文补遗》第1辑,三秦出版社1994年版,第391页。

卷59《艺文志》载有于珪与杨绍复、崔瑑及其兄于球等撰有《续会要》40卷，对唐德宗至唐宣宗大中六年（852）大事进行了叙述。

六　与其他家族的联姻

唐代乐安孙氏家族除了上述姻亲家族外，还与以下家族有着婚姻关系。

唐代乐安孙氏第五代族人孙成次女嫁于许州长葛县尉郑链。从唐代乐安孙氏族人孙保衡撰写的《唐许州长葛县尉郑君（链）亡室乐安孙氏墓志铭并序》中的记载可知，郑链出身于世代为官的高门大族，其家族自周至后魏，就已经发展成一个豪富权贵之家，至唐代，郑氏家族中的"绂冕人物"尤为兴盛，已成为"海内之华族"。仅就郑链家族而言，郑链祖父郑晖为苏州长史，其父郑潊为深州下博县令。孙成次女孙氏五岁时归于郑家，"及长，遂端庄自持，劲遵礼法。方明柔婉，备贤妇之体范矣。组䌉文绣之事，精能而不怠；诗书图史之学，耽玩而有得。未尝以疾声忾色，加于幼贱，则其奉长上可知矣。中外敬异，为口所从"①。孙成次女所表现出来的礼仪修养、行为规范以及诗书图史才学，无疑是与乐安孙氏家族良好的家学、家风密不可分的。

唐代乐安孙氏第五代族人孙起原配夫人为赵郡李氏②。赵郡李氏是崛起于汉代、发展于魏晋南北朝时代的名门望族，进入唐代，赵郡李氏家族的发展达到辉煌和巅峰时代。《新唐书》卷72上《宰相世系表》载有赵郡李氏六个房派郡族，在这六房之中，有17人官至宰相一职，各州刺史、中书舍人、监察御史、节度使等中高级以上的官员不胜枚举，文人雅士也是层出不穷。像宪宗朝宰相李吉甫，27岁出任太常博士，历位柳州刺史、考功郎中、知制诰、翰林学士、中书舍人、淮南节度使等职。其知识渊博，博学多闻，在文学、史学、地理学等方面多有建树。

---

① （唐）孙保衡：《唐许州长葛县尉郑君（链）亡室乐安孙氏墓志铭并序》，载吴钢主编《全唐文补遗》第1辑，三秦出版社1994年版，第242页。
② （唐）孙保衡：《唐故滑州白马县乐安孙府君墓志铭并序》，载周绍良、赵超主编《唐代墓志汇编》，上海古籍出版社1992年版，第1989页。

朝廷在诏令李吉甫出任平章事的制文中赞其"峻识洞精,知皇王致理之由;学该古今,穷天人相与之际。……鼓三变之文,润色王度"①,可谓公允。李吉甫之子李德裕,历位殿中侍御史、监察御史、翰林学士、考功郎中、知制诰、中书舍人、兵部尚书等职,文宗、武宗朝两度拜相。李德裕政事与文业兼具,作为政治家,他被誉为"佐武宗中兴,威名独重"的一代"名宰"②;作为文学家,他被誉为"文学过人"③的一代文豪。

唐代乐安孙氏家族第六代族人孙公乂家族的联姻对象皆为世家大族,前述孙公乂有三女分别嫁于范阳卢氏、陇西李氏、河东裴氏。除此之外,孙公乂还有两女分别嫁于长乐冯氏和京兆杜氏家族④。长乐冯氏是魏晋至唐代时期的著姓望族,文献史料称"冀州长乐郡之冯氏,为冀州著姓,自六朝逮唐,绵绵不绝,而子孙迁徙他地者,皆称长乐"⑤。唐代的长乐冯氏虽然还称不上一流的世家大族,但其家族仕宦为官者代不乏人,像"少有武略"的冯盎,唐高祖时被授予上柱国的勋级,去世后因武功又被唐太宗追授为左骁卫大将军和荆州都督的官衔⑥。在他的后代子孙中,多人官至刺史、将军之类的官职,如其子冯智彧,唐高祖时被授任为东合州刺史⑦;次子冯智戴,因其"勇而有谋,能抚众"以及"善兵"而得到朝廷赏识,先后被授任为卫尉少卿、左武卫将军,去世后又被追授为洪州都督⑧。冯盎之孙冯君衡,生前官至潘州刺史,去世

---

① (宋)李昉等编:《文苑英华》卷448《李吉甫平章事制》,中华书局1966年版,第2267页。
② (宋)洪迈:《容斋随笔·容斋五笔》卷1《人臣震主》、《容斋随笔·容斋续笔》卷10《汉唐辅相》,中华书局2005年版,第840、338页。
③ (唐)裴庭裕:《东观奏记》卷上,中华书局1985年版,第4页。
④ (唐)冯宇:《唐故银青光禄大夫工部尚书致仕上柱国乐安县开国男食邑五百户孙府君墓志铭》,载周绍良、赵超主编《唐代墓志汇编》,上海古籍出版社1992年版,第2290页。
⑤ 乔居主编,河北省冀县地方志编纂委员会编:《冀县志》,中国科学技术出版社1993年版,第701页。
⑥ 参见(后晋)刘昫《旧唐书》卷109《冯盎传》,中华书局2000年版,第2229—2230页。
⑦ 参见(后晋)刘昫《旧唐书》卷109《冯盎传》,第2229页。
⑧ 参见(宋)欧阳修、宋祁《新唐书》卷110《冯智戴传》,中华书局1975年版,第4113页。

后又被唐廷追授为广州都督。京兆杜氏崛起于汉代，经魏晋南北朝发展，到唐代已发展成一个典型的仕宦家族。唐代集贤殿学士柳芳在其名作《氏族论》中，将京兆杜氏列为关中第一郡姓①，从中亦不难窥见京兆杜氏家族的社会地位和声望。有唐一代，京兆杜氏族人活跃于社会的政治舞台和文化舞台上，名人辈出。据《新唐书》卷72上《宰相世系表》载，有唐一代京兆杜氏先后有11人官至宰相，出任刺史、中书舍人、知制诰以及地方郡守等官宦者更是不乏其人，许多人不仅是官宦名人，同时也是文化名人。其中典型代表如杜佑，虽然以荫补仕宦为官，但因其能力突出而不断得以升迁，历位工部郎中、抚州和苏州刺史、御史中丞、度支郎中、户部侍郎、御史大夫、岭南节度使、尚书左丞、陕州观察使、刑部尚书等职，直至升任宰相。杜佑酷爱读书，一生博览文史典籍。鉴于给事中刘秩所著《政典》条目不详的缺陷，杜佑在对历代典章制度进行研读的基础上，完成了《通典》200卷的撰写。而为了方便帝王"观览"《通典》，杜佑还在其撰写的《理道要诀》中的后二卷，专门"记古今异制，盖于《通典》中撮要"②。杜佑之孙、官至中书舍人的杜牧，由进士登科入仕，另外在诗文、书法等领域有着非凡的成就，颇为时人称道。其诗"豪宕波峭"③，自成一派；其书法无论是行书还是草书，"气格雄健，与其文章相表里"④。

唐代乐安孙氏第七代族人孙简，"前夫人沛国武氏，故宰相元衡（武元衡）之女"⑤。武元衡出身于官宦家族，曾祖父武载德、祖父武平一，分别官至湖州刺史、考功员外郎，父亲武就，官至殿中侍御史。武

---

① 文中称："山东则为郡姓，王、崔、卢、李、郑为大；关中亦号郡姓，韦、裴、柳、薛、杨、杜首之。"见（宋）欧阳修、宋祁《新唐书》卷199《柳冲传》，中华书局1975年版，第5678页。
② （元）马端临：《文献通考》卷214《经籍考四十一》，中华书局1986年版，第1750页。
③ 清代史学家赵翼在《欧北诗话》中说："自中唐以后，律诗盛行，竞讲声病，故多音节和谐，风调圆美。杜牧之恐流于弱，特创豪宕波峭一派，以力矫其弊。"见王英志编选《袁枚 赵翼集》，凤凰出版社2009年版，第357页。
④ （清）倪涛：《六艺之一录》卷331《杜牧》，文渊阁《四库全书》本。
⑤ （唐）令狐绹：《唐故银青光禄大夫检校司空兼太子少师分司东都上柱国乐安县开国侯食邑一千户赠太师孙公墓志铭并序》，载周绍良、赵超主编《唐代墓志汇编续集》，上海古籍出版社2001版，第1111页。

元衡为唐德宗建中四年（783）进士，登科后历任监察御史、华原县令、比部员外郎、左司郎中、御史中丞等职。唐宪宗李纯继位后，因其"持平无私，纲条悉举，人甚称重"①，不久即被擢升为户部侍郎。宪宗元和二年（807），曾被唐德宗誉为有"真宰相器"的武元衡升任为门下侍郎、平章事。武元衡不仅是唐代政治家，还是有唐一代著名的诗人。他尤善于五言诗，所作诗文常常被"好事者传之，被于管弦"，深受世人喜爱，被时人议为宦达诗人中的佼佼者，有所谓"议者谓唐世工诗宦达者，唯高适；宦达诗工者，唯元衡"②之说。

唐代乐安孙氏第七代族人、官至河中少尹的孙正，娶清河崔氏为妻③。清河崔氏是汉末魏晋以来形成和发展起来的门阀家族，至北魏时代达到极盛时期。历史演进至唐代，清河崔氏家族的社会声望和社会地位得到了进一步提高，其间"英贤间出，卿长相惭，清风激于百代，盛德流于四海"④。如在唐初诗坛有文名的崔融，科举及第后历任崇文馆学士、著作郎、司礼少卿、知制诰等职。其为文凸显出高雅典丽的特色，"当时罕有其比"，故当时朝廷所出的一些大手笔，大多由崔融奉敕完成⑤。崔群，19岁即取得进士功名，因其有公辅之才，进士及第后升迁迅速，先后擢任秘书省校书郎、右补阙、翰林学士、中书舍人、礼部侍郎、户部侍郎等职，直至于唐宪宗元和年间官至宰相。崔群为官"以谠言正论闻于时"，被时人称为贤相⑥。再如吏部侍郎崔倕有六子，皆在朝堂位居高官，且大部分由进士及第。其中崔邠，进士及第历位渭南尉、中书舍人、吏部侍郎、太常卿；崔郾，登进士科，累迁吏部员外郎、谏议大夫、给事中、翰林侍讲学士、中书舍人、礼部侍郎、虢州观察使、

---

① 参见（后晋）刘昫《旧唐书》卷158《武元衡传》，中华书局2000年版，第2831—2832页。
② 引文俱见（元）马端临《文献通考》卷242《经籍考》，中华书局1986年版，第1917、1918页。
③ （唐）孙绿：《唐故湖南观察巡官前同州合阳县尉乐安孙府君（绚）墓志铭》，载吴钢主编《全唐文补遗》第6辑，三秦出版社1999年版，第193页。
④ （唐）崔翘：《唐故陈王府长史崔君（尚）志文》，载崔孟彦编著《崔氏统谱》，光明日报出版社2007年版，第207页。
⑤ 参见（后晋）刘昫《旧唐书》卷94《崔融传》，中华书局2000年版，第2031页。
⑥ 参见（后晋）刘昫《旧唐书》卷159《崔群传》，中华书局2000年版，第2850—2852页。

检校礼部尚书；崔郜，进士及第，官至左金吾卫大将军；崔郸，进士及第，先后出任刑部郎中、工部侍郎、集贤殿学士、吏部侍郎、太常卿等职，唐文宗末年，官至宰相（同中书门下平章事）。《新唐书》对此感叹道："崔氏四世缌麻同爨，兄弟六人至三品，邠、郾、郸凡为礼部五，吏部再，唐兴无有也。"① 总之，有唐一代，清河崔氏家族无论是在仕宦还是科举上都保持了较大的优势，且许多人政绩声望和文化声望兼具，家族的政治优势和文化优势不坠。

唐代乐安孙氏第三代孙嘉之，娶广平宋氏为妻，宋氏为蒲州安邑县令宋斌之孙，滑州司士参军宋郁之女，其本人"淑德贤行，深慈至柔"②。唐代乐安孙氏第六代族人孙士桀之妻张氏，为虢州刺史张少师曾孙女、左谏议张珣孙女、江陵节度巡官张玠之女。

综上所述可以看出，唐代乐安孙氏家族三世到八世的联姻对象皆为官宦家族，而且大部分是名门望族，在唐代乐安孙氏家族的姻亲世家中，范阳卢氏、河东裴氏、京兆韦氏、河南于氏、陇西李氏、长乐冯氏、京兆杜氏、赵郡李氏、清河崔氏皆是享有盛名的著姓望族。尤其是从第四代开始，随着其家族政治地位的提高和社会声望的扩大，与名门望族的联姻日趋普遍，而且有的是累世联姻。仅从文中所述联姻家族看，乐安孙氏家族与陇西李氏家族之间的联姻次数最多，第四代的孙造，第五代的孙起，第六代的孙向、孙微仲，第十代的孙璟、孙简以及孙公义之女都与陇西李氏家族结为姻亲。其次是与河东裴氏家族，有4人与之联姻。而与河南于氏家族联姻的孙景商、孙备父子，其妻则来自同一个家族的上下两代，孙景商娶宣歙观察使于敖之女，孙备则娶于敖孙女为妻。这种主要以名门望族为联姻对象的婚姻形态，一方面密切了乐安孙氏家族与著姓望族之间的联系与交往，不仅扩大和强化了其家族的社会关系和社会影响，而且为其家族政治势力的发展和扩充提供了广

---

① （宋）欧阳修、宋祁：《新唐书》卷163《崔邠传》，中华书局1975年版，第5016—5019页。宋人王谠《唐语林》则谓："贞元已来，言家法者以倕（崔倕）为首。倕生六子，一为宰相，五为要官。太常卿邠，太原尹鄩，外壶尚书郎郾，廷尉郇，执金吾郜，太仆射平章事郸。"见王谠《唐语林校证》卷1，中华书局1987年版，第19页。

② （唐）孙逖：《宋州司马先府君墓志铭》，载（清）董诰等编《全唐文》卷313，中华书局1983年版，第3182页。

泛的社会资源和政治资源,前述唐代乐安孙氏族人孙说因得到姻亲范阳卢氏族人卢商的帮助、提拔而得以入仕的例子,就是姻亲相佐的最好注解。另一方面,这些出自名门望族的姻亲对象,受家族优秀家学家风的熏染,皆有着良好的品行和文化素养。如孙起继室裴氏,一生谨守礼仪礼法,出嫁之前,在父家"自髫卯以至于初筓,子之道无违者";出嫁之后,在夫家"自授室至于未亡,妇之礼无违者"[1]。孙嗣初妻韦氏嫁于孙家时,不仅"凡所资装,靡不赡备",而且在夫家"事以上敬,抚下以慈,勋循仪矩,尽合礼经,和睦温谦"[2],始终恪守道德规范。孙成之妻卢氏嫁于孙家后,则是"必勤于力而达其敬,事先姑柔声怡色,先后夙夜。佐府君乐谐阴和,警戒斋栗,推其礼以周于长上,均其爱以浃于幼孺"[3]。孙备妻于氏不仅聪慧机敏,"下笔成诗",而且品行高尚,"谦淑怡邃,仁而嗜施"[4]。其他如"悦怿图史"[5] 的孙造之妻李氏,"淑哲称于家"[6] 的孙景商夫人于氏,都表现出良好的文化素质和品行修养。高素养的姻亲对象和姻亲家世,对于家族子孙文化修养的提高和通婚之家家学、家风的优化,无疑是一种潜移默化的无形力量和无形资产,从而也成为乐安孙氏家族繁荣和发展的主要因素。

---

[1] (唐)孙縠:《唐故滑州白马县令赠尚书刑部郎中乐安孙府君继夫人河东县太君裴氏墓志铭并序》,载周绍良、赵超主编《唐代墓志汇编》,上海古籍出版社1992年版,第2219页。
[2] (唐)孙纾:《唐河南府洛阳县尉孙嗣初妻京兆韦夫人墓志铭并序》,载周绍良、赵超主编《唐代墓志汇编》,上海古籍出版社1992年版,第2377页。
[3] (唐)孙保衡:《唐故桂州刺史兼御史中丞孙府君故夫人范阳郡君卢氏墓志铭并序》,载周绍良、赵超主编《唐代墓志汇编》,上海古籍出版社1992年版,第1944—1945页。
[4] (唐)孙备:《唐乡贡进士孙备妻于氏墓志铭》,载吴钢主编《全唐文补遗》第1辑,三秦出版社1994年版,第391页。
[5] (唐)孙公辅:《大唐故詹事府司直孙公夫人陇西李氏墓志铭并序》,载周绍良主编《全唐文新编》第3部第1册(卷478),吉林文史出版社2000年版,第5616页。
[6] (唐)蒋伸:《唐故天平军节度郓曹濮等州观察处置等使朝散大夫检校礼部尚书使持节郓州诸军事兼郓州刺史御史大夫上柱国赐紫金鱼袋赠兵部尚书孙府君墓志铭并序》,载周绍良、赵超主编《唐代墓志汇编》,上海古籍出版社1992年版,第2345页。

附表：

唐代乐安孙氏家族部分成员姻亲情况一览表

世系	姓名	姻亲对象	姻亲家族或姻亲对象出身	资料来源
第三代	孙嘉之	宋氏	广平宋氏家族，滑州司士参军宋郁之女	（唐）孙逖：《宋州司马先府君墓志铭》，载（清）董诰等编《全唐文》卷313，中华书局1983年版
第四代	孙造	李氏	陇西李氏家族	（唐）孙公辅：《大唐故詹事府司直孙公夫人陇西李氏墓志铭并序》，载周绍良主编《全唐文新编》第3部第1册，吉林文史出版社2000年版
第五代	孙成	卢氏	范阳卢氏家族	（唐）孙保衡：《唐故桂州刺史兼御史中丞孙府君故夫人范阳郡君卢氏墓志铭并序》，载周绍良、赵超主编《唐代墓志汇编》，上海古籍出版社1992年版
第五代	孙起	李氏（原配）	赵郡李氏家族	（唐）孙保衡：《唐故滑州白马县乐安孙府君墓志铭并序》，载周绍良、赵超主编《唐代墓志汇编》，上海古籍出版社1992年版
第五代	孙起	李氏	陇西李氏家族	同上
第五代	孙起	裴氏（继室）	河东裴氏家族	同上
第五代	孙遘之女孙娩	韦氏	京兆韦氏家族	《唐故朝散大夫赐绯鱼袋守同州长史京兆韦公夫人乐安县君孙氏墓志铭并序》，载周绍良、赵超主编《唐代墓志汇编》，上海古籍出版社1992年版
第六代	孙成之女	郑链	许州长葛县尉	（唐）孙保衡：《唐许州长葛县尉郑君亡室乐安孙氏墓志铭并序》，载吴钢主编《全唐文补遗》第1辑，三秦出版社1994年版
第六代	孙公器	裴氏	河东裴氏家族	（唐）孙纾：《唐故前左武卫兵曹乐安孙府君墓志铭并序》，载周绍良、赵超主编《唐代墓志汇编》，上海古籍出版社1992年版

续表

世系	姓名	姻亲对象	姻亲家族或姻亲对象出身	资料来源
第六代	孙景商	裴氏	河东裴氏家族	（唐）孙向：《唐故乡贡进士孙府君墓志》，载周绍良、赵超主编《唐代墓志汇编》，上海古籍出版社1992年版
	孙景商	于氏	河南于氏家族	（唐）蒋伸：《唐故天平军节度郓曹濮等州观察处置等使朝散大夫检校礼部尚书使持节郓州诸军事兼郓州刺史御史大夫上柱国赐紫金鱼袋赠兵部尚书孙府君墓志铭并序》，载周绍良、赵超主编《唐代墓志汇编》，上海古籍出版社1992年版
	孙向	李氏	陇西李氏家族	（唐）孙向：《唐故乡贡进士孙府君墓志》，载周绍良、赵超主编《唐代墓志汇编》，上海古籍出版社1992年版
	孙徽仲	李氏	陇西李氏家族	（唐）孙郯：《唐故承议郎使持节都督登州诸军事守登州刺史孙府君墓志铭并序》，载周绍良、赵超主编《唐代墓志汇编》，上海古籍出版社1992年版
	孙士桀	张氏	左谏议张珦孙女、江陵节度巡官张玠之女	（唐）孙琐：《大唐故苏州长洲县令孙府君夫人吴郡张氏墓志铭并序》，载周绍良、赵超主编《唐代墓志汇编》，上海古籍出版社1992年版
第七代	孙公义之女	杜氏	京兆杜氏家族	（唐）冯牢：《唐故银青光禄大夫工部尚书致仕上柱国乐安县开国男食邑五百户孙府君墓志铭》，载周绍良、赵超主编《唐代墓志汇编》，上海古籍出版社1992年版
	孙公乂次女	卢氏	范阳卢氏家族	同上
	孙公乂之女	李氏	陇西李氏家族	同上
	孙公乂之女	冯氏	长乐冯氏家族	同上

续表

世系	姓名	姻亲对象	姻亲家族或姻亲对象出身	资料来源
第七代	孙公义之女	裴氏	河东裴氏家族	同上
	孙景商之女	张云	进士及第，官至集贤校理	（唐）蒋伸：《唐故天平军节度郓曹濮等州观察处置等使朝散大夫检校礼部尚书使持节郓州诸军事兼郓州刺史御史大夫上柱国赐紫金鱼袋赠兵部尚书孙府君墓志铭并序》，载周绍良、赵超主编《唐代墓志汇编》，上海古籍出版社1992年版
	孙嗣初	韦氏	京兆韦氏家族	（唐）孙纾：《唐河南府洛阳县尉孙嗣初妻京兆韦夫人墓志铭并序》，载周绍良、赵超主编《唐代墓志汇编》，上海古籍出版社1992年版
	孙瑝	李氏	陇西李氏家族	（唐）李都：《唐故御史中丞汀州刺史孙公墓志并序》，载周绍良、赵超主编《唐代墓志汇编续集》，上海古籍出版社2001年版
	孙简	武氏	宰相武元衡之女	（唐）令狐绹：《唐故银青光禄大夫检校司空兼太子少师分司东都上柱国乐安县开国侯食邑一千户赠太师孙公墓志铭并序》，载周绍良、赵超主编《唐代墓志汇编续集》，上海古籍出版社2001年版
	孙简	李氏	陇西李氏家族	同上
	孙备	于氏	河南于氏家族	（唐）孙备：《唐乡贡进士孙备妻于氏墓志铭》，载吴钢主编《全唐文补遗》第1辑，三秦出版社1994年版
第八代	孙正	崔氏	清河崔氏家族	（唐）孙䌽：《唐故湖南观察巡官前同州合阳县尉乐安孙府君（绚）墓志铭》，载吴钢主编《全唐文补遗》第6辑，三秦出版社1999年版
	孙觊	卢氏	范阳卢氏家族	（唐）孙徽：《唐故朝议郎前守蓬州刺史乐安孙府君墓志铭并序》，载周绍良、赵超主编《唐代墓志汇编》，上海古籍出版社1992年版

第六章 "德义之所府聚，文儒之所膏润"
——唐代乐安孙氏家族的家学与家风

乐安孙氏家族自春秋战国时期兴起后，历经魏晋南北朝繁衍发展，至唐代达到兴盛，所谓"其冠冕继耀，自汉魏迁于本朝（唐朝），存乎代史；固不具而载也"[1]。其时家族不仅人丁繁盛，而且数代人"皆擅重名，或叠取高科，其官业行实，爆发于天下"[2]，成为中古时期较为显赫的仕宦文化家族之一。在唐代乐安孙氏家族的发展过程中，经历代传承，形成了特色鲜明的家学、家风。

一 以儒学传家，以仁孝为本

儒学作为中国传统文化的主体，一直是传统中国人立身处世的行为规范，其博大精深的思想体系，更成为儒家知识分子孜孜以求的知识宝藏。尤其是自汉武帝宣布"罢黜百家，独尊儒术"之后，经学成为经世致用的治国之学，学习、探研儒家经典也成为知识分子实现"学而优则仕"的主要途径，"遗子黄金满籯，不如教子一经"[3]由此亦成为家庭教育所恪守的育人之道。以此为契机，自汉代以后历史上出现了众多世以儒学相传的文化家族和仕宦家族。

---

[1] 《唐乐安孙氏女子墓铭并序》，载周绍良、赵超主编《唐代墓志汇编》，上海古籍出版社1992年版，第2469页。

[2] （唐）孙璜：《唐故河南府洛阳县尉孙府君墓铭并序》，载周绍良、赵超主编《唐代墓志汇编》，上海古籍出版社1992年版，第2213页。

[3] （宋）章定：《名贤氏族言行类稿》卷4，文渊阁《四库全书》本。

第六章 "德义之所府聚，文儒之所膏润" 145

同历史上许多名门望族一样，魏晋隋唐时期的乐安孙氏家族具有深厚的儒学渊源。唐代乐安孙氏族人孙瑝在为自己的从兄孙备所撰写的墓志铭中这样说过："宋魏至皇朝，代以儒学显，故巨名硕望，冠出他族。"① 从一定程度上讲，乐安孙氏家族能作为一个名门望族在历史上长期延续、发展，首先是与其家族以儒学传家的特点紧密联系在一起的。

前已述及，与春秋战国时期的时代环境相适应，乐安孙氏家族表现出了明显的尚武之风。然而时至魏晋，乐安孙氏家族明显体现出尚儒的家族门风。北齐人魏收在《魏书·儒林传》中曾称："自道恭至惠蔚世以儒学相传。"② 其实，这种"世以儒学相传"的家族门风早在三国时代的孙炎身上就得以显现。孙炎为孙武的第二十代孙，字叔然，三国时期著名的经学家，他曾受学于东汉末年著名经学大师郑玄门下，人称"东州大儒"。孙炎一生志趣在于儒家经学注疏，司马氏篡魏建立西晋政权后，曾征其为秘书监一职，孙炎力拒不就。三国时期遍注群经的曹魏著名经学家王肃，"善贾（逵）、马（融）之学，而不好郑氏（郑玄）"之学，他集圣人之言，撰写《圣证论》一书，企图假借孔子圣人之言以讥讽揭短郑玄之学。为了维护业师郑氏之学的学术地位，深谙儒经的孙炎对此一一"驳而释之"。孙炎一生著述丰富，作有《周易》《春秋》例，为《毛诗》《礼记》《春秋三传》《国语》《尔雅》诸书做过注疏，还著书十余篇③。另外值得一提的，孙炎为注疏儒家经典《尔雅》所著的《尔雅音义》一书，还促进了汉字反切注音的盛行，北齐颜之推认为

---

① （唐）孙瑝：《唐故河南府洛阳县尉孙府君墓铭并序》，载周绍良、赵超主编《唐代墓志汇编》，上海古籍出版社1992年版，第2213页。
② 参见（北齐）魏收《魏书》卷84《孙惠蔚传》，中华书局1974年版，第1852页。
③ 参见（晋）陈寿编撰，（南朝宋）裴松之注《三国志》卷13《魏书·王朗传》附《王肃传》，中华书局1999年版，第315、316页。文中称："时乐安孙叔然，授学郑玄门，人称东州大儒。征为秘书监，不就。肃集《圣证论》，以讥短玄，叔然驳而释之。及作《周易》、《春秋》例，《毛诗》、《礼记》、《春秋三转》、《国语》、《尔雅》诸注，又著书十余篇……历注经传，颇传于世。"

中国汉字反切注音开始于《尔雅音义》①，为汉语拼音的发展做出了贡献。

乐安孙氏家族尚儒风尚在孙惠蔚及其子孙身上更是得以体现。"以儒学风鉴称"②的孙惠蔚自幼学习儒家经典，"年十三，粗通《诗》、《书》及《孝经》、《论语》；十八，师董道季讲《易》；十九，师程玄读《礼经》及《春秋》三《传》。周流儒肆，有名于冀方"③。孙惠蔚曾孙孙灵晖，"少明敏，有器度。得惠蔚手录章疏，研精寻问，更求师友，《三礼》、《三传》，皆通宗旨"④，后因"儒术甄明，擢授太学博士"⑤。孙灵晖之子孙万寿，少年时代，便随阜城（今河北阜城东）熊安生接受五经教育，略通大义⑥。熊安生为北朝时期著名的儒学家和经学家，《北史·熊安生传》中称其博通《五经》，尤其精于《三礼》，其所撰《周礼义疏》二十卷，《礼记义疏》三十卷、《孝经义》一卷，并行于世，对魏晋时期儒学的发扬光大产生了重要作用。他一生"专以《三礼》教授，弟子自远方至者千余人"。在接受其儒学教育的门人当中，"擅名于后者，有马荣伯、张黑奴、窦士荣、孔笼、刘焯、刘炫等，皆其门人焉"⑦。其实，孙万寿之父孙灵晖早年也曾受业于熊安生。可以这样说，孙灵晖之所以能成为魏晋时期的"大儒"，与早年受业于熊安生密

---

① 北齐颜之推在《颜氏家训》中这样说过："九州之人，言语不同。……自《春秋》标齐言之传，《离骚》目楚辞之经，后有扬雄著《方言》，其言大备。然皆考名物之同异，不显声读之是非也。逮郑玄注'六经'，高诱解《吕览》、《淮南》，许慎造《说文》，刘熹制《释名》，始有譬况假借以证音字耳。而古语与今殊别，其间轻重清浊，犹未可晓；加以内言外言、急言徐言、读若之类，益使人疑。孙叔言（然）创《尔雅音义》，是汉末人独知反语。至于魏世，此事大行。"见《颜氏家训》卷7《音辞第十八》，中华书局 2007 年版，第 297 页。

② （唐）孙绛：《唐故中大夫守桂州刺史兼御史中丞充桂州本营都防御经略招讨观察处置等使上柱国乐安县开国男赐紫金鱼袋孙府君墓志铭并序》，载周绍良、赵超主编《唐代墓志汇编》，上海古籍出版社 1992 年版，第 1855 页。

③ （北齐）魏收：《魏书》卷 84《孙惠蔚传》，中华书局 1974 年版，第 1852 页。

④ （唐）李延寿：《北史》卷 81《孙惠蔚传》附《孙灵晖传》，中华书局 1974 年版，第 2718 页。

⑤ （唐）李百药：《北齐书》卷 44《儒林传·孙灵晖传》，中华书局 2000 年版，第 411—412 页。

⑥ 参见（唐）魏征《隋书》卷 76《文学传·孙万寿传》，中华书局 1973 年版，第 1735 页。

⑦ （唐）李延寿：《北史》卷 82《儒林下·熊安生传》，中华书局 1974 年版，第 2744、2745 页。

不可分①。从孙灵晖、孙万寿父子共同受业大儒熊安生不难看出，魏晋时期的乐安孙氏家族已凸显出以儒学传家的家族门风。是诚如孙逖在为其父孙嘉之所写墓志铭中称："魏光禄大夫惠蔚，为本朝大儒，自时厥后，不陨其业。"②

进入唐代，乐安孙氏家族这种"不陨其业"、以儒学传家的家族门风得以承续和发扬光大，孙逖无疑是唐代乐安孙氏家族以儒学传家的典型代表。他崇尚儒学，"学穷百氏，不好非圣之书"③，表现出对圣贤之书的极为推崇，并将儒家伦理视为文人士大夫安身立命的根本，认为"德义之所府聚，文儒之所膏润"④。他指出："《洪范》五福，一曰寿，三曰攸好德。全生养形者，为寿而已。非有德而不彰，履仁蹈义者，为德而已。"⑤ 在他看来，全生养形之人，为的是长寿；履仁蹈义之人，为的是德；人如果无德，那么即使长寿也不会彰显；那些履仁蹈义的为德之人才能人间留名，彰显于世。应该说，这与中国传统文化中的"德之崇拜"精神是高度吻合的。正因为他推崇儒学，视践履儒家之道、之德为文儒安身立命、扬名之本，所以他对那些"葆光用晦，体道安贞……勇于为善，而不好立名；直以全诚，而未尝忤物。括囊君子之德，吻合至人之心"的文人士大夫尤为称许，甚至认为"以此持身，全身保性之术也；以此刑国，镇俗安人之具也"⑥。从孙逖所上章表以及为人撰写的墓碑中不难看出，儒家所倡扬的伦理道德是他臧否人物的主要标准，如唐朝官至亳州刺史、太子左庶子的王同晊"仪凤、调露之间，太夫人春

---

① （唐）李延寿《北史》卷81《儒林上》这样记载："《三礼》并出遵明之门。徐传业于李铉、祖俊、田元凤、冯伟、纪显敬、吕黄龙、夏怀敬。李铉又传授刁柔、张买奴、鲍季详、邢峙、刘昼、熊安生。安生又传孙灵晖、郭仲坚、丁恃德。其后生能通《礼经》者，多是安生门人。诸生尽通《小戴礼》。于《周仪礼》兼通者，十二三焉。"
② （唐）孙逖：《宋州司马先府君墓志铭》，载（清）董诰等编《全唐文》卷313，中华书局1983年版，第3182页。
③ （唐）颜真卿：《尚书刑部侍郎赠尚书右仆射孙逖文公集序》，载（清）董诰等编《全唐文》卷337，中华书局1983年版，第3415页。
④ （唐）孙逖：《太子右庶子王公神道碑》，载（清）董诰等编《全唐文》卷313，中华书局1983年版，第3177页。
⑤ （唐）孙逖：《赠太子詹事王公神道碑》，载（清）董诰等编《全唐文》卷313，中华书局1983年版，第3175页。
⑥ （唐）孙逖：《太子右庶子王公神道碑》，载（清）董诰等编《全唐文》卷313，中华书局1983年版，第3177页。

秋高矣。愿及亲以筮仕，岂要君而择禄，繇是解褐邓州南阳丞"，孙逖赞扬此举为"孝子之致养"；垂拱年间，王同晊因冤狱受到牵连，失去官职长达十余载，"十年不调，人以为难"，而王同晊却坦然处之，孙逖称赞此举为"仁者之处约"。在为王同晊所作碑文中，他对墓主于言行举止方面所表现出来的诸如"谦约自退，忠俭有恒""以道观身，以忠教子"，以及为官时"束带于朝，端然齐肃，目不迕视，体无懈容。……不矫举以求是，不忧务以近名"等儒家风范给予极大推崇和褒扬，赞其"动斯可效，静斯可则，古之至人，谓是全德"。[1] 再如他为唐代东都留守、官至工部尚书的韦虚心所写碑文中，开篇便对墓主的忠、孝极力赞扬，称其"甄六气之纯粹，协九畴之正直，沈静端懿，仁慈隐厚。忠之属也，清贞本于至公；孝之终也，毁瘠过于宁戚，斯所以行成于内、名扬于世者已"；对韦虚心任职时所表现的"清风畅于台寺，阴雨膏于郡国，所居致理，所去怀德。德以处事，事以度功，功成而义不怨，事正而名不悖"[2]也给予大力称颂。从孙逖所作碑文中不难发现，他对墓主称颂的方面大都涉及儒家所提倡的君子人格所应有的一些基本标准和修养，凡是符合儒家言行规范要求的，事无大小和巨细，大到治国安邦，小到修己安人，甚至日常举止言行、仪态风貌，都在他的称扬之列。如他对郑孝本的赞扬，说他"凡束带在位，三十余祀。理京师，训郊甸，惠华夏，清朔漠，九变复贯，百度维贞。其养人也宽而栗，其行己也俭而一，抚孤无隔于外姻，博施不崇于内实，盖德行之具美，而政事之首出"；又说他"秉彝中和，服义先训，孝惟不匮，友则因心，敦诗以言，习礼以立"，并将其上升到治国施政、安民安邦的高度予以评论，认为"用此道也，行于国，施于政，善气潜畅，清风高翔，何响不可，所居则化矣"。在他看来，郑氏家族之所以能"光宗保族""时称华胄，蕃衍六姻，阜昌百禄"，就在于其家族"世有令德"[3]。凡此种

---

[1] （唐）孙逖：《赠太子詹事王公神道碑》，载（清）董诰等编《全唐文》卷313，中华书局1983年版，第3175—3177页。
[2] （唐）孙逖：《东都留守韦虚心神道碑》，载（清）董诰等编《全唐文》卷313，中华书局1983年版，第3178页。
[3] 以上引文均见（唐）孙逖《沧州刺史郑公墓志铭》，载（清）董诰等编《全唐文》卷313，中华书局1983年版，第3180—3181页。

种，无不从一个侧面凸显出孙逖对儒家之道的推崇和倡扬。

孙逖不仅尊奉、推崇儒家之道，而且始终以儒家思想和行为规范作为自己立身处世的指标。唐玄宗开元二年（714），19岁的孙逖首次参加被称为哲人奇士举的科举考试，策试的主要内容是让考生就立身从官之道以及有关古代典章礼义等方面进行回答。围绕"子大夫光我弓旌，应斯扬择，为政作法，岂无前范，安人济时，亦有令躅。宜叙立身之志，各言从官之才"的策问，孙逖以"学古庶乎叶道，慎行期乎润身。非有志于干禄，苟求仁于寡过。立身之志，允或在兹。从官之才，则愚岂敢"①之语给予回答，这实际上也是孙逖践履儒家理想人格的人生宣言。在孙逖看来，其人生理想不是汲汲于功名利禄，而是要以儒家价值理想为指针，以圣贤、君子为榜样，求仁取义，尚德明礼，内外兼修，修己安人，以此实现儒家所倡扬的修身齐家治国平天下的人生理想。

孙逖言而有行，入仕后时时表现出儒家希冀的理想人格，身体力行，积极践履。《旧唐书》孙逖本传有一记载，开元二十四年（736），孙逖被任命为中书舍人，在中书省掌制诰。其时，孙逖之父孙嘉之已是年近80岁的老人，仍为一县邑之长。考虑到自己到京城任官离父亲距离遥远，而父亲又年事已高，于是上表奏请降低自己的官位，改任朝外官，以便用来提高父亲的官秩，同时可以到离父亲较近的地方孝养老人。其上表称：

> 臣父嘉之，虽当暮齿，幸遇明时，绵历驱驰，才及令长。臣夙荷严训，累登清秩，频迁省闼，又拜掖垣。地近班荣，臣则过量；途遥日暮，父乃后时。在公府有偷荣之责，于私庭无报德之效，反惭乌鸟，徒厕鸳鸿。伏望降臣一外官，特乞微恩，稍沾臣父。②

---

① （唐）孙逖：《应贤良方正科对策（并问）》，载（清）董诰等编《全唐文》卷311，中华书局1983年版，第3162、3163页。
② （后晋）刘昫：《旧唐书》卷190中《文苑传中·孙逖传》，中华书局2000年版，第3432页。孙逖在《陈情表》中称："臣父嘉之，幸遇明时，早勤学业，出身入仕，四十余年。历官五政，经考二十，未能亨通，才及令长。臣夙荷严训，累登清秩，频迁省闼，又拜掖垣。地近班荣，臣则过量；途遥日暮，父乃后时。在公府有偷荣之责，于私庭无报德之效。反惭乌鸟，徒厕鸳鸿。伏望降臣一外官，特乞微恩，稍沾臣父。"见（清）董诰等编《全唐文》卷311，中华书局1983年版，第3162页。

孙逖请求出任朝外官以使其父沾赉的孝亲之举得到唐玄宗的"优诏奖之"①，下诏授予孙嘉之为宋州司马致仕。从孙逖一生的言行可以看出，儒家所倡导的孝亲之德在孙逖身上表现得异常突出。父亲孙嘉之去世后，孙逖悲痛至极，"愿朝奠几筵，暮扫松柏，往来密迩，以寘哀怀"，并且"泣血书事"②，为其父写下了《宋州司马先府君墓志铭》，以示对父亲的怀念。其实，作为出身于以儒学相传家庭中的孙逖，除了孝亲的基本德行外，儒家所倡导的宽厚、仁爱、谦和、忠信等诸多德行在他身上皆有体现，并为时人称赞。如颜真卿称其"雅有清鉴"，"虽权要不能逼"③。与其父表现出来的淡泊名利、"恬于势利"④的文化人格一样，孙逖身上也承传了这种人格特质。如《旧唐书·文苑传》称其"掌诰八年，制敕所出，为时流叹服。议者以为自开元已来，苏颋、齐澣……许景先及逖，为王言之最"，但是孙逖却"谦退不伐"⑤，表现出儒家所推崇的谦和谦让的君子之德。

在唐代乐安孙氏家族中，对儒学的推崇和践履绝不是孙逖一人所为，而是其家族成员一脉相承的家族特征。像孙逖之子孙宿、孙成，

---

① （后晋）刘昫：《旧唐书》卷190中《文苑传中·孙逖传》，中华书局2000年版，第3432页。
② （唐）孙逖：《宋州司马先府君墓志铭》，载（清）董诰等编《全唐文》卷313，中华书局1983年版，第3183页。
③ （唐）颜真卿：《尚书刑部侍郎赠尚书右仆射孙逖文公集序》，载（清）董诰等编《全唐文》卷337，中华书局1983年版，第3416页。
④ 孙逖在《宋州司马先府君墓志铭》中称其父孙嘉之"早有大名，晚从卑位……随时委运，澹然无营。而畴昔辈列，平生雅故，当轴处中者多矣，盖未尝跬足而近之，恬于势利乃如此也"。见（清）董诰等编《全唐文》卷313，中华书局1983年版，第3182页。
⑤ （后晋）刘昫：《旧唐书》卷190中《文苑传中·孙逖传》，中华书局2000年版，第3432页。其实，孙逖这种谦谦君子的儒者风范，在其先祖孙惠蔚身上亦有鲜明体现，据《魏书》卷84《孙惠蔚传》记载，孙惠蔚与李彪"以儒学相知，及彪位至尚书，惠蔚仍太庙令。高祖曾从容言曰：'道固（李彪字道固）既登龙门而孙蔚犹沉涓浍，朕常以为负矣。'（孙惠蔚）虽久滞小官，深体通塞，无孜孜之望，儒者以是尚焉"。可以说，这种"居下位而不忧"（《周易·乾卦》）的君子之德为乐安孙氏族人所承传，故唐人令狐绹在为孙氏族人孙简所撰写的墓志铭中称"自晋阳公而下，位虽不隆，而道德皆显"。见（唐）令狐绹《唐故银青光禄大夫检校司空兼太子少师分司东都上柱国乐安县开国侯食邑一千户赠太师孙公墓志铭并序》，载周绍良、赵超主编《唐代墓志汇编续集》，上海古籍出版社2001年版，第1110页。

"清规素范，自承家法，全德茂行，高映缙绅"①。他们从"先圣立言，盖非为己；后学敬教，可以润身"②的认识出发，通经学古，时时按照儒家伦理规范行事，积极传承以儒学相尚的家族文化，"传儒门经术之业，居孔氏政事之科，根于惠慈，辅以才术，行存家范"③。他们之中，或者如孙简，"动循故实，礼无违者"④；或者如孙瑝，"节峻诚坚，无触利之交，无苟随之势，感一饭必思有所效，而坛宇凝旷，未尝屑意于曲俗，故遇人无假诚，待物无伪貌，江澄岳耸，莫可动摇"⑤；或者如孙拙，"生知孝友，代袭公忠，非礼不言，抱义而处"，"峻洁自持，闺门有守，不应斯任，孰曰当仁"⑥；或者如孙审象，"为人子以谨孝闻，为人弟以恭顺闻，抚民以慈惠，驭己以直清"⑦；或者如孙起，"德被乡党，惠存鳏寡"⑧；或者如孙景裕六子，"皆执经力善，自强不息"⑨；或者如孙婴，"性与道合，气阶天和，孝友通于神明，恭俭遵于礼法。喜愠未尝形色，得丧安能介怀。宽以处家，和以接下，闺门之内，煦若春阳"⑩；或者如孙偓，"性通简，不矫饬"，不"以己长形彼短、己清彰

---

① （唐）孙简：《唐故汝州司马孙府君墓志铭并叙》，载周绍良、赵超主编《唐代墓志汇编》，上海古籍出版社1992年版，第2218页。
② （唐）孙宿：《对谶书判》，载（清）董诰等编《全唐文》卷439，中华书局1983年版，第4477页。
③ （唐）孙保衡：《唐故滑州白马县令乐安孙府君墓志铭并序》，载周绍良、赵超主编《唐代墓志汇编》，上海古籍出版社1992年版，第1989页。
④ （唐）令狐绹：《唐故银青光禄大夫检校司空兼太子少师分司东都上柱国乐安县开国侯食邑一千户赠太师孙公墓志铭并序》，载周绍良、赵超主编《唐代墓志汇编续集》，上海古籍出版社2001年版，第1111页。
⑤ （唐）李都：《唐故御史中丞汀州刺史孙公墓志铭并序》，载陈尚君辑校《全唐文补编》卷83，中华书局2005年版，第1035页。
⑥ （唐）王骘：《唐故朝散大夫守尚书工部侍郎柱国赐紫金鱼袋孙公墓铭并序》，载陈尚君辑校《全唐文补编》卷97，中华书局2005年版，第1203、1204页。
⑦ （唐）孙简：《唐故汝州司马孙府君墓志铭并叙》，载周绍良、赵超主编《唐代墓志汇编》，第2219页。
⑧ （唐）孙保衡：《唐故滑州白马县令乐安孙府君墓志铭并序》，载周绍良、赵超主编《唐代墓志汇编》，上海古籍出版社1992年版，第1989页。
⑨ （唐）孙徽：《唐故宣德郎前守孟州司马乐安孙府君墓志铭并序》，载周绍良、赵超主编《唐代墓志汇编》，上海古籍出版社1992年版，第2444页。
⑩ （唐）孙保衡：《唐故宣义郎京兆府蓝田县尉乐安孙府君墓志铭并序》，载周绍良、赵超主编《唐代墓志汇编》，上海古籍出版社1992年版，第1920页。

彼浊"①。孙偓经常对亲友说:"凡人许己,务在得中,但士行无亏,不必太苦。以我之长,彰彼之短,以我之清,彰彼之浊,幸勿为之。"② 其凸显出来的礼让谦逊、处事得中的儒家君子风范深受时人赞叹。以上所列,不一而足。可以说,在唐代乐安孙氏家族中,诸如此类倡扬、践履儒家伦理规范的人与事俯拾即是,不胜枚举。

《孝经·开宗明义章》谓:"夫孝,德之本也,教之所由生也。"在儒家伦理意识中,孝为百行之首,它是产生一切伦理道德的基础和根本。所以《孝经·广扬名章》又谓:"君子之事亲孝,故忠可移与君;事兄悌,故顺可移于长;居家理,故治可移于官。是以行成于内,而名立于后世矣。"③ 在先哲们看来,只有将这种"以事亲为始"的孝道做好,才能做到"忠孝道著,乃能扬名荣亲"④。作为世以儒学相尚的乐安孙氏家族,更是深谙孝道在扬名显亲和家族发展中的作用。孙瑝就曾深有感触地说过这样的话:"士之出缙绅华族内其藻黼身文,率有二道,孝居上,文次之。"⑤ 从史料记载不难看出,唐代乐安孙氏家族成员皆把孝悌之德放在首位。像孙逖之子孙成,"德全百行而根于孝"⑥,任长安令时,其兄孙宿为华州刺史,因失火受惊吓以致失声成哑。一向有孝悌

---

① (宋)欧阳修、宋祁:《新唐书》卷183《朱朴传》附《孙偓传》,中华书局1975年版,第5386页。
② 对于孙偓所体现出来的儒家君子人格,五代著名学者孙光宪在《北梦琐言》中有以下具体记载:"唐相国孙公偓,宽裕通简,不事矫异。常语于亲友曰:'凡人许己,务在得中,但士行无亏,不必太苦。以我之长,彰彼之短,以我之清,彰彼之浊,幸勿为之。'后谪居衡山,情抱坦然,不以放逐而怀戚戚。每对客座,而厮仆辈纷诉殴曳,仆于面前。相国凝然,似无所睹。谓客曰:'若以怒心逢彼,即方寸自挠矣。'其性度皆此类也。相国曾承轺至蜀,诣杜光庭先生受箓,乃曰:'尝遇至人,话及时事,每有高栖之约。'尔后虽登台辅,竟出官于南岳。有诗寄杜先生,其要句云:蜀国信难遇,楚乡心更愁。我行同范蠡,师举效浮丘。他日相逢处,多应在十洲。'唐末朝达罹谷水、白马驿之祸,唯相国获免焉。"见(五代)孙光宪《北梦琐言》卷4《孙偓相通简》,中华书局2002年版,第68页。
③ (唐)李隆基注,(宋)邢昺疏:《孝经注疏》卷7,北京大学出版社2000年版,第55页。
④ (唐)李隆基注,(宋)邢昺疏:《孝经注疏》卷1,北京大学出版社2000年版,第5页。
⑤ (唐)孙瑝:《唐故河南府洛阳县尉孙府君墓铭并序》,载周绍良、赵超主编《唐代墓志汇编》,上海古籍出版社1992年版,第2213页。
⑥ (唐)孙绛:《唐故中大夫守桂州刺史兼御史中丞充桂州本营都防御经略招讨观察处置等使上柱国乐安县开国男赐紫金鱼袋孙府君墓志铭并序》,载周绍良、赵超主编《唐代墓志汇编》,上海古籍出版社1992年版,第1856页。

第六章 "德义之所府聚，文儒之所膏润"　153

之德的孙成得知后，立即请假，还没等朝廷答复便匆忙赶往华州。唐代宗为其孝悌之德所称许，不但没有责备他，反而赞叹道："急难之切，观过知仁。"①《新唐书》又称其"尝有期丧，吊者至，成不易缞而见。客疑之，请故，答曰：'缞者，古居丧常服，去之则废丧也。今而巾幞，失矣'"②，其孝亲之举与其父孙逖如出一辙。孙逖之孙孙婴，"未识而孤，克自激励，爱敬必尽，以奉高堂。……及亲而禄，遂怀捧檄之欢；力行以待，未及公车之召"③。"幼以仁育，长以顺传，于公廉称，在家孝闻"的孙逖曾孙孙幼实，也是以孝悌传家的典范，"秩未终，以阳氏季妹孀居襄汉，群稚无主，乃挈家赴于汉南，奉妹庇甥，未尝一日有间"④。一生笃行孝悌之德的孙景商，"性孝友，奉孀姊颇尽节"⑤。孙景商之子孙备，亦是"粹和惇孝，惕惕然无一日之过"⑥，"每黜归，必愉愉而喜，以解太夫人之愠"⑦。其他如"自冠岁笃于孝悌，声被缙绅，郁为名人之所器仰"⑧的孙瑝，"仲尼四教而常行之以仁德，修其心以慈顺，由其家人谓昆山片玉未之过"⑨的孙方绍，"性本纯孝，与妹岘爱爱，及诸兄妹，洎于诸亲，咸冤惜之"⑩的孙俪，皆是唐代乐安孙氏

---

① （后晋）刘昫：《旧唐书》卷190中《文苑传中·孙逖传》附《孙成传》，中华书局2000年版，第3433页。
② （宋）欧阳修、宋祁：《新唐书》卷202《孙逖传》，中华书局1975年版，第5761页。
③ （唐）孙保衡：《唐故宣义郎京兆府蓝田县尉乐安孙府君墓志铭并序》，载周绍良、赵超主编《唐代墓志汇编》，上海古籍出版社1992年版，第1920页。
④ （唐）孙徽：《唐故河南府长水县丞乐安孙府君墓志铭并序》，载周绍良、赵超主编《唐代墓志汇编》，上海古籍出版社1992年版，第2504页。
⑤ （唐）蒋伸：《唐故天平军节度郓曹濮等州观察处置等使朝散大夫检校礼部尚书使持节郓州诸军事兼郓州刺史御史大夫上柱国赐紫金鱼袋赠兵部尚书孙府君墓志铭并序》，载周绍良、赵超主编《唐代墓志汇编》，上海古籍出版社1992年版，第2345页。
⑥ （唐）孙瑝：《唐故河南府洛阳县尉孙府君墓铭并序》，载周绍良、赵超主编《唐代墓志汇编》，上海古籍出版社1992年版，第2212页。
⑦ （唐）孙瑝：《唐故河南府洛阳县尉孙府君墓铭并序》，载周绍良、赵超主编《唐代墓志汇编》，第2213页。
⑧ （唐）李都：《唐故御史中丞汀州刺史孙公墓志铭并序》，载陈尚君辑校《全唐文补编》卷83，中华书局2005年版，第1034页。
⑨ （唐）孙邺：《唐故承议郎使持节都督登州诸军事守登州刺史孙府君墓志铭并序》，载周绍良、赵超主编《唐代墓志汇编》，上海古籍出版社1992年版，第2431页。
⑩ （唐）孙向：《唐故乡贡进士孙府君墓志》，载周绍良、赵超主编《唐代墓志汇编》，上海古籍出版社1992年版，第2321页。

家族中践履儒家孝悌之德的典范。

乐安孙氏家族男性成员如此，其家族女性成员亦是体现出"淑德幼彰，孝敬内融，慈和外备"的文化人格，可谓"仁义德礼，钟于一门"①。故孙备墓志铭称："自宋魏至皇朝（唐朝），代以儒学显，故巨名硕望，冠出他族。"②

《北齐书·儒林传》中有赞曰："大道既隐，名教是遵，以斯建国，以此立身。帝图杂霸，儒风未纯，何以不坠，弘之在人。"③魏晋时代，玄学兴起，"越名教而任自然"观念崛兴，各种思想涌现，儒家名教由此发生危机；隋唐时代亦是多元文化共存时期，意识形态上奉行儒、释、道三教并行政策，相较于汉代的"罢黜百家，独尊儒术"和文化思想上的统一，儒学一家独尊的局面已不复存在。然而应当看到，无论是魏晋还是隋唐时代，虽然儒风不纯，但正是由于一些世以儒学相传的文化家族或仕宦家族对儒术的弘扬与践履，儒风始终不坠，并且在这些文化家族或仕宦家族中得到弘扬广大。由此而论，陈寅恪先生所说的"东汉以后学术文化，其重心不在政治中心之首都，而分散于各地之名都大邑。是以地方之大族盛门乃为学术文化之所寄托。……学术文化与大族盛门常不可分离也"④是颇有见地的精到之论。

二 勤奋力学，笃志不倦

《魏书·儒林传》有云，"古语云：容体不足观，勇力不足恃，族姓不足道，先祖不足称，然而显闻四方，流声后裔者，其惟学乎。信哉斯言也。梁越之徒，笃志不倦，自求诸己，遂能闻道下风，称珍席上，或

---

① 《唐故朝散大夫赐绯鱼袋守同州长史京兆韦公夫人乐安县君孙氏墓志铭并序》，载周绍良、赵超主编《唐代墓志汇编》，上海古籍出版社1992年版，第1977页。
② （唐）孙瑝：《唐故河南府洛阳县尉孙府君墓铭并序》，载周绍良、赵超主编《唐代墓志汇编》，上海古籍出版社1992年版，第2213页。
③ （唐）李百药：《北齐书》卷44《儒林传》，中华书局2000年版，第411—412页。
④ 陈寅恪：《崔浩与寇谦之》，《金明馆丛稿初编》，生活·读书·新知三联书店2001年版，第147—148页。

第六章 "德义之所府聚，文儒之所膏润" 155

聚徒千百，或服冕乘轩，咸稽古之力也。"[1] 说明好学之风在维持家族盛行方面的重要作用。

注重家庭子弟的学习和文化教育，这是一个家族发展、兴盛的基础，也是根本。纵观中国古代历史上的名门望族，所有家族都是将家庭子弟的教育放在首位，教育子孙勤奋学习，树立志向。在他们看来，努力学习不仅是成就自己事业的基础和保障，也是光大家族门荫、保持家族门第不坠的基础和保障。如南北朝时期酷爱文史的朝廷大臣、出身于有着"冠冕不替"之誉的"琅邪王氏"世家大族的王僧虔写信告诫儿子的话就颇具代表性：

> 僧虔宋世尝有书诫子曰："知汝恨吾未许汝学，欲自悔厉，或以阖棺自欺，或更择美业，且得有慨，亦慰穷生。但亟闻斯唱，未睹其实，吾未信汝，非徒然也。往年有意于史，取《三国志》聚置床头，百日许，复徙业就玄。汝曾未窥其题目，未辨其指归，而终日自欺人，人不受汝欺也。由吾不学，无以为训，然重华无严父，放勋无令子，亦各由己耳。汝辈窃议，亦当云'阿越不学，何忽自课'？汝见其一耳，不全尔也。设令吾学如马、郑，亦复甚胜，复倍不如，今亦必大减，致之有由，从身上来也。汝今壮年，自勤数倍，许胜劣及吾耳。
>
> 吾在世虽乏德素，要复推排人间十许年，故是一旧物，人或以比数汝耳。即化之后，若自无调度，谁复知汝事者。舍中亦有少负令誉、弱冠越超清级者，于时王家门中，优者龙凤，劣犹虎豹。失荫之后，岂龙虎之议？况吾不能为汝荫，政应各自努力耳。或有身经三公，蔑尔无闻，布衣寒素，轻相屈体，父子贵贱殊，兄弟声名异，何也？体尽读数百卷书耳。吾今悔无所及，欲以前车诫尔后乘也。汝年入立境，方应从宦，兼有室累，何处复得下帷如王郎时邪？各在尔身已切，岂复关吾邪！鬼唯知爱深松茂柏，宁知子弟毁誉事。"[2]

---

[1] （北齐）魏收：《魏书》卷84《孙惠蔚传》，中华书局1974年版，第1865页。
[2] （唐）李延寿：《南史》卷22《王僧虔传》，中华书局2000年版，第398—399页。

其实，通过努力学习以使自己和家族显贵，这是中国历史上所有世家大族的共识。唐代乐安孙氏家族之所以能长期发展，与整个家族的好学之风也是分不开的。

纵观乐安孙氏家族，自魏晋时期开始，其家族成员便表现出好学之风。史书记载，孙惠蔚其家所藏图书典籍较多。其子孙灵晖"年七岁，便好学，日诵数千言，唯寻讨惠蔚手录章疏，不求师友。三《礼》及《三传》皆通宗旨，始就鲍季详、熊安生质问疑滞，其所发明，熊、鲍无以异也。举冀州刺史秀才，射策高第，授员外将军"①。孙灵晖之子孙万寿，"聪识机警"，受父辈好学的影响，自幼也是勤奋好学，"博涉群书，礼传俱通大义，有辞藻，尤甚诗咏"②。

乐安孙氏家族作为有唐一代典型的仕宦文化家族，其家族子孙身上更是体现出勤奋好学的特点。像"性端介，寡与人交"的孙景商，"幼奇卓，动举与凡儿异。稍长，力文学。读书见古人阐才振节以辅时，必深揣摩，且有以自练其志"③。孙嘉之之孙孙公义，"幼而嗜学，长能属文，尤以博识书判为己任"。由于勤奋好学，年仅14岁便"初通两经"④。"未识而孤"的孙婴，自幼"勤苦不渝，以笃志业"。由于"饬躬好学，名称日闻"⑤。"幼不喜弄，长专文墨"的孙绚，自幼亦是孜孜于学，以至于"子史诸书，抄览略遍"⑥。其他如"年志学"⑦的孙视，

---

① （唐）李百药：《北齐书》卷44《儒林传·孙灵晖传》，中华书局2000年版，第410页。
② （唐）李百药：《北齐书》卷44《儒林传·孙灵晖传》，第411页。
③ （唐）蒋伸：《唐故天平军节度郓曹濮等州观察处置等使朝散大夫检校礼部尚书使持节郓州诸军事兼郓州刺史御史大夫上柱国赐紫金鱼袋赠兵部尚书孙府君墓志铭并序》，载周绍良、赵超主编《唐代墓志汇编》，上海古籍出版社1992年版，第2345页。
④ （唐）冯牢：《唐故银青光禄大夫工部尚书致仕上柱国乐安县开国男食邑五百户孙府君墓志铭》，载周绍良、赵超主编《唐代墓志汇编》，上海古籍出版社1992年版，第2289页。
⑤ （唐）孙保衡：《唐故宣义郎京兆府蓝田县尉乐安孙府君墓志铭并序》，载周绍良、赵超主编《唐代墓志汇编》，上海古籍出版社1992年版，第1920页。
⑥ （唐）孙绿：《唐故湖南观察巡官前同州合阳县尉乐安孙府君墓志铭》，载吴钢主编《全唐文补遗》第6辑，三秦出版社1999年版，第193页。
⑦ 《故太常寺主簿孙府君墓志铭》，载陆允昌主编《中国孙氏世系源流》，白山出版社1999年版，第449页。

"抗志耽学"①的孙公器，"卓然自立，唯刻苦于笔砚。其为文率高深遒拔，意欲自健于一时"②的孙备，"学该百氏，文擅周雅"③的孙方绍，都是乐安孙氏家族勤奋力学的典型。作为唐代文儒的典型代表，孙逖更是一个勤奋好学的典范。孙逖在《对读书判》中有言："所习有业，著在前典；不读非圣，闻诸昔贤。甲知敬学之为先，遂发愤而忘食。既而下帷之时，不学明训；张灯之际，乃习《阴符》。"④其实，这也是孙逖自己刻苦学习的写照。孙逖站在"夫强学业者义之用，工文者艺之本，明识者智之府，令名者德之舆"⑤的高度，博览群书，广泛涉猎文献图籍，尤其是儒家经典图书，所谓"学穷百氏，不好非圣之书"。孙逖之所以"年未弱冠，而三擅甲科"，之所以能成为乐安孙氏家族"风裁征明，天才杰出"⑥的子孙，之所以能在为人、为文上都为世人称赞，应该说，是与他的勤奋好学、与他的"学穷百氏，不好非圣之书"紧密相连的。

三 代传文雅，积学懿文

在中国历史上，一个家族能世世代代长久不衰地发展，无疑必须具备众多的发展因素，其中除了一些外在的因素外，在很大程度上取决于家族的内在发展因素。而在古人看来，家族的内在发展因素主要体现在孝道和文学修养两个方面。正如乐安孙氏族人孙璜所说："士之处缙绅

---

① （唐）孙徽：《唐故朝议朗前守蓬州刺史乐安县孙府君墓志铭并序》，载周绍良、赵超主编《唐代墓志汇编》，上海古籍出版社1992年版，第2548页。
② （唐）孙璜：《唐故河南府洛阳县尉孙府君墓铭并序》，载周绍良、赵超主编《唐代墓志汇编》，上海古籍出版社1992年版，第2213页。
③ （唐）孙邺：《唐故承议郎使持节都督登州诸军事守登州刺史孙府君墓志铭并序》，载周绍良、赵超主编《唐代墓志汇编》，上海古籍出版社1992年版，第2431页。
④ （唐）孙逖：《对读书判》，载（清）董诰等编《全唐文》卷311，中华书局1983年版，第3164页。
⑤ （唐）孙逖：《送康若虚赴任金乡序》，载（清）董诰等编《全唐文》卷312，中华书局1983年版，第3168页。
⑥ （唐）颜真卿：《尚书刑部侍郎赠尚书右仆射孙逖文公集序》，载（清）董诰等编《全唐文》卷337，中华书局1983年版，第3415页。

华族内其藻黼身文，率有二道，孝居上，文次之。"① 国学大师钱穆先生在论及一个家族门第不衰因素时曾这样指出："今人论此一时代之门第，大都只看在其政治上之特种优势，与经济上之特种凭藉，而未能注意及于当时门第中人之生活实况，及其内心想象。因此所见浅薄，无以抉发此一时代之共同精神所在。今所谓门第中人者，亦只是上有父兄，下有子弟，为此门第之所赖以维系而久在者，则必在上有贤父兄，在下有贤子弟。若此二者俱无，政治上之权势，经济上之丰盈，岂可支持此门第几百年而不弊不败？"② 他认为支撑一个家族门第不衰不败者，除了政治和经济上的因素外，家族中的贤父兄贤子弟则是主要因素。而在他看来，"当时门第传统共同理想，所希望于门第中人，上自贤父兄，下至佳子弟，不外两大要目：一则希望其能具孝友之内行，一则希望其能有经籍文史学业之修养。此两种希望，并合成为当时共同之家教。其前一项之表现，则成为家风。后一项之表现，则成为家学"③。他指出支撑一个家族门第不衰不败的主要因素，更多取决于家族子孙通过"孝友之内行"所体现出来的家风，以及家族子孙通过文史修养所体现出来的家学。此论可谓切实精到，一语中的。乐安孙氏家族之发展，也从一个家族发展的个案印证了钱穆先生的这一论断。

前已述及，魏晋隋唐时期乐安孙氏家族便体现出"代以儒学显"的家族特征，其家族成员表现出良好的儒家风范，钱穆先生所讲的"孝友之内行"的家风在其家族体现得非常鲜明，"故巨名硕望，冠出他族"。同样，乐安孙氏家族在"代以儒学显"的同时，其家族子孙也体现出良好的"经籍文史学业之修养"，尤其是家族的文学修养更为突出，用唐代乐安孙氏族人孙保衡评价其曾祖孙嘉之的话说，就是"道德文学，海内所称"④。

---

① （唐）孙璜：《唐故河南府洛阳县尉孙府君墓志铭并序》，载周绍良、赵超主编《唐代墓志汇编》，上海古籍出版社1992年版，第2213页。
② 钱穆：《略论魏晋南北朝学术文化与当时门第之关系》，见钱穆《钱宾四先生全集·中国学术思想史论丛（二）》，（台湾）联经出版事业公司1998年版，第272页。
③ 钱穆：《略论魏晋南北朝学术文化与当时门第之关系》，见钱穆《钱宾四先生全集·中国学术思想史论丛（二）》，第293页。
④ （唐）孙保衡：《唐故宣义郎京兆府蓝田县尉乐安孙府君墓志铭并序》，载周绍良、赵超主编《唐代墓志汇编》，上海古籍出版社1992年版，第1920页。

第六章 "德义之所府聚，文儒之所膏润"　159

乐安孙氏家族"道德文学，海内所称"的家族文化在魏晋时期就已显现，其家族成员不仅以儒学相尚，而且在文学修养上为时人所推崇。如孙灵晖之子孙万寿不仅"受五经，略通大义，兼博涉子史"，而且"善属文"①。据《隋书·文学传·孙万寿传》记载，孙万寿被滕穆王杨瓒荐引为文学侍从不久，便因衣冠不整获罪，并被配防江南从军。孙万寿"本自书生，从容文雅，一旦从军，郁郁不得志，为五言诗赠京邑知友"②。作品中借追忆郗超、王粲等一些怀才不遇的历史人物，抒发了自己因遭逢不幸而忧思的心绪，韵律工整谨严，诗意朴实清新，堪称上乘诗作。传说这首诗传至京城之后，"盛为当时之所吟诵，天下好事者多书壁而玩之"③，由此亦不难看出孙万寿深厚的文学功力。除此之外，明人冯惟讷《古诗纪》卷135还辑录孙万寿有《答杨世子》《别赠》《和张丞奉诏于江都望京口》《和周记室游旧京》《行经旧国》《早发扬州还望乡邑》《东归在路率尔成咏》等诗作。

唐代确立的以诗赋为取士标准的科举考试制度，使"进士者，时共贵之，主司褒贬，实在诗赋，务求巧丽，以此为贤"④。虽然有唐一代，反对以诗赋为取士标准的声音一直不绝如缕，诗赋在录取时的地位逐步

---

① （唐）魏征：《隋书》卷76《文学传·孙万寿传》，中华书局1973年版，第1735页。
② 诗作谓："贾谊长沙国，屈平湘水滨。江南瘴疠地，从来多逐臣。粤余非巧宦，少小拙谋身。欲飞无假翼，思鸣不值晨。如何载笔士，翻作负戈人！飘飘如木偶，弃置同刍狗。失路乃西浮，非狂亦东走。晚岁出函关，方春度京口。石城临兽据，天津望牛斗。牛斗盛妖氛，枭獍已成群。郗超初入幕，王粲始从军。裹粮楚山际，被甲吴江汶。吴江一浩荡，楚山何纠纷。惊波上溅日，乔木下临云。系越恒资辩，喻蜀几飞文。鲁连唯救患，吾彦不争勋。羁游岁月久，归思常搔首。非关不树萱，岂为无杯酒！数载辞乡县，三秋别亲友。壮志后风云，衰鬓先蒲柳。心绪乱如丝，空怀畴昔时。昔时游帝里，弱岁逢知己。旅食南馆中，飞盖西园里。河间本好书，东平唯爱士。英辩接天人，清言洞名理。凤池时寓直，麟阁常游止。胜地盛宾僚，丽景相携招。舟泛昆明水，骑指渭津桥。祓除临灞岸，供帐出东郊。宜城酝始熟，阳翟曲新调。绕树乌啼夜，雏麦雉飞朝。细尘梁上落，长袖掌中娇。欢娱三乐至，怀抱百忧销。梦想犹如昨，寻思久寂寥。一朝牵世网，万里逐波潮。回轮常自转，悬斾不堪摇。登高视衿带，乡关白云外。回首望孤城，愁人益不平。华亭宵鹤唳，幽谷早莺鸣。断绝心难续，惝恍魂屡惊。群、纪通家好，邹、鲁故乡情。若值南飞雁，时能访死生。"见（唐）魏征《隋书》卷76《文学传·孙万寿传》，中华书局1973年版，第1735—1736页。据明人冯惟讷《古诗纪》卷135《隋第六》可知，此诗作题名为"远戍江南寄京邑亲友"。
③ （唐）魏征：《隋书》卷76《文学传·孙万寿传》，中华书局1973年版，第1736页。
④ （唐）杜佑：《通典》卷17《选举五》，中华书局1988年版，第419页。

发生变化，但终唐之世，"试诗赋始终是进士考试的一个重要项目"①。唐代进士考试中以诗赋为取士标准的确立，在很大程度上促进了一大批文学家族的涌现。加之唐代是中国古代文学发展的兴盛时期，尤其是由于诗歌的辉煌而被称为"诗的唐朝"②。在这样一种时代氛围下，进入唐代的安乐孙氏家族更是从整体上表现出杰出的文学才华，堪称典型的文学家族③。"有文学重名"④的孙嘉之，其本人是以"以词学登科"入仕，其文学才华向为世人所称颂，如孙嘉之曾孙孙保衡称其曾祖"道德文学，海内所称"⑤，孙绛则称其"万迹全德，懿文积学，万石之训，德行为门"⑥。孙逖在为其父所撰写的《宋州司马先府君墓志铭》中称孙嘉之"弱冠以文章著称。因此游太原，涉西河，以观陶唐之风。河汾之间，有盛名矣"，并对其文章表现出"学该百氏而不为章句，文穷三变而尤工气质"⑦的特点大加赞誉。

受家庭熏陶，孙嘉之子女皆以文章著称于世，他"有子四人，皆著名于词学；有女六人，俱涉迹于图史"⑧。其中孙逖自幼便表现出非凡的文学才华。李都为孙瑝撰写墓志铭中称孙逖"文儒德业，连环如粲星"⑨。

---

① 吴宗国：《唐代科举制度研究》，辽宁大学出版社1992年版，第158页。
② 闻一多曾说："一般人爱说唐诗，我欲要讲'诗唐'。诗唐者，诗的唐朝也。"见《闻一多论古典文学》，重庆出版社1984年版，第82页。
③ 张剑、周扬波在《宋代家族与文学研究》（中国社会科学出版社2009年版）中认为："一个家族一代数人或者两代、三代以上均有能文之名或以文学著称于世的成员，这个家族就可以称为文学家族。"
④ （唐）令狐绹：《唐故银青光禄大夫检校司空兼太子少师分司东都上柱国乐安县开国侯食邑一千户赠太师孙公墓志铭并序》，载周绍良、赵超主编《唐代墓志汇编续集》，上海古籍出版社2001年版，第1110页。
⑤ （唐）孙保衡：《唐故宣义郎京兆府蓝田县尉乐安孙府君墓志铭并序》，载周绍良、赵超主编《唐代墓志汇编》，上海古籍出版社1992年版，第1920页。
⑥ （唐）孙绛：《唐故中大夫守桂州刺史兼御史中丞充桂州本营都防御经略招讨观察处置等使上柱国乐安县开国男赐紫金鱼袋孙府君墓志铭并序》，载周绍良、赵超主编《唐代墓志汇编》，上海古籍出版社1992年版，第1855页。
⑦ （唐）孙逖：《宋州司马先府君墓志铭》，载（清）董诰等编《全唐文》卷313，中华书局1983年版，第3182页。
⑧ （唐）孙逖：《宋州司马先府君墓志铭》，载（清）董诰等编《全唐文》卷313，第3182页。
⑨ （唐）李都：《唐故御史中丞汀州刺史孙公墓志铭并序》，载周绍良、赵超主编《唐代墓志汇编续集》，上海古籍出版社2001年版，第1102页；《全唐文补编》卷83，中华书局2005年版，第1034页。

第六章 "德义之所府聚，文儒之所膏润"　　161

孙绛则称其"才应贤期，望归人杰，文工天下，名赫宇内，道图于王佐，位积于亚卿"①。颜真卿在为孙逖文集所作序中有云："（孙逖）文统三变，特深稽古之道。故逸气上跻，而高情四达，羌索隐乎？混元之始，表独立于常均之外，不其盛欤，年数岁，即好属文。"②颜真卿之言绝非虚夸之词，《旧唐书》卷190 中《文苑传·孙逖传》称其不仅自幼"英俊"，而且"文思敏速"。孙逖 15 岁时，曾拜谒雍州长史崔日用，崔日用小瞧他，令他作《土火炉赋》，孙逖"握翰即成，词理典赡。日用览之骇然，遂为忘年之交，以是价誉益重"③。开元十年（722），孙逖便以杰出的文学才能考中制登文藻宏丽科。宰相张说"重词学之士"④，他非常赏识孙逖的文学才华，从而使孙逖得以常游其门。黄门侍郎李暠出镇太原时，与蒲州刺史李尚隐游于伯乐川，孙逖为之所作的记得到文士的"盛称"⑤。开元年间，官至中书舍人的孙逖与苏颋、齐浣、苏晋、贾曾、韩休、许景先典诏制诰，其中孙逖"掌诰八年，制敕所出，为时流叹服。议者以为自开元已来，苏颋、齐浣、苏晋、贾曾、韩休、许景先及逖，为王言之最"，其中孙逖"尤善思，文理精练，加之谦退不伐，人多称之"⑥。孙逖杰出的文学才华尤其为吏部侍郎王丘和宰相张说所推崇，据载，吏部侍郎王丘曾以《竹帘赋》试孙逖，"降阶约拜，以殊礼待之"，而"相国燕公张说览其策而心醉"⑦。张说不仅是唐代著名的政治家，也是唐代著名的文学家，其文学成就得到时人高度称

---

① （唐）孙绛：《唐故中大夫守桂州刺史兼御史中丞充桂州本营都防御经略招讨观察处置等使上柱国乐安县开国男赐紫金鱼袋孙府君墓志铭并序》，载周绍良、赵超主编《唐代墓志汇编》，上海古籍出版社 1992 年版，第 1855 页。
② （唐）颜真卿：《尚书刑部侍郎赠尚书右仆射孙逖文公集序》，载（清）董诰等编《全唐文》卷 337，中华书局 1983 年版，第 3415 页。
③ （后晋）刘昫：《旧唐书》卷 190 中《文苑传·孙逖传》，中华书局 2000 年版，第 3432 页。
④ （后晋）刘昫：《旧唐书》卷 102《韦述传》，中华书局 2000 年版，第 2157 页。
⑤ （后晋）刘昫：《旧唐书》卷 190 中《文苑传·孙逖传》，中华书局 2000 年版，第 3432 页。
⑥ 同上。（宋）欧阳修、宋祁《新唐书》卷 202《孙逖传》中则称开元年间，"苏颋、齐浣、苏晋、贾曾、韩休、许景先及逖典诏诰，为代言最，而逖尤精密，张九龄视其草，欲易一字，卒不能也"。
⑦ （唐）颜真卿：《尚书刑部侍郎赠尚书右仆射孙逖文公集序》，载（清）董诰等编《全唐文》卷 337，中华书局 1983 年版，第 3415—3416 页。

赞。《唐新语》中称张说"前后三秉大政，掌文学之任凡三十年，为文思精，老而益壮，尤工大手笔"①。《旧唐书》中则赞其"为文俊丽，用思精密，朝廷大手笔，皆特承中旨撰述，天下词人咸讽诵之"。张说去世后，孙逖在为其写的挽词中，称其"海内文章伯，朝端礼乐英"②。孙逖之文能得到张说的欣赏，从中亦不难看出孙逖杰出的文学才能。孙逖一生不仅著述甚多，"所著诗歌、赋序、策问、赞、碑志、表疏、制诰，不可胜纪"，而且其著述大都取得不凡和标志性的成就，如《唐才子传校笺》卷1称其"善诗，古调今格，悉其所长"③，颜真卿则称孙逖"其序事也，则《伯乐川记》及诸碑志，皆卓立千古，传于域中。其为诗也，必有逸韵佳对，冠绝当时，布在人口。其词言也，则宰相张九龄欲搞撼疵瑕，沈吟久之，不能易一字"④。孙逖学生颜真卿在为孙逖文集所作的序中，则对其师为文中所体现出的文质并重和统一的灵性给予高度评价⑤。

作为有唐一代典型的文学家族，乐安孙氏家族后代子孙大都以文章名闻于世。孙逖之子孙宿、孙绎、孙成等，受家族影响，"夙奉过庭之训，咸以文章知名，同时台省"⑥。像"学贯群书，上下数千载"的孙

---

① （唐）刘肃：《唐新语》卷1，文渊阁《四库全书》本。
② 参见傅璇琮主编《唐才子传校笺》卷1《张说》，中华书局1987年版，第137页。
③ 傅璇琮主编：《唐才子传校笺》卷1《孙逖》，中华书局1987年版，第173页。
④ （唐）颜真卿：《尚书刑部侍郎赠尚书右仆射孙逖文公集序》，载（清）董诰等编《全唐文》卷337，中华书局1983年版，第3415—3416页。傅璇琮主编：《唐才子传校笺》卷1《孙逖》，中华书局1987年版，第173页。
⑤ 文中云："古之为文者，所以导达心志，发挥性灵，本乎咏歌，终乎雅颂。帝庸作而君臣动色，王泽竭而风化不行。政之兴衰，实系于此。然而文胜质，则绣其鞶帨，而血流漂杵；质胜文，则野于礼乐，而木讷不华。历代相因，莫能适中。故诗人之赋丽以则，词人之赋丽以淫，此其效也。汉魏已还，雅道微缺；梁陈斯降，宫体聿兴。既驰骋于末流，遂受嗤于后学。是以沈隐侯之论谢康乐也，乃云灵均已来，此未及睹；卢黄门之序陈拾遗也，而云道丧五百岁，而得陈君。若激昂颓波，虽无害于过正；权其中论，不亦伤于厚诬。何则？雅郑在人，理乱由俗。桑间濮上，胡为乎绵古之时？正始皇风，奚独乎凡之代？盖不然矣。其或斌斌彪炳，郁郁相宣，膺期运以挺生，奄寰瀛而首出者，其惟仆射孙公乎？……公（孙逖）风裁明，天才杰出。学穷百氏，不好非圣之书；文统三变，特深稽古之道。故逸气上跻，而高情四达。"（唐）颜真卿：《尚书刑部侍郎赠尚书右仆射孙逖文公集序》，载（清）董诰等编《全唐文》卷337，中华书局1983年版，第3415页。
⑥ （唐）颜真卿：《尚书刑部侍郎赠尚书右仆射孙逖文公集序》，载（清）董诰等编《全唐文》卷337，中华书局1983年版，第3416页。

第六章　"德义之所府聚，文儒之所膏润"　163

成，"文道峻格，优游汉魏间。……百事闲练于朝典，万殊折中于笔端"①；孙宿则因"笃富刀翰，摛丽瑰藻，判入高等"②而被授予秘书省校书郎、中书舍人之职。孙成之孙孙方绍，"性聪敏而志高上，学该百氏，文擅周雅"③。孙宿之子孙公器，孙公器之子孙简，也是因杰出的文学才华而擢升进士第。孙公器"应书判超绝登第"，孙简则被判入殊等，授秘书省正字，并因文学才华突出而转任为负责拟草诏旨的中书舍人④。据载，"时宰执加官，例自翰林颁诏，执政者异笔直送阁下，冀驳其能否，自阁长已下皆叠手洽背，相顾不能下笔。太保公遂援翰立构，以副权命，当时瞻实于文学者，无不降欢捷，拜中书舍人"⑤。在中书舍人任上，孙简"以文学之称，守本官知制诰。……骋敏捷为诰令之能，职业具举，时论推服。所草词制勒成十卷，行下于代"。孙简杰出的文学才华亦为其后代子孙所承续，其子孙纾、孙徽、孙綵，也是"兼能以文嗣续，为时闻人"⑥。"以文学践于世"的孙正之子孙绚，在诗、词方面则有着较高的文学修养，曾"著文百篇，编之十轴"⑦。而孙景商之子孙备、孙储、孙瀣、孙伉、孙倚、孙铎、孙埴，"皆修词立诚，能自强以进"。如"以文学德行名殷当时，入服大僚，出践方伯，其懿实茂美，彰灼闻听"的孙备，"为文率高深遒拔，意欲自健于一时。始举，袖出

---

① （唐）孙绛：《唐故中大夫守桂州刺史兼御史中丞充桂州本营都防御经略招讨观察处置等使上柱国乐安县开国男赐紫金鱼袋孙府君墓志铭并序》，载周绍良、赵超主编《唐代墓志汇编》，上海古籍出版社1992年版，第1856页。
② （唐）孙徽：《唐故朝议郎前守蓬州刺史乐安孙府君墓志铭并序》，载周绍良、赵超主编《唐代墓志汇编》，上海古籍出版社1992年版，第2548页。
③ （唐）孙邲：《唐故承议郎使持节都督登州诸军事守登州刺史孙府君墓志铭并序》，载周绍良、赵超主编《唐代墓志汇编》，上海古籍出版社1992年版，第2431页。
④ （唐）孙徽：《唐故朝议郎前守蓬州刺史乐安孙府君墓志铭并序》，载周绍良、赵超主编《唐代墓志汇编》，上海古籍出版社1992年版，第2548页。
⑤ 同上。
⑥ （唐）令狐绹：《唐故银青光禄大夫检校司空兼太子少师分司东都上柱国乐安县开国侯食邑一千户赠太师孙公墓志铭并序》，载周绍良、赵超主编《唐代墓志汇编续集》，上海古籍出版社2001年版，第1111、1112页。
⑦ （唐）孙綵：《唐故湖南观察巡官前同州合阳县尉乐安孙府君墓志铭》，载吴钢主编《全唐文补遗》第6辑，三秦出版社1999年版，第193、194页。

巨轴拜公卿，郁然有文人誉"[1]。孙景商之孙孙拙，也表现出良好的文学修养，其墓志铭称其"世济文行，织于简编，余烈遗风，辉图耀谍"[2]，其杰出的文学才华亦使其官至中书舍人一职。前已述及，隋唐时期作为在中书省掌管制诰的中书舍人，"掌侍进奏，参议表章。凡诏旨制敕、玺书册命，皆起草进画"[3]。由于负责拟草诏旨，所以此职大多由那些文学声望深厚者充当。有唐一代，乐安孙氏家族从孙逖至孙拙先后有四代六人（孙逖、孙宿、孙简、孙梁、孙揆、孙拙）充任过中书舍人一职，这也从一个侧面反映出乐安孙氏家族浓厚的文学资望，"代传文雅"的乐安孙氏家族可谓名不虚传。

家族文化是家族子孙在特定的历史文化土壤中代代传承的结果，家族文化一旦形成，不但能长期积淀于家族子孙的心理意识中，使家族文化的影响如水之波纹一样逐渐放大，而且世代传承的家族文化，又在很大程度上维持和提高了家族的政治地位与社会声望，二者互为因果，相辅相成，相互影响和促进。乐安孙氏家族正是在世代传承的家族文化中，不仅孕育了以儒学传家、以孝悌仁爱为本的家风，而且形成了勤奋力学、好为文雅的家学，并且其子孙在仕宦生涯中养育了诚厚为国、力行忠道的为政风格。正是这种优良的家族文化，使唐代乐安孙氏家族"文儒德业，连环如粲星"[4]。孙逖之孙孙保衡在为乐安孙氏族人孙婴所作墓志铭中，曾称乐安孙氏家族"当开元天宝间，策茂异，征贤良，一门必擅于高科，四海共推于济美。儒家继盛，当代无俦"[5]，此话虽不乏溢美之词，但从很大程度上说，乐安孙氏家族能作为一个名门望族长期兴盛于唐代，与其优良的家族文化是密不可分的。

---

[1] （唐）孙玙：《唐故河南府洛阳县尉孙府君墓铭并序》，载周绍良、赵超主编《唐代墓志汇编》，上海古籍出版社1992年版，第2213页。
[2] （唐）王骞：《唐故朝散大夫守尚书工部侍郎柱国赐紫金鱼袋孙公墓铭并序》，载陈尚君辑校《全唐文补编》卷97，中华书局2005年版，第1203页。
[3] （宋）欧阳修、宋祁：《新唐书》卷47《百官志二》，中华书局1975年版，第1211页。
[4] （唐）李都：《唐故御史中丞汀州刺史孙公墓志铭并序》，载陈尚君辑校《全唐文补编》卷83，中华书局2005年版，第1034页。
[5] （唐）孙保衡：《唐故宣义郎京兆府蓝田县尉乐安孙府君墓志铭并序》，载周绍良、赵超主编《唐代墓志汇编》，上海古籍出版社1992年版，第1920页。

第七章 "道德文学,海内所称"
——唐代乐安孙氏家族诗文征析

从第六章相关论述中不难看出,唐代乐安孙氏家族作为一个以文章著称的家族,其家族成员大多有着较高的文学修养。唐代乐安孙氏家族的第二代孙希庄,唐太宗时为韩王府典签,掌管韩王府中的表启书疏,其子孙嘉之在弱冠之年就表现出较高的文学才华,孙逖及其后代子孙更是凸显出为时人所称誉的文学成就。然而令人遗憾的是,除了孙逖、孙荣、孙偓外,唐代乐安孙氏家族大部分成员没有诗文著作存世。现依据文献史料,主要分析孙逖、孙荣、孙偓的著述。

一 著述宏富的孙逖

孙逖作为唐代著名政治家、文学家,一生不仅著述丰富,而且写有多种文体的文章。正如前引颜真卿在《尚书刑部侍郎赠尚书右仆射孙逖文公集序》中称其"凡所著诗歌、赋序、策问、赞、碑志、表疏、制诰,不可胜纪"。尤其令人称道的,无论何种文体的文章,皆有许多为人称誉的代表作品:"其序事也,则《伯乐川记》及诸碑志,皆卓立千古,传于域中。其为诗也,必有逸韵佳对,冠绝当时,布在人口。其词言也,则宰相张九龄欲搞撼疵瑕,沈吟久之,不能易一字。"① 《新唐书》孙逖本传中则称"开元间,苏颋、齐浣、苏晋、贾曾、韩休、许景

---

① (唐)颜真卿:《尚书刑部侍郎赠尚书右仆射孙逖文公集序》,载(清)董诰等编《全唐文》卷337,中华书局1983年版,第3416页。

先及逊典诏诰,为代言最,而逊尤精密"①。苏颋、齐浣、苏晋、贾曾、韩休、许景先,皆为唐朝大臣、以文辞著称的文学家,《新唐书》称在"典诏诰,为代言最"的这七人之中,以孙逖尤为"精密",由此不难看出孙逖杰出的文学才华。然而可惜的是因"遭二朝之乱",他的作品"多有散落"②,许多作品失传。《旧唐书·孙逖传》中称其"有集三十卷"。对于孙逖杰出的文学才华和修养,以下不妨从孙逖文章著述和诗文创作中征选几篇有代表性的作品略加分析。

(一) 文章著述

孙逖是唐代杰出的政治家,在他的仕宦生涯中,掌诰长达八年,因而在其著述中,有关表、疏、制、诰、敕的文作甚多,《全唐文》收录的各种著述丰富,其篇目大致有212篇,其中制书最多,为143篇(见表1)。这些著述是研究孙逖思想以及唐代社会政治、经济、文化等方面的主要文献资料。在孙逖的文章著述中,尤为人称道的作品有如下几篇。

1.《应贤良方正科对策(并问)》

据《旧唐书·高宗本纪》记载,高宗显庆四年(659)春二月,唐高宗亲自测试举人900人,其中"惟郭待封、张九龄五人居上第,令待诏弘文馆,随仗供奉"③,这是科举考试中"殿试"的开始。《应贤良方正科对策(并问)》即是孙逖在唐玄宗朝参加殿试时的答卷,也是孙逖一篇著名的散文作品。

> 问:朕闻理国莫尚乎任贤,命官必资乎选众。尧、舜以声而以度,考核良难;殷、周取德兼取言,征求匪易。朕所以载怀经术之彦,夕遗其寝;虚伫艺能之士,朝忘其饥。子大夫光我弓旌,应斯扬择。为政作法,岂无前范?安人济时,亦有令躅。宜叙立身之

---

① (宋)欧阳修、宋祁:《新唐书》卷202《孙逖传》,中华书局1975年版,第5760页。
② (唐)颜真卿:《尚书刑部侍郎赠尚书右仆射孙逖文公集序》,载(清)董诰等编《全唐文》卷337,中华书局1983年版,第3416页。
③ (后晋)刘昫:《旧唐书》卷4《本纪第四·高宗上》,中华书局2000年版,第53页。

第七章　"道德文学，海内所称"　　167

志，各言从官之才。至如七辅、八元，施何纲纪？十臣、四老，正何得失？并陈事迹，兼详名氏。夫朝会古礼，登享旧章，九仪式辨其赐，六贽各明所执。雍畤起自何年？亳社立于何代？天士、地士，此何所封？诸布、诸严，彼何所主？又穆邦家而济生死，三圣之教何长？利动植而益黎元，五材之用何要？工商两业，在俗何先？文武二柄，适时何急？凡此数科，不获双美，必去者方于去食，可存者同夫存信。朕将亲览，尔等明言。①

问卷从基于选贤任能在治理国家重要性的认识出发，提出了以下问题让考生回答，其问题的覆盖面比较宽泛：

其一，叙述各自立身的志向和做官应具备的才能。

其二，辅助皇帝的七辅②、八元③实施的是什么样的治国纲纪？十臣、四老④是如何正得失的？并要求陈述他们的事迹，回答出他们的名氏。

其三，朝会时的古礼是什么？祭祀神明、天子有哪些旧规？周代对九种命官的授命仪式分别赐予什么，诸侯、卿、大夫、士、庶人、工商

---

① （清）董诰等编：《全唐文》卷311，中华书局1983年版，第3162—3163页。
② "七辅"即文献中所说的辅助黄帝的七个人。对此，明人朱谋㙔在《骈雅·释名称》中谓："风后、天老、五圣、知命、窥纪、地典、力墨，黄帝七辅也。"见（明）朱谋㙔《骈雅》卷3《释名称》，文渊阁《四库全书》本。
③ 马端临《文献通考·帝系考十》中谓："高辛氏有才子八人：伯奋、仲堪、叔献、季仲、伯虎、仲熊、叔豹、季狸，忠肃共懿，宣慈惠和，天下之民，谓之'八元'。"见（元）马端临《文献通考》卷259《帝系考十》，中华书局1986年版，第2051页。
④ 《史记》卷55《留侯世家第二十五》有谓："上欲废太子，立戚夫人子赵王如意。大臣多谏争，未能得坚决者也。吕后恐，不知所为。人或谓吕后曰：'留侯善画计策，上信用之。'吕后乃使建成侯吕泽劫留侯，曰：'君常为上谋臣，今上欲易太子，君安得高枕而卧乎？'留侯曰：'始上数在困急之中，幸用臣策。今天下安定，以爱欲易太子，骨肉之间，虽臣等百余人何益。'吕泽强要曰：'为我画计。'留侯曰：'此难以口舌争也。顾上有不能致者，天下有四人。四人者年老矣，皆以为上慢侮人，故逃匿山中，义不为汉臣。然上高此四人。今公诚能无爱金玉璧帛，令太子为书，卑辞安车，因使辩士固请，宜来。来，以为客，时时从入朝，令上见之，则必异而问之。问之，上知此四人贤，则一助也。'于是吕后令吕泽使人奉太子书，卑辞厚礼，迎此四人。四人至，客建成侯所。"对于四人具体姓名，司马贞于《索隐》中谓："四人，四皓也，谓东园公、绮里季、夏黄公、角里先生。"见（汉）司马迁《史记》卷55《留侯世家》，中华书局1959年版，第2044—2045页。

相见馈赠的六种礼物是什么？建于雍州祭祀五方天帝的祭坛起自哪一年？社祀土地之神的殷社立于哪一代？天士、地士分别分封的是什么？诸布（祭星的神庙）、诸严（祭星的神祠）分别主持什么？

其四，三圣之教在使家国和睦、和平以及解救生死上各有什么优势？要达到对动植物有利而对黎民百姓有益的效果，在运用金、木、水、火、土五种物质时有何要义？

其五，工、商两种职业，哪种职业在习俗上比较领先？文、武两大权柄，哪种最为时世所急需？

对于上述问题，孙逖一一做了回答。其回答内容如下：

> 对：伏惟陛下文明有赫，元圣广运，劝激极乎宇宙，察微穷乎物象。至如选众任能之术，《礼经》享物之要，三圣五材之短长，文武工商之用舍，斯并独断圣虑，悬衡睿谋，百辟端委而雍若，庶绩不言而潜运矣。犹以为立政图大，试言务重，弗躬弗亲，庶人不信。降清问于穹昊，俨神威于咫尺。斯亦尧咨舜吁，同德比义。臣愚敢不拜手稽首，对扬天子之休命。制策曰："子大夫光我弓旌，应斯扬择，为政作法，岂无前范？安人济时，亦有令躅。宜叙立身之志，各言从官之才"者。臣闻邦有道，贫且贱焉，耻也。今神化阴骘，要道光被，设序塾以教于乡，立胶庠以训于国，制为禄秩，以劝其从，则含生禀灵者，孰不刻意于仁义，饬躬于闻达。所谓尧舜之代，比屋可封也。臣以一介，能行无取，思勉进以追群，顾观光而知愧。尝亦自强不息，有闻而行，驰颜闵之极挚，伏周孔之轨躅。学古庶乎叶道，慎行期乎润身。非有志于干禄，苟求仁于寡过。立身之志，允或在兹；从官之才，则愚岂敢。何则？仲尼有言曰："如有所誉，其有所试。必也临事，难乎预谋。"昔孔明之自比管、乐，时人未许；仲由因之以师旅，夫子哂之。祗奉睿问，惧深陨越，其敢腼冒，轻议天工。陛下若不弃菅蒯，无遗蕴藻，考片言而察所以，效一官而视所由，安敢廋哉！取则不远，知人则哲。陛下允迪于圣君，扬己自媒，微臣敢辞于丑行！制策曰"七辅、八元，施何纲纪？十臣、四老，正何得失？并陈事迹，兼详名氏"者。《书》曰："惟后非贤不乂，惟贤非后不食。"故君明臣忠，予

违汝弼,时闻间出,代有其人。昔者黄帝之首出庶物也,时则有若七辅,股肱舟楫。虞舜之宾于四门也,时则有若八元,忠肃恭懿。周文之心德同济,始用十臣;汉储之羽翼已成,初闻四老。陈其事迹,斯亦庶乎;详其名氏,固可量也。七辅则风牧共贯,八元乃伯仲同归。语十臣之伦,则太颠、闳夭;稽四老之类,则绮季、园公。昔郯子之叙古臣,劳于倾盖;鲁公之问儒行,疲于更仆。况实繁有众,急景不留,聊举凡以见意,岂遽数而周物。制策曰"夫朝会古礼,祭享旧章,九仪式辨其赐,六贽各明所执。雍畤起自何年?亳社立于何代?天士、地士,此何所封?诸布、诸严,彼何所主"者。《传》曰:"朝有定制,会有表仪。"《书》曰:"享多仪,仪不及物,曰不享。"斯盖曲为之防,事为之制。经礼三百,仪礼三千,载在祀典,藏之史籍。九仪谓一命受职,再命受服,三命受位,四命受器,五命赐则,六命赐官,七命赐国,八命作牧,九命作伯。六贽谓孤执皮币,卿执羔,大夫执雁,士执雉,庶人执鹜,工商执鸡。雍畤起于秦年,亳社立于周代。天士、地士者,汉武之宠方士,将军始受其封;诸布、诸严者,班史之记小祠,先儒不详所出。制策曰"穆邦家而济生死,三圣之教何长?利动植而益黎元,五材之用何要?工商两业,在俗何先?文武二柄,适时何急"者。夫人生而静,天之性也;感物而动,情之欲也。天禀其性,而不能节,圣人能为之节,而不能绝。故务恬朴,贵清净,同术于汤之益谦,合志于尧之克让,此道教所长也。若乃不杀伐,证因果,包太空以为言,化群有而归寂,此释教所长也。皆能惩窒嗜欲,静镇纷糅,王侯得之,以贞天下。至于辨贵贱,立君臣,示之以好恶,因之以诛赏,使礼乐刑政,灿然可观,则为善不同,其味相反,系风捕影,荡而无适。故知孔氏之立教,乃为邦之所急也。《传》曰:"天生五材,废一不可。"断之于阴阳,效之于气物,示休咎以垂诫,因兴衰以运行。若可废,则乾坤之道,其或息矣。然土爱稼穑,居中履正,应我皇之休运,弥大化以阜成,利动植而益黎元,先金火而踰水木。必不得已,斯其一隅。又国有六职,实载工商,时之二柄,莫先文武。同唯阿之相去,何是非之足徵?然舜命共工之职,周有《考工》之记,车服器械,斯焉取斯。岂与夫乘时射利,滞财居逐者,若兹之琐琐焉。文德者,政之所专也;武威者,文之所助也。然则士农之末,作巧贤于鬻货;升平之岁,经国先于定功。臣学昧稽古,思迷政途,谋适不用,空愧绕朝之策,道之将行,犹委仲尼之命。谨对。①

答卷开头,孙逖首先对当朝皇上所表现出来的"文明有赫,元圣广运,劝激极乎宇宙,察微穷乎物象。至如选众任能之术,《礼经》享物之要,三圣五材之短长,文武工商之用舍,斯并独断圣虑,悬衡睿谋,百辟端委而雍若,庶绩不言而潜运矣。……降清问于穹昊,俨神威于咫尺。斯亦尧咨舜吁,同德比义"雄才大略的治国才能进行了颂美,然后对所提问题一一做了解答、陈述。孙逖答卷结构谨严,逻辑性强,语言畅达平实。除此之外,还有如下两个鲜明的特点:

其一,政治见解深刻,切中肯綮。在治理国家方面,首先孙逖特别强调教化作用。他非常赞同《论语·泰伯》中"邦有道,贫且贱焉,耻也"的观点,认为通过"设序塾以教于乡,立胶庠以训于国"的城乡教化,可以使人们遵从思想教化,积极向善。在他看来,凡是禀赋思想灵光的地方,人人都会克制己欲去努力追求仁义之道,饬身于社会声望。而后孙逖表明了自己"非有志于干禄,苟求仁于寡过"的立身从官之志,立志要努力效法群贤的德行,按照周公、孔子所立的法则与规范,积极进取,追求正道,自强不息。其次,孙逖推崇贤人政治,他引用《尚书》"惟后非贤不乂,惟贤非后不食"的论点,强调贤人相助在君主治理国家中的重要性,认为在贤人政治下,会出现一种"君明臣忠,予违汝弼"良性循环状态:君主英明,大臣忠诚;而君主若有过失,大臣就予以匡正。最后,儒教是治国安邦所急需。在孙逖看来,道教、佛教各有优势、长处,道教教人"务恬朴,贵清净",佛教教人"不杀伐,证因果,包太空以为言,化群有而归寂"。佛道两教虽然皆能起到"惩窒嗜欲,静镇纷糅"的目的,但与儒教相比,在"辨贵贱,立君臣,示之以好恶,因之以诛赏,使礼乐刑政,灿然可观"方面却"荡而无适",

---

① (唐)孙逖:《应贤良方正科对策(并问)》,载(清)董诰等编《全唐文》卷311,中华书局1983年版,第3163—3164页。

因此由孔子开创的儒教，才是治国安邦所急需。另外，孙逖在对策中所讲的"立政图大，试言务重，弗躬弗亲，庶人不信"之言论，"夫人生而静，天之性也；感物而动，情之欲也。天禀其性，而不能节，圣人能为之节，而不能绝"之观点，在当时的历史文化语境下，皆能起到振聋发聩的作用。

其二，全文引经据典，史论结合，浑然一体。孙逖是一个博学多识之士，对经、史、子、集等各种文化典籍极为熟悉，因而在其殿试试卷中，对要回答的问题多是引经据典，《礼经》《论语》《尚书》《春秋左传》《汉书》等典籍中的语句或史实信手拈来，然后展开论析，由观点带出所要回答的问题。如他在回答"七辅、八元，施何纲纪？十臣、四老，正何得失？并陈事迹，兼详名氏"问题时，先引用《尚书》"惟后非贤不乂，惟贤非后不食"观点，接着进行如下论述："故君明臣忠，予违汝弼，时闻间出，代有其人。昔者黄帝之首出庶物也，时则有若七辅，股肱舟楫。虞舜之宾于四门也，时则有若八元，忠肃恭懿。周文之心德同济，始用十臣；汉储之羽翼已成，初闻四老。陈其事迹，斯亦庶乎；详其名氏，固可量也。七辅则风牧共贯，八元乃伯仲同归。语十臣之伦，则太颠、闳夭；稽四老之类，则绮季、园公。"在引经据典的阐释中将问题答出，这样的回答使史与论前后相互映照，浑然一体。再如在回答"夫朝会古礼，祭享旧章，九仪式辨其赐，六贽各明所执。雍畤起自何年？亳社立于何代？天士、地士，此何所封？诸布、诸严，彼何所主"的问题时，先引用《春秋左传》和《尚书》的论点展开论述："《传》曰：'朝有定制，会有表仪。'《书》曰：'享多仪，仪不及物，曰不享。'斯盖曲为之防，事为之制。经礼三百，仪礼三千，载在祀典，藏之史籍。九仪谓一命受职，再命受服，三命受位，四命受器，五命赐则，六命赐官，七命赐国，八命作牧，九命作伯。六贽谓孤执皮币，卿执羔，大夫执雁，士执雉，庶人执鹜，工商执鸡。雍畤起于秦年，亳社立于周代。天士、地士者，汉武之宠方士，将军始受其封；诸布、诸严者，班史之记小祠，先儒不详所出。"孙逖对所提问题并没有机械、古板地逐条进行对答，而是在引经据典的立论过程中将所需要回答的问题答出，史论结合，观点与史实浑然一体。

总之，孙逖在《应贤良方正科对策（并问）》中，紧扣答卷主题，在引经据典、旁求博考的立论过程中展开论述，逻辑严密，堪称一篇史论结合、结构谨严的政论文章。

2.《伯乐川记》

《伯乐川记》是孙逖的一篇散文名作，也是颜真卿在《尚书刑部侍郎赠尚书右仆射孙逖文公集序》中所极力称颂的代表作品。其文曰：

> 太原元帅黄门侍郎李公，国之宗盟，朝之俊德，以元凯之忠肃，兼桓文之节制。戊辰岁秋七月，公以疆场之事，会幽州长史李公于伯乐川，王命也。公驾四牡，锵八鸾，旆旌悠悠，车辖啴啴。乙未，出于北京；戊戌，次于横野；己亥，至于会。封人戒备，军吏宿设，立会表于高阜，辟辕门于大荒。渔阳精锐，太原材力，驷介八百，徒兵三千，戈如林，羽若月，少长有礼，宾主不悖，蚩尤蚓其五兵，若敖惭其六卒，洸洸乎信可以慑穷庐而震高阙也！于是地主致饩，以昭飨宴之礼；君子有仪，以训上下之则。歌蔓草之相遇，笑投壶之失辞。大庖既盈，酾清有荑，胥乐周于卒乘，属厌及于舆台。慈惠之德，于是乎在。夫幽州、太原，襟带之地。自河以北，幽州制之；自河以东，太原制之。在两军之交，当二境之上，厥有弃地，皆为旷林，守之则表里之势全，舍之则候望之路隔。公料以古今，度其川原，献方略而入觐于王，议工徒而东为此会。爰究爰度，匪游匪追，蓐食无再舍之勤，扞揫为一夕之卫。不愆于素，返斾而旋，君子谓此会也，能用典矣。初公之始至太原也，酌于人，赋于事，以为节用者国之善政，于是乎减戍卒以宽其征；修备者武之善经，于是乎致秋集以哀其旅；足食者人之所庇，于是乎赏屯兵以艾其力；近利者奸之所生，于是乎禁和籴以惩其弊。然后序山泽之险，广亭燧之虞，候骑出于长城，爟火通于大漠。画田定赋，讲射训驺，蓄信义为国宝，修德行为战器。行之一年，军乃有节，边鄙不耸，龚黄之教也。虽魏绛有和戎之利，却谷有敦诗之德，申伯之式是南邦，韩侯之奄受北国，曷云比议，未足量力。公之与幽州李公也，义均伯仲，芳若兰茞。周诸侯以异姓为后，晋大夫以同官为寮。入亚六卿，共行司马之法；出膺九命，俱受元戎之律。《诗》曰："维其有之，是以似之。"其二公之谓矣。不书所

会,将何述焉?扬厥美于万斯年,俾夫来世知二公相见在此川也。①

《伯乐川记》创作于玄宗开元十六年(728),是孙逖在做镇守太原的黄门侍郎李暠僚属时所作。对此,《旧唐书·孙逖传》这样记载说:"黄门侍郎李暠出镇太原,辟为从事。暠在镇,与蒲州刺史李尚隐游于伯乐川,逖为之记,文士盛称之。"②《伯乐川记》中所称"太原元帅黄门侍郎李公""幽州长史李公"即分别为李暠和李尚隐。

李暠和李尚隐均是中唐时期朝廷名臣。李暠,睿宗朝累官卫尉少卿,玄宗开元年间先后出任汝州刺史、太常少卿、黄门侍郎兼太原尹及太原以北诸军节度使、太常卿、工部尚书、东都留守、吏部尚书等职。李尚隐(666—740),由明经科入仕,先后出任下邽主簿、左台监察御史、定州司马、吏部员外郎、御史中丞、御史大夫、兵部侍郎、蒲州刺史、扬州益州长史、东都留守等职。作为朝廷名臣,李暠和李尚隐为官忠于职守。史载李暠"风仪秀整,所历皆以威重见称,朝廷称其有宰相之望"。唐玄宗甚至将其视为朝臣的榜样和朝廷的楷模,赞其"体含柔嘉,识致明允,为公族之领袖,是朝廷之羽仪"。在汝州刺史任上,李暠"为政严简,州境肃然"。任职太原后,针对长期为当地民众"患之"的旧俗,李暠严明朝廷的礼仪和法令,很快革除了旧俗。李暠不仅做官忠于职守,而且为政清廉。李暠与其兄弟李昇、李晕感情"尤相笃睦",李暠任职汝州刺史时,兄弟二人每月自东都洛阳来汝州探望李暠,其兄弟二人的"往来微行,州人不之觉",李暠为官"清慎"的作风令人赞叹③。史臣赞其"孝友清慎,居官有称"④ 之语,正是对李暠为官一任的精到评价。作为长期任职于监察机构的朝廷官员,李尚隐居官则凸显出不畏强权、忠于职守的人格特质。史载李尚隐"性刚亮,论议皆披心示诚,处事分明,御下不苛密。尤详练故实,前后制令,诵记略无

---

① (唐)孙逖:《伯乐川记》,载(清)董诰等编《全唐文》卷312,中华书局1983年版,第3170页。
② (后晋)刘昫:《旧唐书》卷190中《孙逖传》,中华书局2000年版,第3432页。
③ 参见(后晋)刘昫《旧唐书》卷112《李暠传》,中华书局2000年版,第2263—2264页。
④ (后晋)刘昫:《旧唐书》卷112,中华书局2000年版,第2271页。

遗"。任监察御时,鉴于权臣崔湜、郑愔"典吏部选,附势幸,铨拟不平,至逆用三年员阙,材廉者轧不进,俄而相踵知政事"的状况,李尚隐不畏权势,与御史李怀让"显劾其罪",并将二人斥出朝廷。睦州刺史冯昭泰"性鸷刻,人惮其强,尝诬系桐庐令李师旦二百余家为妖蛊,有诏御史覆验,皆称病不肯往",李尚隐勇于敢为,自觉请求前往,为他们洗清了冤屈。任职御史中丞时,御史王旭枉法招权,李尚隐深查其罪过,依法将王旭治罪。任职御史大夫时,司农卿陈思问任用的属吏多为一些小人,他们相互勾结,侵吞巨额钱谷,李尚隐依法查明他们的违法之事,陈思问被流放岭南。《新唐书》称李尚隐"三入御史府,辄绳恶吏,不以残挚失名,所发当也,素议归重。仕官未尝以过谪……以循吏终始"[1],正是对其为官清慎、忠于职守的概括和总结。

孙逖的《伯乐川记》开头记述了太原元帅黄门侍郎李暠因"疆场之事"奉王命会幽州长史李尚隐并同游伯乐川一事。此文从属性上说应该是一篇记游类的文体,而作为记游之类的文章,作者一般是将笔墨倾注于对山水、景物的描写上。但孙逖的《伯乐川记》一文,对山水、景物的描写却没有涉及,而是将笔墨主要放在对当事人李暠、李尚隐才能和品德以及政事的称颂上。文中还对"幽州、太原,襟带之地。自河以北,幽州制;河以东,太原制之。在两军之交,当二境之上,厥有弃地,皆为旷林,守之则表里之势全,舍之则候望之路隔"的战略地位进行了叙述,并对李暠、李尚隐两位朝臣经略边防重镇幽州、太原的所思所为给予概述和颂美。《伯乐川记》所呈现出的记文内容,显然也蕴含了孙逖本人为官的价值取向,及其对政事、国事关心的情怀。由此观之,《伯乐川记》不仅仅是一篇散文名作,而且还具有重要的史学价值。

3.《唐故幽州都督河北节度使燕国文贞张公遗爱颂并序》

在中国古代社会,为颂扬官吏的善政和美政而立的碑石称"德政碑",或叫"颂德碑""遗爱碑"。如据《册府元龟·牧守部·能政》记载,南朝梁雍州刺史萧恭,因在雍州刺史任上"政绩有声",百姓特向

---

[1] 以上引文及内容参见(宋)欧阳修、宋祁《新唐书》卷130《李尚隐传》,中华书局1975年版,第4499—4500页。

朝廷"请于城南立碑颂德,诏许焉,名为德政碑"①。唐代笔记小说《封氏闻见记·颂德》则谓:"在官有异政,考秩已终,吏人立碑颂德者,皆须审详事实,州司以状闻奏,恩勅听许,然后得建之,故谓之颂德碑,亦曰遗爱碑。"②

《全唐文》载有孙逖撰写的《唐齐州刺史裴公德政颂》《唐故幽州都督河北节度使燕国文贞张公遗爱颂并序》两文。《唐齐州刺史裴公德政颂》颂扬了齐州刺史裴耀卿仕宦期间"卓然远谋,择利而行,虑善以动"的"为政"之"异能"。如为了黄河和济水两岸居民出行来往的便利,裴耀卿"西自于阳谷,东尽于长清,造舟为三桥,置骑为万驿,辟野为两顷,除道为九逵";开元十三年(725)秋,济州发生洪水灾害,河堤被冲毁,在"诸郡有闻,皆俟诏到,莫敢兴役,害既滋甚,功无已时"情况下,裴耀卿"以为执事逯上者,非至公之法也;便文自营者,非尽忠之计也。亦既成奏,因而发卒,播告厥指,率吁于人"。他亲自"俯临决河,躬自护作,雨不张盖,尘不振衣,馈不致鲜,寝不处馆,蔬食以同其烹饪,野次以同其燥湿。板筑竞劝,䥽鼓弗胜,克巩而成,匪亟而速。以浃辰之役,兴百倍之利,澹灾革弊,人到于今赖焉"。文中还称颂了裴耀卿"通变合度,丰省中程,编户之民,秋毫勿与。繇是邑无征令,乡无敛法,贾不利于乘急,农不伤于甚贱"的利民德政,以及"若乃迈德由己,全诚自衷,出入孝悌,周旋礼乐。幅利以俭,葆光以和,仁而有刚,直而不倨,微妙析理,入于无间,清明开物,周于有象"③的道德操守。《唐故幽州都督河北节度使燕国文贞张公遗爱颂并序》则是孙逖为颂扬已故官吏张说的善政和美政而创作的一篇文字,极

---

① (宋)王钦若等:《册府元龟》卷677《牧守部·能政》,凤凰出版社2006年版,第7799页。

② (唐)封演:《封氏闻见记》卷5《颂德》,载王汝涛编校《全唐小说》第2卷,山东文艺出版社1993年版,第1631页。"德政碑"或"遗爱碑"虽然皆是颂扬官员政绩的碑石,但两者还是有一定差别的。有学者指出,"德政碑为生碑,'遗爱'暗含逝世的意味,多为逝者而立。即便是为生人所立的遗爱碑,其树立的时间多在官员离任数年甚至一二十年之后,而德政碑的树立一般都在官员离任一两年左右"。参见赵洋《唐代德政碑再探》,《碑林集刊》总第20辑,2014年,三秦出版社2015年版,第165页。

③ 所引史料见(唐)孙逖《唐齐州刺史裴公德政颂》,载(清)董诰等编《全唐文》卷312,中华书局1983年版,第3170—3172页。

具文学价值和史学价值。全文如下：

> 有唐开府仪同三司行尚书左丞赠太师燕国文贞公讳说，字道济，张氏，圣文神武皇帝佐命之臣也。开元六祀，宅于幽朔。及公既殁，御撰丰碑，以为用公于是邦，当革弊之举，讯彼故老，征于前事，有以见圣人之情见于辞矣。夫渤碣之北，有山戎焉，乍臣乍骄，或息或纵。镇之以大府，府有都督；威之以大军，军有节度。二者之任，万邦之屏，弥缝其阙，必有宗臣。曩者天册之初，王尚书不反命，则我天后以纳言狄公领之；先天之际，孙将军不振旅，则我睿宗以太尉宋公为之。洎陉口之役，薛公小衄，后数稔，伤痍未平，易置诸将，少有称者，则我皇帝注意于文贞公。社稷之固，生民之杰，伊昔徇节，未尝顾身。面折二竖，辩邪正于君侧；首谋四凶，决安危于天下。勇于义，力于忠，虽有贲育，不能夺已。自受命处此，声振殊俗，终公之代，不敢近边。圣人金城，其在是矣。先是公之未至也，军实耗斁，边储匮少，帑藏乏中人之产，革车无百驷之群。将欲丰之，不其难也？公问以谣俗，因而化之。命廿人采铜于黄山，使兴鼓铸之利；命杼人斩木于燕岳，使通林麓之财；命圉人市骏于两蕃，使颁质马之政；命廪人搜粟于塞下，使循平籴之法。物有其官，官赡其事，如川之至，以莫不增。一年而财用肃给，二年而蓄聚饶羡，军声武备，百倍于往时矣。犹以为不一劳者不久逸，不暂费者不永宁，既庶且富，人可用也。于是堑山泽，起亭障，塞鸡鸣之厄，守阜陵之冲，遮大夏之路，距卢龙之口。延袤千里，横绝一方，以顺天地之心，且为华夷之限。命下之日，修塞之后，人到于今赖焉。夫戎狄远却，暴禁矣；货食滋至，财丰矣；封守以固，人安矣；师徒不劳，兵戢矣。武有七德，我其四焉。坐致必胜之道，以销未形之患，是公之深计远虑所致也。初公之大用，实以词宗，虽亟持国钧，而未执兵柄。及台揆中废，荆衡外牧，上将复内用，因以为将。惟幽都克慎厥始，惟大原克和厥中，惟朔方克成厥终，三驾而时靡有争，繇是复践中枢之任矣。文武为宪，斯之谓欤？乔岳告成，遂登仲虺之相；金华念旧，仍遵尚父之师。高朗令终，固其宜也。昔周有张仲，是称孝友；汉有留

第七章 "道德文学，海内所称" 177

侯，见推筹画。太守飞声于朔野，司空迈绩于西晋。及公之贵，世德其昌，光于祖考，则庆州都督刑部尚书追孝于前烈；友于兄弟，则国子祭酒怀州刺史致美于当代；施于祚允，则兵部侍郎驸马都尉缵戎于后叶。人臣尊宠，举集其门，岂伊朱轮之盛，方继缁衣之好。辩其谱系，范阳之大族也；叙其封略，燕国之名都也；征其政理，幽州之良牧也，美数多矣。斯人之德，与夫班伯之荣故郡、买臣之惊守邸，盖不侔矣。蓟县父老某乙等，感之所致，久而益思，远诉不才，追书盛德。徽音已隔，空悲梁木之歌；碑颂独存，应堕岘山之泪。仍系辞曰：圣出贤睹，为师为辅。大国宗文，殊方畏武。帝谓幽朔，人思镇抚。受命再瞻，聿来兹土。谋猷既壮，阙漏咸补。守固邦宁，财丰人聚。四牡既驾，三边无侮。又何与之，元衮及黼。范阳宗邑，燕垂守宇。德被塞翁，恩深召父。琢彼遗爱，传于终古。贞石不骞，蓟邱之下。①

张说，唐代文武兼备的大臣，著名的政治家，仕宦期间孜孜为政。唐玄宗时期宰相苏颋称其"含和育粹，特表人师。悬解精通，见期王佐。立言布文武之用，定策励忠公之典。才冠代而不有，功至大而若虚。自顷弘益时政，发挥王道。万事必理，一心从乂"②。《唐大诏令集》赞其"履道体正，经邦立言"③。《新唐书》本传则赞其"于玄宗最有德，及太平用事，纳忠惓惓，又图封禅，发明典章，开元文物彬彬，说力居多"④。唐玄宗开元六年（718），为时望所称的张说出任幽州都督和河北节度使。在此边防重镇的任上，张说励精图治，不负众望，政绩斐然。在《唐故幽州都督河北节度使燕国文贞张公遗爱颂并序》一文中，孙逖对张说出任幽州都督两年时间内在发展当地经济和武功方面的

---

① （唐）孙逖：《唐故幽州都督河北节度使燕国文贞张公遗爱颂并序》，载（清）董诰等编《全唐文》卷312，中华书局1983年版，第3172—3174页。
② （唐）苏颋：《张说中书令制》，载（宋）李昉等编，（清）宫梦仁选《文苑英华选》卷26，任继愈主编《中华传世文选》本，吉林人民出版社1998年版，第356页。
③ （宋）宋敏求编：《唐大诏令集》卷45《张说中书令王晙同三品制》，学林出版社1992年版，第198页。
④ （宋）欧阳修、宋祁：《新唐书》卷125《张说传》，中华书局1975年版，第4412页。

政绩进行了宣扬：由于张说幽州任上采取了"问以谣俗，因而化之。命卝人采铜于黄山，使兴鼓铸之利；命杕人斩木于燕岳，使通林麓之财；命圈人市骏于两蕃，使颁质马之政；命廪人搜粟于塞下，使循平籴之法。物有其官，官赡其事"等一系列深谋远虑的努力，最终使幽州在短短的两年时间内取得了财用积蓄丰饶富足、军队声势装备"百倍于往时"的繁荣景象，从而改变了张说任职前幽州"军实耗敌，边储匮少，帑藏乏中人之产，革车无百驷之群"的窘况。该文语句精练，词语华美，内涵丰富，颇见孙逖深厚文学底蕴，不仅有极高的文学价值，而且也具有重要的史学价值。

表1　　　　　　　　　孙逖主要著述一览表

序号	著述篇目	文章出处
1	帘赋	（清）董诰等编《全唐文》卷308，中华书局1983年版
2	席赋	同上
3	授徐安贞中书侍郎制	同上
4	授薛稷中书侍郎制	同上
5	授褚廷诲给事中制	同上
6	授尹愔谏议大夫制	同上
7	授宋浑谏议大夫制	同上
8	授杨慎矜谏议在夫依旧知大府出纳制	同上
9	授达奚珣中书舍人制	同上
10	授贾登中书舍人制	同上
11	授梁淑中书舍人制	同上
12	授韦斌中书舍人制	同上
13	授李元成中书舍人制	同上
14	授杨齐宣起居郎制	同上
15	授陈九言起居舍人刘贶起居郎制	同上
16	授杨齐宣左补阙制	同上
17	授卢惟等通事舍人制	同上
18	授李林甫左仆射兼右相制	同上

第七章　"道德文学，海内所称"　179

续表

序号	著述篇目	文章出处
19	授陆景融尚书右丞等制	同上
20	授张绍贞尚书右丞制	同上
21	授宋鼎尚书右丞郭虚已尚书户部侍郎制	同上
22	授崔翘尚书右丞制	同上
23	授李林甫兵部尚书制	同上
24	授裴宽户部尚书制	同上
25	授裴敦复刑部尚书制	同上
26	授陆景融吏部侍郎制	同上
27	授李彭年吏部侍郎制	同上
28	授韦陟吏部侍郎达奚珣中散大夫礼部侍郎制	同上
29	授张均兵部侍郎制	同上
30	授李彭年兵部侍郎制	同上
31	授韦济户部侍郎制	同上
32	授韩滉户部侍郎专判度支制	同上
33	授李暐等兵部郎中制	同上
34	授李知止等司封员外郎制	同上
35	授李岫司勋员外郎制	同上
36	授张博济户部员外郎制	同上
37	授章仇兼琼主客员外郎制	同上
38	授杨仲昌吏部员外郎李岩兵部员外郎制	同上
39	授刘绎虞部员外郎制	同上
40	授王敬从御史中丞充京畿采访使制	同上
41	授萧谅御史中丞充京畿采访使制	同上
42	授萧隐之御史中丞仍充东京畿采访等使制	同上
43	授吕周等侍御史制	同上
44	授李常殿中侍御史制	同上
45	授蒋洌等监察御史制	同上
46	授姚闶监察御史等制	同上
47	授邢巨监察御史制	同上

续表

序号	著述篇目	文章出处
48	授怀信郡王璆宗正卿制	（清）董诰等编《全唐文》卷309，中华书局1983年版
49	授濮阳郡王彻宗正卿制	同上
50	授广武郡王承宏光禄卿制	同上
51	授韦琪光禄卿制	同上
52	授崔惠童卫尉卿豆卢建太仆卿制	同上
53	授王斛斯太仆卿仍兼安西都护制	同上
54	授王昱太仆卿制	同上
55	授李林宗太仆卿制	同上
56	授窦锷等太仆卿制	同上
57	授杜希望鸿胪卿摄御史中丞制	同上
58	授韦恒太常少卿制	同上
59	授李林宗太常少卿制	同上
60	授李岫卫尉少卿制	同上
61	授郑子献太仆少卿制	同上
62	授杨先司农少卿仍东都留守制	同上
63	授王回质秘书监韦廉起居郎制	同上
64	授牛仙客殿中监制	同上
65	授宋浑将作少匠制	同上
66	授翟璋等将作少监制	同上
67	授司马利宾等著作郎制	同上
68	授刘瑗等国子祭酒制	同上
69	授裴巨卿国子司业张九皋尚书职方郎中制	同上
70	授王斛斯守左金吾卫大将军兼范阳大都督府长史制	同上
71	授张元逸明威将军守右卫将军制	同上
72	授吴祗等右卫将军制	同上
73	授盖嘉运金吾卫将军兼北庭都护制	同上
74	授元环右监门卫将军制	同上

续表

序号	著述篇目	文章出处
75	授赵惠琮云麾将军守左监门卫将军仍兼知内侍省事制	同上
76	授王斛斯宣威将军守右羽林军将军制	同上
77	授彭元昭右羽林军将军制	同上
78	授曹王弼左武卫将军制	同上
79	授郭元昇右武卫将军守右将军郑继先右武卫率制	同上
80	授裴倩右武卫将军制	同上
81	授信安王祎太子太师制	同上
82	授崔琳太子少保制	同上
83	授贺知章等太子宾客制	同上
84	授孟温太子宾客崔璘太子右庶子制	同上
85	授裴元初太子宾客制	同上
86	授王暐银青光禄大夫守太子詹事制	同上
87	授许王瓘太子詹事王暐守同州刺史制	同上
88	授卢询太子詹事制	同上
89	授程伯献光禄大夫太子詹事李仲思光禄大夫国子祭酒制	同上
90	授殷承业太子左谕德王利涉国子监丞制	同上
91	授甘晖太子赞善大夫元嘉福戎州长史制	同上
92	授萧诚太子左赞善大夫仍前幽州节度驱使制	同上
93	授韦汭等太子赞善大夫制	同上
94	授殷彦方等王傅制	同上
95	授郭元融宁王府谘议制	同上
96	授李夷吾荣王府谘议制	同上
97	授王积薪庆王友制	同上
98	授崔隐甫河南尹制	同上
99	授崔希逸河南尹制	同上
100	授裴宽河南尹裴伷先蒲州刺史制	同上
101	授陆操太原少尹制	同上
102	授郑岩万年县令制	同上
103	授徐锷洛阳县令制	同上
104	授樊象蓝田县令制	同上

续表

序号	著述篇目	文章出处
105	授源复等诸州刺史制	同上
106	授韩朝宗等诸州刺史制	同上
107	授元彦冲等诸州刺史制	同上
108	授崔翘等诸州刺史制	同上
109	授宋樽等诸州刺史制	同上
110	授张敬舆等诸州刺史制	同上
111	授翟璋等诸州刺史制	同上
112	授秦昌舜等诸州刺史制	同上
113	授刘体微等诸州刺史制	同上
114	授裴炜等诸州刺史制	同上
115	授魏哲等诸州刺史制	同上
116	授李昇朝等诸州刺史制	同上
117	授李良等诸州刺史制	同上
118	授王忠嗣同陇右节度副使制	（清）董诰等编《全唐文》卷310，中华书局1983年版
119	授马元庆河西节度副使制	同上
120	授李林甫兼河西节度等使制	同上
121	授卢朔莱州长史薛重辉括州长史制	同上
122	授杨行审灵州长史仍充六城水运使制	同上
123	授杨戬华州长史制	同上
124	授韦景远犍为郡长史韦履言仁寿郡长史制	同上
125	授李践由安州别驾李惟可鄂州别驾制	同上
126	授李裕邓州别驾魏滉德州别驾制	同上
127	授萧诚宏农郡别驾制	同上
128	授李廷珍沂州司马制	同上
129	授李庭芝绛州司马制	同上
130	授梁炫吨州司马制	同上
131	授严正海博州司马制	同上
132	授韦由太原县令程若水守太子中允制	同上
133	授徐钧南海县令制	同上

续表

序号	著述篇目	文章出处
134	授崔纶郏县令制	同上
135	赠废太子承乾恒山愍王制	同上
136	封李林甫晋国公牛仙客邠国公制	同上
137	张均袭封燕国公制	同上
138	封李岫长乐县侯制	同上
139	授牛仙童内谒者监制	同上
140	封牛仙客妻王氏邠国夫人制	同上
141	开元二十七年册尊号大赦天下制	同上
142	天宝三载亲祭九宫坛大赦天下制	同上
143	立忠王为皇太子制	同上
144	封高都公主等制	同上
145	封永宁公主制	同上
146	封平昌公主制	同上
147	改尚书洪范无颇字为陂字敕	同上
148	升风伯雨师为中祀敕	同上
149	诫励吏兵部侍郎及南曹郎中敕	同上
150	诫励吏部兵部礼部掌选知举官等敕	同上
151	诫励兵吏部两司敕	同上
152	遣荣王琬往陇右巡按处置敕	同上
153	令嗣郑王希言分祭五岳敕	同上
154	令关内诸侯州长官祭名山大川敕	同上
155	令天下寺观修功德敕	同上
156	停京都检校僧道威仪敕	同上
157	禁断寒食鸡子相饷遗敕	同上
158	册颍王独孤妃文	同上
159	册信成公主文	同上
160	册昌乐公主文	同上
161	册高都公主文	同上

续表

序号	著述篇目	文章出处
162	册永宁公主文	同上
163	为宰相贺雪表	（清）董诰等编《全唐文》卷311，中华书局1983年版
164	为宰相贺雨表	同上
165	为宰相贺雨表	同上
166	为宰相贺平原郡铸尊容炉上有紫云等瑞表	同上
167	为宰相贺开元观铸圣容庆云见表	同上
168	为宰相贺会昌山庆云见表	同上
169	为宰相贺赛龙潭有瑞云表	同上
170	为宰相贺中岳合炼药自成兼有瑞云见表	同上
171	为宰相贺太原府圣容样至有庆云见表	同上
172	为宰相贺李树凌冬结实表	同上
173	为宰相贺合炼院产芝草表	同上
174	为宰相贺武威郡石化为面表	同上
175	为宰相贺檀州界破奚贼表	同上
176	为宰相贺破吐蕃并庆云见表	同上
177	为宰相贺九姓斩送突厥首表	同上
178	为宰相贺突厥来降表	同上
179	为宰相贺陇右破吐蕃表	同上
180	为宰相贺赵郡铸天尊及佛有诸瑞表	同上
181	为宰相贺开元寺释迦牟尼佛白光等瑞表	同上
182	为宰相贺宫人梦玄元皇帝应见表	同上
183	为宰相谢至尊为苍生祈福表	同上
184	为李右相谢上上考表	同上
185	为宰相谢赐竹扇表	同上
186	为宰相谢赐果实等表	同上
187	为宰相谢赐永穆公主池亭游宴表	同上
188	为宰相请不停千秋宴会表	同上
189	陈情表	同上
190	应贤良方正科对策（并问）	同上

续表

序号	著述篇目	文章出处
191	对读书判	同上
192	对除丧鼓琴判	同上
193	送李郎中赴京序	（清）董诰等编《全唐文》卷312，中华书局1983年版
194	送李侍御之芳黔中掌选序	同上
195	送张补阙归邺序	同上
196	送蒋胄曹充陇右营田判官序	同上
197	送裴参军充大税使序	同上
198	送遂州纪参军序	同上
199	送康若虚赴任金乡序	同上
200	禹庙别韦士曹序	同上
201	吏部尚书壁记	同上
202	鸿胪少卿壁记	同上
203	伯乐川记	同上
204	唐齐州刺史裴公德政颂	同上
205	唐故幽州都督河北节度使燕国文贞张公遗爱颂（并序）	同上
206	故滕王府谘议杜公神道碑	同上
207	赠太子詹事王公神道碑	（清）董诰等编《全唐文》卷313，中华书局1983年版
208	太子右庶子王公神道碑	同上
209	东都留守韦虚心神道碑	同上
210	太子舍人王公墓志铭	同上
211	沧州刺史郑公墓志铭	同上
212	宋州司马先府君墓志铭	同上
213	太子少傅李公墓志铭	同上
214	祭亡弟故左羽林军兵曹参军文	同上

（二）诗歌创作

唐代是一个诗人辈出的时代，在有唐一代众多的诗人中，孙逖虽然无法与李白、杜甫、白居易等著名诗人相比，但在当时也是一个有影响的诗人，其作品自唐朝至清代的诗歌选集中皆有选录。如编录于唐朝的唐诗选本《国秀集》，由北宋李昉、徐铉等知名学者编录的诗文总集《文苑英华》，由南宋官至翰林院学士、端明殿学士的著名文学家洪迈编录的唐代绝句诗总集《万首唐人绝句》，由明人收录的唐代50位诗人作品的《唐五十家诗集》，由清代康熙年间状元、著名学者彭定求等编校的《全唐诗》等，皆有孙逖的诗歌作品被收录其中。在上述诗歌选集中，收录孙逖诗作数量最多的《全唐诗》，共收录60首（见表2）。孙逖诗作表现手法或寄意于物，托物言志；或借景抒情，意与物、情与景常常是相互交融，意境高深远大。在语言特色上，则是用词华丽，词句精湛，对仗工稳，具有丰富的韵味。以下不妨从清代著名学者彭定求等编的《全唐诗》摘选几篇略加阐释，以作管中窥豹之用。

1. 《宿云门寺阁》

> 香阁东山下，烟花象外幽。
> 悬灯千嶂夕，卷幔五湖秋。
> 画壁余鸿雁，纱窗宿斗牛。
> 更疑天路近，梦与白云游。①

《宿云门寺阁》是一首优美的写景诗。作者由外入内，描写了坐落在浙江绍兴府会稽县附近云门山（又称东山）脚下云门寺阁烟霭缭绕、层峦叠嶂、幽静高峻、山水相映的内外环境，以及高雅古朴的内在气势，继而描写了宿于寺阁后犹如身临天路白云间的梦境。《唐诗评注读本》称该诗"从登阁直起，以下就阁中近视远眺俯视仰瞻，总以形容阁之高古，字字贴切，绝无泛语"②。该诗主题鲜明，意境高远，"全诗八句，紧扣诗题，丝丝入扣，密合无间。诗人以时间为线索，依次叙述赴寺、入阁、睡下、入梦，写足'宿'字。又以空间为序，先从远处写全

---

① （清）彭定求等编：《全唐诗》卷118，中华书局1999年版，第1193页。
② 中华书局辑注：《唐诗评注读本》下册卷2《五律》，上海中华书局1936年版，第51页。

景,再从阁内写外景,最后写阁内所见;由远而近,由外而内,环环相衔,首尾圆合,写尽云门寺的'高'与'古'。艺术结构高超,处处都见匠心"①。后世学者对该诗给予高度评价,如明末清初学者王夫之在《唐诗评选》中称颂此诗"刻炼深奇,束结完好,虽于人为脍炙,而知味者不百一也",又称此诗"'画壁余鸿雁',拾景入神"②。清人吴汝则称赞此诗"句句精湛,乃盛唐炼句之法"③。

2.《江行有怀》

> 秋水明川路,轻舟转石圻。
> 霜多山橘熟,寒至浦禽稀。
> 飞席乘风势,回流荡日晖。
> 昼行疑海若,夕梦识江妃。
> 野霁看吴尽,天长望洛非。
> 不知何岁月,一似暮潮归。④

作为孙逖诗歌创作中一篇典型的山水诗,该诗以清新凝练的笔触,将途中景物呈现于读者面前。明净如镜的水流,回转于曲折河岸的轻舟,深秋熟透的橘子满山遍野,虽然寒意而至,但仍有稀少的水禽在水边徜徉,挂满帆的轻舟乘着风势,在回旋的水流中伴着日晖张帆而行。异地怡人的景物虽让人心旷神怡,但仍不能改变作者对故乡和亲人深深的眷念之情,"野霁看吴尽,天长望洛非。不知何岁月,一似暮潮归"。雨后晴空万里的郊野,既可以让人望尽吴国的天地,也好像能让人借着晴空万里的天空看到遥远的家乡洛阳。不知要等到何年何月,才能像晚潮回归大海那样回到家乡。此诗韵味悠长,凸显了孙逖诗歌作品寓情于景、情景交融的审美品格。王夫之在其诗歌评选著作《唐诗评选》中,对该诗给予极高评价:"合化无迹者谓之灵,通远得意者谓之灵,如逖

---

① 萧涤非等:《唐诗鉴赏辞典》,上海辞书出版社2003年版,第372页。
② (明)王夫之著,陈书良校点:《唐诗评选》,上海古籍出版社2011年版,第103页。
③ 高步瀛选注:《唐宋诗举要》卷4《五言律诗》,上海古籍出版社1959年版,第421页。
④ (清)彭定求等编:《全唐诗》卷118,中华书局1999年版,第1197页。

五言，乃可以'灵'许之"①。有学者对王夫之所说"灵"的两个层面是这样进行诠释的："合化无迹"就是"'人力参天，与天为一矣'，或者是'以追光摄景之笔，写通天尽人之怀'而毫发不爽，不露痕迹"；"通远得意"即"善于在'当境'或'小景'中表现出深远无垠的意蕴"，"前者重在艺术描写要达到天人合一的化境，后者重在'通远得意'，'遥想其然'，于象外生境"②。由此观之，王夫之认为孙逖《江行有怀》诗"可以'灵'许之"，评价不可谓不高。孙逖的《江行有怀》诗之所以"可以'灵'许之"，就在于该诗达到了如王夫之所要求的"情景名为二，而实不可离。神于诗者，妙合无垠。巧者自有情中景，景中情"，"含情而能达，会景而生心，体物而得神，则自有灵通之句，参化工之妙"③的文学效果。

3.《同洛阳李少府观永乐公主入蕃》

> 边地莺花少，年来未觉新。
> 美人天上落，龙塞始应春。④

唐玄宗开元五年（717）十一月，契丹松漠郡王李失活进京朝见唐玄宗，李隆基遂将李唐皇室宗亲东平王李继的外孙女杨氏封为永乐公主，并将其下嫁给李失活。《同洛阳李少府观永乐公主入蕃》一诗，即反映了这一历史事件。对此，宋人谢枋得《千家诗新绎》中指出："唐凡以宗女出嫁外蕃，例封公主，逖（孙逖）见之，有感而作。言边地苦寒，莺燕不生，春花罕发，虽经过新年而未见春花之丽。今公主自京而来，如从天降，应使边塞遐荒之地，始知春色矣。"⑤ 此诗虽然只有短短的四句，但构思巧妙，缺少莺鸟和鲜花的边塞之地，因永乐公主入蕃而使其有了绚丽的春色。这种对比、夸张的写作手法，表象上看似在形容

---

① （明）王夫之著，陈书良校点：《唐诗评选》，上海古籍出版社2011年版，第156页。
② 敏泽：《中国美学思想史》下卷，湖南教育出版社2005年版，第549页。
③ （清）王夫之著，戴鸿森笺注：《姜斋诗话笺注》卷2，上海古籍出版社2012年版，第72、97页。
④ （清）彭定求等编：《全唐诗》卷118，中华书局1999年版，第1198页。
⑤ （宋）谢枋得等：《千家诗新绎》，陕西人民出版社1981年版，第7页。

秀美的永乐公主入蕃给遐荒的边塞之地带来的春光、春意，实则也暗喻或者说颂扬了唐王朝睦邻和亲政治给边塞之地带来的祥和安宁的新景象，可谓寄意于物，寓意深刻。

4.《奉和李右相中书壁画山水》

> 庙堂多暇日，山水契中情。
> 欲写高深趣，还因藻绘成。
> 九江临户牖，三峡绕檐楹。
> 花柳穷年发，烟云逐意生。
> 能令万里近，不觉四时行。
> 气染荀香馥，光含乐镜清。
> 咏歌齐出处，图画表冲盈。
> 自保千年遇，何论八载荣。①

唐代尤其是盛唐时代是山水画突飞猛进的发展时期，许多文人雅士习惯在室中厅堂墙壁上悬挂或者绘制一幅山水画作。与此相适应，有唐一代出现了大量的山水题画诗，对绘画作品进行品咏。孙逖的《奉和李右相中书壁画山水》即是其中之一。此诗题咏对象是唐朝中书令李林甫（画家李思训之侄）绘于中书厅墙壁上的山水画作。在孙逖这篇山水题画诗中，前四句首先描写了"亦善丹青"②的李林甫于政事之余的山水绘画之兴致，接着将李林甫山水壁画中的九江、三峡、花柳、烟云等自然景观用颇具匠心的描述映入读者眼帘。诗作中"九江临户牖，三峡绕檐楹。花柳穷年发，烟云逐意生。能令万里近，不觉四时行"，在特定的空间环境中对画作中的景致进行了想象、渲染、描绘与刻画，颇具意境。而其中的"九江临户牖，三峡绕檐楹"诗句，"与杜甫的'沱水临中座，岷山到北堂'以真写画的手法相同，甚为奇特"③。抛开诗中对奸相李林甫的颂美不说，孙逖的这篇山水题画诗的艺术特色还是值得称

---

① （清）彭定求等编：《全唐诗》卷118，中华书局1999年版，第1196页。
② （唐）张彦远著，俞剑华注释：《历代名画记》卷9，上海人民美术出版社1964年版，第181页。
③ 孔寿山编注：《唐朝题画诗注》，四川美术出版社1988年版，第56页。

颂的。

5.《淮阴夜宿二首》

> 水国南无畔，扁舟北未期。
> 乡情淮上失，归梦郢中疑。
> 木落知寒近，山长见日迟。
> 客行心绪乱，不及洛阳时。
>
> 永夕卧烟塘，萧条天一方。
> 秋风淮水落，寒夜楚歌长。
> 宿莽非中土，鲈鱼岂我乡。
> 孤舟行已倦，南越尚茫茫。①

《淮阴夜宿二首》是孙逖早期作品。《旧唐书·孙逖传》中称孙逖于玄宗开元初年"应哲人奇士举，授山阴尉"。山阴为今绍兴，此诗便是孙逖科举入仕后从家乡洛阳赴山阴任职途中路经淮阴（今江苏淮安）时所作。

金榜题名、科举入仕，这是古代文人的人生理想和人生价值所在，也是被文人视为如同"洞房花烛夜"的人生一大幸事、乐事。然而在孙逖的《淮阴夜宿二首》一诗中，诗人却没像唐代文人孟郊登科后发出的"春风得意马蹄疾，一日看尽长安花"②那样的狂喜之言和感受，而吟咏的却是秋凉时节漂泊他乡的凄凉心境。诗文中的"木落知寒近，山长见日迟。客行心绪乱，不及洛阳时。永夕卧烟塘，萧条天一方。秋风淮水落，寒夜楚歌长""孤舟行已倦，南越尚茫茫"等语句，充满了一种苍茫凄凉之感，表达了远离家乡的仕宦之人对家乡的思念之情。同样的心境在孙逖的《夜宿浙江》一诗中也有充分反映："扁舟夜入江潭泊，露白风高气萧索。富春渚上潮未还，天姥岑边月初落。烟水茫茫多苦

---

① （清）彭定求等编：《全唐诗》卷118，中华书局1999年版，第1193页。
② （唐）孟郊：《登科后》，载（清）彭定求等编《全唐诗》卷374，中华书局1999年版，第4219页。

辛,更闻江上越人吟。洛阳城阙何时见,西北浮云朝暝深。"① 诗文用典多,历史韵味丰富。

6.《送新罗法师还国》

> 异域今无外,高僧代所稀。
> 苦心归寂灭,宴坐得精微。
> 持钵何年至,传灯是日归。
> 上卿挥别藻,中禁下禅衣。
> 海阔杯还度,云遥锡更飞。
> 此行迷处所,何以慰虔祈。②

产生于印度的佛教自西汉传入中国内地后,随着时间的推移不断得以发展。与唐王朝强盛的国力以及对外开放的社会环境相适应,佛教在中国也进入了蓬勃发展的时期,并且还产生了中国化的佛教——禅宗。这一时期,不仅高僧辈出,而且大量的佛教经典得以翻译,还出现了数量可观的中国佛教著述。随着佛教在唐朝的蓬勃发展,日本、新罗等国家有大量的僧侣到中国学习和研究佛法,探求佛家禅理。他们与中国文人多有交往,有的交情甚密,常常以诗词唱和。在他们学成回国之际,常常有人为他们作送别诗。在《全唐诗》中,有关唐代文人送别日本、新罗高僧归国的诗作甚多,像陶翰的《送金卿归新罗》、顾非熊的《送朴处士归新罗》、刘言史的《送婆罗门归本国》、吴融的《送僧归日本国》、钱起的《送僧归日东》等。孙逖的《送新罗法师还国》一诗,即为孙逖送新罗精通佛经僧人归国的一篇作品。在这篇诗作中,孙逖对这位潜心学佛修道而获得佛门微妙玄通之理的新罗高僧给予称赞,表达了对其归国途中的关念之情。诗文中的"异域今无外,高僧代所稀""上卿挥别藻,中禁下禅衣"之句,不仅仅是对送别新罗高僧时的感想及其

---

① (清)彭定求等编:《全唐诗》卷118,中华书局1999年版,第1189页。孙逖的《山阴县西楼》诗也反映了作者对家乡的思念之情:"都邑西楼芳树间,逶迤霁色绕江山。山月夜从公署出,江云晚对讼庭还。谁知春色朝朝好,二月飞花满江草。一见湖边杨柳风,遥忆青青洛阳道。"同上书,第1188页。

② (清)彭定求等编:《全唐诗》卷118,中华书局1999年版,第1196页。

送别场景的描述，实际上也是对唐王朝宗教政策及"华夷一体"民族平等观的反映。诗文词语对仗，寓意深刻，描绘的高僧形象生动真切。

7.《送赵大夫护边（一作送赵都护赴安西）》

> 外域分都护，中台命职方。
> 欲传清庙略，先取剧曹郎。
> 已佩登坛印，犹怀伏奏香。
> 百壶开祖饯，驷牡戒戎装。
> 青海连西掖，黄河带北凉。
> 关山瞻汉月，戈剑宿胡霜。
> 体国才先著，论兵策复长。
> 果持文武术，还继杜当阳。①

在唐代文人诗作中，有许多送朋友赴任时写的饯行诗。仅孙逖这方面的诗作就有《送靳十五侍御使蜀》《送越州裴参军充使入京》《送赵大夫护边（一作送赵都护赴安西）》《送苏郎中绾出佐荆州》《送李补阙摄御史充河西节度判官》《送张环摄御史监南选》《送魏骑曹充宇文侍御判官分按山南》《送杨法曹按括州》《送赵评事摄御史监军岭南》《送杜侍御赴上都》《送越州裴参军充使入京》《送周判官往台州》《冬末送魏起居赴京》等十余首。其中的《送赵大夫护边（一作送赵都护赴安西）》是孙逖为护边朝臣赵都护赵颐贞写的一首饯行诗。赵颐贞，唐定州鼓城人，《全唐文》作者小传有云："颐贞，国子祭酒冬曦弟，擢进士第，官安西都护。"② 唐玄宗开元十六年（726），赵颐贞于危难之际受任接替已经卸任的安西都护杜暹为安西副大都护。"安西都护府，本龟兹国。唐贞观中置都护府于西州（按：西州，今新疆吐鲁番东高昌故城），显庆中移治龟兹（按：龟兹，今新疆库车县东），东接焉耆，西连疏勒，南邻吐蕃，北拒突厥"③，是唐政府为了加强对西突厥地区的有效

---

① （清）彭定求等编：《全唐诗》卷118，中华书局1999年版，第1197页。
② （清）董诰等编：《全唐文》卷296《赵颐贞》，中华书局1983年版，第3004页。
③ （元）马端临：《文献通考》卷322《舆地考八》，中华书局1986年版，第2537页。

管理而在西域地区设置的最高军事机构和行政机构，其最大的管辖范围一度包括天山南北、葱岭以西在内的广大地区，并统辖安西四镇（龟兹、碎叶、于阗、疏勒）的重兵，战略地位极为重要。在这篇诗作中，诗人从汉代历史上匈奴与中原王朝对立环境的描述中，希冀赵颐贞同西晋著名的政治家、军事家杜预一样，在事务繁忙、权任重大的安西大都户副使的任上展现自己的文韬武略，恤国安邦，为边塞的稳定和安全建立新的丰功伟业，早日凯旋。

8.《丹阳行》

> 丹阳古郡洞庭阴，落日扁舟此路寻。
> 传是东南旧都处，金陵中断碧江深。
> 在昔风尘起，京都乱如毁。
> 双阙戎虏间，千门战场里。
> 传闻一马化为龙，南渡衣冠亦愿从。
> 石头横帝里，京口拒戎锋。
> 青枫林下回天眹，杜若洲前转国容。
> 都门不见河阳树，辇道唯闻建业钟。
> 中原悠悠几千里，欲扫欃枪未云已。
> 英雄倾夺何纷然，一盛一衰如逝川。
> 可怜宫观重江里，金镜相传三百年。
> 自从龙见圣人出，六合车书混为一。
> 昔年王气今何在，并向长安就尧日。
> 荆榛古木闭荒阡，共道繁华不复全。
> 赤县唯馀江树月，黄图半入海人烟。
> 暮来山水登临遍，览古愁吟泪如霰。
> 唯有空城多白云，春风淡荡无人见。①

《丹阳行》属于一篇题咏金陵（丹阳，即金陵）的叙事题材的诗歌作品。落日坐船行驶到金陵的孙逖，在东南旧都处金陵追忆往昔，感怀

---

① （清）彭定求等编：《全唐诗》卷118，中华书局1999年版，第1188页。

不已。西晋永嘉年间，北方中原地区大乱，建都洛阳的西晋王朝陷入动荡、动乱局面，晋朝皇室成员琅邪王司马睿与西阳王、汝南王、南顿王、彭城王南渡过江，其中琅邪王司马睿在建康（今南京）建立东晋王朝，孙逖诗文中所说的"传闻一马化为龙，南渡衣冠亦愿从"即述此事。金陵有着"石头横帝里，京口拒戎锋"险固的地理优势，建都于此的东晋王朝又暂时恢复了往昔的繁华景象，"青枫林下回天跸，杜若洲前转国容"。然而经过东晋南朝长达300年频繁的战事，金陵已是"都门不见河阳树，辇道唯闻建业钟""可怜宫观重江里，金镜相传三百年"。经过岁月变化，金陵昔年的王气已不复存在，如今映入人们眼帘的，只是"荆榛古木闭荒阡，共道繁华不复全。赤县唯馀江树月，黄图半入海人烟"。面对繁华不在的金陵，让来此登临山水游览古迹的孙逖"愁吟泪如霰"，伤感不已。他感慨岁月如流，世事沧桑。《丹阳行》一诗借古鉴今，通过旧都金陵境况的变化感慨世事的盛衰无常。诗文颇具意蕴，情感与气势兼具。在孙逖的诗歌作品中，《丹阳行》是其诗歌作品中具有重要意义的一首，在盛唐时期的歌行诗中有着里程碑式的历史地位。对此，欧阳明亮先生认为，最能体现孙逖自觉的体裁创作新变意识的诗作，就是他的咏史歌行《丹阳行》一诗，为盛唐时期歌行的发展做出了重要贡献①。

---

① 欧阳明亮指出，孙逖的《丹阳行》为盛唐歌行发展做出的贡献首先在于此诗咏史吊古，感慨兴亡，与唐代李峤的《汾阴行》、张说的《邺都引》等歌行一起"开出新题歌行咏史之一体"，并且由于孙逖的《丹阳行》是唐代诗歌中较早的一首金陵怀古之作，因此相对于李峤、张说的咏史歌行，孙逖的《丹阳行》在题材上更具范式。其次，孙逖的《丹阳行》一诗在体裁的处理上具有引人注目的新变性质：从整体来看，诗中已不见初唐歌行中常见的复沓排比、顶真回文等句法，大量直叙语气的散句取代对仗工整的偶句，这就使得整首歌行声势的制造主要依靠情感与气势，而非字法句式的重叠，如诗文中的"中原悠悠几千里，欲扫欃枪未云已。英雄倾夺何纷然，一盛一衰如逝川。可怜宫观重江里，金镜相传三百年。自从龙见圣人出，六合车书混为一"一段，全用散句连贯，以情感为统帅，以句脉的内在关联为纽带，一气直下，自然流畅。孙逖的《丹阳行》已突破了初唐歌行圆美流转，排比铺陈的创作体制，表现出声情让位于气势，流丽转型为跌宕的盛唐品格。参见欧阳明亮《孙逖诗歌研究》，硕士学位论文，华东师范大学，2008年。

表 2　　　　　　　　　　孙逖诗文篇目一览表

序号	诗文篇名	诗文出处
1	和左司张员外自洛使入京中路先赴长安逢立春日赠韦侍御等诸公	（清）彭定求等编《全唐诗》卷118，中华书局1999年版
2	和登会稽山	同上
3	送杨法曹按括州	同上
4	葛山潭	同上
5	丹阳行	同上
6	山阴县西楼	同上
7	夜宿浙江	同上
8	春日留别	同上
9	奉和四月三日上阳水窗赐宴应制得春字	同上
10	奉和登会昌山应制	同上
11	正月十五日夜应制	同上
12	奉和御制登鸳鸯楼即目应制	同上
13	进船泛洛水应制	同上
14	和常州崔使君寒食夜	同上
15	和韦兄春日南亭宴兄弟	同上
16	奉和崔司马游云门寺	同上
17	酬万八贺九云门下归溪中作	同上
18	春初送吕补阙往西岳勒碑得云字	同上
19	送越州裴参军充使入京	同上
20	送周判官往台州	同上
21	送魏骑曹充宇文侍御判官分按山南	同上
22	送苏郎中绾出佐荆州	同上
23	冬末送魏起居赴京	同上
24	送李补阙摄御史充河西节度判官	同上
25	送赵评事摄御史监军岭南	同上
26	送靳十五侍御使蜀	同上

续表

序号	诗文篇名	诗文出处
27	送李给事归徐州觐省	同上
28	送杜侍御赴上都	同上
29	送张环摄御史监南选	同上
30	宴越府陈法曹西亭	同上
31	同邢判官寻龙湍观归湖中	同上
32	寻龙湍	同上
33	宿云门寺阁	同上
34	扬子江楼	同上
35	淮阴夜宿二首	同上
36	下京口埭夜行	同上
37	山行遇雨	同上
38	夜到润州	同上
39	和常州崔使君咏后庭梅二首	同上
40	同和咏楼前海石榴二首	同上
41	故右丞相赠太师燕文贞公挽词二首	同上
42	故陈州刺史赠兵部尚书韦公挽词	同上
43	故程将军妻南阳郡夫人樊氏挽歌	同上
44	和上巳连寒食有怀京洛	同上
45	和左司张员外自洛使入京中路先赴长安逢立春日赠韦侍御等诸公	同上
46	和崔司马登称心山寺	同上
47	奉和李右相中书壁画山水	同上
48	奉和李右相赏会昌林亭	同上
49	和左卫武仓曹卫中对雨创韵赠右卫李骑曹二人同任校书	同上
50	送新罗法师还国	同上
51	送赵大夫护边	同上
52	立秋日题安昌寺北山亭	同上
53	登越州城	同上
54	江行有怀	同上

续表

序号	诗文篇名	诗文出处
55	长洲苑	同上
56	和咏廨署有樱桃	同上
57	同洛阳李少府观永乐公主入蕃	同上
58	途中口号	同上
59	晦日湖塘	同上
60	句	同上

二 孙棨《北里志》及诗作

官至翰林学士、中书舍人的孙棨，善工诗文，称得上是唐代有文名的文学家。《宋史》卷206《艺文志五》著录孙棨有笔记小说《北里志》一卷、《同归小说》三卷（已佚），《全唐诗》录存其诗五首（其诗在《北里志》中亦有记载）。

1. 《北里志》

孙棨所著的《北里志》[①]，完成于唐僖宗中和四年（884）。《北里

[①] 关于《北里志》作者，多数文献认为是孙棨，如宋人孙光宪《北梦琐言》指出："孙棨舍人著《北里志》，叙朝贤子弟平康狎游之事，其旨似言卢相携之室女，失身于外甥郑氏子，遂以妻之，杀家人而灭口。是知平康之游，亦何伤于年少之流哉。"（孙光宪：《北梦琐言》卷4，中华书局1960年版，第32页）宋人晁公武《郡斋读书志》卷13称："《北里志》一卷。右唐孙棨撰。记大中进士游狭邪杂事。"（晁公武撰，孙猛校证：《郡斋读书志》，上海古籍出版社1990年版，第569页）元代史学家马端临在《文献通考》中也称《北里志》"唐孙棨撰。记大中进士游侠平康事。孙光宪言棨之意在讥卢携也，盖携之女与其甥通，携知之，遂以妻之，杀家人以灭口云"（马端临：《文献通考》卷215《经籍考》，中华书局1986年版，第1758页）。家中藏书极为丰富的明人高儒在《百川书志》卷8小说家中也称"《北里志》，唐孙棨撰。记大中进士游狭平康二十事。《摭言》五条附。"（高儒：《百川书志》卷8，上海古籍出版社2005年版，第116页）但是也有的文献史料称《北里志》作者是唐代有诗名、举进士不第的赵光远，如五代王定保《唐摭言》卷10称："赵光远，臣相隐弟子，幼而聪悟。咸通、乾符中，以为气焰温、李，因之恃才不拘小节，常将领子弟，恣意侠斜，著《北里志》，颇述其事。"元人辛文房《唐才子传》卷9"赵光远"条亦称赵光远（转下页）

志》是具体记载和描述唐代长安城北平康里（亦称"平康坊"，因其位于长安城北门内，所以又称北里）的青楼生活和文人士大夫游谒狎妓的笔记小说。

有唐一代，随着社会经济尤其是城市经济的繁荣，各种游艺和娱乐业不断发展[①]。与此同时，这一时期的娼妓业也在迅速走向兴盛。唐代都城长安自不必言，即如扬州来说，"每重城向夕，倡楼之上，常有绛纱灯万数，辉罗耀烈空中，九里三十步街中，珠翠填咽，邈若仙境"[②]。其时宫妓、官妓、营妓、家妓、私妓、歌妓等并存，遍布城市各个角落，并由此形成了文人士大夫的狎妓之风。如据《开元天宝遗事》记载，"长安进士郑愚、刘参、郭保衡、王冲、张道隐等十数辈，不拘礼节，旁若无人，每春时，选妖妓三五人，乘小犊车，指名园曲沼，藉草裸形，去其巾帽，叫笑喧呼，自谓之颠饮"[③]。唐中书舍人杜牧，"供职之外，唯以宴游为事"，"常出没驰逐其间，无虚夕。复有卒三十人，易服随后，潜护之。……所至成欢，无不会意。如是且数年。……太和末，牧复自侍御史出佐沈传师江西宣州幕。虽所至辄游，而终无属意，咸以非其所好也。及闻湖州名郡，风物妍好，且多奇色，因甘心游之"[④]。再像"风貌之美，为世所闻"的唐朝侍中路岩，"镇成都日，委执政于孔目吏边咸，日以妓乐自随，宴于江津，都人士女怀掷果之羡，虽卫玠、潘岳，不足为比。……以官妓行云等十人侍宴，移镇渚宫日，

（接上页）"幼而聪悟。咸通、乾符中称气焰。善为诗。温庭筠、李商隐辈梯媒之。恃才不拘小节，皆金鞍骏马。尝将子弟恣游狭邪，著《北里志》，颇述青楼红粉之事。"有学者通过考证指出，《北里志》的作者可以肯定是孙棨，而不是赵光远，认为"《唐摭言》和《唐才子传》将作者误记为赵光远的原因，可能与赵光远的世家出身及其冶游放荡生活有关。这一生活态度，又直接导致赵光远形成狭邪香艳的文风。受其冶游生活和妖艳文风影响，香艳小说《北里志》便被后人误署在赵光远名下"。参见王晓鹃《〈北里志〉作者和创作考述》，《中国海洋大学学报》（社会科学版）2014年第2期。

① 如有学者指出，唐朝随着经济的繁荣，各种游艺如从节日游艺到宴饮游艺，从益智游艺到各种博艺都得到了充分的发展，并为社会各阶层广泛接受。参见丛振《敦煌游艺文化研究》，中国社会科学出版社2019年版，第27页。
② （宋）李昉等编：《太平广记》卷273，中华书局1961年版，第2151页。
③ （五代）王仁裕撰，丁如明校点：《开元天宝遗事》卷上《颠饮》，载（五代）王仁裕撰，丁如明校点《开元天宝遗事》（外七种），上海古籍出版社2012年版，第16页。
④ （宋）李昉等编：《太平广记》卷273，中华书局1961年版，第2151、2152页。

第七章 "道德文学，海内所称" 199

于合江亭离筵赠行云等《感恩多》词，有'离魂何处断，烟雨江南岸.'至今播于倡楼也"①。这种放浪形骸的生活，充斥于各种文献史料中，为时人见惯不怪。李白在《江上吟》中发出的"木兰之枻沙棠舟，玉箫金管坐两头。美酒樽中置千斛，载妓随波任去留"②，正是对当时文人狎妓生活的写照。更有甚者，新科进士也加入了狎妓队伍之中。而当时作为妓女"所居之地"的长安城北的平康坊，更是那些新科进士的光顾之地，当时"京都侠少萃集于此，兼每年新进士，以红笺名纸游谒其中"，以至于"时人谓此坊为风流薮泽"③。作为一部笔记式的实录小说，孙棨在《北里志》中列举了许多具体事例进行了记述。

《北里志》共有一卷，计有以下篇目：《海论三曲中事》《天水仙哥》《楚儿》《郑举举》《牙娘》《颜令宾》《杨妙儿》《王团儿》《俞洛真》《王苏苏》《王莲莲》《刘泰娘》《张住住》，另有附录《狎游妓馆五事》（《胡证尚书》《裴思谦状元》《郑光业补衮》《杨汝士尚书》《郑合敬先辈》）、《北里不测堪戒二事》（《故王金吾式》《令狐博士滈》）。《海论三曲中事》是对唐长安城北平康里诸妓聚居区的总体介绍，包括平康里"三曲"（平康里诸妓聚居区分南曲、中曲和北曲，合称"三曲"）诸妓的居住环境、诸妓来源、诸妓之假母（鸨母）状况、诸妓技艺训练与管教等情况的简要介绍。从《天水仙哥》到《张住住》等12篇目，则逐一对天水仙哥、楚儿、郑举举、牙娘、颜令宾、杨莱儿、王福娘、俞洛真、王苏苏、王莲莲、刘泰娘、张住住等诸妓青楼生活以及文人与歌妓间的狎宴嬉戏和诗酒往来等生活场景进行了具体描述与记载。在《北里志》附录《狎游妓馆五事》中，皆用短短的数语，记载了尚书胡证、新科状元裴思谦、新科进士郑光业、郑合敬等狎游、宴饮之事；《北里不测堪戒二事》则主要记述了左金吾大将军王式、博士令狐滈因与北里妓女过从甚密而"几罹毒手"之事，目的在于通过"昭著

---

① （五代）孙光宪：《北梦琐言》卷3《路侍中巾襄》，中华书局2002年版，第51页。
② （清）彭定求等编：《全唐诗》卷166，中华书局1999年版，第1718页。
③ （五代）王仁裕撰，丁如明校点：《开元天宝遗事》卷上《风流薮泽》，上海古籍出版社2012年版，第15页。

本末,垂戒后来"①。作为中国历史上早期具体系统记载青楼生活和士人狎妓的专著,《北里志》的问世不仅有助于我们了解中国古代市井娼妓业的发展状况与历史内涵,而且有助于我们从一个侧面了解和认识中国古代士人生活世俗化的文化人格,而通过书中狎宴诗酒往来戏谑诗,也有助于了解和认识唐代文人诗歌创作的一个侧面。从这个层面上讲,《北里志》不仅是研究和认识中国古代娼妓史与中国古代社会史的重要文献史料,同时也是研究唐代诗坛史或者说中国古代文坛史不可或缺的文献资料。

《北里志》卷首有孙棨一段序言(《北里志序》),从中可以窥见孙棨创作《北里志》的目的:

> 自大中皇帝好儒术,特重科第,故其爱婿郑詹事再掌春闱,上往往微服长安中,逢举子则狎而与之语,时以所闻,质于内庭,学士及都尉皆耸然莫知所自。故进士自此尤盛,旷古无俦。然率多膏粱子弟,平进岁不及三数人,由是仆马豪华,宴游崇侈,以同年俊少者为两街探花使,鼓扇轻浮,仍岁滋甚。自岁初等第于甲乙,春闱开送,天官氏设春闱宴,然后离居矣。近年延至仲夏。京中饮妓,籍属教坊,凡朝士宴聚,须假诸曹署行牒,然后能致于他处。惟新进士设筵顾吏,故便可行牒追,其所赠之资,则倍于常数。诸妓皆居平康里,举子、新及第进士、三司幕府但未通朝籍未直馆殿者,咸可就诣。如不吝所费,则下车水陆备矣。其中诸妓,多能谈吐,颇有知书言语者,自公卿以降,皆以表德呼之。其分别品流,衡尺人物,应对非次,良不可及。信可辍叔孙之朝,致杨秉之惑。比常闻蜀妓薛涛之才辩,必谓人过言,及睹北进而二三子之徒,则薛涛远有惭德矣。予频随计吏,久寓京华,时亦偷游其中,固非兴致。每思物极则反,疑不能久,常欲纪述其事,以为他时谈薮,顾非暇豫,亦窃俟其叨忝耳。不谓泥蟠未伸,俄逢丧乱,銮舆巡省崤函,鲸鲵逋窜山林,前志扫地尽矣。静思陈事,追念无因,而久罹

---

① (唐)孙棨撰,曹中孚校点:《北里志·北里不测堪戒二事》,载上海古籍出版社编《唐五代笔记小说大观》下册,上海古籍出版社2000年版,第1417页。

惊危，心力减耗，向来闻见，不复尽记。聊以编次，为太平遗事云。①

大中皇帝唐宣宗李忱，虽身处唐朝末世，但由于其在位期间孜孜为政，宵旰图治，使安史之乱后走向衰势的唐王朝出现了一段令唐人向往的太平盛世时期，这就是为史家所津津乐道的"大中之治"。对此，宋代史学家司马光在《资治通鉴》称唐宣宗"性明察沉断，用法无私，从谏如流，重惜官赏，恭谨节俭，惠爱民物，故大中之政，讫于唐亡，人思咏之，谓之小太宗"②。当时"百吏奉法，政治不扰，海内安靖几十五年"③，以至于"十余年间，颂声载路"④。在这承平治世的时光里，也产生了一种如《毛诗注疏》中所说的"治世之音，安以乐"⑤的音符，整个社会从上到下同时也充满了歌舞升平的靡靡之音。孙棨在《北里志序》中，就叙述了唐宣宗大中年间（847—860）"上往往微服长安中，逢举子则狎而与之语，时以所闻，质于内庭……仆马豪华，宴游崇侈，以同年俊少者为两街探花使，鼓扇轻浮，仍岁滋甚。……京中饮妓，籍属教坊，凡朝士宴聚，须假诸曹署行牒，然后能致于他处。惟新进士设筵顾吏，故便可行牒追，其所赠之资，则倍于常数。诸妓皆居平康里，举子、新及第进士、三司幕府但未通朝籍未直馆殿者，咸可就诣"的升平奢华景象。当时"久寓京华"的孙棨"时亦偷游"平康里，并且还产生了"常欲纪述其事，以为他时谈薮"的想法。然而好景不长，唐末农民大起义搅乱了士子们歌舞升平的生活环境，在身逢时势动乱"久罹惊危，心力减耗"的情境下，更让孙棨心生对往日在平康里承平光景的想念。虽然因记述平康里生活的前志丢失而"追念无因"，"向来闻见"亦"不复尽记"，但还要勉强将其编成，以作为对"太平遗

---

① （唐）孙棨撰，曹中孚校点：《北里志·北里志序》，载上海古籍出版社编《唐五代笔记小说大观》下册，上海古籍出版社2000年版，第1403页。
② （宋）司马光：《资治通鉴》卷249，唐纪宣宗大中十三年六月条，岳麓书社1990年版，第349页。
③ （宋）佚名：《历代名贤确论》卷93《宣宗》，文渊阁《四库全书》本。
④ （后晋）刘昫：《旧唐书》卷18下《宣宗本纪》，中华书局2000年版，第438页。
⑤ （汉）郑玄笺，（唐）孔颖达疏：《毛诗注疏》卷1，上海古籍出版社2013年版，第9页。

事"的回忆。后世一些学者也指出孙棨创作《北里志》的这一动因。如清光绪年间曾出任礼学馆纂修的近现代著名学者胡玉缙（1859—1940）在《续四库提要三种·子部·小说家类》中称《北里志》"是编作于中和甲辰，其时王仙芝、黄巢等作乱，帝已出走，棨因追记旧游，以成此书，盖寓慨想太平之意"①。清代以目录学见长的著名藏书家周中孚也认为孙棨创作《北里志》是"以追念承平光景而作"，而不赞成宋人孙光宪《北梦琐言》称《北里志》"其旨似言卢相携之室女，失身于外甥郑氏子，遂以妻之，杀家人而灭口"的说法。在他看来，孙棨在《北里志》自序中所说的"上往往微服长安中，逢举子则狎而与之语，故进士自此尤盛。然率多膏粱子弟，平进岁不及三数人。由是仆马豪华，宴游崇侈。又称诸妓居平康里，举子、新及第进士、三司幕府，但未通朝籍，未值馆殿者，咸可就诣。予频随计吏，久寓京华，时亦偷游其中。泥蟠未伸，俄逢丧乱，銮舆逋窜崤函，鲸鲵逋窜山林，静思陈事，聊以编次为《太平遗事》云"，就是孙棨创作《北里志》的目的所在，用他的话说，即是"其言如此，则其作书之旨，固自有在"。他指出，像后世一些记载歌妓形象的笔记小说，如成书于元代至正年间记述元代都城大都和金陵、武昌等城市以及山东、湖广等地域歌妓、男优事迹与轶事的《青楼集》，以及记述明末清初南京秦淮南岸长板桥一带妓女形象与命运的《板桥杂记》，与孙棨《北里志》的创作目的一样，"亦以追念承平光景而作，实滥觞于文威（孙棨）"，由此周中孚指出，孙棨《北里志》所"记北里与卢相事何涉？孙氏之言，未足为据也"②，否定了孙光宪"言棨之意在讥卢相携也"的观点。

《北里志》版本③较多，在元末明初著名学者陶宗仪编集的大型丛书《说郛》本《北里志》中，正文前除了有孙棨《北里志序》外，还有明

---

① 胡玉缙著，吴格整理：《续四库提要三种》卷3《子部·小说家类》，上海书店出版社2002年版，第215页。
② 以上引文皆出自（清）周中孚《郑堂读书记·补逸》下册卷28《小说家类》，北京图书馆出版社2007年版，第672页。
③ 《北里志》版本大致有《续百川学海》本、《丛书集成初编》本、《古今说海》本、《香艳丛书》本、《唐人说荟》本、《唐代丛书》本、《五朝小说》本、《说郛》本、古典文学出版社1955年标点本，以及上海古籍出版社2000年出版的《唐五代笔记小说大观》本（校点本）等。

代著名文学家、书画家陈继儒为《北里志》所作的跋。在这一段简短的跋文中,陈继儒一方面称翰林学士孙棨"居长安中,颇有介静之名",赞誉其所撰《北里志》"风韵尔雅,雪蓑子《青楼集》、崔令钦《教坊记》,莫能逮也";另一方面又说"此志不典,无补风教,然天子狎游,膏粱平进,粉黛之妖,几埒郑卫。万乘西巡,端由北里",并认为"作志者其有忧患乎?"①然而,陈继儒在跋文中只是发出了疑问和感慨,对于"作志者"有何忧患并没有明言。

那么"作志者"的孙棨到底有何忧患呢?其实,从孙棨《北里志》附录中的《北里不测堪戒二事》中不难窥见孙棨的忧患所在。先不妨将此文胪列如下:

> 余顷年往长安中,鳏居侨寓,颇有介静之名。然怆率交友,未尝辞避,故胜游狎宴,常亦预之。朝中知己,谓余能立于颜生子祚生之间矣。余不达声律,且无耽惑,而不免俗,以其道也。然亦惩其事,思有以革其弊。尝闻大中以前,北里颇为不测之地。故王金吾式、令狐博士滈,皆目击其事,几罹毒手,实昭著本末,垂戒后来。且又焉知当今无之,但不值执金吾曲台之泄耳。
>
> 王金吾,故山南相国起之子,少狂逸,曾昵行此曲。遇有醉而后至者,遂避之床下。俄顷,又有后至者,仗剑而来,以醉者为金吾也,因枭其首而掷之曰:"来日更呵殿入朝耶?"遂据其状。金吾获免,遂不入此曲,其首家人收瘞之。
>
> 令狐博士滈,相君当权日,尚为贡士,多往此曲,有昵熟之地,往访之。一旦,忽告以亲戚聚会,乞辍一日,遂去之。滈于邻舍密窥,见母与女共杀一醉人而瘗之室后。来日复再诣之宿,中夜问女,女惊而扼其喉,急呼其母,将共毙之,母劝而止。及旦,归告大京尹捕之,其家已失所在矣。以博文事,不可不具载于明文耳。顷年举子皆不及此里,惟新郎君恣游于一春,近不知谁何启迪。呜呼,有危梁峻谷之虞,则回车返策者众矣。何危祸之惑,甚于彼而不能戒于人哉?则鼓洪波遵覆辙者,甚于作俑乎?后之人可

---

① (元)陶宗仪:《说郛》卷78上,文渊阁《四库全书》本。

以作规者，当力制乎其所志。是不独为风流之谈，亦可垂诫劝之旨也。述才慧，所以痛其辱重廪也；述误陷，所以警其轻体也。叙宜之，所以怜拯己之惠也；叙洛真，所以诫上姓之容易也。举令宾，所以念莹莹者有轻才之高见也；举住住，所以嘉碌碌者有重让之明心也。引执金吾与曲台，所以裨将来危梁峻谷之虞也。可不戒之哉！①

在上文中，孙棨称独身寄居长安的自己，虽恬静孤高，也不沉溺于女色，但由于轻率地结交朋友，亦未能避免世俗的诱惑，时常与朋友参加胜游狎宴。然而对于这种不拘礼节的行为，孙棨又称常常有所警戒，思虑要革除己身存在的弊病。而后，他转述左金吾大将军王式、博士令狐滈因与北里妓女过从甚密而差点丢掉性命之事，告诫人们要引以为戒，不要因耽于女色而招致危难灾祸，以免重蹈覆辙。在他看来，因为有危梁峻谷的忧虑，所以驾驭马车往回走的人很多，但是为什么比马车行走在危梁峻谷之上还要危险的女色之祸却不能令人心生戒惧？由此不难看出，孙棨忧患之所在，是担心人们重蹈覆辙。为此，孙棨在文中呼吁后人应当以此为规勉，极力制约自己不要沉湎于色欲。其实，这也是孙棨创作《北里志》另一目的所在，用他文中的话说，"是不独为风流之谈，亦可垂诫劝之旨也"。从这一角度来说，《北里志》亦可称为一部劝诫之作。只是由于"从唐代开始，至明末清初，'世风好狎妓'，冶游狎妓几乎成了士子们的风尚。孙棨'可不戒之哉'的循循善诱被无端忽视，《北里志》的狭邪性却被无限扩大"，从而导致"与孙棨的创作初衷背道而驰"②。

孙棨《北里志》虽然属于笔记式的实录小说，但无论从文辞、谋篇

---

① （唐）孙棨撰，曹中孚校点：《北里志·附录》，载上海古籍出版社编《唐五代笔记小说大观》下册，上海古籍出版社 2000 年版，第 1417—1418 页。
② 王晓鹃：《〈北里志〉作者和创作考述》，《中国海洋大学学报》（社会科学版）2014 年第 2 期。王晓鹃在此文中认为，孙棨创作《北里志》的主观动机，除了为了回顾大中盛世的目的之外，"另一方面是想通过叙述艳情故事来垂戒后世，告诫士子不可过度放浪形骸，并以此来针砭时弊（结合唐代社会现实，此说还是有一定道理的）。但从《北里志》的流传情况来看，此书却实开后世艳情小说之端，与孙棨的创作初衷背道而驰。这无疑是《北里志》的一大遗憾"。

还是行文风格上皆有其不可忽视的艺术价值。书中文辞华艳精练，所述人物形象特色鲜明，性格色彩各异，故事性强，叙事谋篇上或托讽人情冷暖、世态炎凉（如《颜令宾》《张住住》篇），或寓惩戒于叙事之中（如《北里不测堪戒二事》篇）。对于《北里志》在谋篇、行文风格上的艺术价值，鲁迅在《唐之传奇集及杂俎》一文中曾给予过评价，认为孙棨的《北里志》与康骈的唐代传奇小说集《剧谈录》、范摅的唐代笔记小说集《云溪友议》一样，"虽若弥近人情，远于灵怪"，但皆具有"选事则新颖，行文则逶迤"的艺术特色。也正是从这个意义上讲，鲁迅指出孙棨《北里志》"固仍以传奇为骨者也"①，亦即体现了鲁迅在《唐之传奇文》（上）中所说的"小说亦如诗……叙述宛转，文辞华艳""其间虽抑或托讽喻以纾牢愁，谈祸福以寓惩劝，而大归则究在文采与意想"②，以及宋人洪迈在论唐小说时所讲的"小小情事，凄惋欲绝"③等唐传奇所凸显出来的一些艺术特色。

2. 诗作

《全唐诗》记载孙棨有诗作四首：《赠妓人王福娘》《题妓王福娘墙》《戏李文远》《题刘泰娘舍》。这四首诗作，《北里志》皆有记载。另《北里志·王团儿》中还记载孙棨有一首和诗。从孙棨诗作内容中不难看出，对青楼艳情生活的描述是孙棨诗作的主题和基调。

（1）《赠妓人王福娘》

> 彩翠仙衣红玉肤，轻盈年在破瓜初。
> 霞杯醉劝刘郎赌，云髻慵邀阿母梳。
> 不怕寒侵缘带宝，每忧风举倩持裾。

---

① 鲁迅在《唐之传奇集及杂俎》中指出："至于康骈《剧谈录》之渐多世务，孙棨《北里志》之专叙狭邪，范摅《云溪友议》之特重艳咏，虽若弥近人情，远于灵怪，然选事则新颖，行文则逶迤，固仍以传奇为骨者也。"见鲁迅《中国小说史略》，广西人民出版社 2017 年版，第 102 页。
② 鲁迅：《中国小说史略》，广西人民出版社 2017 年版，第 77、78 页。
③ 宋人洪迈说："唐人小说，不可不熟。小小情事，凄惋欲绝，洵有神遇而不自知者，与诗律可称一代之奇。"见程国赋编著《隋唐五代小说研究资料》，上海古籍出版社 2005 年版，第 13—14 页。

谩图西子晨妆样,西子元来未得如。①

(2)《题妓王福娘墙》

移壁迴窗费几朝,指镮偷解博红椒。
无端斗草输邻女,更被拈将玉步摇。
寒绣衣裳饷阿娇,新团香兽不禁烧。
东邻起样裙腰阔,剩蹙黄金线几条。
试共卿卿语笑初,画堂连遣侍儿呼。
寒肌不耐金如意,白獭为膏郎有无。②

《赠妓人王福娘》《题妓王福娘墙》诗对长安青楼女子王福娘的衣装打扮、风姿娇容以及青楼生活进行了细致入微的刻画和描述。此二首诗皆为孙棨"乘兴北里""题诗倡肆"③的艳情之作。据孙棨《北里志》记载,"王团儿,前曲自西第一家也。已为假母,有女数人,长曰小润,字子美,少时颇籍籍者。……次曰福娘,字宜之,甚明白,丰约合度,谈论风雅,且有体裁。……次曰小福,字能之,虽乏风姿,亦甚慧黠"。孙棨称自己在京师长安时,"与群从少年习业,或倦闷时,同诣此处,与二福环坐。清谈雅饮,九见风态。予尝赠宜之(福娘)诗曰:'彩翠仙衣红玉肤,轻盈年在破瓜初。霞杯醉劝刘郎饮,云髻慵邀阿母梳。不怕寒侵缘带宝,每忧风举倩持裾。谩图西子晨妆样,西子元来未得如。'"王福娘虽然平时获得文人的赠诗甚多,但唯独对孙棨的这首诗称心快意,情有独钟,于是恳求孙棨把这首诗题写到室内窗子左侧的红墙上。等到孙棨将《赠妓人王福娘》的诗题写完毕,福娘以诗未写满红墙为由,请求孙棨重新作诗一两篇。孙棨乘其兴致,又题写了《题妓王福娘墙》七绝三首诗如下(按:《北里志·王团儿》中所载此文与《全唐诗》卷727所载有个别字词上的差别):"其一曰:'移壁回窗费几朝,

---

① (清)彭定求等编:《全唐诗》卷727,中华书局1999年版,第8407页。
② (清)彭定求等编:《全唐诗》卷727,第8407页。
③ 傅璇宗主编:《唐才子传校笺》第3册卷6,中华书局1990年版,第175页。

指环偷解薄兰椒。无端斗草输邻女,更被牛将玉步摇。'其二曰:'寒绣红衣饷阿娇,新团香兽不禁烧。东邻起样裙腰阔,刺蹙黄金线几条。'其三曰:'试共卿卿戏语粗,画堂连遣侍儿呼。寒肌不奈金如意,白獭为膏郎有无。'"① 唐代文人的狎妓之风由此亦略见一斑。

(3)《戏李文远》

> 引君来访洞中仙,新月如眉拂户前。
> 领取嫦娥攀取桂,便从陵谷一时迁。②

关于此诗的创作背景,《北里志·俞洛真》中有这样一段具体记述:"俞洛真,有风貌,且辩慧。顷曾出曲中,值故左揆于公,贵主许纳别室。于公琮。尚广德公主,宣宗女也,颇有贤淑之誉。从子梲冒其季父。于公柄国时,颇用事。曾贬振州司户,后改名应举,左揆为力甚切,竟不得。后投迹今左广令孜门,因中第,遂佐十军。先通洛真而纳之,月余不能事,诸媵之间彰其迹,以告贵主。主即出之,亦获数百金,遂嫁一胥吏。未期年而所有索尽,吏不能给,遂复入曲,携胥一女,亦当时绝色。洛真虽有风情,而淫冶任酒,殊无雅裁。亦时为席纠,颇善章程。郑右史常与诗曰:'巧制新章拍指新,金罍巡举助精神。时时欲得横波盻,又怕回筹错指人。'离乱前两日,与进士李文远,渥之弟,今改名浣,其年初举,乘醉同诣之。文远一见,不胜爱慕。时日已抵晚,新月初升,因戏文远题诗曰:'引君来访洞中仙,新月如眉拂户前。领取嫦娥攀取桂,便从陵谷一时迁。'予题于楣间讫,先回。间两日,文远因同诣南院,文远言:'前者醉中题姓字于所诣,非宜也。回将撤去之。'及安上门,有自所居追予者曰:'潼关失守矣。'文远不肯中返,竟至南院。及回,固不暇前约,耸辔而归。及亲仁之里,已夺马纷纭矣,因仓皇而回,遂乃奔窜。因与文远思所题诗,真谶词也。"③

---

① 参见(唐)孙棨撰,曹中孚校点《北里志·王团儿》,载上海古籍出版社编《唐五代笔记小说大观》下册,上海古籍出版社 2000 年版,第 1410—1411 页。
② (清)彭定求等编:《全唐诗》卷 727,中华书局 1999 年版,第 8408 页。
③ (唐)孙棨撰,曹中孚校点:《北里志·俞洛真》,载上海古籍出版社编《唐五代笔记小说大观》下册,上海古籍出版社 2000 年版,第 1412—1413 页。

(4)《题刘泰娘舍》

诗前有一题注:"泰娘,北曲内小家,中门前一樗树。年齿甚妙,粗有容色。以居非其所,人不知之。余过其舍,题诗云云。同游闻之,诘朝,诣之者结驷于门矣。"

> 寻常凡木最轻樗,今日寻樗桂不如。
> 汉高新破咸阳后,英俊奔波遂吃虚。①

据《北里志·刘泰娘》记载:"刘泰娘,北曲内小家女也。彼曲素无高远者,人不知之。乱离之春,忽于慈恩寺前见曲中诸妓同赴曲江宴。至寺侧下车而行,年齿甚妙,粗有容色。时游者甚众,争往诘之,以居非其所,久乃低眉。及细询之,云:'门前一樗树子。'寻遇暮雨,诸妓分散。其暮,予有事北去,因过其门,恰遇犊车返矣。遂题其舍曰:'寻常凡木最轻樗,今日寻樗桂不如。汉高新破咸阳后,英俊奔波遂吃虚。'同游人闻知,诘朝诣之者结驷于门矣。"②

(5) 和诗一首

> 韶妙如何有远图,未能相为信非夫。
> 泥中莲子虽无染,移入家园未得无。③

此诗为孙棨对王福娘《问絷诗》(此一题作《题红笺上》)④ 的唱和诗作。前述《北里志·王团儿》记载,孙棨将《题妓王福娘墙》的题诗于福娘窗左红墙上后,福娘亦在孙棨题诗后续了一首:"苦把文章邀劝人,吟看好个语言新。虽然不及相如赋,也直黄金一二斤。"俩人彼此赋诗唱和,可谓相互倾慕,彼此爱悦。然而王福娘"每宴洽之际,常

---

① (清)彭定求等编:《全唐诗》卷727,中华书局1999年版,第8408页。
② (唐)孙棨撰,曹中孚校点:《北里志·刘泰娘》,载上海古籍出版社编《唐五代笔记小说大观》下册,上海古籍出版社2000年版,第1413页。
③ (唐)孙棨撰,曹中孚校点:《北里志·王团儿》,载上海古籍出版社编《唐五代笔记小说大观》下册,上海古籍出版社2000年版,第1411页。
④ 见(清)彭定求等编《全唐诗》卷802,中华书局1999年版,第9123页。

惨然郁悲……久而不已"。某日,王福娘忽然"泣且拜"地将一张题有七绝诗的红色笺纸递与孙棨,诗文曰:

> 日日悲伤未有图,懒将心事话凡夫。
> 非同覆水应收得,只问仙郎有意无。

诗中王福娘表达了日日忧伤情绪,并袒露了欲弃贱从良嫁于孙棨的意愿,追问对方有无娶她之意。孙棨看后抱歉地说道:"甚知幽旨,但非举子所宜,何如?"王福娘再一次泣诉说道:"某幸未系教坊籍,君子倘有意,一二百金之费尔。"请求孙棨如果对其有意,那么就花一二百金的费用帮她赎身。还没等孙棨作答,王福娘便将笔递与孙棨,请对方在红笺纸上和其诗。孙棨于是题其笺后,诗文曰:

> 韶妙如何有远图,未能相为信非夫。
> 泥中莲子虽无染,移入家园未得无。

孙棨和诗中虽然将王福娘喻为出淤泥而不染的莲子,但仍然拒绝了福娘从良相许的意愿。王福娘看完孙棨的和诗后,"因泣,不复言,自是情意顿薄"[1]。从孙棨与王福娘的唱和诗中,不难窥见唐代青楼女子不幸而又可悲可叹的境遇。

三 孙偓诗作及其考证

状元及第、官至宰相的孙偓,也有诗文留存于世。《全唐诗》卷688存有孙偓诗四首:《寄杜先生诗》《赠南岳僧全豾》《答门生王涣李德邻赵光胤王拯长句》《句》。

---

[1] 参见(唐)孙棨撰,曹中孚校点《北里志·王团儿》,载上海古籍出版社编《唐五代笔记小说大观》下册,上海古籍出版社2000年版,第1411页。

1. 《寄杜先生诗》

> 蜀国信难遇，楚乡心更愁。
> 我行同范蠡，师举效浮丘。
> 他日相逢处，多应在十洲。①

诗文题目中杜先生为唐末五代时期著名道教学者杜光庭。杜光庭"为人性简而气清，量宽而识远。……唐懿宗咸通中应九经举，不第，遂入天台山学道。长安有潘尊师者，道术甚高雅，为僖宗所重，时时以光庭为言。僖宗因召见，大悦，已而从幸兴元，竟留于蜀，事高祖为金紫光禄大夫、谏议大夫，封蔡国公，赐号广成先生。光庭博学，善属文，高祖常命为太子元膺之师。……后主立，受道箓于苑中，以光庭为传真天师、崇真馆大学士。未几解官，隐青城山，号登瀛子"②。对于杜光庭的为人和才学，孙偓非常赞赏。据唐代史料笔记《北梦琐言》记载，孙偓为相时，"曾承诏至蜀，诣杜光庭先生受箓，乃曰：'尝遇至人，话及时事，每有高栖之约'"。由于受人诬告，孙偓在相位不久就被罢免了宰相官职，被贬谪为衡州司马。被贬职出京的孙偓心情郁闷，便作诗一首寄于仍在蜀地的杜光庭，其诗句云："蜀国信难遇，楚乡心更愁。我行同范蠡，师举效浮丘。他日相逢处，多应在十洲。"③诗中倾诉了被贬官异地的愁闷心境，并以隐居江湖的范蠡自比，表达了要效法杜光庭修道求仙的意愿，希望将来能与杜光庭在仙人居住的十处名山胜境相逢。

2. 《赠南岳僧全玼》

> 窠居过后更何人，传得如来法印真。
> 昨日祝融峰下见，草衣便是雪山身。④

---

① （清）彭定求等编：《全唐诗》卷688，中华书局1999年版，第7975页。
② （清）吴任臣：《十国春秋》卷47《杜光庭传》，中华书局1983年版，第674页。
③ （五代）孙光宪：《北梦琐言》卷4《孙偓相通简》，中华书局年2002年版，第68页。
④ （清）彭定求等编：《全唐诗》卷688，中华书局1999年版，第7975页。

此诗为孙偓被贬衡州司马时，偶见南岳衡山全玼高僧时有感而作。对此《宋高僧传·唐南岳山全玼传》有记载："释全玼，本余杭人也，入径山礼法济大师求剃染。禀质强渥，且耐饥寒。诸所参寻，略得周遍，乃隐衡岳中立华庵。木食涧饮，结软草为衣，伏臘不易。有赠玼诗云：'窠居过后更何人，传得如来法印真。昨日祝融峰下见，草衣便是雪山身。'此太常孙偓旧相南迁有作。"①

3.《答门生王涣李德邻赵光胤王拯长句》

> 谬持文柄得时贤，粉署清华次第迁。
> 昔岁策名皆健笔，今朝称职并同年。
> 各怀器业宁推让，俱上青霄肯后先。
> 何事老夫犹赋咏，欲将酬和永留传。②

《全唐诗》卷688录有裴贽《答王涣》③诗，诗文内容与《答门生王涣李德邻赵光胤王拯长句》相同。从《唐诗纪事》《登科记考》等文献史料记载看，此诗应为裴贽所作无疑。据宋人计有功《唐诗纪事》卷66记载："大顺中，王涣自左史拜考功员外，同年李德邻自右史拜小戎，赵光胤自补衮拜小仪，王拯自小版拜少勋。涣（王涣）首唱长句，感恩上裴公（裴贽）曰：青衿七十榜三年，建礼含香次第迁。珠彩下连星错落，桂花曾对月婵娟。玉经磨琢多成器，剑拔沉埋更倚天。应念衔恩最深者，春来为寿拜樽前。裴公答曰：谬持文柄得时贤，粉署清华次第迁。昔岁策名皆健笔，今朝称职并同年。各怀器业宁推让，俱上青霄肯后先。何事老夫犹赋咏，欲将酬和永留传。"文中又称："涣（王涣），字群吉，大顺二年侍郎裴贽下登第，德邻（李德邻）、拯（王拯）、光胤（赵光胤）皆同年也。"④ 王涣、李德邻、王拯、赵光胤同为唐昭宗大顺二年（891）进士，此年知贡举官员为裴贽，这在清人徐松

---

① （宋）赞宁撰，范祥雍点校：《宋高僧传》卷30《唐南岳山全玼传》，中华书局1987年版，第744页。
② （清）彭定求等编：《全唐诗》卷688，中华书局1999年版，第7975页。
③ （清）彭定求等编：《全唐诗》卷688，第7980页。
④ （宋）计有功：《唐诗纪事》卷66，中华书局1965年版，第995页。

《登科记考》中也有明确记载，文中有云："（大顺）二年，进士二十七人：崔昭矩……王涣，李德邻，王拯，赵光胤……"，"知贡举：御史中丞裴贽"①。没有在大顺二年出任知贡举的孙偓，是不可能称呼同榜进士王涣、李德邻、赵光胤、王拯为"门生"的，因此也是不可能用"答门生王涣李德邻赵光胤王拯长句"作诗文标题的。由此而言，将《答门生王涣李德邻赵光胤王拯长句》一诗说成是孙偓所作有误，诗文内容由裴贽所作确切无疑。

4.《句》

> 好是步虚明月夜，瑞炉蛰下醮坛前。②

《太平广记》对这首诗的创作背景有如下一段记载："新淦县有真阳观者，即许真君弟子曾真人得道之所。其常住有庄田，颇为邑民侵据。唐僖宗朝，南平王锺传据江西八州之地。时观内因修元斋，忽有一香炉自天而下。其炉高三尺，下有一盘。盘内出莲花一枝，花有十二叶。叶间隐出一物，即十二属也。炉顶上有一仙人，戴远游之冠，着云霞之衣，相仪端妙。左手搘颐，右手垂膝，坐一小盘石。石上有花竹流水松桧之状，雕刊奇怪，非人工所及也。其初降时，凡有邑民侵据本观庄田，即蛰于田所，放大光明。邑民惊惧，即以其田还观，莫敢逗留。南平王闻其灵异，遣使取炉，至江西供养。忽一日失炉，寻之却至旧观。道俗目之为瑞炉。故丞相乐安公孙偓南迁，路经此观。留题。末句云：'好是步虚明月夜，瑞炉蛰下醮坛前。'"③

除《全唐诗》载有上述诗作外，《唐语林》还记载孙偓有一首即兴诗文。书中记载了"善令章"④的京城长安名妓郑举举诙谐有趣善于言谈，经常有文人士大夫到她那里聚集宴会，饮酒赋诗。孙偓为其才华迷恋，常常与同年进士数人，至其舍与其饮酒赋诗。一日，孙偓又与同年

---

① （清）徐松：《登科记考》卷24，中华书局1984年版，第894—898页。
② （清）彭定求等编：《全唐诗》卷688，中华书局1999年版，第7975页。
③ 见（宋）李昉等编《太平广记》卷232《真阳观》，中华书局1961年版，第1780页。
④ （唐）孙棨撰，曹中孚校点：《北里志·郑举举》，载上海古籍出版社《唐五代笔记小说大观》下册，上海古籍出版社2000年版，第1406页。

进士去她那里宴饮，不巧郑举举因身体不适没能参加宴会，于是大家便推举一起来的同年进士李深之为劝酒监酒令之人。孙偓为此即兴作诗道："南行忽见李深之，手舞如风令不疑。任你风流兼酝藉，天生不似郑都知。"① 显然，这是一首戏谑诗。

四 其他

（一）孙公辅

孙公辅，唐代乐安孙氏家族第五代族人，官至陆泽丞。清朝大臣董诰所编《全唐文》载有孙公辅记类文章一篇——《新修夏邑县城门楼记》②。

除此之外，孙公辅还为唐代乐安孙氏第四代族人孙造妻李氏撰写并书《大唐故詹事府司直孙公夫人陇西李氏墓志铭并序》③ 一篇。

（二）孙宿

孙宿，孙逖长子。《全唐文》载有孙宿《对谶书判》一文。文前有一题注，称"乙家有《论语谶》邻告其蓄禁书，科徒一载。郡断无罪。未知合否"。

> 先圣立言，盖非为己；后学敬教，可以润身。且非乱常，如何

---

① 参见（宋）王谠撰，周勋初校证《唐语林校证》卷7，中华书局1987年版，第674—675页。原文记载说："郑举举巧谈谐，常有名贤醵宴。乾符中，状元孙偓颇惑之，与同年数人多至其舍，他人或不尽预。同年卢嗣业诉醵罚钱，致诗状元曰：'未识都知面，频输复分钱。苦心亲笔砚，得志助钿细。徒步求秋赋，持杯给暮馔。力微多谢病，非不奉同年。'嗣业，同年非旧知，又力穷不遵罚，故有此诗。曲内妓之头角者为都知，举举、降真是也。曲中一席四环，见烛即倍，新郎更倍，故曰'复分钱'。一日，同年宴，举举有疾，不来，令同年李深之为纠纠。状元吟曰：'南行忽见李深之，手舞如风令不疑。任你风流兼酝藉，天生不似郑都知。'"
② （清）董诰等编：《全唐文》卷901，中华书局1983年版，第9400—9401页。
③ 见周绍良主编《全唐文新编》卷478，吉林文史出版社2000年版，第5616—5617页。

议辟？乙门殊阙里，室有儒书，虽则家藏，未遑邦禁。同原伯之不悦，或可见非；比韦氏之能传，实惟济美。邻人诚为妄纠，彼己未越彝伦。遽欲论刑，何县吏之从昧？不置于理，知郡司之有孚。①

（三）孙绚

孙绚[②]，孙正之子，孙絿为孙绚撰写的《唐故湖南观察巡官前同州合阳县尉乐安孙府君墓志铭》中记载孙绚"以文学践于世"，称其"著文百篇，编之十轴。子史诸书，抄览略遍。著《西汉群臣言事章疏》总二百五十章，勒成一十六卷"[③]。《西汉群臣言事章疏》已佚。

---

① （清）董诰等编：《全唐文》卷439，中华书局1983年版，第4477—4478页。
② 《新唐书·宰相世系表》为"孙询"。见（唐）欧阳修、宋祁《新唐书》卷73下《宰相世系表》，中华书局1975年版，第2949页。
③ （唐）孙絿：《唐故湖南观察巡官前同州合阳县尉乐安孙府君（绚）墓志铭》，载吴钢主编《全唐文补遗》第6辑，三秦出版社1999年版，第193页。

附录一 与乐安孙氏一脉相承的三国富春孙氏

从前述对春秋时期乐安孙氏家族的梳理中可知,春秋末期齐国乐安人、著名军事家孙武次子孙明,因父孙武帮助吴国建立霸主地位之功,而受荫被封为富春侯,食采于富春(今浙江富阳),由此与乐安孙氏一脉相承的富春孙氏得以出现。

汉末之前,富春孙氏不显,延及二十二世而至汉末孙钟之后,其家族崛起,到三国时期已发展成为江南地区赫赫有名的世家望族。而孙吴王朝的建立,则使得富春孙氏家族的发展达到巅峰。从陈寿《三国志》和其他文献著述中,我们不难看到三国富春孙氏家族崛起和发展的历史脉络。

一

孙坚是三国富春孙氏家族崛起的关键人物,也是孙吴王朝基业的奠基者。

孙坚字文台,汉桓帝永寿元年(155)出生于吴郡(治所在吴县,今江苏苏州姑苏区)富春县(今富阳)。据沈约《宋书·符瑞志上》记载,孙坚之父孙钟,生性至孝,东汉后期独与母隐居于吴郡富春,以种瓜为业,《三国志》称孙坚"孤微发迹"即源于此。

出身"孤微"的孙坚发迹得益于其智勇和忠义。"善叙事,有良史才"[1]的西晋史学大家陈寿评价孙坚"勇挚刚毅,孤微发迹,导温戮卓,山陵杜塞,有忠壮之烈",这是公允之论。从孙坚生平不难看出,

---

[1] (清)赵翼:《陔余丛考》卷6,商务印书馆1957年版,第111页。

出身孤寒的孙坚，正是发迹于其所特有的"勇挚刚毅""忠壮之烈"的人格特征。据陈寿《三国志·吴书一·孙破虏传第一》载，孙坚17岁时跟随父亲一同载船前往钱塘的途中，恰好遇上海盗将掠取商贾的财货在岸边进行分赃。畏于海盗的气焰，过往的行旅和船只皆停止不前。目睹抢劫的海盗，孙坚却请求父亲讨伐海贼，并且不听父亲"非尔所图"的劝告，亲自"操刀上岸，以手东西指麾，若分部人兵以罗遮贼状。贼望见，以为官兵捕之，即委财物散走。坚追，斩得一级以还"。正是凭着这次英勇无畏和谋略，让孙坚名声"显闻"，并由此得到官府的赏识和提拔，被任用为代理校尉。东汉熹平元年（172），孙坚招募一千余名精壮士兵，联合官府将在句章"作乱"的、有"众以万数"兵力的许昌打败。立有战功的孙坚不久即被朝廷先后任命为盐渎丞、盱眙丞、下邳丞①。

孙坚的智勇、忠烈，在以后征讨黄巾起义军和乱政的董卓中得以充分体现。汉灵帝中平元年（184），张角在魏郡发动了黄巾农民大起义。孙坚在中郎将朱儁的奏请下被朝廷委任为佐军司马，而后招募兵力千余人，与朱儁合力征讨黄巾军，迫使汝南郡、颍川郡的黄巾军退守宛县城。孙坚不顾个人安危，率领部众率先登入城中，大破黄巾军，孙坚因功被授予别部司马。不久，凉州又发生了由边章、韩遂领导的少数民族的起义，在司空张温的上表奏请下，孙坚被授予参军事，以军事参谋官的身份谋划征讨凉州少数民族起义，因其足智多谋，孙坚被征召授予议郎，一跃成为朝廷掌顾问应对的高级郎官。"时长沙贼区星自称将军，众万余人，攻围城邑"，"周朝、郭石亦帅徒众起于零、桂，与星相应"。孙坚临危受命，被授以长沙太守。孙坚到长沙任职后，"亲率将士，施设方略，旬月之间，克破星等"，而后"越境寻讨，三郡肃然"②。汉朝考虑到孙坚前后为朝廷所立功勋，又对其封侯加爵，将位同三公的乌程侯赐封于孙坚。

东汉末年，军阀割据，外戚宦官专权，政治黑暗，整个统治集团

---

① （晋）陈寿撰，（南朝宋）裴松之注：《三国志》卷46《吴书一·孙破虏讨逆传第一》，中华书局1999年版，第823页。
② （晋）陈寿撰，（南朝宋）裴松之注：《三国志》卷46《吴书一·孙破虏讨逆传第一》，第810—811页。

腐朽不堪，皇权衰微。中平六年（189），汉灵帝去世，由年幼的少帝刘辩继立。军阀出身的权臣董卓专擅朝政，在京城专横跋扈。权势熏天的董卓在控制了朝政大权后，便将少帝刘辩废掉贬为弘农王，不久又将其连同何太后一起杀掉，而后拥立汉灵帝少子陈留王为帝（汉献帝）。自此以后，董卓更加专横跋扈，肆无忌惮。上朝时他"赞拜不名，剑履上殿"，还"据有武库甲兵，国家珍宝，威震天下"[1]。不仅如此，他还四处搜刮。据《后汉书》记载，洛阳"贵戚室第相望，金帛财产，家家殷积"，为此，董卓放纵兵士，突袭洛阳城中富有的家舍，抢掠金帛资产，致使"人情崩恐，不保朝夕"。他滥造货币，将汉代长期流行的全国统一钱币五铢钱废掉，改铸为小钱。为了铸钱所需的铜材原料，董卓"悉收洛阳及长安铜人、钟虚、飞廉、铜马之属，以充铸焉"。小钱的铸造导致"货贱物贵，谷石数万"[2]，致使全国通货膨胀严重。董卓的倒行逆施和祸乱朝政，引发了各州郡义兵对其讨伐的军事行动，孙坚亦举兵数万人讨伐董卓。他率众进军到鲁阳，与袁术联合，共同发兵征讨董卓。在袁术上表奏请下，孙坚被任命为破虏将军，兼领豫州刺史。孙权率众积极备战，多次大破董卓军队。对于孙坚的英勇无畏，董卓非常惧怕，于是派遣将军李傕等前往孙坚处求和，欲以结亲和封其子弟出任刺史、郡守之类的许诺让孙坚停止征讨。孙坚对此不为所动，称"卓（董卓）逆天无道，荡覆王室，今不夷汝三族，县示四海，则吾死不瞑目，岂将与乃和亲邪？"而后孙坚率众进军离洛阳仅有 90 里的大谷，迫使董卓西逃关中。在逃离洛阳前，董卓放火焚烧了洛阳，致使旧京洛阳一片废墟。孙坚进入洛阳后，先是"修诸陵，平塞卓所发掘"，而后于初平三年（192），率众征伐荆州，与刘表派遣的黄祖在樊城、邓县之间交战。孙坚击破黄祖后，又乘胜追击黄祖部众，不料在追击中，孙坚为黄祖军士射杀[3]。

---

[1] （晋）陈寿撰，（南朝宋）裴松之注：《三国志》卷 6《魏书六·董卓传》，中华书局 1999 年版，第 131 页。
[2] 参见（南朝宋）范晔《后汉书》卷 72《董卓传》，中华书局 1965 年版，第 2325 页。
[3] 参见（晋）陈寿撰，（南朝宋）裴松之注《三国志》卷 46《吴书一·孙破虏讨逆传第一》，中华书局 1999 年版，第 811—812 页。

综上不难看出，孙坚一生，可以智勇、忠义概括之。他以智勇发迹，步入仕途。入仕之后，则以忠勇之心，忠心耿耿于朝廷，从而获得了令后世史学家、政治家所赞誉的政治声望。宋代史学家、乡贡进士出身的萧常在《续后汉书》中，对其在讨伐董卓中所体现出来的"忠义奋发"精神给予高度评价，指出"自董卓称乱，四方倡义而起者非一，然皆负恃其众，因之以自封殖，卒无一人婴其锋者；独坚一战而败之，遂使西走，修复园陵，祗祀庙社，此其忠义奋发，岂袁、刘辈可同日语哉"。在萧常看来，孙坚虽然在征伐董卓军事行动中因"其孤军无继，功弗克就"，然而"其志有足尚也"①。翻检后世史学家、政治家对孙坚的评论，几乎众口一词对孙坚忠勇精神给予称誉。如前述《三国志·孙坚传》对孙坚有"勇挚刚毅……有忠壮之烈"的评价外，南朝史学家、官至尚书祠部郎的裴松之在为《三国志》所作的注中，亦称孙坚在讨伐董卓的"兴义之中最有忠烈之称"②。宋代翰林院学士、著名文学家洪迈称"董卓盗国柄，天下共兴义兵讨之，惟孙坚以长沙太守先至，为卓所惮，独为有功"③。清代史学家同时也是思想家的王夫之则认为在东汉后期讨伐董卓中，虽然"天下皆举兵向卓"，但"能以躯命与卓争生死者，孙坚而已矣"④。西晋文学家陆机在其《辨亡论》（上）中，也表达了类似的观点，对孙坚的忠勇给予了极高称赞：

> 昔汉氏失御，奸臣窃命，祸基京畿，毒遍宇内，皇纲弛紊，王室遂卑。于是群雄蜂骇，义兵四合。吴武烈皇帝（孙坚）慷慨下国，电发荆南，权略纷纭，忠勇伯世，威棱则夷羿震荡，兵交则丑

---

① （宋）萧常：《萧氏续后汉书》卷24《吴载记一》，文渊阁《四库全书》本。
② （晋）陈寿撰，（南朝宋）裴松之注：《三国志》卷46《吴书一·孙破虏讨逆传第一》，中华书局1999年版，第814页。
③ （宋）洪迈：《容斋随笔·容斋续笔》卷10《孙坚起兵》，中华书局2005年版，第344页。
④ 清人王夫之在《读通鉴论》中有云："孙坚之始起，斩许生而功已著，参张温之军事，讨边章而名已立，非不可杰立而称雄也；奋起诛卓，先群帅而进屯阳人，卓惮之而与和亲，乃曰：'不夷汝三族悬示四海，吾死不瞑目。'独以孤军进至洛阳，埽除宗庙，修塞诸陵，不自居功，而还军鲁阳。当斯时也，可谓皎然于青天白日之下而无惭乎？故天下皆举兵向卓，而能以躯命与卓争生死者，孙坚而已矣。其次则曹操而已矣。"见（清）王夫之《读通鉴论》卷9《献帝》，中华书局1975年版，第269页。

房授馘，遂扫清宗祊，蒸禋皇祖。于时云兴之将带州，飙起之师跨邑，哮阚之群风驱，熊罴之族雾集。虽兵以义合，同盟戮力，然皆包藏祸心，阻兵怙乱，或师无谋律，丧威稔寇，忠规武节，未有若此其著者也。①

陆机认为，在董卓乱政、汉室皇家威严扫地之际，各地军队蜂拥而起，并因道义而盟誓聚合，以期共讨董卓，但他们在讨伐董卓行动中皆包藏祸心，旨在仗恃军队乘乱取利；如果以"忠规武节"的标准进行衡量的话，那么在当时征讨董卓的义军中，没有一个像孙坚那样如此"忠勇伯世"的人。

总之，在东汉末年讨伐董卓的行动中，孙坚所凸显出来的智勇和忠义赢得了世人的高度赞誉，让他获得了"最有忠烈之称"的政治声望。其为世人称赞的政治声望，无疑为孙吴政权的建立奠定了良好的根基。

二

孙策是三国富春孙氏家族兴起、发展的重要人物，也是孙吴王朝基业的开创者。

孙策（175—200），字伯符，孙坚的长子。提及孙策，后世史学家几乎众口一词把其视为孙吴政权基业的开创者，如《三国志》评价孙策"英气杰济，猛锐冠世，览奇取异，志陵中夏。……且割据江东，策之基兆也。"② 东晋著名史学家孙盛则称"孙氏兄弟皆明略绝群。创基立事，策之由也，且临终之日，顾命委权"③。毋庸置疑，称孙策为江东孙吴政权基业的开创者，这是与历史实际相符的公允之论。

孙策自青少年时期便表现出非凡的才干。《三国志》注引《江表传》称，孙策在十多岁时，"已交结知名，声誉发闻。有周瑜者，与策同年，亦英达夙成，闻策声闻，自舒（安徽舒县）来造焉。便推结分

---

① （清）曾国藩编选，张政烺主编：《经史百家杂钞全译》卷2，贵州人民出版社1999年版，第306页。
② （晋）陈寿撰，（南朝宋）裴松之注：《三国志》卷46《吴书一·孙策传》，中华书局1999年版，第823—824页。
③ 《三国志文类》卷53《孙盛评孙坚孙策》，文渊阁《四库全书》本。

好，义同断金，劝策徙居舒"①。当其父孙坚组织义兵征讨乱政的董卓时，孙策便携其母迁居与其友善的好友周瑜居住地舒县。在舒县，孙策广交朋友，尤其是当地的精英群体文人士大夫，更是他平时广泛联络和结交的对象。也正是由于他的非凡才干，"江、淮间人咸向之"。孙坚在征讨董卓的作战中捐躯后，胸有大志的孙策便渡过长江，先后徙居江都（今江苏扬州）和曲阿（今江苏省丹阳市），投靠了时任丹阳太守的吴景（孙策之舅）和割据扬州的军阀袁术，并乘机招募、发展武装，由此开始了在江东势力的发展，以期为父报仇雪恨，成就"据长江，奋威德，诛除群秽，匡辅汉室"的伟大功业②。

西晋名臣、著名学者傅玄称"孙策为人，明果独断，勇盖天下，以父坚战死，少而合其兵将以报仇，转斗千里，尽有江南之地，诛其名豪，威行邻国"③。孙策"明果独断，勇盖天下"的为人风格在其渡江南下征战中得到了鲜明体现。汉献帝兴平二年（195），为了实现"东据吴会……为朝廷外藩"的宏图大志，时任折冲校尉、行殄寇将军的孙策领兵渡江南下作战。据《三国志》记载，南下之初，孙策兵力单薄，"兵财千余，骑数十匹，宾客愿从者数百人"，然而在到了长江流域的历阳（今安徽省巢湖市和县）地区之后，其兵众迅速发展到五六千人。而后孙策率"军令整肃"的兵士"渡江转斗，所向皆破，莫敢当其锋"，加之孙策"性阔达听受，善于用人，是以士民见者，莫不尽心，乐为致

---

① （晋）陈寿撰，（南朝宋）裴松之注：《三国志》卷46《吴书一·孙策传》，中华书局1999年版，第815页。

② 据《三国志》卷46注引《吴历》记载，孙策在江都时，曾数次前往谋士张纮住处，"咨以世务，曰：'方今汉祚中微，天下扰攘，英雄俊杰各拥众营私，未有能扶危济乱者也。先君与袁氏共破董卓，功业未遂，卒为黄祖所害。策虽暗稚，窃有微志，欲从袁扬州求先君余兵，就舅氏于丹杨，收合流散，东据吴会，报仇雪耻，为朝廷外藩。君以为何如？'纮答曰：'既素空劣，方居衰绖之中，无以奉赞盛略。'策曰：'君高名播越，远近怀归。今日事计，决之于君，何得不纡虑启告，副其高山之望？若微志得展，血仇得报，此乃君之勋力，策心所望也。'……纮见策忠壮内发，辞令慷慨，感其志言，乃答曰：'昔周道陵迟，齐、晋并兴；王室已宁，诸侯贡职。今君绍先侯之轨，有骁武之名，若投丹杨，收兵吴会，则荆、扬可一，仇敌可报。据长江，奋威德，诛除群秽，匡辅汉室，功业侔于桓、文，岂徒外藩而已哉？方今世乱多难，若功成事立，当与同好俱南济也。'"见（晋）陈寿撰，（南朝宋）裴松之注《三国志》卷46《吴书一·孙策传》，中华书局1999年版，第816页。

③ （清）严可均辑：《全晋文》卷50《傅玄》，商务印书馆1999年版，第521页。

死",因此在短短的时间内便控制了丹阳、会稽、吴郡、豫章、庐陵等江东大部分地区。同其父孙坚一样,孙策有智谋,作战英勇,引兵所到之处无坚不摧①。不久,孙策率兵渡过浙江,占据会稽(今浙江绍兴)。在会籍,孙策对地方官员进行了重新任命,孙策自任会稽太守,吴景、孙贲分别出任丹杨太守和豫章太守,又分豫章为庐陵郡,以孙贲之弟孙辅为庐陵太守,朱治为吴郡太守,以张昭、张纮、秦松、陈端等人为谋士。孙策的地方政权建设,无疑奠定了富阳孙氏在江东立国的政治基础。

汉献帝建安二年(197),素有称帝野心的袁术在寿春(今安徽寿县)僭号称帝。袁术的僭号行径遭到众多诸侯的反对,孙策首先致信从九个层面对其进行了劝告与谴责,并与其断绝关系而自立。此年夏,汉朝廷下诏书任命孙策出任骑都尉,袭爵乌程侯,兼任会稽太守。建安三年(198),孙策又被汉廷册封为讨逆将军,改封为吴侯。孙策被敕封拜官后,亲自率众平定了袁术所据守的丹阳地区,而后与司空曹公、卫将军董承、益州牧刘璋等合力讨伐袁术、刘表。袁术死后,孙策又率部众向西讨伐黄祖。建安四年(199)12月,孙策与建威中郎将周瑜、行征虏中郎将吕范、行奉业校尉孙权等"同时俱进",在黄祖所屯驻的沙羡县(今湖北嘉鱼县北)与黄祖及被刘表派来救援黄祖的兵马展开大战,结果黄祖大败。在这次战役中,孙策所统部众"吏士奋激,踊跃百倍,心精意果,各竞用命。越渡重堑,迅疾若飞。火放上风,兵激烟下,弓弩并发,流矢雨集,日加辰时,祖乃溃烂。锋刃所截,猋火所焚,前无生寇,惟祖迸走。获其妻息男女七人,斩虎、韩晞已下二万余级,其赴

---

① 如据《江表传》记载:孙策"渡江攻鯀牛渚营,尽得邸阁粮谷、战具……时彭城相薛礼、下邳相笮融依鯀为盟主,礼据秣陵城,融屯县南。策先攻融,融出兵交战,斩首五百余级,融即闭门不敢动。因渡江攻礼,礼突走,而樊能、于麋等复合众袭夺牛渚屯。策闻之,还攻破能等,获男女万余人。复下攻融,为流矢所中,伤股,不能乘马,因自舆还牛渚营。或叛告融曰:'孙郎被箭已死。'融大喜,即遣将于兹向策。策遣步骑数百挑战,设伏于后,贼出击之,锋刃未接而伪走,贼追入伏中,乃大破之,斩首千余级。策因往到融营下,令左右大呼曰:'孙郎竟云何!'贼于是惊怖夜遁。融闻策尚在,更深沟高垒,缮治守备。策以融所屯地势险固,乃舍去,攻破鯀别将于海陵,转攻湖孰、江乘,皆下之"。参见(晋)陈寿撰,(南朝宋)裴松之注《三国志》卷46《吴书一·孙策传》注引《江表传》,中华书局1999年版,第815—817页。

水溺者一万余口,船六千余艘,财物山积。虽表未禽,祖宿狡猾,为表腹心,出作爪牙,表之鸱张,以祖气息,而祖家属部曲,扫地无余"①。经过此次一战,孙策已基本控制了江东地区。在孙策江南势力大增、而袁绍势力"方强"的局面下,曹操只好对孙策采取了安抚策略,不仅把弟弟的女儿嫁给了孙策的弟弟孙匡,而且又娶了孙策堂兄孙贲之女做了自己的儿媳,对孙策的弟弟孙权、孙翊亦是极尽礼遇,还令扬州刺史将孙权荐为茂才(即秀才,因避讳汉光武帝刘秀之名改称茂才)②,以示对孙策家族的重视。

汉献帝建安五年(200),孙策在一次独自策马外出时被吴郡太守许贡门客击伤,不幸身亡。孙策去世前,对身边大将张昭留下遗言,让其善待其弟孙权,辅佐孙权经营江东;又叮咛其弟孙权:"举江东之众,决机于两陈之间,与天下争衡,卿不如我;举贤任能,各尽其心,以保江东,我不如卿。"③孙策叮咛其弟之意是让孙权在与天下争雄和经营江东时,要有果敢决断和举贤任能的风格。孙权牢记兄长叮嘱,在父兄奠定基业的基础上,运筹帷幄,终于成就了孙吴政权,从而也使三国时期的富春孙氏家族成为典型的世家大族。

三

孙权,孙吴王朝的建立者,他使三国富春孙氏家族的发展达到极盛时期。

孙权(182—252),字仲谋,孙坚次子。孙策在江东起兵后,孙权便经常随从其兄南北征战。史称孙权"性度弘朗,仁而多断,好侠养士,始有知名,俨于父兄矣。每参同计谋,策甚奇之,自以为不及也"④,认为这时孙权的名望,已与其父兄相等。孙策遇难后,继孙策掌

---

① 参见(晋)陈寿撰,(南朝宋)裴松之注《三国志》卷46《吴书一·孙策传》注引《江表传》、注引《吴录》,中华书局1999年版,第819—820页。
② 参见(晋)陈寿撰,(南朝宋)裴松之注《三国志》卷46《吴书一·孙策传》,第817页。
③ 参见(晋)陈寿撰,(南朝宋)裴松之注《三国志》卷46《吴书一·孙策传》,第821页。
④ (宋)王钦若等编纂,周勋初等校订:《册府元龟》卷204,凤凰出版社2006年版,第2290页。

管江东的孙权虽然据有会稽、吴郡、丹阳、豫章、庐陵等江东大部分地区，但是这五郡中的"深险之地犹未尽从，而天下英豪布在州郡，宾旅寄寓之士以安危去就为意，未有君臣之固"，当时只有张昭、周瑜等人认为可以与孙权"共成大业"而对其"委心而服事焉"①。面对地位不固、局势动荡的局面，悲痛中的孙权在张昭劝说下，及时平复复杂的心境，立即投入经营江东的事务之中。他策马四处巡视军队，广延、聘求天下俊秀、名士，一时间诸如鲁肃、诸葛瑾、陆逊、顾雍、徐盛等一大批文人贤士被招至门下为宾客。对张昭，他则以师傅之礼待之。同时，他又以周瑜、程普、吕范等原有府僚为将帅。而后，孙权分派部署各路将领，对时常进行反抗的山越人进行镇压和安抚，对拒不从命的武装势力予以讨伐。建安八年，孙权派吕范领兵平定鄱阳，派程普率兵讨伐乐安。建安十年（205），孙权又派兵征伐上饶。与此同时，孙权也加强了对地方政权的建设和管理，如分上饶增设建平县，分豫章增设鄱阳郡，分长沙增设汉昌郡；而对那些难以治理的县，其县令和县长的人选，则派"江表之虎臣，孙氏之所厚待"②的韩当、周泰以及"入为腹心，出为股肱"③的吕蒙等出任。为了报杀父之仇，孙权从建安八年开始，三次出兵征伐黄祖，最终于建安十三年（208）的征伐中，将黄祖逼退至江夏，黄祖被骑士冯则"追枭其首"④。

孙权智勇果断，善于审时度势，把握时机。建安十三年（208），割据荆州的刘表病逝，其子刘琮率众投降曹操。轻易获取荆州的曹操势力大增，企图乘势吞并东吴。他写信直接向孙权宣战，称"近者奉辞伐罪，旄麾南指，刘琮束手。今治水军八十万众，方与将军会猎于吴"，直言要拿下东吴。当时曹操因"新得表（刘表）众，形势甚盛"，因而当孙权将曹操的书信示以群臣时，"诸议者皆望风畏惧，多劝权（孙权）

---

① （晋）陈寿撰，（南朝宋）裴松之注：《三国志》卷47《吴书二·吴主传第二》，中华书局1999年版，第825页。
② 《三国志文类》卷53《又评程普凌统潘璋等》，文渊阁《四库全书》本。
③ （西晋）陆机：《辨亡论》（上），载（清）曾国藩编选、张政烺主编《经史百家杂钞全译》卷2，贵州人民出版社1999年版，第309页。
④ 参见（晋）陈寿撰，（南朝宋）裴松之注《三国志》卷47《吴书二·吴主传第二》，中华书局1999年版，第825—827页。

迎之。惟瑜（周）、肃（鲁肃）执拒之议"①。孙权在得知刘备欲联孙抗曹的打算后，当机立断，立即指派大将周瑜和程普分别为左督和右督，各自领兵万人，与刘备合兵一起进发，联合抗曹。结果拥兵5万的孙刘联军与拥有20万兵力的曹操军队相逢于赤壁展开大战，曹军大败。赤壁大战后，刘备、周瑜等率军乘胜追击曹操至南郡，曹操迫不得已只好退守北方。经赤壁一役，三分天下的形势已基本形成。孙权在赤壁之战的英明决断，令宋代史学大家司马光大加赞赏，称誉孙权"承父兄之烈，师友忠贤，以成前志，赤壁之役，决策定虑，以摧大敌，非明而有勇能如是乎"②。

作为孙吴帝国的创建者，孙权的智勇果断、审时度势体现在许多方面。赤壁之战后，刘备在诸葛亮的辅助下，乘机夺取了兵家所争之地——荆州南部的武陵、长沙、桂阳、零陵四郡，而基于日后夺取益州战略上的考虑，刘备又向孙权借得孙吴在荆州已控制的重地南郡，并应诺在取得益州之后立即将其归还于孙吴。为了与刘备"共拒曹操"③，孙权接受了奋武校尉鲁肃的建议，将荆州借于刘备。在中国历史上，荆州、益州极具战略地位，宋朝著名史学家李焘在其所撰《六朝通鉴博议》中，曾就荆州、益州在孙吴政权中极具战略价值的历史地位给予评价，称"尝观孙权之初，满宠在合淝，而淮未属吴；先主、武侯奎蜀汉，而益未属吴。不得淮则无以拒北寇之入，不得荆则无以固上流之势，不得益则无以为西土之援"④。孙权深谙荆州对于孙吴政权的军事战略价值，因而在刘备取得益州之后，便马上派遣诸葛瑾前去索要荆州诸郡。刘备却出尔反尔，他以"吾方图凉州，凉州定，乃尽以荆州与吴耳"⑤之语敷衍诸葛瑾。对于刘备的搪塞，孙权用在荆州南部三郡设置

---

① （晋）陈寿撰，（南朝宋）裴松之注：《三国志》卷47《吴书二·吴主传第二》裴注引《江表传》，中华书局1999年版，第827页。
② （宋）司马光：《稽古录》卷13，文渊阁《四库全书》本。
③ （宋）李焘：《六朝通鉴博议》卷1《吴论》，见（宋）张敦颐、（宋）李焘《六朝事迹编类·六朝通鉴博议》，南京出版社2007年版，第160页。
④ （宋）李焘：《六朝通鉴博议》卷1《吴论》，见（宋）张敦颐、（宋）李焘《六朝事迹编类·六朝通鉴博议》，第156页。
⑤ （晋）陈寿撰，（南朝宋）裴松之注：《三国志》卷47《吴书二·吴主传第二》，中华书局1999年版，第828页。

高级官员的措施予以反击，而后派遣名将吕蒙督率二万兵力直取荆州南部的长沙、零陵、桂阳三郡，指令鲁肃以万余人之众屯驻巴丘，旨在抵御和牵制刘备守将关羽。在孙、刘双方剑拔弩张之际，适逢曹操发兵向汉中进发，对刘备所据有的益州构成严重威胁。刘备权衡利弊，只好派人向孙权讲和，结果长沙、江夏、桂阳以东的属权划归孙权，南郡、零陵、武陵以西的属权划归刘备。接受刘备的议和只是孙权的权宜之计，孙权深知要取得和稳固在江东的统治地位，对荆州所有属地的占领是绝不能放弃的。为了夺回刘备在荆州的全部领地，孙权一方面积极整训军队备战，另一方面又于建安二十二年（217）春指派都尉徐详为使者，请求投降曹操，以便减少来自曹操外部的威胁。曹操不仅接受了孙权请降修好的请求，而且与孙权立誓结为姻亲关系，以此强化巩固彼此的政治联盟。

《三国志文类》有云："孙权屈身忍辱，任才尚计，有勾践之奇，英人之杰矣。故能自擅江表，成鼎峙之业。"① 史官之言可谓中肯。孙权之所以能在诸侯争霸中"自擅江表，成鼎峙之业"，除了他的"任才尚计"外，在很大程度上亦得益于他的能屈能伸，忍辱负重。为了收回荆州，他宁愿向曾自谓"孤与老贼（曹操），势不两立"②的曹操请降，并结成姻亲。也正是他的忍辱负重，使他能在诸侯争霸战争中游刃有余，为他在困境中赢得了主动和战机。

建安二十四年（219），刘备指令荆州守将关羽领兵攻打襄阳，将曹操守将曹仁围困于襄阳。孙权趁关羽进攻襄阳致使后方空虚的有力时机，乘势遣吕蒙统兵突袭荆州。孙权突袭荆州之举令关羽措手不及，迫使关羽从襄阳撤军回救。不料孙权先遣大将朱然、潘璋"断其径路"，结果关羽在麦城被朱然、潘璋擒杀③。这样，突袭荆州的吕蒙轻而易举地收复了荆州。

蜀汉章武元年（221），为夺回荆州，刘备亲率蜀汉军队攻打孙权，

---

① 《三国志文类》卷53《又评吴主》，文渊阁《四库全书》本。
② （晋）陈寿撰，（南朝宋）裴松之注：《三国志》卷54《吴书九·周瑜传》，中华书局1999年版，第933页。
③ 参见（晋）陈寿撰，（南朝宋）裴松之注《三国志》卷47《吴书二·吴主传第二》，中华书局1999年版，第829页。

次年，刘备"从巫峡、建平连围至夷陵（今湖北宜昌）界，立数十屯，以金锦爵赏诱动诸夷，使将军冯习为大督……先遣吴班将数千人于平地立营，欲以挑战"。为了避免与曹操冲突而引起的与刘、曹两军对垒作战，孙权在遣使向刘备求和遭拒的情况下，一面向已经称帝建国的曹魏称臣，一面授命陆逊为大都督，督率朱然、潘璋、宋谦等率领的5万兵士与刘备决战。陆逊统领诸军利用火攻的战术，连续"破其四十余营"，致使刘备军队"土崩瓦解，死者万数。备（刘备）因夜遁，驿人自担烧铙铠断后，仅得入白帝城。其舟船器械，水步军资，一时略尽，尸骸漂流，塞江而下"[1]。夷陵一战刘备的惨败，迫使其奔走白帝城（今四川奉节县东），势力骤减，而孙权却巩固了在长江中下游及其以南的势力。在此基础上，孙权于黄龙元年（229年）正式在武昌称帝建国，建立了与曹魏和刘蜀王朝同时并存的孙吴王朝。

元代名儒、翰林院侍读学士郝经在评述孙权之所以能"与汉魏鼎峙而立"的原因时有云："东汉之衰，孙权承父兄之烈，尊礼英贤，抚纳豪右，诛黄祖，走曹操，袭关侯，遂奄有荆扬，今年出濡须，明年战合肥，嶷然势常北向，而以守为攻，称臣于魏，结援于汉，始忍勾践之辱，终为熊通之僭，保据江淮，奄征南海，卒与汉魏鼎峙而立，先起而后亡，非惟智勇足抗衡，亦国势便利然也。"[2] 傅玄除谈到孙权善于用人外，还特别提到孙权之所以能在对外作战时"战少败而江南安"，在于他能"乘间伺隙，兵不妄动"[3]。从上述对孙权生平的简要概述中不难看出，郝经和傅玄的评述还是切实、精当的。

孙权建国称帝，无疑把富春孙氏家族推向了发展的顶峰，与乐安孙氏一脉相承的富春孙氏由此亦发展成为三国时期一个极为显赫的世家大族。在三国历史上，富春孙氏家族三代四帝（孙权、孙亮、孙休、孙皓），其族人大部分是吴国政治舞台上的主力军，官至各类将军、中郎将、刺史、太守者比比皆是。如孙静长子孙暠，为定武中郎将；次子孙

---

[1] 上引史料见（晋）陈寿撰，（南朝宋）裴松之注《三国志》卷58《吴书十三·陆逊传》，中华书局1999年版，第995页。
[2] （元）郝经：《郝氏续后汉书》卷50《吴·孙权传》，文渊阁《四库全书》本。
[3] （晋）陈寿撰，（南朝宋）裴松之注：《三国志》卷47《吴书二·吴主传第二》注引《傅子》，中华书局1999年版，第849页。

瑜，先后出任丹杨太守、绥远将军、奋威将军；三子孙皎，由护军校尉升迁为都护征虏将军；四子孙奂，以扬武中郎将领江夏太守，后拜扬威将军。孙瑜之子孙曼，官至将军。孙皎之子孙咨、孙弥、孙仪皆为将军。孙羌长子孙贲，先后出任豫州刺史、丹杨都尉、行征虏将军；次子孙辅，先后出任庐陵太守、平南将军，假节领交州刺史。孙贲之子孙邻，出任过豫章太守、夏口沔中督、威远将军。孙权之弟孙翊，以偏将军领丹杨太守；孙翊之子孙松为射声校尉。孙河之子孙桓，先后出任安东中郎将、建武将军。孙河侄子孙韶，先后出任广陵太守、偏将军、扬威将军、镇北将军[①]。从陈寿的官修史书《三国志》中可以看出，从第一代孙坚开始，三国富春孙氏男性族人在陈寿《三国志》中单独立传的有 18 位之多。称富春孙氏为三国时期显赫的世家大族并不为过。

---

① 参见（晋）陈寿撰，（南朝宋）裴松之注《三国志》卷 51《吴书六》，中华书局 1999 年版，第 891—899 页。

附录二 乐安孙氏统系图考[①]

按海内孙氏凡三族。一出姬姓：卫康叔八世孙武公和生公子惠孙，惠孙生耳，为卫卿，食采于戚。耳生武仲乙，以王父字为氏。乙生昭子炎，炎生庄子纥，纥生宣子鲔，鲔生桓子良夫，良夫生文子林父，林父生嘉，世居汲郡。晋有孙登，即其裔也。一出芈姓：楚蚡冒生王子蒍章，字无钩。蒍章生蒍叔伯吕臣，其孙蒍贾伯嬴生蒍艾猎，即令尹叔敖，亦为孙氏。吾族则出妫姓：齐田完敬仲四世孙桓子无宇，生书，字子占，景公时为大夫，伐莒有功，赐姓孙氏，食采于乐安。子凭，亦齐卿。世封邑乐安，后遂因称族望。凭生武，以田、鲍四族谋为乱，奔吴，为将军。次子明，功于吴，食采富春，自是世为富春人。居富春凡十世名通者，徙居清河；名奥者，徙居青州；名爱居者，其子福，仕汉，为太原太守，遇赤眉难作，遂居太原中都。季汉，江东一派子孙世居金陵者，则青州裔也。青州五世孙、汉阳太守骯，生长子钟，有隐德，遭时之变，种瓜为业，遇白鹤仙示地葬母而生坚，遂守长沙，分汉室。是时江东世系见于国史实录，皆以为起自富春。一时悬肘印而列枢莞，有曰俊、曰琳、曰恩、曰闾、曰宪、曰仪、曰贲辈，实同局一堂之从昆季，可以占其盛矣。后世望于古舒、潜、京兆、秋浦、春谷，未之或衰也。其次子游，为汉太原太守，生炎。炎生俊，俊生道恭，道恭生颢，字士若，辟地河朔，居武强，裔孙多复徙青州。子辉[辉]，字光休，为后赵射声校尉。辉[辉]生纬，字元文，为幽州都督。纬生周，字季洽，为后燕高阳王文学。周生敬仁，字子（士）和，为北燕司隶功

[①] 《苍基孙氏族谱》，选自陆允昌主编、孙远谋副主编《中国孙氏世系源流》，白山出版社1999年版。

曹。敬仁生苑，苑生伯礼，为后魏巴州刺史。伯礼生达，字元琥，为北齐文宣帝相国骐（骑）曹。达生灵晖，谱一名照。《北齐书》称，灵晖长乐武强人（大司寇王渔洋先生池北书云：新城僻陋，其在南北朝则长乐武强地也。长乐，今青州之高苑；武强，今济南之长山）。魏大儒、秘书监惠蔚，灵晖之族曾王父也。灵晖少明敏，有器度。惠蔚一子，早卒，其家书籍多载焉。灵晖七岁便好学，日诵数千言，唯寻讨惠蔚手录章疏，不求师友，三礼三传皆通其宗旨。时就鲍季详、熊安生质问疑滞，其所发明，熊、鲍无以异也。举冀州刺史，秀才射策高第，授员外将军，后以儒术甄明，擢授太学博士，迁北徐州治中，转潼郡太守。天统中，令朝臣推举可为南阳王绰师者，吏部尚书尉瑾表荐之，征为国子博士，授南阳王经。王虽不好文学，深相敬重，启除其府谘议参军。绰除定州刺史，仍随之镇。绰所为猖獗，灵晖惟默默忧悴，谏不能上。绰欲以管记马子结为谘议参军，乃表请转灵晖为王师，朝廷以王师三品启奏不合，后主于启下手答云：但用之。仍手报南阳书并依所奏，儒者甚以为荣。绰除大将军，灵晖以王师领大将军司马。绰诛，停废，齐亡数年卒。子万安，除隋徐、兖、婺三州刺史。次子万寿，聪识机警，博涉群书，有辞藻，尤甚诗咏。齐末，阳休之辟为开府行参军，随奉朝请滕王文学、豫章长史，卒于大理司直。万安生彦昉，梁明帝朝为滑州长史。彦昉生矩脉，普通时亦仕为滑州长史。矩脉生行成，史名坦，仕为左翊卫。行成生迤，南北朝仕乐陵太守，谪主簿。迤生孝敏，仕隋为晋阳令，其子中（仲）将为寿张丞。中（仲）将子希庄，仕韩王典签。希庄子嘉之，仕唐显庆朝，宋州司马。嘉之子逖，弘道时仕至刑部侍郎、右庶子，谥文公。逖之弟适（遹），仕左羽林兵曹参军。适（遹）子会，仕常州刺史，封晋安县男。会子公胄，尉海盐，升眉州刺史，占籍眉山，世居万金乡。公胄生冕，袁州录事参军（按史，宋天禧中有孙冕，直史馆，后守苏州，拂衣归九华山，非是）。冕生安邦，安邦生志甫，志甫生万馨公。万馨公初无子，立七世族兄万登公之三子熙伿为嗣。熙伿贵，赠万馨公太师。其生父万登公，起自青州麻子乡。按唐田断碑云：公巍然雄姿，分营捍御，有排难却患之才。唐懿宗咸通五年，任金吾上将军，从岭南道节度使康承训领师交趾平蛮。七年，蛮平凯还，遂家黎阳乡之唐田。配王氏，生四子：敏、佐、伿、彦。初平蛮时，朝以公有定乱神功，诏天下祀公，建祠审坑之原，立石纪公勋。梁太祖元年丁卯，生佚，一名昉，后曰熙佚，从嗣父万馨公派也。五代时，官拜显谟阁待制，除授九江运粮使，兼督徽宁道提刑观察。路经仙源长林，见陵山耸秀，水绕峰环，遂解组，奉万馨公卜居于此。卒，寿八十五，赠太师。配赵氏，赠一品夫人，合墓旗龙前芦山之麓。嗣有由唐田迁婺源者，迁兴孝坊者，迁休宁坑口者，迁草市者，迁石埭者，迁祁门者，迁黟县北街者，俱万馨公以下派也。若熙佚之后，则一以万馨公长林派为宗。熙佚三子：长贵清，随父居徽小北门；次贵明，唐建隆元年迁太平水北；又次贵翁，宋雍熙三年迁石埭旗岭。贵清生忠，举周显德朝茂才。忠生五子：长锡，居孙家巷，后分下村；次镛，迁秋浦北坑；三铿，居长寿乡；四镐，迁青、繁二邑；五锜，迁太平高沟。镐子嘉一，宋乾兴时迁秋浦西溪。嘉一子伯九，伯九子仁十六，仁十六子义三十一，义三十一子礼二十三，礼二十三子智十三，智十三子信五，凡七世，居西溪最称蕃盛。信五子孝六，宋理宗淳祐时，迁蓉城。孝六子友八，讳明，宋度宗咸淳时举进士，高尚不仕。其弟友三十七，生子福二、福四，世居蓉城。公率子福一，迁扬州泰兴县顺德乡二十一都小段子巷。公终，福一公携子仁美公始迁于桐。盖至顺之末，红巾乱作，公之渡江南下，势非得已。考之旧碑，镌福一为佛一。蓉城旧谱注福一公三子：曰蒋一，曰圆二，曰佛，未及仁美，岂是时仁美尚未诞生耶！抑佛即仁美，名福，与"佛"音相近，后世遂讹为公讳耶？第以公之来桐也，流离播迁之下，兢兢教子孙不堕先人志，耕读外无他职业，卜苍基青山为牛眠百世之兆甫，一再传而人文衍庆，罔或厥替，后世追维一本，念昔先人不迁之主断自福一公明矣。他如支分派远富春、清河、青州、武强、太原中都、舒、潜、京兆、金陵、眉州、仙源长林、徽歙、繁阳、秋浦、西溪、石埭、蓉城、泰兴诸派，在先曾王父行人公时曾修有合谱，乡先达张大参淳、吴太史应宾序而纪之。缘屡经兵燹，原书散轶，不可复得，仅得者历有宋迄今名儒硕彦残缺旧文一二编而已。若同里之乌石岗、孙家坂、圩缺棠梨铺、官圩头、孙家桥诸族，虽非福一公后，溯其源，或出江东，出唐田，出赠太师万馨公，以故世讲宗谊勿之有异。有孙家坂一派，在吾先世中既称患难交，至紫眉如荀辈，尤多友生世好。械往者过庭。时闻之先君子云：曩时，苍基展墓，紫眉率其族人咸在，是又当世世永好，匪可以茑萝之附目之者也。今吾从湘南太守，有重修苍基支谱之举，属纂辑于械。夫既憾疑而阙者之难悉考，忍复使信而存者之晦而弗宣，而不为穷其本源，究其竟委耶？谨撮稽其自周以后系之见于史册、载之旧乘者为统系考，以弁简端，庶俾吾族人毋忘祖泽，开卷井然，不致蹈寻渊者临末流而空叹也。夫图系于次：

（受姓始祖）书—凭—武—明—膑—胜—盖—知—念—益—卿—冯—询—骐—夐—厚—瑶—邃—脩—国—就—旃—炎—棱—道恭—颙—煇—纬—周—敬 仁—苑—伯 礼—达—灵 晖—万 安—智—矩 脉—坦—迤—孝敏—仲将—希庄—嘉之。以上四十三世为万登、万謦两公统系图。

嘉之—遜—宿—公器—范—玩—远—万登—熙侁。自嘉之以下六世为熙侁生父万登公支系图。

嘉之—适（逼）—会—公胄—冕—安邦—志甫—万登—熙侁—贵清—忠—镐—嘉一—伯九—仁十六—义三十一—礼二十三—智十三—信五—孝六—明一—（迁桐始祖）福一。自嘉之以下六世为熙侁嗣父万登公支系图。

合共六十三世，为迁桐一世祖福一公统系图。

康熙辛卯正月，苍基十一世孙之械敬辑。

附录三 唐代乐安孙氏家族墓志铭辑录

作为记述逝者生前生平事迹的墓志资料，墓志铭内含着丰富的史料，不仅极具文献价值和史料价值，同时也具有重要的文学价值。本部分主要依据清人董诰等编辑的《全唐文》（中华书局1983年版）、陈尚文辑校的《全唐文补编》（中华书局2005年版）、吴钢主编的《全唐文补遗》（三秦出版社1994—2006年版）、周绍良和赵超主编的《唐代墓志汇编》（上海古籍出版社1992年版）及《唐代墓志汇编续集》（上海古籍出版社2001年版）、郝本性主编的《隋唐五代墓志汇编》（河南卷）（天津古籍出版社1991年版）等，对唐代乐安孙氏家族族人墓志铭进行了辑录。为便于读者了解墓主基本概况，所辑每篇墓志铭正文前有一基本介绍。

一 宋州司马先府君墓志铭

该文为唐代乐安孙氏第三代族人孙嘉之墓志铭。孙嘉之，韩王府典签孙希庄之子，由进士入仕，曾出任蜀州新津县主簿、河南府缑氏县尉、王屋县主簿，以宋州司马致仕。唐玄宗开元二十七年（739）四月去世，享年83岁。该墓志铭为孙嘉之长子、官至中书舍人孙逖所撰。

孙逖府君讳嘉之，字某，魏郡武水人也。故属安乐，盖齐大夫书之后。至晋长秋卿道恭，有子曰颙，避地河朔，后世居焉。颙五世孙魏光禄大夫惠蔚，为本朝大儒，自时厥后，不陨其业。公即光禄元孙也。曾祖孝敏，隋大业中并州晋阳县令，所居之聚，聊设衡关，至为晋阳里。祖仲将，皇朝郓州寿张县丞。父希庄，皇朝韩王府典签。自晋阳至府君,四世而传一子,故五服之内,无近属焉。府君四岁而孤,无所怙恃。外祖刘士杰,因官居于潞之涉县,府君自幼及长,外族焉依。克自激昂,允迪前烈,弱冠以文章著称。因此游太原,涉西河,以观陶唐之风。河汾之间,有盛名矣。垂拱、载初之际,始诣洛阳,献书阙下,极论时政,言多抵忤,所如不合,遂投迹太学,托名常调。天册中以进士擢第,与崔日用、苏晋俱为考功郎中,李迥秀特所标赏。久视初预拔萃,与邵炅、齐澣同升甲科。解褐蜀州新津县主簿,又补河南府缑氏县尉,改王屋县主簿。府君少好摄生之术,自王屋授诀于司马先生,便欲罢官学道,而官微禄薄,曰:"衰门无储,宗党孤眇,无所仰给,繇是愿效六百石长吏焉。"历洺州曲周、宋州襄邑二县令。秩满之后,遂绝迹,屏居园林,怡神太和,以适初愿。居数岁,适长子逊拜中书舍人,实掌丝纶。皇上以府君有义方之训,特授朝散大夫宋州司马,仍听致仕。手诏褒美,亲族荣之。享年八十三,以开元二十七年四月二十四日,弃背于东都集贤里之私第。府君性聪明而志高邈,学该百氏而不为章句,文穷三变而尤工气质。早有大名,晚从卑位,于是知命之不偶,道之不行,随时委运,澹然无营。而畴昔辈列,平生雅故,当轴处中者多矣,盖未尝跬足而近之。恬于势利,乃如此也,然所莅之职,必悉心为政,不以小而易之,人到于今遗爱矣。尔其闺门之教,子孙之谋,猷之必远,诲则无倦。万石不假于诮让,太邱惟闻于善诱,保乂于后,无惭古人。夫人广平宋氏,蒲州安邑县令斌之孙,滑州司士参军郁之女。淑德贤行,深慈至柔。有子四人,皆著名于词学;有女六人,俱涉迹于图史。非独府君之善训,亦有夫人之内则焉。享年六十,以开元十年十一月二十三日,先弃背于河阳别业。逊、遹、遘、造(造)等,遭天不愁遗,降此鞠凶,创巨以深,荼蓼又集。永惟宅兆未立,精灵未安,犹力疠瘵,尚存余喘。即以府君违世之年八月十二日,迁厝于邙山陶村之西原合祔焉,礼也。北据冈阜,南瞻城阙,一以托州原之胜势,一以近庭闱之故居。诸孤等亦愿朝奠几筵,暮扫松柏,往来密迩,以寘哀怀。伏惟尊灵,安此真宅。小子痛极,岂复能文?泣血书事,言多失绪。其辞曰:

惟先府君,不陨厥问。克惟厥训,惟先夫人。慈范是经,柔德是程。昊天罔极，曷其报德。敢述旧闻，言岂为饰。①

二 唐故中大夫守桂州刺史兼御史中丞充桂州本管都防御经略招讨观察处置等使上柱国乐安县开国男赐紫金鱼袋孙府君墓志铭并序

该文是唐代乐安孙氏第五代族人孙成墓志铭。孙成，孙逖三子，明经及第，先后出任荆州江陵县尉、京兆府云阳县尉、长安县尉、监察御史、陇右节度判官兼掌书记、殿中侍御史、尚书屯田员外郎、信州刺史、苏州刺史等职。该墓志铭为孙逖之子、河东观察判官摄北都副留守检校尚书户部郎中兼侍御史孙绛所作。

君讳成，字思退。孙氏之先，盖齐大夫书之后，晋有长秋卿道恭生颙，避地于魏之武水。武水故属乐安，后世居焉。颙五代孙惠蔚仕魏为光禄大夫，以儒学风鉴称，君即光禄玄孙之玄孙也。五代祖孝敏，隋大业中并州晋阳令，故聊摄之人称所居为晋阳里。高祖仲将，皇朝郓州寿张丞；曾祖讳希庄，皇朝韩王府典签；祖讳嘉之，皇朝朝散大夫、宋州司马，赠秘书监；迈迹全德，懿文积学，万古之训，德行为门；长岑之才，铭诔行代。烈考刑部侍郎，赠右仆射文公讳逖；才应贤朝，望归人杰，文公天下，名赫宇内，道图于王佐，位跻于亚卿。君即文公之第三子也。髫岁崇文馆明经及第，参调选部，年甫志学，考判登等，竦听一时，解褐授左内率府兵曹参军。乾元初，荆州长史张惟一表授荆州江陵县尉，本以章奏见托，假名徒劳之职，终以远身江汉，卑栖枳棘，迫于众议，竟不随牒。俄而昊仓不惠，文公讳代，痛百创钜，食歠蔬溢，期有时既，情不杀哀，苴枲外除，形气才属。居累月，刘晏为京兆，採掇后来，以佐几剧，遂奏授京兆府云阳县尉。邑中庶务，刘并委达，一境决遣而生风，诸曹僕遫而何数。声溢朝听，最归府廷。寻除长安县尉。佐剧毂下，名灼京师，宰府急贤，意如不及。不三旬，而拜监察御史。鹰隼为姿，称桓典之职；鸿丽振藻，管阮瑀之书。时李凉公作镇汧岐，盛选官属，遂辟为陇右节度判官兼掌书记。始辞宪府，言赴前军，凉公器异礼优，实主昼诺，寻转殿中侍御史，依前充判官。虽幕府赖筹，而

---

① 选自（清）董诰等编《全唐文》卷313，中华书局1983年版。

省阁求俊,徵拜尚书屯田员外郎。班令公田,事举而能损益,寻充山、剑等三道租庸使。贞赋庸部,财羡而有蠲贷,使乎著称,公议当迁,进转司勋员外郎。以诏勋爵国之懋赏,能守司存,发明草议,一台归妙,两掖思逰,沉鬱岁时,寒暑流易,荼蓼奄集,各罚所钟。博陵太夫人奄弃高堂,哀迷几绝,扶杖而起,如居文公之制。终纪久之,除洛阳县令。议者谓仕于关外,实非金属,未之官,拜长安县令。风望素高,豪夺沮气,抱鼓日静,侠窟自还。属权臣计赋,主餫得罪,悉罢使务,归于有司,遂命为仓部郎中。虽投艰有余,图难每易,深自引退,湔洒前政。无何,命为泽潞太原卢龙等道宣慰使,与王定、裴冀分道同出。往能谕旨,归奏承渥,众谓必践紫垣,绍挥宸翰,遽迁京兆少尹。善佐京毂,威霁事益,当时议昇边延之任,以肃浩穰之地。与杨中书曩以意为友,未尝进退于人,当轴不亲,及放受遣,出为信州刺史,曾不愠怀,务于修职,问以谣俗,因而行化,或豪杰负阻,敢攘于白昼,兼风俗剽轻,未渐于教义。下令纠慢,盗止而山空;敦学尚儒,户晓而人劝。虽伏湛之降盗,文翁之化蜀,俦其功绪,异日而论也。亦既报政,朝廷选第,遂迁苏州刺史。制略曰:列在时彦,鬱为才臣,文参教化之本,学务经通之略。今举高第,镇兹雄郡,深荷睿旨,励分圣忧,信人悃然,吴下歌暮,两州连最,百郡为式。特增金章紫绶。纶旨焕发,姻族为荣。数岁积劳,除桂州刺史兼御史中丞,充本营都防御经略、招讨、观察等使。麾幢诣部,累若新绶,虽越徼地偏,而朝命寄切。临存未几,风政载扬,宁壹十连,清变远俗,福润零桂,声颂迎沓,天何不仁,萎夭明哲。欻以贞元五年五月廿一日即代于桂州理所,春秋五十三。呜呼哀哉!识与不识,皆深恻怆,况分形共气,断其手足耶?搯膺慂旻,心摧泪尽。噫夫!国萃其华,门丧其宝,体备四气而主于春,德全百行而根于孝,心尽雅故之地,禄均祖曾之亲。学贯群书,上下数千载;文道峻格,优遊汉魏间。璨若琼枝,冏如秋月,百事闲练于朝典,万殊折中于笔端,使尔为相,则管晏子产,为则稷苴羊杜,典选则山庐之俪,平刑则于张之俦,定礼则叔孙高堂;博闻则仲舒政□。官不至竟庶绩,便繁达官,此所以尼父委命,文人致论,盖为此也。乌有仁德之厚而期阻于黄发,廊庙之姿而宧□于南□。斯则为善者惧,孰究夫杳冥之数,呜呼哀哉!夫人范阳卢氏,旻之孙,宗之女,齐姜冠族,才淑宜室,星霜一纪，夫□妻荣，生鼓琴瑟，殁主丧祭。其孤惟肖，保衡、微仲、审象等，皆童稚差肩，哭踊过礼，提挈江缴，辛苦风潮，行道所怜，岂不堪恸。粤以贞元六年五月壬申卜阜于北邙山陶林之西原，祔于王夫旧茔礼也。诸孤衔恤抒情，愿余缀录，虽辞则无愧，而哀不能文。含酸足言，投笔气索。其词曰：大夫佐齐，傲落庆传；长秋仕晋，弈叶枝连。光禄儒首，前□蔼然；仆射照曜，益扬祖先；文宗大国，期应一贤。乃生才子，朝之髦士，郁穆雄词，悬解奥旨。白珪无玷，□□俪美，周孔道蹋，颜闵行此。居为家法，动作人纪。执宪汉台，佐幕岐阳，管记称职，题柱为郎，拨烦剧县，佐理前张。江南连守，胶东继□，陟明就拜，紫绶金章。将仪上京，谓亚六卿，驰心北阙，建隼南征。绩申刺举，俗咏贤明，孟尝远嗣，任延莫京，奸良□及，罢市伤惰。远依旧园，岗连古原，柏廷幽拱，苔迳苍痕。阴阴古木，寂寂山村，何止孔怀，痛欲断魂。呜呼此丘，季子□□，后谁与归？唯我桂州。[①]

三 唐故宣义郎京兆府蓝田县尉乐安孙府君墓志铭并序

　　该文是唐代乐安孙氏第五代族人孙婴墓志铭。孙婴，唐朝詹事府司直孙造之子，唐代宗广德初年，经福建李尚书上表推荐，被授试为饶州余干县尉，之后先后出任邠州三水县丞、仙州司仓参军、泽州录事参军、京兆府蓝田县尉等职。该墓志铭为孙婴第二十侄孙保衡所撰。

　　府君讳婴，字孺之，乐安人也，盖齐大夫书、晋长秋卿道恭之后。长秋六世孙魏光禄大夫惠蔚，以风鉴儒学，仪范本朝。自光禄以降，世载清德，不陨其业，以至于隋晋阳令讳孝敏。府君即晋阳之五代孙也。高祖仲将，皇朝郓州寿张县丞。曾祖希庄，皇朝韩王府典签，赠赞善大夫。祖嘉之，皇宋州司马，赠秘书监，道德文学，海内所称；父造，天宝初，应文词清丽举，与郭纳同登甲科，官至詹事府司直；惟秘书监用积学醇德，垂训于后；惟司直伯仲叔季，以懿文至行，纂扬世业，宦历清显，名播寰区。当开元天宝间，策茂异，徵贤良，一门必擅于高科，

---

① 选自周绍良、赵超主编《唐代墓志汇编》，上海古籍出版社1992年版。

四海共推于济美。儒家继盛，当代无俦。府君即司直之嗣子也。未识而孤，克自激励，爱敬必尽，以奉高堂，勤苦不渝，以笃志业，饬躬好学，名称日闻。广德初，为福建李尚书表荐，授试饶州余干县尉。及亲而禄，遂怀捧檄之欢；力行以待，未及公车之召。远从试吏，岂或为名。换邠州三水县丞，历仙州司仓参军、泽州录事参军。州牧李公与府君有山楹之旧，及兹联事，见重公才，益厚通家之情，别申知己之分，既纲郡务，仍佐州师，牧守致坐啸之谣，掾吏推三语之称，休声洽畅，远迩钦风。及满岁告归，言旋洛下，余禄可以馨夕膳，家园可以侍板舆。遂闲居杜门，无复宦意。潘岳奉养，耻屑屑于斗筲；梁竦栖迟，叹徒劳于州县。居数岁，为亲故所勉，遂俯从常调，授京兆府蓝田县尉。清规雅望，僚友推挹，台署之选，佥议攸归。丁太夫人忧去官，哀毁之深，几于灭性，杖而后起，以至终丧。抱兹痛疾之心，因遘沉痼之恙，缠绵不闲，报施何孤！以贞元十七年八月十六日，倾背于集贤里之私第，享年五十七。府君性与道合，气阶天和，孝友通于神明，恭俭遵于礼法。喜愠未尝形色，得丧安能介怀。宽以处家，和以接下，闺门之内，煦若春阳。呜呼！履仁者降年之徵，止中身之寿；积德者佐时之道，无一日之迁。神理难明，善人将惧。有一子二女。子曰集庆，幼女不幸，夙抱绵疾，及罹艰酷，至性过人，号慕不食，七日而殁，行路感叹，姻族伤嗟。集庆等泣血居丧，罔坠先训。即以十八年二月九日，迁厝于邙山西原先茔东北，礼也。小子早承诲诱，特被深慈，追怀仁范，痛慕何及！谨书闻见，以志玄堂，衔哀叙辞，言岂能饰！铭曰：

我祖本系，基唐侯国，齐卿之后，晋有长秋。继踵道德，奕叶公侯，英英光禄，识密学优。五世其昌，至于晋阳，降及秘监，其道大光。司直缵绪，赫矣名扬，乃生季父，比德珪璋。学探秘奥，行秉直方，孝惟天至，道则日彰。仕岂为名，禄贵及亲，逶迤下寮，其用未申。位必配德，寿以福仁，宜享黄发，宜乘朱轮。居丧搆恙，抱戚终身，斯不获祐，何谓明神。彼苍者天，降祸仁贤，哀哀孤嗣，泣血口然。追遵素志，祔窆邙田，还依旧域，别启新阡。参差树拱，顿复岗连，于昭令德，永世空传。[①]

[①] 选自周绍良、赵超主编《唐代墓志汇编》，上海古籍出版社1992年版。

四 故太常寺主薄孙府君墓志铭并序

该文为唐代乐安孙氏第五代族人孙视墓志铭。孙视,中书舍人兼刑部侍郎孙逖第四子,弘文生出身,曾任太常寺主簿。

维显圣二年,岁在壬寅秋七月十三日,河南府孙君卒。昔仲谋以雄武应期,龙翔于江表;兴公以文学飞誉,虎步于惟杨。自时厥后,继生贤哲。公大父讳嘉之,为宋州司马。考讳逖,为中书舍人兼刑部侍郎,自西披掌纶,南台持宪,岁建二纪,名盖一时。府君生而凤成,长而岐嶷,年志学,以弘文生出身,调补律郎,转太常寺主簿。不幸短命,寝疾终于洛阳章善里之私室,春秋廿有五。即以其年七月十三日葬于南县通乡之原,礼也。鸣呼!薤露晨歌,旁立期功之戚;松风夜起,永与狐兔为邻。今之主祭则谁?邓侯无嗣;他日倚门而望,参也不归。行路之哀极矣,生人之恨深矣!寮友等痛宿草之将列,惧陵谷之时迁,刊玄石以纪德,冀清风之永传,乃为铭曰:

昊天不惠,百身莫赎。痛矣孙君,降龄匆促。方赴幽垅,长辞华屋。凄惨露影,明灭风烛。①

五 唐故滑州白马县乐安孙府君墓志铭并序

该文为唐代乐安孙氏家族第五代族人孙起墓志铭。孙起,亳州长史孙遘次子,先后出任洪州建昌县尉、郑州新郑尉、陈州录事参军、白马县令等职,唐宪宗元和七年(812)六月去世,终年69岁。该墓志铭为孙起之侄、秘书省校书郎保衡所撰。

府君讳起,字晋卿,乐安人也。自齐大夫书始受邑于乐安,至后魏光禄大夫讳惠蔚,以儒学振耀一时,为时师友。其后六世,至唐宋州司马赠秘书监讳嘉之以降,复以文学孝敬,纂扬光禄之道,为唐清门。府君即祕监之孙,右仆射文公之犹子,左补阙、亳州长吏讳遘之第二子也。承积德之潴源,禀刚中之正性,端好恶为规范,秉礼法以周旋,言

---

① 选自周绍良、赵超主编《唐代墓志汇编》,上海古籍出版社1992年版。

必可行，学优而仕，释褐洪州建昌县尉，历郑州新郑尉、陈州录事参军。建中末，淮右不庭，中原多故，因侍板舆，违兵于江南。韩太傅时镇全吴，雅知府君有理剧庇人之才，累假铜印墨绶，一埤益我，碁月有闻。善耻伐之禄，亦不及后，竟以常资授鄂州长寿县令。上有苛政，下无疲人，有以见才智之周通也。相国袁公之镇滑台，遽奏授白马县令。邑讼既理，戎事兼佐，弦歌有裕，罇俎其臧。满岁罢归，方安于丘园，以药饵辅性。天道茫昧，门户降殃。以元和七年六月十七日薨背于郑州别业，春秋六十九。惟府君传儒门经术之业，居孔氏政事之科，根于惠慈，辅以才术，行存家范，积布人谣，而位竟止于子男，寿未及于黄发，与汉之三长，千古同叹。夫人赵郡李氏，生长子非熊，前蕲州黄梅县尉；夫人陇西李氏，生次子汝砆及三女。唯二夫人河鲂之族，关雎之行，逮事先姑，偕佐明祀，即冥早岁，寓殡他邦，令龟不从，盖祔犹阙。今夫人河东裴氏，卿族华胄，公宫令范，奉丧字孤，称家均养。非熊等教传诗礼，痛茹荼蓼，即以其年十二月十二日祔窆于邙山陶村祕监茔北礼也。保衡幼蒙奖诲，恩未上报，岂期门户之衅，降祸相仍，姑叔之慈，此生遂绝，痛实难抑，言不能文。铭曰：

　　光禄之后，代传文雅，祕监之孙，韵方韶夏。德被乡党，惠存鳏寡，汉则太丘，唐惟白马。位既莫跻，寿胡不假？归附旧原，苍茫寒野，勒铭玄堂，式是来者。①

六　唐故汝州司马孙府君墓志铭并叙

　　该文为唐代乐安孙氏族人第6代族人孙审象墓志铭。孙审象，贵州刺史兼御史中丞、长安令孙成四子，以门荫入仕，先后出任怀州修武主簿、右龙武军录事参军、京兆府云阳县尉、亳州真源、河中临晋二县令、汝州司马等职。唐武宗会昌元年（841）闰九月去世，享年61岁。该墓志铭为唐代乐安孙氏第7代族人、中书舍人孙简所撰。

　　公讳审象，字近初，姓孙氏，其先乐安人也，至后魏迁于魏之武

---

① 选自周绍良、赵超主编《唐代墓志汇编》，上海古籍出版社1992年版。

水，因家焉。六代祖府君讳孝敏，仕隋为并州晋阳令，唐封为晋阳公，今武水有晋阳里，盖因其所封署里门也。曾祖府君讳嘉之，皇朝天册中，举进士，擢高第；父视中，应拔萃，登甲科；累迁宋州司马赠秘书监。大父君讳逖，当开元盛朝，独揭文柄，年才弱冠，三擅甲科，累迁中书舍人刑部侍郎赠尚书右仆射，谥曰文公，国史有传。烈考府君讳成，少以门子入仕，清规素范，自承家法，全德茂行，高映搢绅，累迁苏、信二州刺史，桂府观察使，兼御史中丞，赠太子太傅。太傅府君娶范阳卢氏。先太夫人中外阀阅，号山东冠族，柔明端懿，为闺壸表仪。有子四人，府君即第四子也。年甫童卯，能自修整，恭俭礼让，本于生知，若岁以门荫出身，释褐授怀州修武主簿，累任右龙武军录事参军，京兆府云阳县尉，亳州真源、河中临晋二县令，又从常调，送名中书，除汝州司马。无何，寒暑愆和，阴阳为寇，寝疾累月，遂至弥留。以会昌元年闰九月十七日终于郡之官舍，享年六十有一。有子四人：长曰尚复，次曰胜，次曰璩，幼曰黑儿；有女二人：长曰众娘，次曰臊娘。遂号奉灵□，以其年十二月七日归葬于河南县之邙山，祔于先茔礼也。呜呼！府君为人子以谨孝闻，为人弟以恭顺闻，抚民以慈惠，驭己以直清，率履罔愆，造次于是。然年未及于中寿，宦才止于半途，福善无征，奄遘斯祸，岂天道神理聪明正直之谓欤！闻知者皆为出涕，况闺门之内，骨肉之戚，衔悲茹痛，可胜言耶？犹子简追叙景行，勒于贞石，握管挥涕，词岂能文。铭曰：

仆射垂裕，太傅缵修，府尹伯仲，率有令猷。猗嗟府君！本仁祖义，既修天爵，宜亨寿位，一旦归全，斯皆不至。以是考行，行无所愧；以是兴哀，哀不可既。挥涕勒铭，式昭余懿。①

七 大唐故苏州长洲县令孙府君夫人吴郡张氏墓志铭并序

该文为唐代乐安孙氏第六代族人孙士桀之妻张氏墓志铭。张氏为虢州刺史张少师曾孙女、左谏议张珦孙女、江陵节度巡官张玠之女，其夫孙士桀去世后，张氏"以慈训子，名闻今时（唐代），为妻为母之道，斯焉备矣"。唐宣宗大中四年（850）四月，张氏去

---

① 选自周绍良、赵超主编《唐代墓志汇编》，上海古籍出版社1992年版。

世，享年61岁。该墓志铭由唐代乐安孙氏第七代族人孙顼所撰。

秋七月，顼有从父暨弟之母丧。将葬，从父之孤奭先事之月至，哀号顿首，诉于前曰：奭先妣夫人吴都张氏实皇中大夫、虢州刺史少师之曾孙，皇太中大夫、左谏议珦之孙，皇汉州什邡县尉、江陵节度巡官珨之女。外祖河南元氏讳牟。夫人自归于奭先人，越四十有四年矣，今奭有罪，天德不杀，而遭于家祸，卜宅有日，贞石之文志未具，敢以哀告。顼闻命恸哭，因敬其请，即以事书于石曰：呜呼！曰我先叔父，其在元和二年初命为苏台官，始有室。由是五年庚寅，生苏州司兵参军嗣初；又乙未年，生进士奭；乙巳年，生荆门观察支使、协律克；戊申年，生进士璸。有女四人，自长及季，皆得良配，最幼者亦已许人。伏念夫人自归我氏之初，中间相远。二十六岁，我先叔父弃背当世，夫人以礼主丧，行传闺阃，以慈训子，名闻今时，为妻为母之道，斯焉备矣。大中初，始有恙，就医于荆门之子，而苏撑以官不得去，时奭、克辈年尚幼，报喜惧志，见于形色。自侍疾之一日，达于三岁，食不知味，卧不接梦，劳苦心骨，毕尽为子之道，时搢绅节义之士闻之者，咸嘉尚而哀敬之。呜呼！天竟不以私报人而卒夺数子之志。当大中四年夏四月殁于荆州之官舍，享年六十一。卜祔于我先叔父之灵，吉。遂节用其年十月十七日合葬于河南府河南县平乐乡杜翟村，行周礼也。铭曰：

昔嫔吾家兮环佩葳蕤，河洲兴颂兮闺阃表仪。载古其梦兮举宗同嬉，条跌姜跡兮与孟为比。男室女家兮后恨无遗，既出其生兮入固有时。百年同穴兮淹速必期，北邙之高兮数极蓍龟，先舅先姑兮列树不差，于嗟居此兮唯灵是宜。刻石书事兮永閟兹。[①]

八　唐故银青光禄大夫工部尚书致仕上柱国乐安县开国男食邑五百户孙府君墓志铭

该文为唐代乐安孙氏第六代族人孙公义墓志铭。孙公义，郴、温、卢、宣、常五州刺史孙会次子，先后出任扬州天长县尉、江阳主簿、婺州录事参军等职，以工部尚书致仕，唐宣宗大中五年

---

① 选自周绍良、赵超主编《唐代墓志汇编》，上海古籍出版社1992年版。

(851)四月去世,享年80岁。该墓志铭由唐东都畿汝等州都防御推官、试大理评事冯牢所撰。

公讳公义,字□,其先魏之乐安人。曾祖嘉之,徙河南,因而贯焉。嘉之,皇宋州司马,赠秘书监。祖通,皇左羽林军兵曹,赠秘书少监;父会,皇郴、温、卢、宣、常五州刺史,赠工部尚书。妣陇西李氏;外祖承昭,皇吏部尚书、邢、洛等州节度使。公即常州第二子也。幼而嗜学,长能属文,尤以博识书判为己任。年十四,初通两经,随乡荐上第,未及弱冠,遽失怙恃。长兄不事家计,诸弟尚复幼稚,公以负荷至重,他进不得,遂即以前明经调补杨州天长县尉。有替,校考不足,重任江阳主簿,由主簿授婺州录事参军。覆狱得冤状,为太守王公仲舒知,辟倅军事。时元和末载,相国萧公俛始持国政,方汲引时彦,特勒拜公为宪台主簿,方议朝选。属殿内御史有以自高者,恶非其党,将不我容。公以为道不可自屈,即直疏其事,置之宪长故相国赞皇公,是日解冠长告,坚卧私室。赞皇披文,耸听,益固其知,以公之志不可夺,因白执政授京兆府户曹,由户曹为咸阳令,历四尹,皆以政事见遇,尤为韩公愈、刘公栖楚信重之。昌黎得畿官簿书不能决去疑滞者,必始质信于公,然后行下其事;河间当时威詟豪右,自以明强为己任,每有情伪未分,关人性命者,亦常先议于公,诸曹已下但承命而行,假鼻而息耳。由是声闻彀下。故上相太傅裴公之绾计司也,假以尚书金部员外郎,奏补西蜀巡院。岁周榷课登,就加祠部正郎,复领东川院事。后二年,故盐铁王相国以江左醝院累任失职,官镪百万,变为逋亡,辍自裴公,密下其奏。公迫于知己,不得已而行。时观察使故兵部沈公傅师清流重名,故宣城裴公谊吏途大匠,咸以政术著,每从容宴座,未尝不扬公之美,闻于宾从,道契心符,皆投深分。朝廷以二公之誉,因拜高平郡太守。当逆帅刘从谏怀拔扈之初,不供王职,泽民幼老,几为匪人。公上咀豺狼之心,下施蒲芦之政,一年而人从教化,二年而人知礼法,三年而政成。上党五郡唯泽民向王化者,自公始也。夫以太行孟门之固,羊肠鸟道之险,一旦沟塍连接,中无隙地,无非襁负之所致也。故河内之民加少,高平之民加多,行者居者,歌谣于道。于是稍迁吉州刺史。州踞西山之上源,深入水乡,差接闽岭,故其人心阴狡,俗上争讼。当前政杜师仁陷法之初,承房土彦新规之后,公居仅废,奸吏横行。公始下车,决以去害为本,傍求能吏,密设捕罗,朞月之间,尽擒元恶,亲自讯问,立得其情。虽内蕴哀矜而外实行令赦,诸系室者什七八,毙于枯木者五六辈。凶徒既绝,政道遂行。廉使敬公昕,录其事书为符牓,传于属郡。越三岁罢秩。吉,江左大郡也。每太守更代,官辄供铜缗五百万资其行费,州使相沿,以为故事。先是主吏者具其事以闻。公曰:吾月有俸,季有粟,天子所以优吾理人之赐也。今违是州里,别是吏民,而反厚敛以赂我,是将竭公用困后来之政也。且私吾于不法,是何故事之为?即时召长吏与主事者语其状,却复其财而去。时为政者难之。敬公闻,密以清白状论于宰相,还未及阙,道除饶州刺史,如卢陵之理。至会昌二年五月,自饶移于睦。睦有金陵之地而无金陵之实,水不通商,陆无异产,等姑苏毗陵之大而均其赋焉。往岁征税不登,郡无良吏,刺史不究元本,但相尚以加征。至于伎术贩鬻之有营,本实草秀之有地,悉编次于公案而以税税之。故人不安居,流于外境,积数十年之逋欠而长吏无敢以闻者。公设法开垦,尽平荒芜,旬月之间,复离散之户万计。然后以向来二郡次诸湖、杭、润等,方以主田,籍其户口,推所产之物齐均一之,征则五郡可以代,睦之赋太平矣。法成书奏,天子制下,观察使如公之法均之。时卢公简辞重难其变更,将缓其事。公一岁之内,三发奏章,当朝廷拟议之初,公移为亳守,民既无以为主,事遂寝而不行,然睦之人怀他日抚爱之,毕公之政,无有流亡他道者。间岁三赋,睦实先登。是秋九月,公始如亳。亳人以睦人之故,渴公之政若枯苗之望膏雨焉。时又壶关阻兵,征发方困,亳实军郡,人多告劳。公就理之年,尽去其病,声振河洛。天子知之,不终考,迁合淝郡。合淝公世官也,将行,先命介士慰劳其故老儿孙之尚存者。入郭不张盖,下车避正寝,壹五郡之理而加优爱之。是时连帅故李相国以严法律郡县,七郡之人,如蹈火迫刃,不聊生情,独卢人大苏,公之致也。六年五月,征入拜大理卿。公久居外任,早得癃罢疾,既不克朝谢,又不敢去官,愿假以散秩归洺。天子怜其志,即拜宾护分司。明年春,至自上京。公家素清贫,能甘闲寂。次子毂,职参内署,渥泽冠时,天子宠公之归,辄自近侍,除为河南尹,天下荣之,从其私也。公顾后无虑,遂告老于朝。当大中三年秋,以工部尚书致仕。

是岁仲冬月,有河南意外之丧,不胜其恸,因得风痖,由四年至于五年,中间疾候进退有差。公素知天道,自以为春秋既高,不喜左右进医药辈,以其年四月廿五日薨于陶化里之私第,享年八十。有子十六人,三子先公而殁。今长子琐,前任东都留守推官、检校尚书屯田员外郎;第四子瑁,登进士第,以校书郎为浙右从事;第五子璘,前弘文馆生。女长者适京兆杜氏;次适范阳卢氏;次适陇西李氏;次适长乐冯氏,早亡;次适河东裴氏;次未及笄已下又五人。先是:公将殁之前岁,密勅左右宿备丧具,卜得其地于先府君之西北营室焉。将窆之月,孤之长泣血致书于旧姻长乐冯牢,请以先世德业文于贞石。牢承命恸哭,敢不敬其事而尽其言:呜呼!公以大历七年十一月廿一日壬子生,以大中五年四月廿五日丁卯殁,即以其年七月三日癸酉窆于河南府平乐乡杜翟村之原,天数也。呜呼!夫物云云,各归其根,故宝刀有折,明镜有昏,成像者则毁,虚名者则存,惟尧至圣,不长为君;有丘至仁,曳杖何言,越万斯年,其道始尊。如公之无身,如公之有灵,以名为实,宜齐乾坤,以德可报,永流子孙。呜呼孙公:自古皆有死,独垂芳于众闻。①

九 唐故天平军节度郓曹濮等州观察处置等使朝散大夫检校礼部尚书使持节郓州诸军事兼郓州刺史御史大夫上柱国赐紫金鱼袋赠兵部尚书孙府君墓志铭并序

该文为唐代乐安孙氏第六代族人孙景商墓志铭。孙景商,唐代滑州白马县令孙起次子,进士甲科出身,历任殿中侍御史、度支员外郎、刑部员外郎、温州刺史、滁州刺史、兵部郎中、御史中丞、刑部侍郎、天平军节度郓曹濮观察等使检校礼部尚书兼御史大夫等职,唐宣宗大中十年(856)八月去世,终年64岁。该墓志铭由翰林学士承旨通议大夫户部侍郎知制诰蒋伸撰。

公讳景商,字安诗,乐安人也。其先陈大夫田完之后。完之玄孙曰书,为齐大夫,伐乐安有功,封乐安,赐姓孙氏。及晋,有长秋卿曰顗。顗五代孙惠蔚,后魏光禄大夫。兆名蔚,以儒学文帝恒召讲论,增

---

① 选自周绍良、赵超主编《唐代墓志汇编》,上海古籍出版社1992年版。

名之惠。六代祖讳孝敏，隋为晋阳令兵部尚书，以忠正翼时，唐追封晋阳公。曾王父讳嘉之，天册中，昇进士拔萃二科，有大名于天下，而官止宋州司马。王父讳逷，年未弱冠，两登制策殊等，至左补阙。父讳起，有才不展，终滑州白马县令。故称孙氏为学家。公白马府君之二子。母夫人陇西李氏，姑臧上族也。公幼奇卓，动举与凡儿异。稍长，力文学。读书见古人阐才振节以辅时，必深揣摩，且有以自练其志。性端介，寡与人交。大和二年，清河崔公郾下擢进士甲科，赴诸侯之辟于蜀西川、于荆、于越，凡所从悉当时名公，公亦以国士之道居于其府。御史丞得其名奏为监察，历殿中侍御史，益有名。入尚书省为度支员外郎。丁继母裴夫人忧，毁逾于礼。卒丧，除刑部员外郎，转度支郎中。时宰相李德裕专国柄，忿公不依己，黜为温州刺史，移滁州刺史。理二郡，以慈煦弱，以严御豪，其他施设，皆可称纪。今上即位征为刑部兵部郎中，迁谏议大夫。居数月，疏四五上，皆政之失而除授之乖忝者。大中五年，今西川白丞相为京西北招讨，都统诸军以讨叛羌，奏公为行军司马，授左庶子兼御史中丞，赐紫金鱼袋，并授余招讨副使。时党羌仍岁扰边，上怒，命宰相出征，当时议者以士羸食窘，遽难收功，然其势峻严，不可争止。公佐理之外，与余从容讲画，掇取精理，恳贡其说。白丞相纳其言，奏罢讨，以恩信抚驭，不日宁格征拜给事中。半岁，为京兆尹，一持正道，豪人望风敛束。视案牍靡昼夜。试问其官理要目，屈指历历如手持文。居二年，政以清，迁刑部侍郎。风望愈美。条上当司要事余十件，诏悉可之。出拜天平军节度郓曹濮观察等使检校礼部尚书兼御史大夫。郓自七八年及发戍边士，军储寝阙，人业寝困。公至未旬岁，而廪溢帑丰，编人温饱。于其时，搢绅间摧天下在显位而宜持相柄者，公首在其数。年六十四，以大中十年八月廿二日薨于镇。善人惊惜，连□悼嗟。上素知其人，轸动且久，不视朝一日，赠兵部尚书，赙祭如常礼。即以其年十月廿七日祔先茔，葬于河南府河南县平乐乡杜郭村。夫人河南于氏颍川县君，宣歙观察使敖之女。淑哲称于家。有子七人：曰备、曰俌、曰偯、曰伾，皆丁之出也；小男曰儗，曰攸；并专谨力学。备有文，已二举进士；伉，右千牛备身；伾，仆寺进马。女子五人，上三人，于之出。长嫁南阳张云，云文敏之士，第进士，今为集贤校理；四女未笄。公深理道，在剧权时绿衣吏抱牍群来，丛立于前，公对宾笑语，剖决各到精理，不见停笔。为人洁静自处，不事剞饰，不驰名声，而全德令问，自然而至。不为请谒，不希贵显，而高爵清秩，亦随而至。然不得一日相吾君，以恢至理，斯则为恨。性孝友，奉孀姊颇尽节。居大官，服物无华饰，率常以退休为念。将葬，其旧吏持状来云，前有命请余为文志于墓。余重悲酸，且以相得卅年，晚岁益密，即问谙孰，他不我先，吏来宜也。铭曰：德也强固，才也恢弘，曷与其资，不毕其能，庆宜永流，子孙绳绳。①

十 唐故河南府洛阳县尉孙府君墓志铭并序

> 该文为唐代乐安孙氏第七代族人孙备墓志铭。孙备，殿中侍御史、天平节度使孙景商之子，进士出身，官至洛阳县尉。该墓志铭为唐代乐安孙氏族人、官至御史中丞的孙瑝所撰。

今天子受英武至仁号之年，夏五月，洛阳县尉孙君备以疾亡于官。秋八月，卜宅于河南县平洛乡杜翟村，祔先公之墓，葬有日，府君之太夫人以书走八百里告于犹子瑝曰：未亡人天重不佑。始予有子七人，备实为长，其粹和惇孝，惕惕然无二日之过，凡规随矩跃，揭厉士行，率可以平挹曾冉之前。吾方倚之而老，冀辉阐世绪，克大人物于簪缨间，不幸丧矣。今封墓有礼，尔为吾铭之，斯亦备之遗志，足以使无憾于地下者。瑝于君为群兄弟间最相爱，尝期君一日有以大吾门者。今也齿不逾强仕，名不挂通籍，齐志而殁，得不志遗美以抒夭阏之痛耶？且士之出搢绅华族内其藻黼身文，率有二道，孝居上，文次之。备之孝太夫人既得矣，瑝请以立身之文与我之世系而直书之。孙氏出于齐大夫后在晋时尝避地乐安，因世居焉。自宋魏至皇朝，代以儒学显，故钜名硕望，冠出他族。高祖赠秘书监讳嘉之，位不配德，果介繁祉。故我曾伯祖赠仆射文公讳逖，曾祖赠秘书少监府君讳通，洎曾叔祖补阙公讳遘，皆擅重名，或叠取高科，其官业行实，爆发于天下。补阙府君即君之曾王父也。祖，白马县令赠工部侍郎讳起，烈考故天平军节度使、检校礼部尚书、赠兵部尚书康公讳景商，君其嫡长子也。始郓州府君以文学德行名

---

① 选自周绍良、赵超主编《唐代墓志汇编》，上海古籍出版社1992年版。

殷当时，入服大僚，出践方伯，其懿实茂美，彰灼闻听。君外族于氏，继积善余美之后，承高门必大之基，阃范母仪，摽表冠族。故君富于训导，在龆龀时，有老成人风。始郓州府君与太夫人诸子中特所钟爱，而君卓然自立，唯刻苦于笔砚。其为文率高深遒拔，意欲自健于一时。始举，袖出巨轴拜公卿，郁然有文人誉。重然诺，顾交谊，预君遊者皆当时名人，常洁白分别跡未尝辄杂。累昇歌于春官氏，连战连北，每黜归，必愉愉而喜，以解太夫人之愠。今赵华州主宗伯，挹君而喜曰：我得后矣，果书君于籍中。大司马王公领事盐铁，署君巡官，假校书郎，间一岁，丞相司徒谯郡公奏直弘文馆，得渭南尉、清议乡论，皆以御史拾遗待君。君以太夫人志客洛下，远荣养而利禄仕，非素心也，请弃职而东。丞相重违之，即授洛阳尉以适君之私，非公举也。君平居循循如不能言，其处节义，慎趣向，则勇于必行，万夫不能夺。知季舅丞相雅重之不与诸甥等，丞相居中书四年，天下事在手，而君未尝以时事掛牙齿，且曰我终不以私害我舅之美。退居恬如也。其全道守节多如此。卒生卅九。君之弟曰储、潏、伉、倚、铎、埴，皆修词立诚，能自强以进者。储尝以艺较试于春官矣，既而以外族丞相公处钧轴，不欲以亲累至公，遂未再举。君娶伯舅珪女，早亡，其妇道女德，聆君已铭矣。有男三人，女二人。君擅重誉而位不跻，年不永，将俾后时必有所钟乎？铭曰：

颜之孝兮贾之文，来命世兮去浮云。大椿頑兮幽兰芳，彼寿耋兮此凋伤。洛阳道兮石耄髯莎，悲风埋玉兮其冤若何？寒云凝兮秋茸密，去矣精灵兮閟泉室。谷变陵迁兮虞后日，考君之行兮此其实。①

十一　唐故乡贡进士孙府君墓志

该文为唐代乐安孙氏家族第七代族人孙侊墓志铭。孙侊，大中九年（855）四月去世，终年19岁。该墓志铭为大理评事兼监察御史孙向撰。

府君讳侊，字可器，河南巩人也。其先盖自齐大夫受姓，自齐大夫

---

① 选自周绍良、赵超主编《唐代墓志汇编》，上海古籍出版社1992年版。

于国，家凡系祖，莫不以文德显耀当世，洎曾祖讳嘉之，为秘书监；曾王父讳遘，历左补阙内供奉；大王父讳起，滑州白马县令赠尚书工部侍郎；祖妣夫人陇西李氏，封陇西郡君，生姑适崔氏，生景商；祖妣夫人河东裴氏，封河东郡君，生向，即府君之父焉，娶夫人陇西李氏，君即鲁出焉，其先亦今之士流矣。伯举进士第，累任尚书刑部侍郎。君性本纯孝，与妹岘爱爱，及诸兄姊，洎于诸亲，咸冤惜之。嗜参闵夷齐之行，恶食濯俸佞之风。豂君幼而有□□□□□姑崔氏、伯刑部常抚而善之，虽始与举明经第，实冀策进士，虽疾而卷靡释于左右，虽疴而礼不□于心，以大中九年四月廿四日谢于东都河南县敦化里而别第，春秋十有九焉。呜呼！尔疾在洛，吾去于城；尔疾告亟，吾道倍程，及门心落，入室祸惊，忍死带吾至，尔没尔恨。□泉吾冤病骨尔之行之才可以荣，可以寿，何图兰方馨而□萎，树方高而风摧，宅兆有时，以其年闰四月廿四日窆于东都洛阳县北邙原陶村里祖妣河东郡君夫人茔之东七步，在兄荆之墓南数步焉，用先茔礼也。父向，泣血撰铭，用志于墓铭曰：□□□兮霜摧，□长逝兮莫迴。呜呼！锡其行而不锡其寿兮，□何深□善固天罚兮骊珠□沉。君小字曰欣儿。①

十二　唐故前左武卫兵曹乐安孙府君墓志铭并序

　　该文为唐代乐安孙氏第七代族人孙笘墓志铭。孙笘，邕管经略招讨使、御史中丞孙公器第七子，以门荫入仕，出任东宫卫佐，唐宣宗大中十五年（861）三月去世，享年73岁。该墓志铭由唐代乐安孙氏第八代族人、京兆府渭南县尉孙纾撰。

府君讳笘字秘典，其先即吴大夫孙武孙书是也。尔后分为数一派，居吴者为富春氏，居宋者为乐安氏，府君即乐安氏也。曾祖府君讳逖，皇朝刑部侍郎谥文公；大父府君讳宿，皇朝中书舍人、华州刺史；烈考府君讳公器，皇朝邕管经略招讨等使、御史中丞、赠司空；邕管府君娶河东裴氏。府君即裴太夫人第七子也。府君少孤，又多疾疹，诗书礼乐，仅乎生知。逮于中年，心力减耗，后以荫第再调，遂授东宫卫佐。

---

① 选自周绍良、赵超主编《唐代墓志汇编》，上海古籍出版社1992年版。

虽有官叙，常求分司，冀遂便安，以就颐养。大中十四年春，东都闲居，抱恙累月，凡所医药，靡不征求，仅于十月，烛火相守，神理茫昧，以至弥留。属纩之时，顾犹子曰：吾平生虽不享高位重禄，然爰自韶年，以至白发，常荷覆育，每获安逸，未尝一日不饱食暖衣，天之所钟亦谓至矣。今则瞑然枕上，岂有憾耶？尔辈无至凄恸，过有悲苦。言讫，以其年三月廿日终于会节里之私第，享年七十三。以其年五月十一日犹子景蒙、景章等护奉归窆于河南府河南县杜郭村祔于大茔礼也。犹子纡奉诸兄之命，令纪年月，衔哀执笔，殆不胜情。铭曰：

噫歆府君，傲然居世，冠冕荣华，未尝流睇。位高卑秩，尽归泉原，府君处心，不为物牵。生也有涯，归于下土，安此幽岁，以永终誉。①

十三 □□□□□□□□□州昆山县令乐安孙公府君墓志铭并序

该文为唐代乐安孙氏第七代族人孙嗣初墓志铭。孙嗣初，河南府洛阳县尉、苏州昆山县令孙士桀之子，18岁登明经第，先后出任苏州参军、吴郡司兵参军、河南洛阳县尉、苏州昆山县令等职。唐懿宗咸通七年（866）四月去世，享年57岁。该墓志铭由孙嗣初之弟、将仕郎守太常博士孙奭撰。

□□□□□□□□□和之裔。和孙书实有功于齐，封于乐安，赐姓孙氏，自后世系，迁□□□□□□载录家谍，光昭史册。我大王父邇，皇仕左羽林军兵曹参军，赠左散骑□□□□□□会皇任中散大夫常州刺史，赠工部侍郎；（空十四字）□□□讳仕竭，皇任苏州长洲县令；先太夫人吴郡张氏。君讳嗣初，字必复。府君夫人之适长也。咸通七年四月廿八日，薨于宋州雁池驿，享年五十七，以其年七月卅日卜择于河南府河南县平乐乡杜郭村善圣里廿松槚内。公先娶于京兆韦氏，故南康王皋之姪孙，先公八年谢世于东都履信里，安葬于今公之茔东三里。以年月非便，未就合祔。公为童时，在黉塾内，天与聪明，性气崒崚，读

---

① 选自周绍良、赵超主编《唐代墓志汇编》，上海古籍出版社1992年版。

念日受书。及处稚列间，每事无不首出。（空二十三字）先府君常曰：公为人但虑太过，无忧不及也。年十八，登明经第，释褐授苏州参军。刺史李道枢性严执法，官吏不可犯。公虽以下僚常有不惮意，每曰：利刃需盘错方知。官职早已碌碌，更若效辕下驹哉。后因事，李公召与语，大奇之，一州六曹七县事务，无不委任。叹曰：我每见孙参军手下公事，如看盆缘上物，更无不在眼前者。时公秀少精辩，才筮仕，得名大官知，已骎骎然为千里不烦于足下。后李君察廉浙右，方赍书致公于门馆，不幸旬月薨镇，公遂失所望。然自此籍籍为有官业人称誉。泗上诸侯历召为州职者数四，秩满，选授吴郡司兵参军，才术益锐。两换郡守，皆致之从容地。后复调河南洛阳县尉，负豪赖势之类，漠然屏跡。又授苏州昆山县令，天下之剧邑无若昆山者，公苦心为理，常恶庞士元轻易耒阳人民。居无何，受非时替，亦似有悒悒意，策马入帝乡，求与（空十字）明天子侧近苍人，途次睢阳城，被疾六日，遽遘大祸，冤痛深苍天，孤苦深苍天。（空四字）先韦夫人在生时，操心柔淑，酷事经佛，为人慈和，为行贞敬，亦不能稍飨丰足而至殁世。天乎！善不可为耶？第三男阿随，时侍从行李，叫天叩地，披草茹血，号护飞旐。长男郑九，次吴门、海客、回纥，幼女阿尊，自江东望星匍匐，相次到汴上及洛营辨，礼无违者。伏思公强明自致，不伏为人下，列怀挟智，力拟必取青紫贵位，辉耀当仕。天乎不仁，只止于是，家不幸欤？国不幸欤？长女阿眉，先事汝州鲁山县尉京兆韦赓；次阿欢，事京兆府泾阳县尉陈敏；复次阿律、婷娘；最小男群儿，路远力殚，不及号陨窀穸，漂寄吴中，尤足哀悯。奭伏以负荷转重，数院孤稚不少，未自陨灭，犹处人间，吊影伤魂，亦虞旦夕，衔哀负痛，岂足为文哉。铭曰：

轮辕之材，干镆之利，班烛复生，方应瞠视。惟公之材，轮辕不啻，惟公之利，干镆犹避。绳墨无人，锤炉罕值，一代良能，所以沦圮。邙山之隈，世槚崔嵬，归全启手，几人能来？[①]

[①] 选自周绍良、赵超主编《唐代墓志汇编》，上海古籍出版社1992年版。

十四　唐故承议郎使持节都督登州诸军事守登州刺史孙府君墓志铭并序

　　该文为唐代乐安孙氏第七代族人孙方绍墓志铭。孙方绍，沔州刺史孙徽仲次子，以门荫入仕，先后出任汝州司户参军、大理寺丞、东牟太守等职，唐懿宗咸通六年（865）五月去世，享年54岁。该墓志铭为孙方绍长子孙邺所撰。

　　府君讳方绍，字比琏，魏君武水人也。曾讳逖，皇唐刑部侍郎，赠尚书右仆射谥文公；大王父讳成，皇桂管观察使，赠太子太保谥孝公；烈考讳徽仲，皇沔州刺史。府君即沔州刺史次子也。府君纳绥于陇西李氏夫人而生府君。外王父讳士龙，皇邓州向城县令。府君性聪敏而志高上，学该百氏，文擅周雅，仲尼四教而常行之以仁德，修其心以慈顺，由其家人谓昆山片玉未之过也。年未弱冠，以门荫补授怀州参，秩满，授汝州司户参军。会竹林典件之任，不行，因授与卅四房弟。所以不历宝应副二谷孰六百石。自不宦后，长在先夫人左右，冬温夏清，时无阙耶，暇即闭关肆习。无何，大中初，丁先夫人哀，疢毁尪过制，服阕，文战西上，雄词当时。时命未亨，有乖衷抱，昔年卅二，房兄受虔州唐牧，郎中辟命，到职未逾月，薨；明年，又卅四房弟又萦风疾；手足频伤，痛悼缠绵，无时暂解。兼以孤稚满室，更无因依，遂罢举理旧官。大中十一年，授大理寺丞。在法官二载，断决冤疑，实为大理。岁满迁拜本寺正，除书云祥，丹笔之典，必务平返。念褚衣之徒不忘哀敬，在正批断精核，卿长知重，遂较殊考，正授代后，荐书交驰。今上若于求廙，遂应良牧之吕，拜东牟太守。到任，纲振六条，化洽千里，又思报国安人，切疚于心。无何，将息失度，遂中风水之疾，邺至于寻医祈药，无处不到。奈何神理懵昧，所向无凭，以咸通六年五月十七日薨于位，享年五十四。有子二人：长曰邺，次曰牢，号天叩地，身肝碎，茫茫苍天，何处是依？府君理州府即爱人，李公致祭文云：所至而理，所持而清。即以咸通九年八月十一日，孤子邺启护归葬于东都邙原杜翟村祔先茔礼也。邺自童卯，至于辨东西，见府君所行之，尽皆备记，所贵实录，辙敢纂修，乃执笔为铭：

天地含英，五岳降灵，诞此仁德，独立令名。白珪无玷，松筠坚贞，纪美兹石，千载播声。①

十五　唐故御史中丞汀州刺史孙公墓志并序

　　该文为唐代乐安孙氏第七代族人孙瑝墓志铭。孙瑝，睦州刺史、礼部尚书孙公乂之子，进士出身，历任左司外郎、御史中丞、汀州刺史等职。该墓志铭为朝请大夫、守左散骑常侍李都撰，朝散大夫、河南县令李涪书。

　　吾友孙子泽于咸通十三年六月三日殁于临汀刺史之位，后四十五日，家吏走京师，历告其属。余闻讣怳若梦怪，久不自信。翌日，闻亲者哭于家，仁者吊于路，然后知吾友果不测矣。呜呼痛哉！自是悲不能止，而加恸焉。公外舅吕宗伯少师□名来吊且曰：□□□吾宗为显友，不意今即世，子宜以铭。公同堂兄前婺州牧契亦继以□□来，请予为铭。

　　子泽素友也，而□契。吾若既辱亲者之命，乌忍不铭。公讳瑝乐安人，其先出于齐大夫□之后。曾伯祖文公讳进（应为"逖"），皇秋官侍郎，有大名于时，故派系官族，文儒德业，连环如棨星，有门徒生鲁国公真卿已录存焉，故不书。文公开元中为考功郎，连总进士柄，非业履可尚，不得在选，其登名者有柳芳、颜真卿、李华、萧颖士之徒，时号得人。复古□封。曾王父讳遹，皇关内营田判官、左羽林兵曹参军、京畿採访支使，赠左散骑常侍；王父讳会，皇侍御史、郴、温、卢、宣、常五州刺史、晋阳县开国男、赠工部尚书；烈考讳公乂，皇大理卿、礼部尚书致仕，赠太尉。公□□懿和，勇融眉睫。自冠岁，笃于孝悌，声被缙绅，鬱为名人之所器，仰若□□桂颖，香洩人间，故搴芳者争取。繇是一贡第进士于李公。褎议者不以为速。其后从卢公贞于甘，寻□敬公聘于浙右。旋罹先太尉艰，毁殆灭性。缞缺，从旧府于兖，旋亦随罢。时萧相国寘自内署守金陵，□张公毂夫自夕拜守豫章。二镇急贤，叠驰聘礼。公从□奏书于润，前后凡四府；自支使至判官，其列职

---

① 选自周绍良、赵超主编《唐代墓志汇编》，上海古籍出版社1992年版。

者五；自校书至评事，内试官者三。宣宗皇帝朝，崔丞相慎由方枢造物权，望压天下，凡所登用，拟第一流，因起公为小谏。俄而内署缺学士，萧丞相邺默上公名。公造门色沮，俯首卑谢，且曰：某诚无似。誓不以苟进自许。丞相不能抑。未几，御史中丞李公種始提宪印，风棱大张，欲其望者，辉我寮伍。遂寮为殿内。厥后黜刺武当。以前时不从辟于白相国敏中故也。大凡去朝籍而处他位，未尝不简于业官。公至部未几，俾饥者饫，啼者歌，家宁户安，渔吏敛手，故治声四溢，深为本道节度使徐公商奖异，入为员外都官郎。萧丞相寘始判官曹事，乃曰：吾欲以泉货挽故人，可乎？因计贰职，从旧府也。俄转左司外郎。值徐丞相入为御史大夫。席公郡谣表知难事，迁司封□□，赐五品服。寻以本官掌西掖书命。西□起□代，故事，岁满必以真授。公居职四周，方践正秩，而恬然□之。今上以慈恕母天下，尤注意于三尺法。遂擢为御史中丞，庭锡金紫。谭者美之。公至于□试，虔操国章，事□法严，吏不鬻情，狱无滥系。上每坐便殿，必亲阅刑书，欲桎梏不加，宪纲疏略。公周索理本，□别重□。上益加宠待。其选置寮寀，必搜贞良，不为势屈。一旦为飞语所中，谪去数千里，人莫得而名之。及就路，蚌生闺阁，良偶先凋，越月而爱女继夭。公抱无泣之戚，陷不测之算，至郡三月，为南方毒沴所寇，一夕奄忽。呜呼！其天数欤？其人事欤？是用兴有识之叹，动恩爱之悲。嘻！公之为人也，节峻诚坚，无触利之交，无苟随之絷，感一饭必思有所效，而坛宇凝旷，未尝屑意于曲俗，故遇人无假诚，待物无伪貌，江澄□筌，莫可动摇。洎释褐至□遂，亲戚有不能自持者，无疏密耆幼，名宦婚葬居室□体一资于公。而又善与人爱，表于当代。惜乎不得助和风□雨，吹洒寰区；而埋恨下壤，非夫人之恸而谁恸欤！享年五十四。夫人陇西县君李氏，丞相李□福之贤女，河东郡君裴夫人所出。年十有九，以大中十年十月十日归公于东都。以去岁十二月七日终于□渚，春秋三十三。门绪清华，冠于他族，早挺淑□，如禀师资。孝起于韶年，德充于授室。肥家之道，裕乎六姻。比岁在京，常为少师阨塞恨，洎于从公之贬所，而鬱涕□輇庭闱□，故未及中途，竟至大病焉。时公迫于严谴，未克旌夫人之遗芳，当缄瞑目之恨。子男二人：长曰杲，孝谨有闻，而饰以词形，从□郑公愚为广南推官，得试校书。次曰二合，李夫人之出，幼而未弁，朗彻端茂，□世先风。

三女阿奴、阿弄、阿铨。阿奴已成人,许嫔进士裴樸,即今汉南尚书之子也,未嘉期而殁。夫人所出次子三合与二幼女也。昊等号奉祥车,用其年十二月五日,宁神于河南县平乐乡杜翟里,合夫人之丧祔于先茔,礼也。襄事者季弟前京兆府高陵县尉珵,茹哀不解。噫!余负终鲜之感,常移其睦于友朋,故待君如手足。今往镇,其将奈何。因出涕而铭曰:

大鹏之翼,□□穹苍,亭云之材,不登明堂。惟君也,玉与其润,兰与其芳。比古君子,颜闵相望。业未伸于调鼎,魄已散于遐方。无情之论,有识同伤。辒车彭彭,指洛之阳。历历封垒,皆君故乡。于以安宅,子贵孙昌。摅华孕秀,以鼓余光。篆德贞石,终古凄凉。①

十六　唐故银青光禄大夫检校司空兼太子少师分司东都上柱国乐安县开国侯食邑一千户赠太师孙公墓志铭并序

该文为唐代乐安孙氏第七代族人孙简墓志铭。孙简,濠、信二州刺史、邕管经略使兼御史中丞孙公器第三子,进士出身,先后出任秘书省正字、京兆府鄠县尉、监察御史裹行、监察御史、秘书郎、殿中侍御史、节度掌书记、节度判官、礼部郎中、中书舍人、同州刺史兼御史中丞、东都留守、吏部尚书等职。孙简仕宦期间仁以为己任,政绩突出。该墓志铭由右仆射兼门下侍郎同平章事充太清官使弘文馆大学士令狐绹撰。

圣敬文思和武光孝皇帝御极之十□年七月东都居守左仆射孙公陈疏移病,请罢其任。天子优宠元老,乃拜检校司空兼太子少师分司东洛,且欲俾之颐卫,以就良已。诏下之明日,三川守臣以急章闻曰:公以十四日薨。天子怛然悼耆德,特辍朝会,命廷臣申吊赙之礼。以三师追褒册命,恩数有加焉。公讳简,字枢中,其先有妫之后。齐太公田和其裔也。和孙书为齐大夫,以伐乐安之功,遂封于乐安,因赐姓孙氏,吴将军武书之孙也。子孙在吴者称富春氏,吴主其后也。其不迁者为乐安氏。至隋并州晋阳县令唐封晋阳公讳孝敏,公之七代祖也。晋阳公生仲

---

① 选自周绍良、赵超主编《唐代墓志汇编续集》,上海古籍出版社2001年版。

将,为唐郓州寿张丞。寿张生希庄,为韩王典签。典签生讳嘉之,即公之高祖也。天册中,擢进士第,登拔萃科,有文学重名,后累官至宋州司马,赠秘书监。自晋阳公而下,位虽不隆,而道德皆显。曾大父讳逖,开元中,三擢甲科,初入第三等,又入第二等,超拜左拾遗,大名铿发,炳耀当代,雄名如萧颖士、颜真卿、李华,咸出座下。累迁中书舍人、刑部侍郎,赠尚书右仆射,谥曰文公。大父讳宿,又传文公之业,登□制举,为谏议大夫、中书舍人,终华州刺史。烈考讳公器,又继词科高第,历监察,后为濠、信二州刺史、邕管经略使,兼御史中丞。时属五溪不率王命,奉诏招讨,克有戎功,薨后累赠司空。司空公前娶荥阳郑氏,继娶河东裴氏,太保公即司空第三子,裴甥也。幼锺司空公之艰,哀毁天至。司空公亲弟献可,皇大理司直,娶范阳卢氏。太保公殁,司空公之丧未几,季父司直又殒。太保公以季父无嗣,遂执丧以继其后。服除,举进士。元和二年,故太常崔公郾掌春闱,昇居上第。后赴调集,判入高等,授秘书省正字。所试出,人人皆传讽。秩满,赵丞相宗儒镇河中,辟公为观察推官,再调补京兆府鄠县尉,又从张华州惟素之幕,授监察御史里行,充镇国军判官,征为监察御史,除秘书郎。裴中令度镇北都,辟为留守推官,以殿中侍御史内供奉充职。又转节度掌书记,又改节度判官,奏加上柱国,赐绯鱼袋。大京兆卢士玫仰公之才名,表公为府司录。王潜仆射在荆南,思得髦贤,奏公为检校礼部员外郎兼侍御史充节度判官。入为侍御史,又丁继房卢太夫人忧,孺慕之情,如实出己,君子以为难。宝历元年,以司勋员外郎判吏部,废置,转礼部郎中,又罹裴太夫人之祸,殆不胜丧。及出,除左司郎中,加朝散阶,转吏部郎中,又加朝请大夫。用公正之望,迁谏议大夫;以文学之称,守本官知制诰。用忠悃奉诤臣之职,骋敏捷为诰令之能,职业具举,时论推服。所草词制勒成十卷,行下于代。转中书舍人,拜同州刺史、兼御史中丞、赐紫金鱼袋。左辅理所故事,同在毂下,连岁凶荒,人萌困瘵,孳孳为政,臻于泰宁。感白雀嘉谷之瑞,表公德化。时省司以长春营田耗折官米,将以极典处本州纲吏。公抗表论雪,皆得贷死。人到于今称之。迁陕号观察使、检校右散骑常侍兼御史中丞。其理如冯翊。属邻郡螟贼为灾,过境不伤稼,复有神禾同颖,益彰异政。征拜刑部侍郎,与御史府及法司同按萧本伪事。皆取决于公,欺妄立辩。又掌吏部东铨事，抢拟绝私。真除吏部侍郎，拜河南尹，其政如同陕之素值。飞腾起，公虑害我稿事，用诗之界火之义，遂令坑焚，去其大患，竟致丰穰。加中散大夫阶，迁镇节制河中检校礼部尚书兼御史大夫，不易同陕洛之祜。此镇先是循浑郭之制，供须节使，费踰他镇，有至十倍者。公皆削减，以己率下，一毫不自私，繇是大治。加中大夫，入拜尚书左丞，复兼判选部事。加太中大夫，出镇山南西道，检校户部尚书，其政如前之四治。前后三为太常卿，相武宗及今圣郊天之仪，动循故实，礼无违者。□检校兵部尚书、节度宣武军。及受代，帑廪所留，多初万倍。以诚信临下，万众恬然。加正议大夫、检校右仆射。又为之加银青光禄大夫，又封乐安县开国男，又进封乐安县侯，出拜东都留守，俭校左仆射，再为吏部尚书，又为东都留守、检校左仆射如故。保厘之治，先后如一，节省浮费，府库充牣。天子方将以上庠隆位处国老，以□谘访其道，时末□□洽平郡而公不起，享寿八十二。公前夫人沛国武氏，故宰相元衡之女；今夫人陇西李氏，讳宗衡，皇濠州刺史实□帝之近属。夫人阃闱之德，动为女师；辅左之道，光于内则。有子九人，长曰景蒙，前奉先令；次曰景章，前太子中舍人；次曰说，前河南府士曹；次曰景裕，前河南府兵曹；次曰纾，前渭南县尉、集贤校理；次曰徽，前河东节度推官、试秘书省校书郎；次曰绿，前进士；次曰幼实，次曰弘休，并河南参军。景蒙等各敦士行，负公干，衔哀克家，睦友无间。纾、徽、绿，兼能以文嗣续，为时闻人，将大□后。女六人：长适吴兴沈称师，早世；次适陇西李稠，次适钜鹿魏镰，次适敦煌令狐缄，次适北平阳塾，率□不□严□□处□□。以其年十二月廿六日，归祔于洛之北邙先司空大隧之次。惟公始以至行发闻，后用□华门显。□□吁□华皓不倦。立义分于友朋之内，周慈爱于族亲之间。执谦自居，当官正色，自卑飞以至崇贵，未尝有失。□□□于台阁遗爱被于所治。有以见□君子始中终之道，斯为全德欤？小子不佞，辱公曩信之□，且早岁受□知，又从父弟获备公诸倩之列，景蒙等以在姻故之末，见诧为志，其敢固辞。铭曰：

公之世先，积美琁源。炽昌之势，发自陈田。将军闻美，吴主霸权。蔚茂之气，□为文思。蓬丘秋官，雄藻融粹。谈天华国，掇其美□。华阴掌纶，特擅丽温。司空行化，三土怀仁。储社叠庆，到公乃盛。孝以承家，贞而不竞。振耀词英，翱翔公卿。出入更践，高享令名。州邦藩翰，皆流德声。天子有道，喜公寿考。忽惊栋折，兴嗟苍昊。伊洛北山，秀气薰□。天长地厚，公之閟宫在焉。①

十七　唐故宣德郎前守孟州司马乐安孙府君墓志铭并序

  该文为唐代乐安孙氏第八代族人孙景裕墓志铭。孙景裕，东都留守、中书舍人孙简四子，先后出任监门卫录事参军、京兆府鄠县尉、河南府户曹参军等职，唐懿宗咸通十一年（870）八月去世。该墓志铭由孙景裕二弟、常州刺史孙徽撰。

  孙氏得姓之初，本乎唐虞之后，周武系祖，派绪支流，蒸蒸绳绳，绵数千祀矣，代陛名德，不线其族。曾祖府君讳宿，皇华州刺史；大父府君讳公器，皇邕管经略使，累赠司空；烈考府君讳简，皇太子少师检校司空，累赠太师。太师府君前娶沛国武夫人，司马府君即太师第四子，武夫人之出也。幼薄名利，以诗酒自适，晚岁方用荫绪调补有解褐，授监门卫录事参军。韦公正贯镇领南日，以外戚姻旧，奏转协律，充节度推官，次任京兆府鄠县尉。韦公博方伯青社，思报旧恩，奏充押蕃巡官，授里行监察，次任河南府户曹参军，未几转仓曹参军。时也李公当尹正周圻，锐精求理，繁剧之务，一以咨之。至于职额有腴于俸给者，可以分沃，颁惠于众掾，李公咸使总之，其知厚也如此。后任孟州司，秩满归洛，丁继母凉国李夫人忧，自十年来常抱微恙，然至于寝膳，即无所失节。忽尔阴阳构沴，寒暑衍和，殆及弥留，不四三日。咸通十一年六月八日奄然于会节私舍，八月廿二日归窆于河南县平乐乡杜翟原祔先茔，礼也。呜呼！释氏有奔湍之谕，庄生兴舟壑之讥，盖以火宅不穷，浮涯有限，前踪后辙，欷可既耶？是则存殁同途，衰荣统贯。今也桑榆暮景，枝叶凋阴，哀瘵之中，视此孤藐，则攒悲萃苦，偷生于幻世者，得非重困于桎梏乎？有子六人：长曰炜，前任汝州临安县主簿；次曰津儿；曰小津；曰圭奴；曰小主；曰鼎奴；皆执经力善，自强不息。有女一人曰吉娘，笄年未聘；亲亲者悼然焉。诸孤以日月告还，

---

① 选自周绍良、赵超主编《唐代墓志汇编续集》，上海古籍出版社2001年版。

先远有刻，泣血号慕，请余为识。征且知编情备礼，不事文饰，敛涕挥翰，勒石以铭：

人之生兮，莫适其时，休明绂冕，咸推有之。士之尚兮，贵得其地，物龟天爵，德门令嗣。公府有耀，家谍垂休，清芬绰绰，东注悠悠。宅兆有期，蓍文叶吉，戒途启路，回阴惨日。荒原医草，拱木凄风，刻石以识，屑涕无穷。①

十八　唐故河南府长水县丞乐安孙府君墓志铭并序

该文为唐代乐安孙氏第八代族人孙幼实墓志铭。孙幼实，东都留守、中书舍人孙简第八子，以门荫入仕，初授河南府参军，之后出任缑氏县尉、长水县丞等职。该墓志铭为孙幼实之兄、常州刺史孙徽所撰。

孙氏得姓之祖，自轩辕皇帝之后，派绪绵弈，不可殚纪。曾祖府君讳宿，皇华州刺史；大父府君讳公器，皇邕管经略招时使，赠司空；烈考府君讳简，皇检校司空、太子少师，累赠太尉。长水府君即太尉第八子也，讳幼实，字鼎臣，少能勤督，尤工歌咏，太尉府君属念之厚，实有以异期于久久，以大吾门。无何幼罹疾疹，锢束不展，竟不能用文以进，粗豁志业。呜呼！捧夜光之宝，擅连城之价，不彰于代，终晦其迹，痛哉痛哉！俄以门荫入仕，初授河南府参军，次任缑氏县尉，后任长水县丞，秩未终，以阳氏季妹孀居襄汉，群稚无主，乃挈家赴于汉南，奉姊庇甥，未尝一日有间。天不与善，神戾于睦，顷构风恙，绵月三纪，药饵似效，期于痊释，不幸四月中，天兵肆暴，惊劫士人，府君所有微财，悉罹狂剽。由此恐悸，旧疹勃增，至其年五月二十三日构祸于襄之私第，享年四十四。有女三人：曰婵娘、曰娴娘、曰姮娘。娴娘出适阎氏，亦不能温饱。呜呼！府君幼以仁育，长以顺傅，于公廉称，在家孝闻，九族六姻，用期远大，今之遭祸，得非以浮涯幻世，寿夭同途，归全之义，冀彰令殁！余曰：始以本根固护，枝叶演炽；今者孑然在世，形影无依。天之诛，神之殛，显耶晦耶？殁耶存耶？日月告旋，

---

① 选自周绍良、赵超主编《唐代墓志汇编》，上海古籍出版社1992年版。

龟蓍兆吉，宜从理顺，难既于哀。以广明元年十月二十日，归葬洛阳县北邙山杜翟原祔大茔以叶制也。云涕勒石，用泣铭云：

芝圃流芳，玉田产瑞，由根及叶，期于不既。阴阳庚序，旱泽衍和，储天稔慝，移灾构讹。壮栋未舒，贞筠犹诎，斧斤霜露，摭材不出。彭殇异叹，存殁同途，贤愚智拙，归全不殊。所恨尔才，不暴于世，所悲余齿，不先尔逝。零丁之苦，形影独留，桑榆蒲柳，期何以修？日月告期，龟筮兆吉，泉原永秘，后前而窒。①

十九　唐故朝议郎前守蓬州刺史乐安孙府君墓志铭并序

该文为唐代乐安孙氏第八代族人孙说墓志铭。孙说，东都留守、中书舍人孙简第三子，先后出任太常寺协律郎、京兆府栎阳县尉、监察御史、新安令、蓬州刺史等职。该墓志铭为孙说之弟、常州刺史孙徽所撰。

孙氏得姓，始自虞帝，分枝绪族，派于陈齐。齐大夫书以伐乐安有功，封乐安氏。尔后绵联弈叶，代生闻人，辅世翊时，不可编既。高祖府君讳逖，英拔间出，年十八，应制擢科，授越州山阴县尉，满秩从调，判居三等。时有司考覆，公精以为妙绝，升二等送，超拜左拾遗，至考功员外，主贡籍。挺志鞠练，不受请托，时论推峭。拜中书舍人刑部侍郎，终于位。谏曰文公。曾祖府君讳宿，笃富刀翰，摛丽瑰藻，判入高等，授秘书省校书郎，迁谏议大夫、中书舍人、华州刺史。大父府君讳公器，抗志耽学，应书判超绝登第，授京兆府鄠县主簿，迁监察御史，终于邕管经略招讨等使兼御史中丞，累赠司空。烈考府君讳简，擢进士第，判入殊等，授秘书省正字。时南场所试，为搢绅推最，歌讽在口，繇此时人号为制判家。自口镇从事拜监察，历位至谏议大夫知制诰。时宰执加官，例自翰林颁诏，执政者异笔直送阁下，冀驳其能否，自阁长已下皆垒手洽背，相顾不能下笔。太保公遂援翰立构，以副权命，当时瞻实于文学者，无不降叹捷，拜中书舍人，盖时宰酬劝也。廉牧近辅，杖钺雄镇，历刑、吏侍郎，尚书左丞，两拜吏部尚书，四总铨

---

① 选自周绍良、赵超主编《唐代墓志汇编》，上海古籍出版社1992年版。

务，三授太常卿，两任东都留守，后除检校司空、太子少师，薨于位，累赠太师。蓬州府君即太师公第三子也，讳谠，字廷臣。娶范阳卢氏，姻联名族，谓推良匹。府君少以冲澹养素，恬漠自尚，名利之态，膠雎于胸襟间。洎于强仕，悟以绪冕为重，乃夺志以从役。时也，故相国卢公商出镇梓潼，辟为从事，未及奏秩而罢府还京。卢公入剸剧曹，仍司邦计，复署巡官，奏试太祝。不旬岁，卢公秉执大政，归于庙算，府君以相幕体例，合得优陞，遂除太常寺协律郎。会太保公授任卿长，复以卑解。不越月，蒙特恩除京兆府栎阳县尉，满秩未几，复为故易定节度使李公公度奏职转衔兼监察御史，不赴命，盖避贤也。岁杪获荐于朝籍之士，授河南府士曹参军。考终赴调，复任新安令。凡莅官从职率有休闻，不阿曲于权豪，不脂韦于朋比，临事必断，执理不回。克以廉闻，蒙恩拔授蓬州刺史。郡罢东归，闺门之期其也。以府君炳义涤行，既未大舒于盛朝，必得以寿考享也。何图燥湿愆和，膏肓遘疹，歼良何速，福善奚徵，以其年五月五日终于东都会节里之私第，享年六十。有男三人：长曰凝，次曰骥儿，次曰阿咸；有女二人：长曰韶娘，次曰阿栾。凝以荫绪释褐任汴州参军，骥儿已下皆茧卝齠齔，未克其负荷。嗣子凝乃括发茹荼，号踊泣硫，走厮役来京师，且曰某承理命云：熟我平生之行止，备我平生之事行，刻石编纪，宜以徽为先也。徽承讣雪涕，哀感相束，呜呼！梁木埋蠹，戴氏所以兴嗟；火宅环销，释门于焉立谕。有以见衰荣萃列，哀乐同途，即世徒悲，劳生莫既，华其行不能增之于图谍，评其才不能损之于闻见。今以日月湍激，龟筮叶符，时不我留，吉宜从兆，以其年七月三十日迁窆于河南县北邙山杜原村祔大茔礼也。呜呼哀哉！呜呼痛哉！轨辙著途，蒭灵序位，行人逝水，日惨风号，想法服之留尘，念玄骖而即路，栋倾舟覆，于焉已焉。徽学不该微，词非扶丽，承命书实，其何以辞，殒涕勒铭，用申冤诀。铭曰：

灵岳焜煌，璿源潏激，不腴瓌宝，必滋奇特。家传冕绪，代袭儒绅，积善储祉，天生令人。冥赋淳和，神资孝友，行惟渤润，义不山朽。璧伤以劲，兰萎其芳，鹏汇风水，骥縶康庄。枝叶相违，尚贻其戚，人琴俱谢，悲曷容臆。壎篪韵咽，鸿雁影凋，抉情断爱，灼骨燻瞥。月冷泉扃，风号陇隧，援毫挥涕，勒铭以记。①

二十　唐故朝散大夫守尚书工部侍郎柱国赐紫金鱼袋孙公墓铭并序

  该文是唐代乐安孙氏第八代族人孙拙墓志铭。孙拙，御史中丞、汀州刺史孙瑝之子，进士出身，官至监察御史、中书舍人、工部侍郎等职，唐明宗天成元年（926）五月去世，享年69岁。该墓志铭是后唐刑部郎中王篯所撰。

  噫！行客归人，乃昔贤之达理，榱崩栋析，实前代之怀材。岂宜休马之辰，复有殄良之叹。九原何作，多士增欷，追是芳猷，属在明德。公讳拙，宁几玄，武水乐安人也。世济文行，织千简编，余烈遗风，辉图耀牒。曾祖会，庐常等五州牧，累赠吏部尚书、宣州观察使。祖公义，庐饶等五州牧，工部尚书致仕，累赠太尉。考瑝，前御史中丞，累赠司空。妣陇西县君李氏，追封国太夫人，故司徒太子太师致仕赠太尉福之长女。公即司空之第二子，李夫人之嫡胤也。生知孝友，代袭公忠，非礼不言，抱义而处。举进士，擢第甲科，解褐户部巡官秘校京兆参军真弘文馆，由相国鲁公纬之奏职也。相国裴公赞任御史中丞，慎选属僚，必求端士，以公夙有直声，且肖前烈，奏授监察御史。时属天伦在疚，人事都忘，竟不赴职，时论不可，复拜察视，俄迁右补阙。公以艰运方钟，直道难措，因乞授河南府长水令，仍增命服。秩满，复奏授殿中侍御史。尚以天步多艰，官守无设，因踰年不赴任。佥谓公峻洁自持，阃门有守，不膺斯任，孰曰当仁。复拜殿中侍御史，台中四任，悉谓两迁，难进之规，且复谁儗，俄拜礼部员外、户部员外，再乞任登封令，就加检校礼部郎中。琴韵萧然，曲肱如乐，民知畏爱，吏不忍欺，声闻京师，复加检校考功郎中，不改其任，俄入拜司勋员外郎。虽秩在清华，然志思及物，又出宰汴州浚仪令。咸谓惠物亟伸，掌纶未陟，曷明继世，岂试诸难，爰授职方员外郎知制诰。岁满，正拜中书舍人金紫。出使浙越，复命之日，改左谏议大夫，俄迁左散骑常侍。公性多舒坦，不顾清华，因乞留司洛京，已便撝适。时论以久稽殊宠，合陟贰

---

① 选自周绍良、赵超主编《唐代墓志汇编》，上海古籍出版社1992年版。

卿。拟命将行，又坚乞授西都留守副使，因加检校礼部尚书。庄宗之纂复中兴，奔觐朝阙，未几拜工部侍郎。将伸蕴蓄，共赞升平，天乎不仁，命抑其道，以天成元年岁在丙戌五月十二日，薨于洛城税舍，享年六十有九。以明年二月十五日穴之于河南县平乐乡张杨村。从先大夫于九原，礼也。娶夫人扶风窦氏，封本郡县君，讳回故左散骑常侍爱女也。内持四德，外洽六姻，非止令仪，实谓贤德，嗣子尽心全孝道，志在保家。仰奉训慈，专营大事。以骞且同外族，夙奉明知，宜授刊铭，俾敷实录。但避浅学，难避属词，追感无涯，谨为铭曰：

古人有言，道存不朽，禄既无贪，义岂忘守。四让繡衣，三临墨绶，实沃皇情，以苏黔首。时论久归，承家典诰，白兽为鐏，金貂为帽。皆公峻履，时俾要道，史有可编，言谁讵造。伊洛分司，雍京副倅，孰谓好求，寔由易追。庄宗纂绍，奔觐居先，子牟怀恋，杨仆祈迁。爰抛渭灞，窃复伊溎，舆论充斥，华资是铨。爰贰冬卿，将思行己，始罄沃心，已拘暮齿。卧未浃旬，疾侵腠理，玉折何追，兰枯骤委。兵革已来，搢绅多故，言从九原，悉皆无路。公之考祥，视礼有素，付子传孙，无亏霜露。①

二十一　唐故湖南观察巡官前同州合阳县尉乐安孙府君（绚）墓志铭

　　该文为唐代乐安孙氏第八代族人孙绚墓志铭。孙绚，太子右庶子孙正之子，先后出任崇文馆校书郎、军事判官、同州合阳县尉等职，唐僖宗乾符二年（875）正月去世，享年65岁。该墓志铭由孙绚堂弟河中节度推官、将仕郎、试大理评事孙綝撰。

府君讳绚，字佩之，其先妫之后。得姓之源，系于家谍。五代祖府君讳嘉之，天册中进士及第。久视中制策高等，累授秘书少监。高祖府君讳逖，天宝中对策第二等，累授刑部侍郎、中书舍人，谥文公。曾祖府君讳宿，判入高等，累迁中书舍人、华州刺史。大父府君讳公器，超绝登科，累迁邕管经略招讨等使、兼御史中丞，赠司空。烈考府君讳

① 选自陈尚君辑校《全唐文补编》卷97，中华书局2005年版。

正，以常奉旨甘，不克随计。以荣荫调集，累任官至太子右庶子，薨于位。娶清河崔氏，封清河县君。生子三人，府君即嫡长子也。幼不喜弄，长专文墨。识□沉邃，端雅在躬，孝义居家，柔和处众。虽群小非礼，亦未尝愠。见处词场十五年，与计偕十二举，著文百篇，编之十轴。子史诸书，抄览略遍。著西汉群臣言事章疏总二百五十章，勒成一十六卷。歌诗之外，尤攻两节，竟以勇退，遂至投笔。故湖南李大夫庚，知府君文学德行□之交友，间任大谏日，表请府君为瓯使判官，授崇文馆校书郎。明年，亚相左迁随州，府君未成考秩，遂弃官命驾，李公辟充军事判官，辞不获已，方就。又明年，李公授荆南副车，邀以偕行，别□申展。府君曰：某不远千里而来者，盖以公之失意僻郡。公既从知盛藩，悴戎之道，不宜以私干于主人，遂恳请归蒲居闶。再岁，选授同州合阳县尉。后李公拜湖外，为势所排。李公又不能坚其志。府君屈就观察巡官，乃随车而往。至任，则军旅州县之事，一以咨之。府君穷诘文簿，条举纲目，大小繁委，悉无赘滞。无何，寒暑遘疾，乞假归止，抱恙半岁，勿药无徵，二竖兴祅，以至绵惙。弥留之际，音诃了然。语于亲族曰：上至圣贤，下及皂隶，皆不能免于生死，且余可脱于是哉！且今夕一室之内，有能遁于此者乎？既如是，即不得以死伤于生也。言讫，俨然而往。以乾符二年正月廿四日，殁于河中府之私第，享年六十有五。有子二人：长曰义藻，次曰义藩。素履承家，泣血在疚。即以其年四月九日，归窆于东都北邙山杜郭村之先茔，礼也。呜呼！府君以孝慈处于家，以文学践于世。卒不享高禄重位，则福善祸淫之旨安在哉！孤子义藻等哀号稽首，请余为铭。铭曰：

天高难问，地广难穷。唯将文行，可以玄通。吾兄之文，宜合今古。吾兄之行，洞符寒苦。宜锺重位，宜享遐龄。所付何厚，所□□□。吾兄禀性，宽雅恬和。广博澄澈，深而不波。逆生而哭，顺死而歌。古人之言可质，吾兄之道如何。呜呼哀哉！北邙之原，松杠苍□，□光一闭，何千万年。①

---

① 选自吴钢主编《全唐文补遗》第6辑，三秦出版社1999年版。

二十二　唐故朝散大夫赐绯鱼代守同州长史京兆韦公夫人乐安县君孙氏墓志铭并序

该文为唐代乐安孙氏第四代族人、亳州长史孙遘次女孙婉墓志铭。孙婉15岁时，嫁于同州长史京兆韦君，唐宪宗元和四年（809）六月去世，享年57岁。

夫人姓孙氏字婉，其先乐安人也。曾祖希庄，皇韩王府典签；祖嘉之，赠秘书监；烈考遘，左补阙、太子舍人。夫人即舍人第二女也。仁义德礼，钟于一门；冠冕姻族，荣耀当代。夫人以坤顺体性，淑德幼彰，孝敬内融，慈和外备。方当龆岁，丁先舍人忧，哀毁之仪，具体成长。繇是姻戚盛称誉而惠和日修。既及笄岁，归我祖长史公。奉祭祀，睦少长，而家风克□。长史公先时娶河东裴氏夫人，夫人有子二人，长曰□，位至台州刺史，次曰宁，任许州临颍令。当河东夫人捐馆舍而临海公尚未及冠，泊三女未立而孤。夫人育之以慈和，师之以柔顺，咸及成长，备遵令仪，皆作配贤良，而称令室，盖有以也。长史公以才望高远，著称当时，宰王畿，佐关郡，所莅之邑，实彰政声。即夫人享乐安之封，可谓宜也。主中馈者凡十五年，至贞元六岁，长史公遘疾薨于位，夫人奉昼哭，训遗孤。泊丧服外除，遵三从之义，荣高堂者，复廿载。至元和三年，孤孙泰等，遭家不造，斩焉在缞绖之中。夫人昼夜衔哀，才逾半岁，以明年六月十二日遘疾，终于台州龙兴佛寺，享龄五十七。始临颍令以官在反侧之地，凶吉未闻，孤孙泰等以五年八月十六日奉夫人灵寝归窆于洛阳清风乡先茔礼也。夫人出一女，适天水权公信，柔明婉娩，体夫人之令范焉。大凡姓氏之先，已具于谱□；□仪之盛，式播于后昆。临海公遗孤参泣次为文，虞陵谷之变也。铭曰：

坤顺内则，孝慈外扬，门高族茂，世远源长。辅佐成美，封邑斯彰，训育遗孤，作配贤良。南山之寿，实谓其宜，天不终善，祸延于斯。茫茫清洛，郁郁泉宫，阃仪之盛，永播家风。①

---

① 选自周绍良、赵超主编《唐代墓志汇编》，上海古籍出版社1992年版。

二十三　大唐故詹事府司直孙公夫人陇西李氏墓志铭并序

该文为唐代乐安孙氏第四代族人孙造之妻李氏墓志铭。孙造之妻李氏，祖先为陇西成纪人，出身于一个世代为官的仕宦家族，曾祖李元綷为密州长史，祖父李实为怀州司户参军，父亲李肦为石州方山县令。李氏卒于唐德宗贞元四年（788）十月，享年61岁。该墓志铭由唐代乐安孙氏第五代族人、河南府陆浑县丞孙公辅撰写并书。

夫人姓李氏，其先陇西成纪人也。三代已上，图谍详矣。曾祖元綷，皇密州长史。祖实，皇怀州司户参军。考肦，皇石州方山县令。灵庆发祥，贤明绍胤。甲一门于百氏，充四海以六姻。懿哉洪支，生此淑媛。夫人方山府君第三女也。悦怿图史，优游组钏。多禀生知，罕从师授。是以詹府季父，聆其风而敬之。谘咏行人，纳币于方山之室。龟筮不僭，父兄协从。三星夕中，百两云布。凤皇飞而小宗庆，熊罴梦而中馈吉。夫道契者类寡，气灵者物祥。一子曰婴，百行无玷。如婴也不天而早孤，年十一而府君弃世，卅四而夫人终堂。即孤子婴荷育我之恩，展事亲之礼，殆卅三岁矣。至若上慈下孝，不愧于昔人；侍色抚孤，俱及于华发。此非独今之难，亦古之难也。呜呼！天道有终始，人事有贞悔。出入无朕，难逃其中。以贞元四年十月卅日，殁于厥子婴蓝田之官舍，时年六十一。丧葬之礼酌，婴也事生之礼则可知矣。且公辅大阅乎生人之数，存则庇之以栋宇，殁则处之以泉壤。曾是不免，孝思若何。以殁之明年己巳岁五月廿日辛酉，启府君邙山之故兆，合而葬之，礼也。昔詹府殁而先君志其墓，今夫人终而小子载其文。感与恨并，幽岂明显。永怀同穴之义，敢藉他人之手。刎泪书石，志之终天。铭曰：

寇陷洛阳，权舆玄堂。岁临己巳，迁祔内子。季父作主，夫人为宾。神期克配，孝嗣尊亲。下固龙岗，上横马鬣。幽阴潜翳，胜势重叠。草络衰蔓，松骈古根。将为空山，不见墓门。既安且静兮多福祉，地久天长兮宜子孙。①

---

① 选自吴钢主编《全唐文补遗》第1辑，三秦出版社1994年版。

二十四　唐故桂州刺史兼御史中丞孙府君故夫人
　　　　范阳郡君卢氏墓志铭并序

该文为唐代乐安孙氏第五代族人孙成之妻卢氏墓志铭。卢氏，范阳人，出身于仕宦家族，曾祖父卢处实为衢州常山令，祖父卢旻为凤州别驾，父亲卢宗为邓州南阳令。卢氏18岁时嫁于孙成，唐顺宗永贞元年（805）九月去世，享年56岁。

家人之彖曰：女正位乎内。关雎之序曰：乐得淑女以配君子，故家道正，门风睦，为豆笾以荐，为酒醴以献，本乎妇事修而妇德全者已。维夫人年十有八，归于府君，鸣环佩，奉蠲洁，必勤于力而达其敬，事先姑柔声怡色，先后夙夜。佐府君乐谐阴和，警戒斋栗，推其礼以周于长上，均其爱以洎于幼孺。金石筦弦之奏，虽听之不乐，珠玑组绣之饰，虽见之不贵。府君以端操重称，孝慈仪法，喧四海而冒六姻，夫人之助，故府君立于朝，出为方伯，夫人荣于室，更其封号，初为昌平县君，后为范阳郡君，噫！其至矣。夫人范阳人也，其先有若北中郎植以经术重东汉，固安公度世以才业翊元魏。自固安至夫人十一代，皆出于崔李郑三族，今之论甲门者曰兴州刺史守直，曰长乐太守升明，即夫人之伯祖叔祖也。曾王父讳处实，为衢州常山令；王父讳旻，为凤州别驾；父讳宗，为邓州南阳令。辉华之绪，显冠于世，萃其庆灵，生此柔嘉，宜于轨度，秉以恒久。不然，则向之所谓修妇事全妇德，岂易乎至哉！初府君廉省桂林，天实降祸，男子未仕，女子未笄，乡关日远，云水天际。夫人提孤稚，奉帷幌，克询龟筮，返葬瀍洛，门户再立，戚姻如归，始于哀恸以生疾，绵以岁月，而滋痼勿药而喜，胡其昧耶？以永贞元年九月八日倾背于洛阳之康俗里，享年五十六。嗣子右金吾胄曹惟肖、进士保衡、右羽林录事微仲，修武县主簿审象，洎郑氏之女子子等，仰号于天，幽叫于神，忍荼蓼之酷，备竽笙之器，以其冬十有一月五日，合祔于邙山，从周礼也。埙爱自弱岁，依于外氏，目玩高躅，心铭厚恩。忽发书以承讣，遂横涕而撰德。贵于情达，敢以文为！铭曰：

太岳之胄，中郎是祖，克生端懿，动罔违道。归于令族，封厥旧土，仪刑戚姻，焜耀门户。逮于中岁，称未亡人，乃生疾厉，口茹哀辛。高堂遂空，大暮无晨，与善之言，茫茫孰询。玄扉永閟，贞石爰刻，彤管是式，夫人之德。①

二十五　唐故蓝田县尉孙府君幼女墓志铭并序

该文为唐代乐安孙氏第五代族人孙婴次女墓志铭，由孙婴之侄孙保衡撰。孙婴次女夭殁于唐德宗贞元十七年（801）八月，以孝行称闻。

有唐孝女姓孙氏，詹事司直府君讳造之孙，蓝田县尉府君讳婴之次女也。以贞元十七年八月廿三日夭殁于集贤里之私第。行道感叹，姻戚伤嗟，以行定名，谓之孝女。盖痛其抱纯至之性，不获明神之祐，缠绵疾苦，徇孝而终。初，孝女不幸，夙抱痼疾疢，足不履屦，星岁屡移。及蓝田府君违念之时，不离牀枕之间，先意敬养，曲尽情礼，与诸子之无疾者均其劳，灼洎荼蓼奄集。府君违代，则号慕哀绝，感动无心，痛之一至，忘其患苦，不纳勺饮，七日而终，则向之伤叹，盖用此也。呜呼！非积德之庆锺于尔躬，焉能及此乎？矧质朗识精，幼而柔惠，鉴于图史，闲于女工，九族珍爱，一朝夭殁，亲戚痛悼，安可支也。即以明年二月九日衬葬于邙山之西原。时起新垄，顾瞻尊阙，魂兮有托，慰尔孝心。愧无绝妙之辞，以叙至高之行，含酸撰录，遗美实多。乃为铭曰：

柔明禀质兮纯孝过人，顺彼至性兮夭于青春，贤者劝兮不肖者耸，千秋万岁兮孝女之垄。②

二十六　唐故滑州白马县令赠尚书刑部郎中乐安孙府君继夫人河东县太君裴氏墓志铭并序

该文为唐代乐安孙氏第五代族人孙起继室裴氏墓志铭。裴氏，河东闻喜人，出身世家大族，再从父裴遵庆，唐代宗时官至丞相，父亲裴繇之官至茂州刺史。裴氏于唐德宗贞元十五年（799）归于

---

① 选自周绍良、赵超主编《唐代墓志汇编》，上海古籍出版社1992年版。
② 选自周绍良、赵超主编《唐代墓志汇编》。

孙起，唐武宗会昌元年（841）去世，享年71岁。该墓志铭由唐代乐安孙氏第7代族人将仕郎、守京兆府鄠县主簿、直弘文馆孙毂撰写。

会昌元年十一月丁酉，毂堂叔祖赠尚书刑部郎中府君讳起，继室河东县太君裴氏年七十一，背代于上都亲仁里。其年十二月廿五日祔葬于河南府河南县陶村。柩将行，孤叔尚书度支员外郎景商、右清道率府兵曹向哭命于毂曰：志于坟，铭于志，古之道也。我则瞿瞿然，是不忍纂叙慈德而文之，尔其识焉。毂承命，遂纪太君之归以至于大事，刻之贞石，从叔命也。太君河东闻喜人，世为郡大家。再从父遵庆，事代宗为丞相；父縯之，皇茂州刺史。贞元十五年，始归于我刑部府君。其在父母之家，自髫卯以至于初笄，子之道无违者。及归于夫氏，自授室至于未亡，妇之礼无违者；二姓以为难。初，刑部娶赠陇西县太君姑臧李夫人，生度支；继室以太君，生兵曹。元和七年，我叔祖府君弃世，太君训抚诸孤，得贤母道。前年，天子初即位，诏赠叔祖府君为尚书刑部郎中，赠先夫人为陇西县太君，封夫人为河东县太君，以度支之齿朝也。初，兵曹未仕，度支惧贻太君之念，泣告于持柄者，以兵曹为请，竟得仕焉。时太君不良能行久矣，及兵曹诏下，喜曰：苟刑部追荣，我食封而向也禄，吾无恨矣。由是食节有加。自疾作而至于大故，其乐融融然若无苦者，有孝子也。铭曰：

禄永昌，寿延长，生期共尽人之常。于嗟，太君兮无自伤！龟无土，筮无水，先祖先姑望幽里，于嗟，太君兮来复此！[1]

二十七　唐故滑州白马县令赠尚书刑部郎中乐安孙府君夫人赠陇西县太君陇西李氏迁祔墓志

该文为唐代乐安孙氏第五代族人孙起夫人李氏墓志铭。李氏，出身官宦家族，祖父李皓为博州司户，父亲李宣为宋州楚丘尉。唐德宗贞元丙子（796）十一月去世。该墓志铭由孙起之子、行殿中侍御史孙景商撰书。

---

[1] 选自周绍良、赵超主编《唐代墓志汇编》，上海古籍出版社1992年版。

太君李氏，姑臧公后，代为鼎族。王父皓，博州司户；父宣，宋州楚丘尉。贞元丙子十一月十二日，弃背于鄠州，开成庚申十一月廿四日，嗣子景商自鄠州启护归附于东都先考之茔，县曰河南，里曰陶。三女：次适窦氏，幼未嫁，皆早世；长适崔氏。二子：长曰霸，不育；次景商，今任殿中侍御史，娶河南于氏，生孙男五人，女一人。今皇帝嗣位，诏赠先考尚书刑部郎中，先妣封陇西县太君。皆以积德懿范，垂训于后嗣也。其系胄备于前志。呜呼！昊天罔极，欲报何因！衔冤泣血，以为后志。[①]

二十八　唐许州长葛县尉郑君（链）亡室乐安孙氏墓志铭并序

该文为许州长葛县尉郑链之妻、唐代乐安孙氏族人孙成次女墓志铭。郑链出身世家大族，其家族自周至后魏即为豪富权贵之家，至唐代，其家族已发展成高门贵族。郑链祖父郑晖，为苏州长史；其父郑潊，为深州下博县令。孙成次女五岁时归于长葛县尉郑君，唐宪宗元和二年（807）六月去世。该墓志铭为孙成次子孙保衡所撰，四子孙审象书。

有唐荣阳郑君曰链，其室姓孙氏，赠右仆射文公之孙，桂州府君之第二女也。郑氏自周至后魏，遂为甲门。绂冕人物，于今尤盛，为海内之华族矣。郑君即皇苏州长史讳晖之之孙，深州下博县令讳潊之子。由京兆府参军，以尉于艮葛。蕴和而行茂，循□而秩卑。故迹未显于轩裳，而誉实充于姻党。若人归之五岁，不幸以元和二年六月□□日，天殁于东都康俗里第，凡春秋卅二。自其构恙也，惟四三昆弟心祷于上下神□□，洽乎古今方术。致精竭虑，日俟有瘳。岂期志微而无所感通，思昧而差于攻疗。俾□大病，实愧幽明。呜呼：岂天寿之必定耶，将药石之多乖耶。何锺其淑美而赋此短折，思之莫喻，痛且无告。呼天泣血，血尽哀缠。即以其秋八月十一日，安厝于邙山西原先茔北一里，礼也。惟尔爱自羁贯，天然敏晤，孝慈仁淑，皆率性而至。及长，遂端庄自持，劲遵礼法。方明柔婉，备贤妇之体范矣。组驯文绣之事，精能而

[①] 选自周绍良、赵超主编《唐代墓志汇编》，上海古籍出版社1992年版。

不怠；诗书图史之学。耽阮而有得。未尝以疾声忤色，加于幼贱，则其奉长上可知矣。中外敬异，为□所从。以郑君高门良士，故仰而归之。初属先夫人违念，不忍离供养。及□祸酷奄锺，则哀毁生疾。故未暇修庙见来妇之礼。每至岁时祭祀，必视其修物之蠲洁，躬授于摄事者，斋庄祇栗，如亲承焉。其于吊贺施予，未尝以菲薄而废，皆曲加情意以将之。故虽百两未行，而六姻攸瞩。迨其丧之讣于郑也，自长及幼，总哀共叹，如已久归其室。向使当门户辉单，姻族繁会。专其妇事，正位于中。勤俭周圆，以经治生业。谦柔均壹，以承抚上下。必能使秆而不挠，静而有伦。惟其才贤，实克余裕。方郑君食贫处困，未迨夫斯时，遽先天殁，孤此明智。吾常叹乎士之策名也，或不仲其才则因事垂文，示怨于来世：女之从人也，苟未获其所，徒委分体命，抱恨于当年。郁湮不闻，冥寞遂往。追怀此理，岂胜忉耶。所痛乎有行，备礼言归。未克结漓加景，虽迨此五秋。共牢升屋，遂同乎一宇。既夫禄之不享，又子食之永绝。衔恨即亡，此哀何穷。一女生三岁矣，藐焉□□，奄尔偏孤。言念须怀，痛心酸骨。郑君哀悼所至，情礼加焉。存得如宾之宜，殁有伤神之感。初议夫窀穸之事，将祔窆於先姑之兆，惧未合礼，故改卜此原。且曰：请□余百岁之后，同归于洛东旧域。仲兄保衡，永惟人事之难，必与陵谷同虞。是用□哀缀辞，以志于兹室。吾自锺衅罚，尸立天壤。视汝□灭，苟存至今。今而弃余，残喘能几，虽前后诅远，方同侍于下泉。而幽显遂分，终无期于此世。痛深意愤二退美实多。铭曰：

行如斯之淑兮，命如斯之促。天不可问兮，仰而痛哭。哭尽双泪，兹哀曷已。日月有时，九原伊始。涂刍在门兮，奠设移庭。骨肉号诀兮，将迁尔灵。迁灵何往，北邙之上。遂去华屋，永归幽壤。松杠先封，岗连望通。酌醴追思，新丘是崇。垂涕凑兮铭景行，石有泐兮恨无穷。[1]

二十九　唐乐安孙氏女子墓铭并序

该文为唐代乐安孙氏第七代族人河南府参军孙澥长女墓志铭。

---

[1] 选自吴钢主编《全唐文补遗》第1辑，三秦出版社1994年版。

孙澥长女自幼聪悟，温和贤惠，唐懿宗咸通十五年（874）五月去世，终年16岁。

季父进士偓述子之先，盖显于齐大夫书之后也。其冠冕继耀，自汉魏。迁于本朝，存乎代史；固不具而载也。曾祖起，皇滑州白马县令，赠尚书工部侍郎；祖景商，皇天平军节度使，赠兵部尚书，谥康公；父澥，前任河南府参军。子即参军之长女也。龆龀之岁，性惟聪悟，组纴机辩，禀自生知，端丽贞淑，亦绝伦代。无何，阴阳为寇，寒暑所侵，以咸通十五年五月廿六日殁于东都敦化里第，年十六。其年十月十八日葬与河南县杜郭村邙山之旧茔。呜呼！天与其惠，不假其寿，余痛深犹子，洒涕而为铭曰：

冥冥永夜，寂寂松阡，终温且慧，胡不万年！[①]

三十　唐乡贡进士孙备妻于氏墓志铭

该文为唐代乐安孙氏第七代族人孙备之妻于氏墓志铭。孙备之妻于氏，河南人，出身一个世代为宦家族，高祖于肃官至内廷给事中，祖父于敩官至宣歙道观察使，父亲于珪仕宦直弘文馆。孙备之妻于氏卒于唐懿宗咸通六年（865），终年30岁。该墓志铭由孙备撰。

唐咸通六年五月十六日，乡贡进士孙备铭其妻，葬于河南府河南县邙山杜翟村，祔大茔。呜呼！夫人于氏，河南人也。其始宗于汉，高门之所昌。厥后世有勋哲，至唐滋用文显科爵。高祖讳肃，入内廷为给事中；祖讳敩，宣歙道观察使。父讳珪，不欺暗室，韬践名节，其声自腾逸于士大夫上。期必相时君康天下，而寿不俟施。首擢第春官，赴东蜀。周丞相辟入蓝簿，直弘文馆，纂新会要，皆析析藻雅。时宰执超拟补阙，会有旧懿昵间当轴，众亦以公不妨矣，丐已之。今崔家卿故贤相，金陵幕中监察御史里行。妣弘农杨氏夫人。外王父左冯翊太守讳敬之。韩史部、柳柳州皆伏比贾马。文章气高，面诃卿相豪盛之非，盖不

[①] 选自周绍良、赵超主编《唐代墓志汇编》，上海古籍出版社1992年版。

得为达官。念一女德此生以妻之，卅而逝。悼之，移爱于夫人。夫人才语步，洞人机瞩，闻金丝喉响之美，效箴管女工之妙如老手。况谦淑怡邃，仁而嗜施。冯翊弥顾于二子，不斯须去之。外姑幼与太夫人为中表善，始抚腹，期为二亲家。杨老舅喜闻之，飞檄盟太夫人，且器小子于髫卯，贿金带誓之。冯翊殁世，夫人方还侍金陵。大中七年，年十八。余冠有二岁，先君率太夫人征金陵，舅如约，故余与金陵二世于外氏重姻，其懿也如此。况夫人厥姿天人之余，下笔成诗，皆葩目涤耳，诵古诗四百篇，讽赋五十首。奉太夫人，阖族如谨，其释氏者日恭。噫！何不邀祚于六珈哉！盖天始华余，以夫人偶之，而天竟咎余，使夫人夭之。果不才，一纪八黜于小宗伯矣。二年垂成，为中外反挤而贡所匿者。夫人恚泣成疾。忽一日强出，侍太夫人之侧，叙谢始终之恩。退，染毫追铭外王父之煦命，介奉蜀倅舅，亦檄所憾者。未浃旬，以咸通六年二月八日，终于上都永乐私第，享年卅，可谓死不忘其恩矣。有男三人：长字道全，始十二岁。次天奴，五岁。次猸儿，四岁。一女汶娘，十岁，今更名贺老。其不育者二女：凤娘，四谯。铭曰：

呜呼夫人！女节妇式之余，其淑惠篇藻，感激始终之义，可以折二三守规之士矣。以斯垂芳，又何愧年禄不芳者耶？况忍挤夫人义殁者耶？江总题陈将鲁广达棺云：黄泉虽抱恨，白日自流名。悲君感义死，不作负恩生。今志我夫人，斯亦云云。①

三十一　唐河南府洛阳县尉孙嗣初妻京兆韦夫人墓志铭并序

该文为唐代乐安孙氏第七代族人孙嗣初妻韦氏墓志铭。韦氏，京兆杜陵人，出身于官宦之家，曾祖韦咸官至尚书司勋郎中，祖父韦覃为长安县令、庐楚等州刺史，父亲韦本仁为越州录事参军、润州延陵县令。韦氏17岁时归于孙嗣初，唐宣宗大中十三年（859）十二月去世。该墓志铭由唐代乐安孙氏第八代族人、京兆府渭南县尉孙纾撰。

夫人姓韦氏，京兆杜陵人也。其先颛顼之后，至东西汉晋魏梁隋，

---

① 选自吴钢主编《全唐文补遗》第1辑，三秦出版社1994年版。

洎于钜唐，弈叶相传，轩裳袭庆，官婚之盛，当今罕伦，姻党辉华，为时茂族。曾祖府君讳咸，皇朝尚书司勋郎中；大父府君讳覃，皇朝长安县令庐楚等州刺史；烈考府君讳本仁，皇越州录事参军润州延陵县令。延陵府君娶天水阎氏，外祖讳济美，皇朝浙东观察使太子少保，夫人则阎太夫人爱女也。夫人少丁延陵府君丧祸，茹荼泣血，几不胜哀。太夫人媷育抚念，事事加等，亦以夫人性惟慈孝，太夫人尤所属念，思得良匹，以付托焉。前后选採皆不合太夫人深意，年十七，归于乐安孙嗣初，凡所资装，靡不赡备。及来孙氏，妇道益周，事以上敬，抚下以慈，勖循仪矩，尽合礼经，和睦温谦，条二十九载。大中十年，余叔父嗣初为令少府李监任亳州刺史日，辟为团练判官，因来谯郡，遂此违侍，每想尊颜，则移时惨怆，未常旬月不修状候太夫人尊体。性专于释氏，行坐讽念，未曾稍倦，唯思再侍膝下，重欢慈颜，用此祈求，斯愿毕矣。大中十三年十二月廿一日得疾，廿六日终于东都履信坊私第。呜呼！天之报施，神之响答，一何辽哉？有姊一人，适敬氏；有弟一人名逢，侍奉太夫人。有子六人：长曰郑九，前宋州谷孰尉；次曰阿陁，次曰吴门，次曰海客，次曰彭寿，次曰群儿，或修进士业，或在龆龀年。有女五人：长适京兆韦璡，见应进士举；其他四人悉皆幼弱。郑九等至性自天，孝思过礼，哀号摧毁，感动里闾。遂以大中十四年二月廿七日权厝于河南府河南县平乐乡杜翟村，盖以年月不便，未克归祔。呜呼！嗣初叔自遭凶□，情绪怳然，昼夜悲号，殆无生意，抚其孤貌，强为开颜。纾叔侄之中，过承慈爱，俾其叙述，岂敢固辞，执笔衔悲，倍深恻怛。铭曰：

韦氏之先，轩冕蝉联，生此令哲，袭庆德门。褖衣内则，幼禀矩仪，组紃女工，有若生知。逮兹从人，温和谦粹，以正妇道，以承家事。柔而有立，周而必备，二十九载，始终一致。呜呼！寒暑遘疾，才未经旬，芳岁忽凋，幽泉永沦。呜呼！窀穸之事，日月有时，龟筮叶吉，权窆于斯。呜戏！明灵幽音暂闭归，祔之期以俟通岁。①

---

① 选自周绍良、赵超主编《唐代墓志汇编》，上海古籍出版社1992年版。

三十二　大唐河中观察使试秘书省校书郎孙揆季妹墓志铭

　　该文为唐代乐安孙氏第八代族人、中书舍人孙揆之妹孙持一墓志铭。孙持一，其父为中书舍人、御史中丞孙煌。该墓志铭由孙持一之兄孙揆撰。

　　吾季妹讳持一，咸通壬午岁生于武当郡。乾符乙亥秋九月甲午，殁于河中府兴道里之官舍。以其年闰十月庚子归葬于河南府河南县杜翟村，祔先兆，礼也。断石刻铭之墓，长兄茹其悲落洟于地，为之词而不文云：吾氏世系冠冕，辉焯图谍，可得以略。曾大父，宣州刺史，食邑晋阳，赠刑部尚书。大父，工部尚书致仕，食邑乐安，赠太尉。皇考，历中书舍人、御史中丞，赠吏部侍郎。皇妣，陇西李氏，县君夫人。呜呼！吾妹韶龀失怙恃，衔恤被创钜之痛，哀慕戚终身之忧，敬以戴上，爱以睦亲，仁浃傅婢，礼顺伯仲。弱而敏悟，通何论毛郑诗，诸箴史赋咏，未尝缀诵于□，嘉言令客，克备四德。方徵吉士以修，降阶授宝之仪。呜呼！遘厉支膈，沦及膏肓。衾□爱施，攒涂遽及，吁柔淑惠，孝□于殇，而不与年，神何以疵报施之昧欤！洪濛苍茫，叩之无所，从相国清河公镇蒲军，羯虏警于边，戎幕萦于务，外械其迹，内縻其心，不得视□棺入于土。天乎！仲兄拙，襄事于东周。铭曰：

　　弱而柔，长而仁。郁秾华，丽阳春。严霜被，淑质零。厚沉沉，高冥冥。理难讯，冤无徵。邙之岗，泉之□。广寓祀，惟神宁。①

---

① 选自郝本性主编《隋唐五代墓志汇编》（河南卷），天津古籍出版社1991年版。

参考文献

一 古籍

(北齐) 魏收:《魏书》,中华书局1974年版。

(北齐) 颜之推:《颜氏家训》,中华书局2007年版。

(汉) 班固撰,(唐) 颜师古注:《汉书》,中华书局1999年版。

(汉) 马融:《忠经》,见(元) 陶宗仪《说郛》卷70下,文渊阁《四库全书》本。

(汉) 毛亨传,(汉) 郑玄笺,(唐) 孔颖达疏:《毛诗注疏》,上海古籍出版社2013年版。

(汉) 司马迁:《史记》,中华书局1959年版。

(汉) 赵煜:《吴越春秋》,文渊阁《四库全书》本。

(汉) 郑玄笺,(唐) 孔颖达疏:《毛诗注疏》,上海古籍出版社2013年版。

(汉) 郑玄注,(唐) 孔颖达疏:《礼记正义》,李学勤主编《十三经注疏》本,北京大学出版社1999年版。

(后晋) 刘昫:《旧唐书》,中华书局2000年版。

(晋) 陈寿编撰,(南朝宋) 裴松之注:《三国志》,中华书局1999年版。

(晋) 杜预集解:《春秋经传集解》,上海古籍出版社1988年版。

(明) 冯惟讷:《古诗纪》,文渊阁《四库全书》本。

（明）高儒：《百川书志》，上海古籍出版社 2005 年版。

（明）胡震亨：《唐音癸签》，上海古籍出版社 1981 年版。

（明）黄淮、杨士奇：《历代名臣奏议》，台湾学生书局 1964 年版。

（明）张溥：《汉魏六朝百三家集》，文渊阁《四库全书》本。

（明）朱谋㙔：《骈雅》，文渊阁《四库全书》本。

（清）毕沅校注，吴旭民校点：《墨子》，上海古籍出版社 2014 年版。

（清）董诰等编：《全唐文》，中华书局 1983 年版。

（清）杭世骏：《三国志补注》，文渊阁《四库全书》本。

（清）纪昀总纂：《四库全书总目提要》，河北人民出版社 2000 年版。

（清）倪涛：《六艺之一录》，文渊阁《四库全书》本。

（清）彭定求等编：《全唐诗》，中华书局 1999 年版。

（清）王夫之：《船山全书》第 14 册，岳麓书社 1996 年版。

（清）王夫之：《读通鉴论》，中华书局 1975 年版。

（清）王夫之著，陈书良校点：《唐诗评选》，上海古籍出版社 2011 年版。

（清）王夫之著，戴鸿森笺注：《姜斋诗话笺注》，上海古籍出版社 2012 年版。

（清）王先慎集解，姜俊俊校点：《韩非子》，上海古籍出版社 2015 年版。

（清）吴任臣：《十国春秋》，中华书局 1983 年版。

（清）徐松：《登科记考》，中华书局 1984 年版。

（清）严可均辑：《全晋文》，商务印书馆 1999 年版。

（清）曾国藩编选，张政烺主编：《经史百家杂钞全译》，贵州人民出版社 1999 年版。

（清）赵翼：《陔余丛考》，商务印书馆 1957 年版。

（清）周中孚：《郑堂读书记》，北京图书馆出版社 2007 年版。

（宋）《分门古今类事》，文渊阁《四库全书》本。

（宋）晁公武撰，孙猛校证：《郡斋读书志校证》，上海古籍出版社 1990 年版。

（宋）陈思：《书小史》，文渊阁《四库全书》本。

（宋）邓名世撰，王力平点校：《古今姓氏书辩证》，江西人民出版社

2006年版。

（宋）洪迈：《容斋随笔》，中华书局2005年版。

（宋）计有功：《唐诗纪事》，中华书局1965年版。

（宋）家铉翁：《春秋集传详说》，文渊阁《四库全书》本。

（宋）乐史撰，王文楚等点校：《太平寰宇记》，中华书局2007年版。

（宋）李焘：《续资治通鉴长编》，中华书局2004年版。

（宋）李昉等：《太平广记》，中华书局1961年版。

（宋）李昉等编，（清）宫梦仁选：《文苑英华选》，任继愈主编《中华传世文选》本，吉林人民出版社1998年版。

（宋）欧阳修、宋祁：《新唐书》，中华书局1975年版。

（宋）司马光：《稽古录》，文渊阁《四库全书》本。

（宋）司马光：《资治通鉴》，岳麓书社1990年版。

（宋）宋敏求编：《唐大诏令集》，学林出版社1992年版。

（宋）苏洵著，曾枣庄、金成礼笺注：《嘉祐集笺注》，上海古籍出版社1993年版。

（宋）汪藻：《浮溪集》，文渊阁《四库全书》本。

（宋）王谠撰，周勋初校证：《唐语林校证》，中华书局1987年版。

（宋）王钦若等编纂，周勋初等校订：《册府元龟》，凤凰出版社2006年版。

（宋）魏了翁：《尚书要义》，文渊阁《四库全书》本。

（宋）萧常：《萧氏续后汉书》，文渊阁《四库全书》本。

（宋）谢枋得等：《千家诗新绎》，陕西人民出版社1981年版。

（宋）薛居正：《旧五代史》，中华书局1976年版。

（宋）叶廷珪：《海录碎事》，文渊阁《四库全书》本。

（宋）佚名：《历代名贤确论》，文渊阁《四库全书》本。

（宋）赞宁撰，范祥雍点校：《宋高僧传》，中华书局1987年版。

（宋）曾公亮等著，陈建中、黄明珍点校：《武经总要》，商务印书馆2017年版。

（宋）张敦颐、李焘：《六朝事迹编类·六朝通鉴博议》，南京出版社2007年版。

（宋）章定：《名贤氏族言行类稿》，《四库类书丛刊》本，上海古籍出版社 1994 年版。

（宋）朱熹注，王华宝校点：《诗集传》，凤凰出版社 2007 年版。

（宋）祝穆：《古今事文类聚》，文渊阁《四库全书》本。

（唐）杜佑：《通典》，中华书局 1988 年版。

（唐）房玄龄：《晋书》，中华书局 1974 年版。

（唐）李百药：《北齐书》，中华书局 2000 年版。

（唐）李靖著，吴如嵩、王显臣校注：《李卫公问对校注》，中华书局 1983 年版。

（唐）李隆基注，（宋）邢昺疏：《孝经注疏》，北京大学出版社 2000 年版。

（唐）李延寿：《北史》，中华书局 1974 年版。

（唐）李延寿：《南史》，中华书局 2000 年版。

（唐）林宝撰，岑仲勉校记：《元和姓纂（附四校记）》，中华书局 1994 年版。

（唐）令狐德棻：《周书》，中华书局 2000 年版。

（唐）刘肃：《唐新语》，文渊阁《四库全书》本。

（唐）裴庭裕：《东观奏记》，中华书局 1985 年版。

（唐）孙棨撰，曹中孚校点：《北里志》，载上海古籍出版社编《唐五代笔记小说大观》下册，上海古籍出版社 2000 年版。

（唐）魏征：《隋书》，中华书局 1973 年版。

（唐）姚思廉：《梁书》，中华书局 2000 年版。

（唐）张彦远著，俞剑华注释：《历代名画记》，上海人民美术出版社 1964 年版。

（五代）孙光宪：《北梦琐言》，中华书局 2002 年版。

（五代）王仁裕撰，丁如明校点：《开元天宝遗事》（外七种），上海古籍出版社 2012 年版。

（元）郝经：《郝氏续后汉书》，文渊阁《四库全书》本。

（元）刘玉汝：《诗缵绪》，文渊阁《四库全书》本。

（元）马端临：《文献通考》，中华书局 1986 年版。

（元）脱脱等：《宋史》，中华书局 1977 年版。

（元）辛文房：《唐才子传》，古典文学出版社 1957 年版。

（元）张养浩：《张养浩集》，吉林文史出版社2008年版。

（周）尉缭撰，钟兆华校注：《尉缭子校注》，中州书画社1982年版。

（周）左丘明传，（晋）杜预注，（唐）孔颖达正义：《春秋左传正义》，李学勤主编《十三经注疏》（标点本），北京大学出版社1999年版。

陈尚君辑校：《全唐文补编》，中华书局2005年版。

陈贻焮主编：《增订注释全唐诗》，文化艺术出版社2001年版。

陈子展：《诗经直解》，复旦大学出版社1983年版。

程国赋编著：《隋唐五代小说研究资料》，上海古籍出版社2005年版。

傅璇宗主编：《唐才子传笺》，中华书局1987年版。

高步瀛选注：《唐宋诗举要》，上海古籍出版社1959年版。

胡玉缙著，吴格整理：《续四库提要三种》，上海书店出版社2002年版。

孔寿山编注：《唐朝题画诗注》，四川美术出版社1988年版。

黎翔凤撰，梁运华整理：《管子校注》，中华书局2004年版。

李均朋译注：《孙膑兵法译注》，河北人民出版社1992年版。

卢元骏注译：《说苑今注今译》，台湾商务印书馆1977年版。

陆允昌主编：《中国孙氏世系源流》，白山出版社1999年版。

《论语》，《中华经典藏书》译注本，中华书局2006年版。

《孟子》，《中华经典藏书》译注本，中华书局2006年版。

乔居主编，河北省冀县地方志编纂委员会编：《冀县志》，中国科学技术出版社1993年版。

《三国志文类》，文渊阁《四库全书》本。

山东大学《商子译注》编写组：《商子译注》，齐鲁书社1982年版。

《陕西通志》，文渊阁《四库全书》本。

唐满先译注：《孙子兵法今译》，江西人民出版社1985年版。

王汝涛编校：《全唐小说》，山东文艺出版社1993年版。

王英志编选：《袁枚 赵翼集》，凤凰出版社2009年版。

吴钢主编：《全唐文补遗》第1辑，三秦出版社1994年版。

吴钢主编：《全唐文补遗》第5辑，三秦出版社1998年版。

吴钢主编：《全唐文补遗》第6辑，三秦出版社1999年版。

杨伯峻编著：《春秋左传注》，中华书局1981年版。

张双棣等注译：《吕氏春秋译注》，北京大学出版社2000年版。

中华书局辑注:《唐诗评注读本》下册,上海中华书局1936年版。
《周礼·仪礼·礼记》,岳麓书社1989年版。
周绍良、赵超主编:《唐代墓志汇编》,上海古籍出版社1992年版。
周绍良、赵超主编:《唐代墓志汇编续集》,上海古籍出版社2001年版。
周绍良主编:《全唐文新编》第4部第1册,吉林文史出版社2000年版。

二　现当代论著

(一) 专著

陈寅恪:《金明馆丛稿初编》,生活·读书·新知三联书店2001年版。
梁启超:《饮冰室合集》,中华书局1989年版。
鲁迅:《中国小说史略》,广西人民出版社2017年版。
敏泽:《中国美学思想史》,湖南教育出版社2005年版。
钱穆:《钱宾四先生全集·中国学术思想史论丛(二)》,(台湾)联经出版事业公司1998年版。
《闻一多论古典文学》,重庆出版社1984年版。
吴宗国:《唐代科举制度研究》,辽宁大学出版社1992年版。
萧涤非等:《唐诗鉴赏辞典》,上海辞书出版社2003年版。
张剑、周扬波:《宋代家族与文学研究》,中国社会科学出版社2009年版。

(二) 论文

褚良才:《〈孙子兵法〉在国外的流传、研究、评论、影响及应用》,载褚良才《孙子兵法研究与应用》,浙江大学出版社2002年版。
邓成林、刘运好:《论魏晋经学的国家意识形态化》,《学术交流》2017年第1期。
冯石岗、王静涛:《中国古代军事谋略文化价值研究——以"围魏救赵"、"退兵减灶"为例》,《河北科技大学学报》(社会科学版)2016

年第 3 期。

关传友：《论中国的槐树崇拜文化》，《农业考古》2004 年第 1 期。

刘文学：《孙膑与聊城》，《聊城大学学报》1991 年第 4 期。

欧阳明亮：《孙逖诗歌研究》，硕士学位论文，华东师范大学，2008 年。

彭文：《秦人齐人尚武精神》，《西北史地》1996 年第 4 期。

石云涛：《唐后期方镇使府宾主关系与牛李党争》，《许昌学院学报》2003 年第 1 期。

田照军、肖岚：《魏晋南北朝儒学刍议》，《理论界》2007 年第 4 期。

王秋：《儒家以道德秩序奠基政治秩序》，《中国社会科学报》2014 年 8 月 4 日。

王晓鹃：《〈北里志〉作者和创作考述》，《中国海洋大学学报》（社会科学版）2014 年第 2 期。

张卫东、陈翔：《唐代文儒孙逖家族研究》，《江西社会科学》2010 年第 9 期。

赵洋：《唐代德政碑再探》，《碑林集刊》总第 20 辑，2014 年，三秦出版社 2015 年版。

后　　记

　　隋唐时期，随着地方最高行政机构州一级治所博州在今聊城的设置，聊城区域性政治中心地位得以确立，加之大运河中的永济渠流经聊城，由此极大促进了聊城地域经济、文化的发展和繁荣。一大批以科举起家的仕宦家族和文化家族接踵而至，其中唐代博州武水（今聊城西南）乐安孙氏家族历经八代长盛不衰。这一时期，其家族不仅繁衍壮大，而且通过科举以及其他途径为官者代以继之，科第蝉联，冠冕继耀，簪缨鼎盛，人数众多。仅据笔者掌握的文献史料统计，有唐一代，博州武水乐安孙氏家族先后有24人或通过"待非常之才"的制举科，或通过"缙绅虽位极人臣，不由进士者，终不为美"的进士科，或通过旨在选拔通晓经学人才的明经科取得了科举功名，在朝中任职的大小官员有明确记载的90人，其中不乏节度使、刺史、中书舍人、各部尚书等类的中高级官员。而令人瞩目的，官至"奉使典州，督察郡国"的刺史就有17人之多，还有6人出任过"为文士之极任，朝廷之盛选"、具有"阁老"之称的中书舍人一职，而状元及第的第七代族人孙偓则官至宰相，更是把唐代乐安孙氏家族推向前所未有的荣光时期，故当时对其家族有所谓"皆擅重名，或叠取高科，其官业行实，爆发于天下"之誉。唐代乐安孙氏家族不仅是一个典型的仕宦家族，而且还是一个文化家族，其族人大多以文章而闻名于世。有的弱冠之年便"以文章著称"，有的一门兄弟"皆著名于词学"，有的"以文学德行名殷当时"，有的"学该百氏，文擅周雅"。有唐一代，乐安孙氏家族达官显宦不绝，文化名流不乏其人，在政治和文化领域的影响日益增大。

　　近年来，笔者在主编区域文化研究丛书过程中，对崛起于唐宋时代乃至明清时期聊城世宦家族有了一定程度的了解和认识，并对唐宋时代尤其是唐代博州武水乐安孙氏家族有了研究上的冲动。为此，在五年前撰写并出版的一本简要论述唐宋时期聊城仕宦家族的小册子中，便将博州武水乐安孙氏家族纳入其中。作为书中一部分，有关唐代博州武水乐安孙氏家族在正文中仅有5万多字的论述内容，简要梳理、考察了乐安孙氏家族的发展脉络及其家族文化特征，许多内容还没有展开充分论析，有的内容还没有涉及。为了弥补研究上缺憾和不足，近年来通过搜集、查阅文献资料，以唐代为中心，对中古时代乐安孙氏家族进行了考察和研究。在已有研究的基础上，对未进行充分论述的内容展开了论析，增补了部分研究内容，在论析中古乐安孙氏家族的族源与先祖、从尚武到尚儒的家族门风及其转变的时代特征的基础上，重点对唐代乐安孙氏家族的科第仕宦情况、家族兴衰的时代特征、仕宦成员的为政风范、婚姻关系及姻亲家世的基本概况、家学家风、家族成员的文化成就等方面进行了考察和阐释，力求全面展现唐代乐安孙氏家族的历史文化风貌。当然，本书仍然存在着一些缺憾和不足。如受资料所限，特别是由于未搜集到家谱，对唐代乐安孙氏家族婚姻关系的考察，主要是依据唐代乐安孙氏家族墓志铭的记载，对其家族部分姻亲选择对象做了介绍，还有许多族人的姻亲选择对象没有提及；对其姻亲家世也主要是结合正史资料，对其所属的家世背景进行了概览，而与其直接姻亲的家族情况关注不够。另外，囿于学识，本书的不足和错讹之处亦在所难免，还请方家雅正。

在本书写作过程中，滨州学院孙子研究院孙远方教授提供了一些文献史料；在本书审稿及出版过程中，中国社会科学出版社的编校人员对书稿进行了认真审阅与校正。在此，一并致以诚挚的感谢。

郭学信
2020年3月